小学数学单元整体教学设计

徐文彬　陆世奇　张海燕　著

陕西师范大学出版总社　西安

图书代号　JC24N0705

图书在版编目（CIP）数据

小学数学单元整体教学设计 / 徐文彬，陆世奇，张海燕著. —西安：陕西师范大学出版总社有限公司，2024.5
ISBN 978-7-5695-3444-3

I. ①小⋯　II. ①徐⋯ ②陆⋯ ③张⋯　III. ①小学数学课—教学设计—高等学校—教材　IV. ①G623.502

中国国家版本馆 CIP 数据核字（2023）第 003731 号

小学数学单元整体教学设计
XIAOXUE SHUXUE DANYUAN ZHENGTI JIAOXUE SHEJI

徐文彬　陆世奇　张海燕　著

责任编辑	王东升
责任校对	张俊胜
封面设计	田　雪
出版发行	陕西师范大学出版总社
	（西安市长安南路 199 号　邮编 710062）
网　　址	http://www.snupg.com
经　　销	新华书店
印　　刷	西安报业传媒集团
开　　本	787 mm × 1092 mm　1/16
印　　张	22
字　　数	495 千
版　　次	2024 年 5 月第 1 版
印　　次	2024 年 5 月第 1 次印刷
书　　号	ISBN 978-7-5695-3444-3
定　　价	86.00 元

若发现印装质量问题，请与本社高等教育出版中心联系。
电话：（029）85303622

前　言

不仅"义务教育课程方案（2022年版）"在其"深化教学改革"当中，具体强调要"探索大单元教学"，而且"义务教育数学课程标准（2022年版）"在其"选择能引发学生思考的教学方式"当中，明确指出要"重视单元整体教学设计"。

由此可见，"单元整体教学设计"之于小学数学教学的重要意义与巨大价值。其重要意义在于能够深化小学数学教学改革，其巨大价值在于能够"引发学生思考""逐步培养学生的核心素养"。那么，如何具体地开展小学数学单元整体教学设计呢？

整合我们近10年来的研究成果，这里呈现给大家的是我们的思考与实践，具体包括这样三部分内容：基本原理、案例研究和应用研究，希望能够起到抛砖引玉的作用。

基本原理包括两章。第一章是小学数学单元整体教学设计解析，具体解决两个方面的问题：（1）理论结构——学什么（知识结构），怎么学（认知结构），教什么（思维方式），教/学的怎样（价值判断），如何教（整体—部分—整体）；（2）实践解读——单元知识结构，学习心理轨迹，教学目标和重难点，教学评价，教/学活动。

第二章是小学数学单元整体教学设计模式，主要解决五个方面的问题：（1）如何确立单元知识结构（学习对象），（2）如何建构学习心理轨迹（学习原理），（3）如何把握教学目标和重难点（教学要点），（4）如何设计和实施教学评价（评价依据），（5）如何组织和安排学习活动（"教、学、评一致"）。

案例研究包括七章（3—9章）。分别是"整数四则混合运算""小数的意义和性质""小数四则运算""角的初步认识""平移、旋转和轴对称""用数对确定位置""可能性"等单元的整体教学设计与具体实施。

应用研究一章主要探讨"如何在小学数学单元整体教学设计中体现数学核心素养的培养"这一问题。具体包括数学抽象、数学运算、逻辑推理、数学直观（几何直观）、数学建模（模型意识）和数据分析等，是数学核心素养的培养之体现。

通过我们近10年来的研究与探索，小学数学单元整体教学设计及其具体运用，不仅可以引发小学生的数学思考和数学核心素养的提升，而且更能够促进小学数学教师教学水平的提升与校本教研能力的提高。

本书不仅适合小学教育专业的小学数学教师职前培养和在职小学数学教师的教学素养提升，而且可以作为小学教育专业硕士（尤其是数学方向）研究生的课程学习材料，以及各类各级小学数学教师培训的学习参考资料。

徐文彬

2022 年 6 月 18 日于"觉知"书斋

目　　录

第一章　小学数学单元整体教学设计解析 …………………………… 1	
第一节　小学数学单元整体教学设计的理论建构…………………… 1	
第二节　小学数学单元整体教学设计的实践解读…………………… 33	
第二章　小学数学单元整体教学设计模式 ………………………………47	
第一节　如何确立单元知识结构……………………………………… 47	
第二节　如何建构学生的学习心理轨迹……………………………… 56	
第三节　如何把握单元整体教学的教学目标和重难点……………… 69	
第四节　如何设计和实施单元整体教学的教学评价………………… 78	
第五节　如何组织和安排学习活动…………………………………… 82	
第三章　"整数四则混合运算"整体教学设计 …………………………89	
第一节　"整数四则混合运算"知识结构的确立…………………… 89	
第二节　"整数四则混合运算"学习心理轨迹的建构……………… 90	
第三节　"整数四则混合运算"整体教学目标与重难点的把握…… 92	
第四节　"整数四则混合运算"整体教学评价的开展……………… 93	
第五节　"整数四则混合运算"学习活动的组织与安排……………102	
第四章　"小数的意义与性质"整体教学设计 …………………………113	
第一节　"小数的意义与性质"知识结构的确立……………………113	
第二节　"小数的意义与性质"学习心理轨迹的建构………………114	
第三节　"小数的意义与性质"整体教学目标与重难点的把握……116	
第四节　"小数的意义与性质"整体教学评价的开展………………118	
第五节　"小数的意义与性质"学习活动的组织与安排……………126	

第五章 "小数四则运算"整体教学设计 …… 149
第一节 "小数四则运算"知识结构的确立 …… 149
第二节 "小数四则运算"学习心理轨迹的建构 …… 151
第三节 "小数四则运算"整体教学目标与重难点的把握 …… 152
第四节 "小数四则运算"整体教学评价的开展 …… 154
第五节 "小数四则运算"学习活动的组织与安排 …… 161

第六章 "角的初步认识"整体教学设计 …… 209
第一节 "角的初步认识"知识结构的确立 …… 209
第二节 "角的初步认识"学习心理轨迹的建构 …… 210
第三节 "角的初步认识"整体教学目标与重难点的把握 …… 211
第四节 "角的初步认识"整体教学评价的开展 …… 212
第五节 "角的初步认识"学习活动的组织与安排 …… 222

第七章 "平移、旋转和轴对称"整体教学设计 …… 229
第一节 "平移、旋转和轴对称"知识结构的确立 …… 229
第二节 "平移、旋转和轴对称"学习心理轨迹的建构 …… 230
第三节 "平移、旋转和轴对称"整体教学目标与重难点的把握 …… 232
第四节 "平移、旋转和轴对称"整体教学评价的开展 …… 233
第五节 "平移、旋转和轴对称"学习活动的组织与安排 …… 243

第八章 "用数对确定位置"整体教学设计 …… 261
第一节 "用数对确定位置"知识结构的确立 …… 261
第二节 "用数对确定位置"学习心理轨迹的建构 …… 262
第三节 "用数对确定位置"整体教学目标与重难点的把握 …… 263
第四节 "用数对确定位置"整体教学评价的开展 …… 265
第五节 "用数对确定位置"学习活动的组织与安排 …… 273

第九章 "可能性"整体教学设计 …… 287
第一节 "可能性"知识结构的确立 …… 287
第二节 "可能性"学习心理轨迹的建构 …… 289

第三节 "可能性"整体教学目标与重难点的把握……290

第四节 "可能性"整体教学评价的开展……292

第五节 "可能性"学习活动的组织与安排……298

第十章 数学核心素养在小学数学单元整体教学中的体现……303

第一节 数学抽象在小学数学单元整体教学中的体现……303

第二节 数学运算在小学数学单元整体教学中的体现……307

第三节 逻辑推理在小学数学单元整体教学中的体现……314

第四节 几何直观在小学数学单元整体教学中的体现……320

第五节 模型思想在小学数学单元整体教学中的体现……326

第六节 数据分析在小学数学单元整体教学中的体现……331

参考文献……337

后记……343

第一章 小学数学单元整体教学设计解析

小学数学单元整体教学设计是一个完整的设计理论，也是一套具体的设计实践指南。一方面是理论建构，即从理论上阐释教学设计应包含哪些方面，为何需要这些方面，这些方面的内涵是什么；另一方面是实践解读，即阐明理论上所建构的教学设计各方面或环节在实践意义上具体指什么，表现为怎样的具体样态等。

这两个方面是相互关联和相互促进的，且较为完整地呈现了小学数学单元整体教学设计的本质内涵。

第一节 小学数学单元整体教学设计的理论建构

作为一个完整的教学设计理论体系，第一，需要明确学什么的问题，知识结构应是学习对象；第二，聚焦于怎么学的问题，这需要基于学生的认知结构来建构；第三，教什么的问题应受到关注，该问题则指向于思维方式；第四，教的怎样是另一个问题，这是对教学的价值判断；第五，如何教是最终问题，这需要遵循"整体—部分—整体"的教学逻辑。

一、学什么？

小学数学单元整体教学以单元知识结构为学习对象。其实，知识结构并不是一个新概念，无论在一般意义上，还是在数学学科的意义上，对知识结构的强调都是研究者们的共识。在一定的理论基础上，可以明确知识结构的定位，并通过多方面的讨论，体会其应有的价值。

（一）知识结构的内涵

布鲁纳可谓是研究知识结构的代表人物，他明确指出："无论教师教授哪类学科，一定要使学生理解该学科的基本结构，这有助于学生解决课堂内外所遇到的各类问题。掌握事物的基本结构，就是以允许许多别的东西与它有意义地联系起来的方式去理解它，学习这种基本结构就是学习事物之间是怎样相互关联起来的"。① 这既说明了知识结构的可行性，也指出了其具体内涵，突出了知识结构的关联性。

而克莱因则在数学教育的意义上提出了"高观点下的数学教学"理念。"高观点"的要义之一便是，让学生在数学学习中体会到数学并不是孤立的各门学问，而是一个有机整体。② 这一内蕴现代数学发展的"高观点"理念对数学教育产生了重要影响。"高观点下的数学教学"是从较高层面的数学知识的视角来审视较低层面的数学教学，试图以较高层面的数学知识统领较低层面的数学教学，从而使数学教学呈现出系统性、连续性和结构性，进而帮助学生更好地学习数学。这一理念有助于数学教学的优质化，更有助于学生感悟数学的魅力。③ 由此可见，"高观点下的数学教学"实质上指向于知识结构的进阶性学习，即以知识结构为整体单位，促使学生形成由低阶到高阶的知识体系。

而就数学知识本身来说，其也诉求着知识结构这一逻辑工具。以数学概念的学习为例，数学概念的学习不是一个个孤立的数学概念的记忆或认知，而是对众多相互关联的数学概念的辨别与再联结。数学概念本身是过程与对象的辩证统一，是一个"过程—对象"的对偶体，而数学概念学习则是数学概念过程的"凝聚"和概念对象的"展开"。只有在概念框架（知识结构）当中才能够展开"过程—对象"的双向运动，所学习的数学概念也才能够既成为相关数学概念过程的操作对象，又成为此数学概念对象的凝聚过程。而所谓数学思维方式的建构或转变就是在这"双向运动"中得以产生、改进或完成的。④ 因此，知识结构也体现了过程性和对象性的结合。它既表示了结构中各概念的静态内涵，又表现了各概念间的动态关系。譬如，在建构统计活动的知识结构时，可以采取一种过程视角，将一个完整的统计活动过程作为结构的主体，那么该结构则突出了统计活动的过程性，缺少这种过程性，则无法体会数据与数之间的差异。

（二）知识结构的定位

上述讨论表明，单元整体教学的整体性首先应体现在单元的知识结构上。在确定了一定的教学内容以后，知识结构是对内容的一种组织方式。以知识结构为学习对象，就意味着：（1）其具有一定的结构性，可以被转化为知识结构；（2）其比原有的教学内容更适合作为学生学习的对象。

由于课程标准与教材是认识教学内容的主要依据，因此，第一个问题实际上是对知

---

① BRUNER J S. The Process of Education [M]. Cambridge, MA: Harvard University Press, 1960: 11–21.
② 克莱因. 高观点下的初等数学：第1卷[M]. 舒湘芹，陈义章，杨钦樑，译. 上海：复旦大学出版社，2008：英文版序.
③ 彭亮，徐文彬. "高观点"下小学数学教学的实践偏向、策略及其核心旨向[J]. 南京晓庄学院学报，2020，36（4）：37–41+52.
④ 徐文彬. 数学概念的认识及其教学设计与课堂教学[J]. 课程·教材·教法，2010，30（10）：39–44.

识结构与课程标准和教材关系的深究。

知识结构是学习者（包括教师和学生）的主观建构，是对课程内容的再加工。当知识结构生成以后，其便具备一定的客观性。由客观性可以引出逻辑性，即知识结构应是符合知识逻辑的，而具有逻辑性的知识结构就具有了传递性，可以被更多人所认可。因此，人们建构的知识结构越符合逻辑，也就越具有客观性，甚至越具有传递性。

在此，逻辑性也应具有一定的标准，课程标准和教材应是知识结构所考虑的依据。课程标准提供了学生所需学习的课程内容，并对这些课程内容进行了一定的规定，相应的知识结构则需为课程标准而服务，课程标准构成了一种底线规则，影响着知识结构的建构。教材构成了另一种依据，教师需要基于教材进行教学，而课程标准所规定的课程内容被教材转化为具体的教学内容，这些内容既可以成为范例，供我们理解课程内容本身，也可以作为分析对象，批判性地审视其对课程标准的达成情况，以及各种开放性的体现。

值得注意的是，在"基于（课程）标准的教学"背景下，"教什么"似乎不是什么问题，因为它已经被限定在课程标准的"内容标准"所规定的范围之内了；而且，还有经过国家审定（或审核）的教材及其他教学资料（如教师用书、学生用书、备课资料、教学用具、配套习题和"练习与测试"等）做保障。

其实不然。首先，课程标准的"内容标准"其实只是一个平均要求甚至是最低要求，它的限定只能是一个弹性指导，而非一项刚性规定。这就要求我们一线教师在具体、明确地确定相应教学内容时，既要依据课程标准的"内容标准"不能随意拔高，又不能亦步亦趋不越雷池半步；既要充分考虑教学的复杂性，又要谨慎思量教学的诸多可能性。

其次，任何基于（课程）标准编写的教材都有其自身的优势和可能的遗憾或不足，而且这是不以人的意志为转移的"教材编写规律"之一。理想中任何版本的教材都应该自成体系，既符合课程标准中"内容标准"的要求和规范，又有自身的主导线索和具体安排；而且，这些都是基于大量教材（比较）研究、教育学的运用、心理学的渗透、优秀教育经验的吸纳、优良教学传统的借鉴、教学技术条件的谋划，甚至编写组的创新等基础上的"集体智慧"的结晶。但是，由于我们任何个人或群体都无法对任何一个没有发生的教育情景有完全透明的事先认知，因此，任何版本的教材可能也都有其自身无法避免甚至无法克服的遗憾或不足。所以，不断地修改或完善必不可少。但是，遗憾或不足仍然在所难免。其实，教材编写及其修改或完善就是一个不断追求完美却始终无法十全十美的一个无穷无尽的自我完善过程。

此外，由于当下小学数学教材编写的某些限制，譬如，篇幅不能过大、四大领域内容"穿插而行"等，使得数学知识存在某种程度的碎片化。而碎片化的知识其实只是信息，只有结构化的信息才有可能是知识。所以，我们要引导学生学习"结构化的知识"，而非仅仅记忆或积累大量碎片化的所谓知识（即信息）。[①]

---

① 徐文彬. 教材分析与比较的五个核心问题［J］. 教育视界，2021，215（23）：4-10.

因此，知识结构要对课程标准和教材有一定的超越性，它应是教师的自主建构物，既包含着课程标准的基本要求，也应与教材具有直接联系，但更重要的是对课程标准和教材的再加工，从而生成一种更适合学生学习的对象。

第二个问题，聚焦于知识结构的价值性。由于知识结构并不是一个陌生的概念，相反它已经成为当下教学背景中的一个重要概念，因此，一种面面俱到的知识结构介绍既是繁杂的，也是没必要的。研究认为，知识结构应以本原性知识为核心内容，与大概念具有一致性，并将数学史融入其中，而这些方面都体现了知识结构的价值性。

（三）知识结构应以本原性知识为核心内容

知识结构最为重视的是以本原性知识为其核心内容。"本原"是本体论中的一个术语，指一切事物的最初根源或构成世界的最根本实体。哲学上对"本原"的思考凸显为一种刨根问底的探寻精神，始终把理解世界的"始基"或"构成要素"作为研究知识结构的第一问题。因此，本原性知识是知识域中最核心、最具深层性的知识。知识结构若未能触及本原性知识，则至少不能算是好的学习对象。

本原性知识需要本原性问题进行驱动。借用哲学中对"本原"的理解和思考方式，从学科教学角度来探讨促进学生深刻理解学科内容及其本质的"本原性问题"，即考虑对师生尤其是学生而言，哪些问题反映了该学习主题中最为原始、朴素、本质的观念、思想和方法。"问题驱动"是从教学法设计角度而言的，"问题"是人类天然好奇心的表现，也是激发学生学习的原动力。课堂教学如果能设计几个系列问题，环环相扣，把学生的学习分层引向深入，那么就可以有效地激发学生理解和体验到学习内容的本质。[①]

如前所述，本原性知识需要"高观点"理念为其提供依据，从而为形成深层知识结构提供可能。从科学数学的角度去审视小学数学，可以帮助我们更加深入准确地把握其内容，以便于高屋建瓴地指导小学数学教学。[②] 对于概念的理解，其意义处于不断发展和演变之中。在不同的情境下，同一概念会有不同的表现、不同的形式，每一概念都具有一定的复杂程度，特别是，就只有在与其他概念所形成的网络中才能全面地理解它。所以不能仅仅局限于逻辑线索（特别是本单元教材体现的逻辑线索），而是要通过将来知识的引导帮助学生建立整体性的概念网络。从这一角度来说，我们需要有居高临下的教学视野。例如，对于自然数的认识，严格的自然数理论是用公理化方法建立起来的（皮亚诺公理系统），自然数的运算也是经过严格定义的过程；但在小学数学中，更多的是接触关于自然数的一些较为基础的认识，如自然数的由来，自然数的读法和写法，自然数的运算法则。前者是对自然数的严格定义，后者是对自然数的简单描述。显而易见，这两者间的差别还是相当大的，但它们之间的联系也是我们不能忽视的。我们可以把后者作为认识自然数的起点，前者作为认识自然数的最高形式。以严格工整的符号形式表

[①] 钱民辉. 教育社会学：现代性的思考与建构[M]. 北京：北京大学出版社，2004：248-249.
[②] 张奠宙，孔凡哲，黄建弘，等. 小学数学研究[M]. 北京：高等教育出版社，2009：5.

述丰富的自然数是一种美，以简单明了的形式让所有人都可以对自然数有一定认识并使用它又是一种美，两者的联系可以促进两者的共同发展。①

但这里可能会存在误区，即把"高观点"下的数学教学理解为超前学习。超前学习的风险较大，如果小学数学教师不具备较高的教学设计和教学智慧，这一"高观点"下小学数学教学实则是一种变相的补课，甚至某种程度上加重了学生认知上的负担。正因为如此，"高观点"下小学数学教学不能只是简单的超前学习，而需将相关的高阶数学知识有机地渗透进小学数学教学之中。②知识结构应是深入浅出的简单结构，在此意义上，它还应具有一定的留白，要为学生自主建构知识留有余地。

此外，知识结构应是表层结构和深层结构的结合。本原性知识更多指向深层结构，而深层结构也应蕴含着表层结构，从而构成一种具有层次性的知识结构。但与此同时，也不能仅仅从本原的角度来考虑知识结构，这意味知识结构并不是越深越好，也不是越简单越好。在考虑该问题上，不能运用绝对的简单性思维。知识结构背后是知识领域，知识结构本身也有大小、层次之分。在教学意义上，每个单元所对应的知识结构应是恰当的，而不应过深或过浅。因为过深或过浅都不利于学生数学思维与数学核心素养的发展或培养。

（四）知识结构与大概念具有一致性

对于知识结构本身来说，结构性是其最根本的特性，这意味着知识结构不应是所有涉及的概念都包含在内的繁杂体系，而应是几个核心概念之间的关联。实际上，知识结构所对应的结构化知识具有丰富的别称，如核心知识、起点型核心知识、关键知识、大观念、大概念等。

"大概念"是被研究最为丰富的概念。研究者认为，大概念是被抽象、概括出来的具有联系、整合作用并能被广泛迁移的概念。③这一表述与知识结构是相通的，知识结构是相互关联的各种大概念所形成的整体，而大概念则是知识结构中的关联节点。譬如，有研究者将度量作为小学数学的大概念之一，其具有"统摄"数的认识和数的运算等知识的作用。度量视角下的"数的认识"的核心是计数单位，且度量视角下的整数、小数及分数四则运算的算理具有高度的一致性。以度量为核心，可以将数的认识、数的运算等统一起来，并形成相应的知识结构。④

由此可见，知识结构中的关联节点不一定全都是大概念，基于知识逻辑的需求也需要其他概念的辅助。有时候，可能恰恰是作为整体的知识结构才能体现出某个大概念的

---

① 陆世奇.基于单元知识结构的小学数学教学设计案例研究[D].南京:南京师范大学,2017:34.
② 彭亮,徐文彬."高观点"下小学数学教学的实践偏向、策略及其核心旨向[J].南京晓庄学院学报,2020,36（4）:37-41+52.
③ 李松林.以大概念为核心的整合性教学[J].课程·教材·教法,2020,40（10）:56-61.
④ 张平,潘禹辰,徐文彬.大概念下小学数学的知识理解与教学改进:以度量视角下的"数与运算"为例[J].教学月刊小学版（数学）,2022,641（10）:50-54.

内涵。总的来说，两者都内蕴着整体性思维。

值得注意的是，不能把知识结构理解为一种"笔记式"的内容概括，那只不过是把原有的课程内容换一种形式呈现而已，这只是一种表层的加工。实践中，可能会有老师将知识结构理解为此，他们按照教材的顺序，以结构图的方式把教材中的知识进程展现出来，主要呈现为先教什么内容，后教什么内容。从字面意思上来说，教师教的这些内容，确实也就是学生所学的内容，但这与本研究所要表达的学习内容（即知识结构）是不相符的。

知识结构应是围绕重要概念而联系和组织起来的。它既是简单的结构，又是复杂的关系体。知识结构的提出有助于超越事实性、符号性、表层性的知识理解，并有助于挖掘知识背后所隐含的思想、意义、思维方式。这种特定的思想、思维方式，正是作为知识的内核。[①] 略带修饰地说，其应具有"言外之意"，知识结构抓住的是该内容的主轴，这意味着可以基于该结构不断地扩充内容。可能结构图中的一个概念或者一组关系需要一节课甚至多节课来体会，而学生对这个概念、这组关系进行内化，并能基于此解决各种问题，生成一系列的数学语言，形成相应的数学思维等时，那么简单的结构就生发出了"言外之意"。此外，也可以用"冰山"隐喻来阐明：知识结构既需彰显水面上可以明述的文本意义，也应揭示水面下未能用语言阐释的文化意蕴。

（五）知识结构内蕴着数学史

知识结构也应结合相关的数学史，以丰富自己的内涵。数学史可分为内史和外史。数学发展的内史，是指数学自然演变的真实历史状况，而不是指数学内在逻辑结构的发展历史；数学发展的外史，则是指数学与社会各层面（包括数学各分支学科之间、数学与其他学科尤其是物理等自然科学、数学与技术、数学与政治、数学与军事、数学与艺术、数学与历史等）之间的互动，即促进或阻碍其发展的真实历史状况。[②]

一方面，数学史要能够在逻辑上展现数学知识的内在联系，呈现本原性知识的发展历程。在此方面，数学史关于某一知识的起源能够帮助小学数学教师知晓其产生之初的困惑与疑难，乃至其在人类探索中所经历的知识冲突。数学史关于某一知识的变化和发展的情况能够帮助小学数学教师更好地解析教材中知识的奠基性作用，更深入地理解其在数学发展中的作用，从而在小学数学教学中培育数学之根。[③]

譬如，在理解小数时，便可运用到数学史的知识。我国古代的小数是在计量中产生的。最早关于十进制计量单位的记载是贾谊的《新书·六术》："数度之始，始于微细。有形之物，莫细于毫。是故立一毫以为度始，十毫为发，十发为厘，十厘为分。"[④] 这里把"数"与"度"的最小单位都归于毫，开了后世数学家用度量单位表示小数位值的

[①] 郭元祥. 知识的性质、结构与深度教学［J］. 课程·教材·教法，2009，29（11）：17-23.
[②] 徐文彬. "教材分析与比较"的价值与意义：从数学教师专业发展的角度［J］. 教育研究与评论，2022，496（1）：69-72.
[③] 彭亮，徐文彬. 论小学数学教师教材分析素养的要素［J］. 教学与管理，2021，846（17）：56-59.
[④] 王渝生. 中国算学史［M］. 上海：上海人民出版社，2006：175.

先河。从数学上明确提出小数的是我国古代数学家刘徽,他在处理开方不尽问题时建议采用一种微数方法:"微数无名者以为分子,其一退以十为母,其再退以百为母。退之弥下,其分弥细,则朱幂虽有所弃之数,不足言之也。"[①] 这段话的意思是:微数不需要借助单位来标识其"零"位值,一退再退皆以 10 的整数次幂为分母,可避免通分引起的微数变化。可见,我国古代的小数计数延续了自然数的计数方式,也是十进制和位值制。[②] 这可为小数计数单位的学习提供依据。

值得注意的是,知识结构要对数学史进行再加工,以挖掘其中真正触及本原性知识的部分。譬如,在概念获得上,需要真正融通所教授的数学概念的历史发展于所选择的概念获得方式之中,并建构"过程向对象"的凝聚和"对象向过程"的展开的双向活动。[③]

另一方面,数学史与数学文化相关联,可为在文化意义上的数学教授提供载体。数学文化要想发挥其成效,就必须进入数学课程。而数学史则是数学文化融入数学课程的一种较好的载体。数学史与数学的关系密切,格雷舍曾说:"如果任何将一门学科与它的历史割裂开来的企图得逞的话,我相信,没有哪门学科比数学的损失更大。"[④] 在此意义上,数学史展示了数学产生、发展的过程,让学生认识到,数学学科的发展是由汇集不同方面的点滴成果积累而成的,它是劳动人民勤劳智慧的集中体现。通过数学发展进程中的主要人物、事件及其背景的介绍,可以使学生掌握数学的脉络,了解数学与人类社会发展之间的相互作用;通过古今中外数学家的生平简介以及基本数学思想方法,有助于学生吸取丰富的营养和经验教训,树立刻苦钻研、严谨治学、勇于探索、敢于创新、坚持真理的精神;通过不同文化背景下数学的比较,可使学生从更广阔的视野去认识人类文明的数学成就,欣赏丰富多彩的数学文化。[⑤]

二、怎么学?

以知识结构为学习对象,而学习者的目的在于将这一知识结构内化为自己的认知结构,怎么学的问题实际上是围绕着学习者的认知结构而展开的。首先,学习要基于学习者的已有经验而进行;其次,在已有经验的基础上构成新旧知识间的多重关联,这是学习起效的过程,也是认知结构发生变化的过程。而在此过程中,也是将作为学习对象的知识结构进行内化的过程,而知识结构内化最为核心的问题便是,基于已有知识结构认识相应的本原性知识,并将其内化,从而改变或完善已有认知结构。

[①] 郭书春. 论中国古代数学家 [M]. 北京:海豚出版社,2017:115.

[②] 张平,彭亮,徐文彬. 测量视角下小数计数和计数单位教学及其改进 [J]. 江苏教育,2021,1445(18):38–41.

[③] 徐文彬. 数学概念的认识及其教学设计与课堂教学 [J]. 课程·教材·教法,2010,30(10):39–44.

[④] 欧阳绛. 数学的艺术 [M]. 北京:农村读物出版社,1997:5.

[⑤] 刘令,徐文彬. 我国小学数学教科书中数学史料的分析与批判 [J]. 全球教育展望,2008,252(7):87–91.

（一）认知结构的基础：已有经验

传统认识论认为，学生是"一块白板"，因此教学就是向学生灌输知识。而"发生认识论"的诞生使人们对学生学习的看法从根本上发生改变：学生在进入课堂之前不是"一片空白"，而会带着具有个体性的已有知识，这种已有知识是影响学生学习的重要因素。皮亚杰指出，儿童的发展是通过同化与顺应两个彼此联系的主要过程，不断引起图式的形成与变化。这个过程实际上就是已有知识与新知的相互联系。一方面，已有知识为理解新知提供了起点，即学生总是会基于已有知识形成对新知的初步定位；另一方面，随着学习的不断深入，新知会成为"新近"的已有知识，为学生进一步理解"未知"提供起点。因此，这种从已知到新知再到未知的认知过程，就是把具有联系的知识结构"加工"成有意义的心理结构的过程，特别强调联系性以及意义建构。

此外，已有知识具有个体性，其与新知的关系是错综复杂的。在面对新知时，已有知识既可能是积极的，也可能是消极的；既可能影响新知，也可能被新知所影响。这就要求教师充分调动学生的系统思维，帮助学生激活已有知识，审视已有知识，精炼已有知识，在此基础上主动联结已有知识与新知，形成新知的理解内化过程。[①]

（二）认知结构的生成：新旧知识的多重关联

认知心理学认为，学习的直接性心理机制是学习者的认知结构。奥苏贝尔的有意义学习的过程其实就是，使符号所代表的新知识与学习者认知结构中已有的适当概念建立非人为的、实质性的联系。奥苏贝尔认为，有意义学习有两种方式，一种是产生于幼儿期的概念形成方式，由人的直接经验获得，某个知识符号对应性质相同的一类事物；另一种是概念同化方式，随着年龄增长，这一方式是新概念学习的主要方式。理解与有意义的问题解决主要取决于学习者认知结构中的上位概念和下位概念的可利用性。[②]在学习新知识的过程中，个体认知结构中原有的适当观念对新知识的学习起着固定的作用。因此，学习者如果拥有合理的知识结构，那么在学习的过程中就可以不受知识表面形似性的制约，而从知识的结构特性着眼，提高学习的效率与质量，进而发展自己的学习能力。

就小学数学学习而言，概念形成多是从大量实例出发，以学生的感性经验为基础，形成表象，再从表象归纳、抽象、概括出事物的某类"本质"属性，并提出各种假设，加以验证，以获得数学概念。概念同化指从学生已有的概念出发，以其间接经验为基础，直接揭示所学习概念的某类"本质"，以获得数学概念。[③]

[①] 陆世奇，彭亮. 基于单元知识结构的数学学习心理探微：以苏教版四年级下册第一单元为例[J]. 教育研究与评论（课堂观察），2017，340（5）：10–14.

[②] 奥苏贝尔. 意义学习新论：获得与保持知识的认知观[M]. 毛伟，译. 杭州：浙江教育出版社，2018：2.

[③] 徐文彬. 数学概念的认识及其教学设计与课堂教学[J]. 课程·教材·教法，2010，30（10）：39–44.

概念形成的获得方式多局限于较为原始或初级的数学概念的学习，而概念同化则多运用于较为高级或发展性的数学概念学习。因此，这两种概念的获得方式就各有其特点：前者侧重于从感性材料上升至表象，再从表象归纳、抽象、概括出所学习的数学概念的"本质"特征，并据此明确其相应的外延；而后者则多从已有数学概念出发，运用概念限制或概念概括的逻辑方法，分析、推演出所学习的数学概念的"本质"特征。①

如前所述，数学概念是一个"过程—对象"的对偶体。形成一个概念，往往要经历由过程开始，然后再转变为对象的认知过程，最终两者在认知结构中共存，并在适当的时候各自发挥其作用。在概念形成中，由"过程向对象转化"时需要三个方面的内部心理机制：（1）过程的内化，即操作过程脱离具体的情境，并上升为心理操作，不再完全依赖具体的操作对象或实际问题；（2）过程的压缩或凝聚，即将内化了的心理操作简化、归纳、抽象、概括；（3）对象的实体化或对象化，即在本质上把握概念。②

（三）认知结构的指向：知识结构的内化

知识结构具有客观性，但当其被学生内化后，便转化为自己的认知结构。知识结构具有一定的主观性因素，而这却为其转化为认知结构提供了可能。教学工作的主要目标并不是促使学生建立关于相应知识的逻辑结构的牢固记忆，而应帮助学生形成适当的认知结构；教学中既应充分调动学生已有的生活经验，同时又应当帮助学生清楚地认识超出"日常数学"上升到"学校数学"的必要性；不应将知识、技能的学习与学生情感、态度和价值观的培养绝对地对立起来，而应很好地实现其相互渗透与必要整合。③

相比知识结构，认知结构更关注学生的学习过程，即学生把外在的知识结构内化为内在的自我的认知结构之中的过程。对于学生来说，围绕在一个较为客观的知识结构上，形成自己的独有的认知结构，其可以在已有知识结构的基础上，形成自己的理解。因此，认知结构具有个体性，每个学习者怎么形成认知结构，最终形成怎样的认知结构，具有多种可能性。但它们都不能完全脱离知识结构而形成，而是在知识结构之上的心理加工。

从教学意义上，研究者需要形成对学生认知结构的预设，但同时也为学生在预设之上的生成提供机会。怎样学，基础点即是形成认知结构的过程，但达成这一结果的过程是丰富多样的。知识结构并不是直接教给学生的，而应是学生在活动过程中自主生成的，学习过程的活动性是需要强调的重点之一。认知结构应在教学活动中逐渐形成，这强调了经验性，"让学习者和知识产生联系的方法是让个人的想法同客体、经验或其他学习者的先有概念进行直接对质。"④ 同时也强调了知识运用的重要性，知识结构是知

---

① 徐文彬. 数学概念的认识及其教学设计与课堂教学［J］. 课程·教材·教法，2010，30（10）：39-44.

② SFARD A. On the dual nature of mathematical conceptions: Reflections on processes and objects as different sides of the same coin［J］. Educational Studies in Mathematics，1991，22（1）：1–36.

③ 徐文彬. "小学数学的研究"三十年：回顾、反思与展望［J］. 教育研究与评论（小学教育教学），2013，144（2）：5-8.

④ 焦尔当. 学习的本质［M］. 杭零，译. 上海：华东师范大学出版社，2015：73.

识运用的条件；知识运用是知识结构的目的；知识结构与知识运用应相互转化、融为一体。①

与此同时，认知结构可以引导教师关注知识逻辑与心理逻辑的统一。教师应该把握学科逻辑与心理认知间的张力，形成逻辑—认知折中的"思考视窗"。②在杜威看来，"教材应从学生现有的经验出发，选择适合学生经验准备状态和认知发展水平，并能够促进学生进一步发展的顺序或方式来展开教材。"③因此，认知结构的过程性要同时包含着知识过程和心理过程，是两者的并行。

作为一种预设，我们可以认为，学生的学习过程具有一定的阶段性。一方面，他们具有一般性的认知水平（具有年龄特征）；另一方面他们在某个知识的学习过程中，对该知识的认知也存在多个层次。因此，认知水平是认知结构的一种具体表征，体现了学生在何种程度上掌握了某种知识。对于认知水平的研究，例如，在数学推理能力的水平划分上，PISA将推理能力分为三个水平：再现水平、联系水平和反思水平。④基于此，徐斌艳等人将数学推理能力分为：记忆与再现；联系与变式；反思与拓展。⑤此外，王小宁提出了对数学推理能力层级划分的理论构想：由高到低分为程序化水平、自动化水平、直觉水平三个层级；而王骧业等人的划分方式则考虑到了推理本身的过程与性质，得到的五个水平为：不会推理；单纯重复前提；自由联想；推理基本正确，但概念不周延；推理出合乎逻辑的正确结论。⑥这些研究可以为学生如何学习和掌握数学推理提供依据。

与之相关的另一方面是学习路径，即按照怎样的顺序来学习某个知识的路径。这与学习轨迹的研究相关。轨迹的概念源自一个普遍的观察结果，即学生经过教学干预后，习得的知识和技能会由少增多、由浅入深，掌握程度与教学干预显著相关。1995年，Simon在阐述为理解而教的数学教学法时，首先提出假设学习轨迹，用以帮助教师对学生学习过程中可能经过的路径进行预测和干预。⑦假设学习轨迹指在某个数学主题下，通过一系列教学任务推测得到的学生思维和学习的路径，这些教学任务旨在推动学生的思维发展水平，帮助学生实现阶段性数学学习目标。⑧假设学习轨迹包含了"学习目

---

① 张良. 深度教学"深"在哪里?：从知识结构走向知识运用[J]. 课程·教材·教法, 2019, 39(7)：34-39+13.

② 罗英, 徐文彬. 数字时代教师教材理解的范式转换[J]. 课程·教材·教法, 2021, 41(12)：11-18.

③ 杨九民. 后现代教学观对教材结构设计的启示[J]. 软件导刊, 2005(1)：7-8.

④ 綦春霞, 王瑞霖. 中英学生数学推理能力的差异分析：八年级学生的比较研究[J]. 上海教育科研, 2012(6)：93-96.

⑤ 徐斌艳, 等. 我国八年级学生数学学科核心能力水平调查与分析[J]. 全球教育展望, 2015, 44(11)：57-67+120.

⑥ 王骧业, 孙永龄. 8—12岁儿童类比推理研究[J]. 青海师范学院学报（哲学社会科学版）, 1981(4)：77-82.

⑦ SIMON M A. Reconstructing mathematics pedagogy from a constructivist perspective[J]. Journal for Research in Mathematics Education, 1995, 26(2).

⑧ CLEMENTS D H, SARAMA J. Learning trajectories in mathematics education[J]. Mathematical Thinking and Learning, 2004, 6(2).

标、学习过程以及学习活动"三个要素。学习目标是教师期望学生学习一段时间后达成的目标，通常依据课程标准或继续学习的起点设定；学习过程是教师对学生的思维和理解将如何在学习活动下发展的预测；学习活动是教师依据学习目标和学情对教学活动的设计。① Clement 等人认为，教师在进行教学设计时，如果能够基于教学经验安排适合学生思维发展的教学活动顺序，将大大有助于学生达到预期目标。②

这种路径的安排需要综合考虑前述几个方面，它应是知识逻辑和心理逻辑的统一，并体现出一定的认识水平的提升。譬如，在学习小数时，便可以建构"整数—小数—十进制数"的学习路径，从而将这几个概念关联起来。小数教学需基于整数与小数之间的联系建构学习路径。谢尼娅·瓦姆瓦库西（Xenia Vamvakoussi）指出，自然数作为小数学习的先在知识，其可能会阻碍学生对小数的理解，主要反映在两个方面：（1）自然数的离散性与小数的连续性之间的矛盾；（2）自然数的符号表示是唯一的，而小数则不唯一。她提出了相应的策略：理解小数需要对学生先前知识进行重组，即概念变化（conceptual change）。对此，她强调，概念变化不能通过附加机制（即将自然数的认识机制直接附加到小数上）来实现，使用附加机制是误解的主要原因之一。当将新信息添加到不兼容的知识库中时，会产生合成模型，即一种将多种认识机制共存的认知模型。其进一步指出，误解与合成模型都是学习过程的一个阶段：学生对小数概念的获得是一个渐进过程，是通过产生并反思一系列的误解或合成模型，最终形成一个稳定的概念。③

这启发我们在教学中要反思小数与整数之间的联系与区别。特别地，教师往往引导学生像看待整数一样看待小数。譬如，比较 0.2 与 0.18 的大小时，将它们看成 20 与 18。这在教学初期是一个让学生接纳小数的有效方式，但对小数的认识不能仅停留于此，需要寻找适时的契机促进概念变化，让学生能够抛弃整数的附加机制来学习小数。学生在小数学习中必然会产生多种认识机制共存的混乱阶段，即小数理解的合成模型。教学的重点在于通过一系列教学活动使学生从混乱的合成模型向稳定的概念结构发展，并最终能够通过小数来反思整数，这可以促进学生发展一种十进制思维，形成把整数和小数都看成十进制数的"数整体"概念。④

（四）认知结构的核心：本原性知识的生成与内化

知识结构的内化，其核心在于内蕴于知识结构之中的本原性知识的生成与内化。这往往需要以本原性问题作为载体，以促进认知结构的发展。

---

① SIMON M A. Reconstructing mathematics pedagogy from a constructivist perspective [J]. Journal for Research in Mathematics Education, 1995, 26 (2).

② CLEMENTS D H, SARAMA J. Learning trajectories in mathematics education [J]. Mathematical Thinking and Learning, 2004, 6 (2).

③ VAMVAKOUSSI X, VOSNIADOU S. Understanding the structure of the set of rational numbers: a conceptual change approach [J]. Learning & Instruction, 2004, 14 (5): 453-467.

④ 陆世奇，徐文彬. 基于理解性任务的小数理解调查研究 [J]. 课程·教材·教法，2022, 42 (2): 87-94.

课堂教学中的"本原性问题"是指课堂教学中师生互动、自然生成的"原发性"问题。这里的"本原性问题"既不是来自教师课前"自顾自"地精心准备好的问题，也不是某一学科发展史上推动该学科进步发展的"原始性问题"，更不是科学哲学家们逻辑建构起来的"科学发现的逻辑问题"。

因为，第一，如果来自教师的"问题"不能进入学生的认知场域，那么，教师的"引导发现"就只能成为"自说自话"的独角戏；第二，某一学科发展史上的"原初性问题"是整个人类当时所面临的认知场域中的问题，是否能够进入课堂教学应该说还有许多"中间环节"需要研究；第三，科学哲学家们所建构的"逻辑问题"只是一个理想化的、抽象的学科发展的简单"图式"，它要进入课堂教学还需要"教学法的再发现或再创造"。

在课堂教学中，只有既属于教师认知场域又属于学生认知场域，即属于两个认知场域交集中的问题，才有可能成为课堂教学中的"本原性问题"。

从学生所拥有的朴素的原始观念出发，用本原性学科问题来驱动课堂教学，实际上既尊重了学生主体的发展水平，同时也在一定程度上遵循了学科发展的历史逻辑，让师生共同体验到学科观念、思想、概念、定律、定理、规则和公式等不仅不是什么"天外来客"，而且还是人类在探究、理解和创造外部世界和内心世界中自然形成的智慧结晶。

本原性问题是一种流淌的思考学科教学的方式，它倡导运用哲学对"本原"进行连续不断的追问、刨根问底的探询之人类理性精神，来思考我们教学的学科和学科的教学，让师生共同体会到学科教学中教学主题的本质性问题、原初观念、朴素想法、核心思想、关键思路和方法等。[1] 认知结构通过本原性问题的引导，生成对本原性知识的理解和内化，这构成了认知结构的核心。

三、教什么？

在学什么和怎么学之后，问题转向教什么。知识结构不可能直接教给学生，需要学生在具体的活动过程中自主生成。那么对于教师来说，教学就不是直接呈现知识结构，也不是仅仅让学生记住所教的内容。毋宁说，教学教的是学生如何学习，这指向的是思维方式的问题。

对教师教学的关注包括：一是关注教师需要什么样的知识成为更好的数学教师；二是要看他们如何理解官方课程文件的理念；三是需要考察教师是如何理解学生的思考；四是如何对具体课程内容进行教学设计并实施，以帮助发展学生在具体数学内容上的思维水平。[2] 最终落脚于学生的思维之上，并且要与具体的数学内容相结合——这体现了教学的指向。

在小学数学教学中，数学思维的培养是课程标准的深层目标。深刻领会数学课程标准中的课程目标，即数学课程的育人价值，就其实质而言，就是培养学生的数学思维，

---

[1] 徐文彬. 课堂教学中的本原性学科问题研究 [J]. 教育研究与实验，2009，（04）：31-36.
[2] 徐文彬，STEPHENS M. 数学教师专业化科学范式研究的探索——评《数学教师专业行动能力导引》[J]. 数学教育学报，2018，27（02）：99-100.

是"小学数学课堂教学培养学生数学思维"的极其必要的前提条件,也是极其重要的"政策"依据或保障。而培养学生的数学思维则是培养或提升其数学核心素养的必由之路。[1] 在此意义上,要明晰教什么,应先知道思维和数学思维是什么。

(一) 思维和数学思维的内涵

一般意义上,作为主体的人是具有思考能力的,其主体性之体现即是其所拥有的思维方式。无思者同时也就是失去主体性的人,他们的生活方式只能是亦步亦趋,缺乏意义和创造性的。当然,不存在绝对意义上的无思者,同时也不存在无时无刻都在思考的人,每个人都会在某些时候,某些问题上选择不思,但这种"选择"也是一种智慧。思并不仅仅是有或无,恰当地思同样重要。一方面,教学应引导学生形成愿意主动思考的习惯;另一方面,教学也要引导学生养成恰当的思维方式。

思维指的是"人们的理性认识活动"。思维"作为对客观存在、物质及其规律性的反映",它是"以概念、判断、推理、假说和理论等形式,反映客观世界的能动的过程"。因此,从哲学认识论的视角来看,数学思维应该是指人们借助数学概念、判断或命题、推理、假说和理论等形式,对客观世界的量(包括数与形两个层面)的这一侧面及其规律性的、理性的和能动的认识过程与活动。

数学思维具有抽象性、建构性和过程的二重性,以及结果的双重性。具体而言,其思维的抽象性是指数学思维之抽象的间接性、结果的多样性和某种程度上的"任意性"(思想的自由创造);其思维的建构性是指相较于"客观世界的量"而言,数学思维之对象的"思想建构"(数学的对象是思想事物)或"形式建构"(数学的对象也是形式符号);其思维过程的二重性是指,就实际发生的数学思维活动而言,不仅存在着由"非形式"到"形式"的过渡(抽象或概括)过程,同时也存在着由"形式"到"非形式"的"具体化"(表象和直觉)过程;其思维结果的双重性是指不论是数学的陈述性知识还是数学的程序性知识,其实质上都包含着对象和过程这两个层面。[2]

此外,思维也是一个"物质—想象"的动态系统。因为思维是一种复杂的反省形式:"思维不是某些仅仅发生在'大脑'里的东西。可以把思维看作是由物质与想象这两种成分所构成的:它包括内在与外在的语言,感官想象的客观形式(譬如,手势与触觉),以及文化驱动下我们的行动。"也即"思维是一个'想象—物质'的混合体,不仅仅出现在大脑中,也通过大脑并呈现为言语、身体、姿势、符号和工具的协调"。因此,要研究思维的发展就必须整体地考察思维的"物质—想象"这一动态系统。[3] 这突出了数学思考的一个重要特点,即在大脑中解决问题。"数学地思考"就是"在大脑中"解决问题,而无须实际地操作(即使有"实实在在的"实际操作,那也只是"辅助的思维

---

[1] 徐文彬. 小学数学教师培养学生数学思维的教学准备[J]. 江苏教育, 2020, 1420 (89): 7-11.
[2] 徐文彬. 小学数学教师培养学生数学思维的教学准备[J]. 江苏教育, 2020, 1420 (89): 7-11.
[3] 徐文彬. 如何在算术教学中也教授代数思维[J]. 江苏教育, 2013, 816 (9): 16-17.

工具")。①

具体来看，数学思考的基本特征则是其思考对象的理想化、思考过程的形式化、思考结果的符号化。即便是小学数学中的数学思考，也是如此。数学教学既要有数学内容，也要有数学过程；既要有数学的概念与事实，也要有数学思考；既要有思考对象（尽可能）的理想化，也要有思考结果（尽可能）的符号化，更要有思考过程（尽可能）的形式化。这里的"尽可能"是需要教师运用自身的教育、课程和教材等的判断力，以及教学决策力，在实际教学中理性认识、具体把握和灵活掌控的。②

在对思维和数学思维有初步了解后，可以进一步分析，在学科意义上，数学学科思维意指什么，涉及哪些方面。

（二）数学学科思维的指向

学科思维，主要是指某一学科的对象、思想与方法、特征、追求及其内在关系，其核心是由此形成的学科思维方式。学科教学的目的，就其实质而言，便是培养学生相应的学科思维，使学生形成该学科特有的思维方式，进而发展其学力，提高其学习能力与知识水平。具体而言，包括以下几个方面。

1. 明确数学学科对象

以数与代数领域为例，数学的学科对象主要是抽象层次不断提升的名数、常数、变数、结构。小学阶段主要的数学对象就是名数和常数，稍有变数，亦稍有结构。因此，指导小学生学习数学时首先就应该引导其区分这些对象（同时区分数学对象与其他学科对象的不同），并在此基础上逐渐提升其所学数学对象的抽象性与延展性。

2. 掌握数学学科思想与方法

除明确数学学科对象之外，还要引导学生把握学科对象的来源、演变及其操作变换，这就需要我们掌握该学科的思想与方法。譬如，在指导学生学习数学时，教师就应该引导他们在不断明确数学对象的过程中，帮助他们掌握数学的理想化、形式化与符号化思想，以及归纳、类比与演绎推理的方法，进一步明确数学的对象，并体认数学的学科特征。

数学的理想化、形式化与符号化思想，首先就体现在其对象上。譬如，引导学生初识数时，我们可以借助这样一首儿歌：

0像鸡蛋做蛋糕，
1像铅笔细又长，

---

① 徐文彬. 关于数学文化视域中数学学习的构想[J]. 数学教育学报，2014，23（5）：1-5.
② 徐文彬. "教材分析与比较"的价值与意义：从数学教师专业发展的角度[J]. 教育研究与评论，2022，496（1）：69-72.

2像小鸭水上漂，
3像耳朵听声音，
4像小旗随风飘，
5像衣钩挂衣帽，
6像豆芽咧嘴笑，
7像镰刀割青草，
8像麻花拧又拧，
9像勺子能盛饭。

由于此时儿童的数学学习水平处于名数阶段，这种教学方式或教学方法无疑是有其独特的教育意义或价值的。但是这里的"像"仅仅就是"像"，除此之外，无任何数学之意涵。作为常数的0、1、2、3、4、5、6、7、8、9，无疑是理想化的、形式化的和符号化的数字（没有人目睹过抽象数字的"实体"）。

其次，数学的理想化、形式化与符号化思想还体现在其方法的运用上。譬如，简单的四则运算的竖式计算格式（就小学数学学习而言，由归纳而得）就极富理想化、形式化与符号化之特征；至于四则运算规律（就小学数学教学而言，亦由归纳而得；运用四则运算规律解决各类计算问题时，所运用的数学方法则主要是演绎推理或类比推理）就更不待言了。

方法是具体落实思想的手段，思想则是方法高度抽象与概括的结晶。因此，我们一般通称学科的思想与方法为"思想方法"。由此可见，学科思想的掌握离不开学科方法的运用，而学科方法的运用也离不开学科思想的指导。

3. 体认数学学科特征

就数学而言，其主要特征有这样三点：高度的抽象性、严密的逻辑性、广泛的应用性。数学的高度抽象性主要来自其思想方法的理想化、形式化与符号化，其严密的逻辑性主要来自其思想方法的推演性，其广泛的应用性则主要来自其高度的抽象性与严密的逻辑性，所有这一切都源于数学的对象，即客观世界中的各种量及其关系，而它们又具体表现为名数、常数、变数与结构等。

4. 体悟数学学科追求

仅就数学而言，其知识体系的一致性是指数学的任何理论或知识体系都不能有内在的矛盾与冲突，否则将得不到任何认可；其独立性主要是指数学知识体系推演的前提预设越少越好，它们之间最好不要有任何明显的或潜在的蕴含关系，否则数学的简洁之美将会遭到破坏；其完备性则主要是数学理论最好能够囊括其研究对象的所有真理或逻辑真命题，否则遗憾亦难免。现已明确，一致性是数学知识体系存在的必要条件；而独立性只是其美学上的追求，所有的数学知识体系在本质上都能够达成；完备性是其雄心壮志的充分体现，只有极少数的数学知识体系能够做到。

相比于现代数学发展的层次与水平，尽管小学数学的内容极为简单，但是，一致性是最不可忽视的追求。譬如，在小学中年段，学生学习正方形与长方形的关系时就已明确指出"正方形是特殊的长方形"，因此，此前所学习的长方形的定义"（在同一个平面上）四个角都是直角，且一个角的两边不一样长的四边形"就需要改变为"（在同一个平面上）四个角都是直角的四边形（与其边长无关）"。否则，无论如何也无法理解"正方形是长方形"这一命题。因此，抽象时机的把握就显得特别重要，过早与过迟都不利于学生抽象概括能力的发展。至于独立性与完备性，小学数学无须也无法做到。①

（三）数学学科思维举例

实际上，数学思维具有一般性，其思维方式是一个全过程：观察客观现象，抓住主要特征，抽象出概念；提出想要研究的问题，运用"解剖麻雀"、直觉、归纳、类比、联想和逻辑推理等进行探索，猜测可能有的规律；经过深入分析，只使用公理、定义和已经证明了的定理进行逻辑推理来严密论证，揭示出事物的内在规律，从而使纷繁复杂的现象变得井然有序，环环相扣。②

所有数学知识都是经过抽象而得到的，抽象性是数学的基本特征之一。抽象是数学教学中经常性、普遍性的思维活动，也是数学活动中最基本、最重要的思维方法之一。数学抽象教学的时机把握，既需要教师把教学立场真正转向学生的学习；又需要教师立足于对数学内容抽象特点的正确理解；也需要教师合理灵活地驾驭教材内容；更需要教师具备教学实践的理解力和灵活性。③

与此同时，数学思维也具有多元性，针对不同的数学领域或知识，可能运用不同的数学思维来应对。

1. "数与代数"领域的数学思维

在"数与代数"领域，算术思维和代数思维是一对相互关联的思维。算术思维的核心是程序或步骤及其遵守或运用，其思维目的是求得一个结果（数字），所以它是程序思维；而代数思维的核心则是关系及其转换，其思维目的是寻求各种数量关系之间的转变或转化，所以它是关系思维。但是，由于关系思维比程序思维对学生心智发展的成熟水平要求要高许多，所以直接在小学引入甚至渗透大量的代数内容可能是不可取的，也是行不通的。因此，可行的渗透方式应该是能够兼顾算术的程序思维和代数的关系思维的综合方式，而"准变量思维"的引入便是这种渗透方式。

---

① 徐文彬. 培养学科思维，发展学生学力［J］. 江苏教育，2015，961（9）：20–22.
② 丘维声. 用数学的思维方式教数学［J］. 中国大学教学，2015，293（1）：9–14.
③ 侯正海，徐文彬. 试论小学数学抽象教学的时机把握［J］. 课程·教材·教法，2013，33（9）：56–59.

所谓准变量思维，其实质就是把"常数"视为"变量"，进而把数量关系视为是变量之间的关系，并以此来引导学生"在算术中学习代数"（也在代数中运用算术）。因为代数就是字母（变量）的算术，而算术则是数字（常量）的代数。小学数学中存在着大量的准变量及其思维。譬如，各种竖式计算的横式改写就是例证，如 $3213=323+3210(=96+320=416)$，而 $323=23+303(=6+90=96)$，它们都是运用运算律的恒等变换。因此，准变量思维的引入可望打通算术学习和代数学习之间的障碍。

在小学算术教学中也教授代数思维的关键是，既要把握好算术与代数、算术思维与代数思维之间的区别，更要把握好算术思维、准变量思维与代数思维之间的动态关联：算术思维是常量（即确定的量）与程序思维、代数思维是变量（即不确定的量）与关系思维，而准变量思维则是关于"变化的数"（即，就"变化"而言，是不确定的；而就"数"而言，又是确定的）及其关系的思维。

尽管我们提倡、鼓励培养学生的代数思维，但我们也不能用准变量思维来代替算术思维，更不能用代数思维来取代准变量思维。因为数学思维的发展都是由低级向高级逐步演变而来，尽管不存在绝对的"线性关系"，但要超越其发展的某个特定阶段却是很难的。而大量的初中代数"入门学习"的不适现象就是最好的证明。[1]

2. "图形与几何"领域的数学思维

"图形与几何"领域中，突出对图形以及几何的整合，不仅是立体几何和平面几何的简单联手，更是综合几何（强调几何直观）和分析几何（强调几何推理）的相互渗透。譬如，"图形认识"一般包含直观认识概念、定义、构成要素、特点、关系等五个维度。但是，小学阶段的图形认识的教学实践却主要集中于前三个维度，较少涉及后两个维度。其实，关于"图形认识"的前三个维度（几何直观为主）的教学也可渗透后两个维度的几何推理。譬如，关于"多边形内角和的命题"的学习，就可以引导学生依据"三角形内角和等于180°"来进行推导（多边形划归为三角形的方式多种多样）；"三角形的任意两边之和大于第三边"的推导则可以引导学生通过运用"两点间的距离线段最短"这一公理来学习；而"正方形是特殊的长方形"的学习，如果不通过"长方形的一般定义"和"正方形的定义"之间的逻辑关系来学习，将是无法理解的。

3. "统计与概率"领域的数学思维

"统计与概率"领域中，教育统计学的思维方式坚持认为，尽管我们可能无法认识或理解教育世界中的诸多个别、具体的偶然现象或事件，但是，如果我们能够收集大量同类（重复）偶然现象或事件及其数量特征，那么，在理性主义指导下运用演绎主义所推崇的演绎逻辑，而建构的具有整体本质主义特质的数理统计模型或定量公式，我们就可以定量地发现这些众多偶然现象或事件"背后的"必然性，即教育统计规律，以解释或

---

[1] 徐文彬. 如何在算术教学中也教授代数思维［J］. 江苏教育，2013，816（9）：16–17.

理解教育世界中"偶然中的必然",甚至预测并控制教育事件的发生与发展,而不是仅仅把持"必然性寓于偶然性之中,偶然性是必然性的具体体现"这种"思维的辩证法"。①

而在小学的"统计与概率"领域教学中,则更强调以统计活动过程视角来进行教学。统计与概率的整合不仅是统计过程(强调统计方法与技巧)与可能性(强调随机观念)的简单嫁接,而且是内蕴随机观念的统计活动。因此,统计思维的培养就应该依据统计活动的过程结构来谋划、设计和开展,不能"掐两头、烧中段"。但是,现实的小学数学"统计与概率"的教学多是只关注"中段",而较少涉及"问题与目的""判断与决策"。所以,其教学效果并不理想,更无法培养学生的统计思维,亟须改变。因此,上述"统计活动的过程结构"的提出可望有助于这种改变的落实。②

4. 关联多领域的数学思维

此外,也有一些关联多个领域的思维方法。譬如,"数形结合"思想就是对"数"与"形"的结合。"数形结合"在小学是可能的;"寓理于算"(中国传统数学的特征之一)思想容易被忽视(推理是抽象的计算,计算是具体的推理,而图形则是推理和计算的直观模型)。数形结合思想的核心就是,数学的两大研究对象"数"与"形"之间的相互转化、相互表达和相互解决。而这种"相互转化、相互表达和相互解决"则是我们数学教学培育学生建立数学直观能力的重要方式。其实,这里有三层含义。首先是"以形助数",形象、直观地实现"由数至形"的转化与表达;其次是在"以形助数"基础上,促使"以形解数"的完成,实现"形"与"数"之间的相互解决;第三是在"以形助数"和"以形解数"基础上,帮助学生形成"数形结合"之数学直观能力,以便其更好地理解、学习与应用数学。③

类似的,"解决问题的策略"的学习,其核心即是思维方式的学习。策略是一种比较宏观的思考问题的思路,其背后可能蕴含着某种或某些基本的思想与方法。对解决问题的策略本原性理解,即对"策略"所蕴含的数学基本思想或方法的理解。而其中一个关键的因素即是体会策略的交叉性。④ 譬如,在"一一间隔排列"教学中,所蕴含的数学思想方法既有"一一对应",又有"分类",而其背后所依据的思维活动则是抽象与概括,以及"量化思维",而所有这些数学思想方法与思维活动都源自"一一间隔排列"这一概念或活动,与此同时,分析与综合始终贯穿其中。⑤

---

① 徐文彬. 教育统计学的思维方式及其基本思想[J]. 数学教育学报, 2007, 16(4): 17–19.
② 徐文彬. 小学数学教师培养学生数学思维的教学准备[J]. 江苏教育, 2020, 1420(89): 7–11.
③ 徐文彬. 数形结合思想的历史发展、思维意蕴与教学价值[J]. 小学数学教育, 2015, 196(10): 3–5.
④ 徐文彬. 数学"解决问题的策略"的理解、设计与教学[J]. 课程·教材·教法, 2009, 29(1): 52–55.
⑤ 徐文彬. 课堂教学设计中的三个基本问题:以小学数学"一一间隔排列"教学为例[J]. 当代教育与文化, 2015, 7(5): 47–50.

（四）问题中生成数学思维

上述众多数学思维案例的论述多是从一种知识逻辑的呈现，而在教学中，则往往需要从问题中生成数学思维。面对问题时，既需要有一般性的思维方式作为基础，以形成一般的解决问题的模式或路径；又需要学科思维作为依据，来具体地生成意义，并对问题进行回答；这需要教师的自我修炼，在教授学生如何思考的同时，也要不断地自我反思、审视自己的思维方式。

1. "数与代数"领域的问题反思

在教学"两位数减两位数的退位减法"时，当学生说出"37－19 也可以先用 30 减去 10，再用 9 减 7，然后……"时，教师会迫不及待地引导学生"再想想，不急"，试图把学生引回自己预设的轨道。其实，"37－19 = (30－10)－(9－7)"也是一种通法。当教师理所当然地认为学生在犯错时，其背后可能正是思维生发的过程。

在教学"加法运算定律"时，当学习"加法交换律"后可能会出现"你可以想一想，猜一猜，减法是否也有交换律呢"这样的追问。其实，数学猜想是建立在已有数学理论或知识（减法的意义），以及大量正面数学事实（没有反例）基础上的"一般归纳或概括"。众所周知，学习减法时，学生早已知道"3－2"等于"1"，但面对"2－3"不知道怎么办。所以，何来"减法交换律"之猜想？更无须否定猜想的学习过程。当然，把"分配律"归类在"乘法运算律"中也是不合适的，因为它是乘法对加法的分配律。

该例子涉及何为数学猜想的问题。一般而言，科学猜想是指针对"研究问题"，基于大量的"正面实例"，以及"得到证实"的学科知识或一般原理，与此同时还没有"反面实例"所提出的有关"正面实例"的"有待证实"的一般性结论。

而数学猜想则是指针对"数学问题"，基于联想，通过（不完全或因果）归纳或类比，提出"有待证明"的一般性结论的思维过程。在这个思维过程中，联想是前提，试验与观察是基础，归纳与类比则是其提升（对试验和观察结果的跃迁），其结果便是"有待证明"的猜想（一般性结论）。之所以称这"一般性结论"为猜想，就是因为它"有待证实"或"有待证明"，而且提出"猜想"时还没有出现"反面实例"或"反例"。因此，数学猜想的提出就不能有"反例"的出现，而这也就要求猜想提出者在提出猜想之前，要有主观上努力寻求"反例"的试验和观察过程，而且没有收获任何"反例"。在提出猜想时，如果存在"反例"，就不应该也不能够提出相应的所谓"数学猜想"，否则，就是"随想"。

一个猜想活动，要有联想的前提作为必要的积累；要有试验、观察的基础作为充分的过程；还要有归纳或类比的运用作为必要的跃迁。同时，即便我们总结、概括出的"一般性结论"已经超越了我们所列举的大量实例，也还是需要有一个"求反例而不得"的"自我否定的再否定"的思维活动过程。这就是"科学的质疑精神"在数学猜想中具体而生动的体现。

2. "图形与几何"领域的问题反思

在教学"角的初步认识"时,理解角的大小时会出现"一个角的大小与它的两条边的长短无关"这样的结论。其实,角的边是射线,其边长是无限延伸的。这里就在直观性和抽象性上产生了矛盾,直观地看角这一图形,可以看到其边的长短(因为此时实际上边被呈现为线段),而真正的角则需要学生把角的边抽象和想象为是无限延伸的。这意味着,在研究角的大小时,边的长短不应是讨论的要素之一(尽管不可回避),因为它本身是无限长的,而真正应聚焦的要素是两条边之间的张开程度。若教师自身拘于角呈现出的直观性,那么其本身在此也未能很好地发展数学思维。

3. "统计与概率"领域的问题反思

在教学"折线统计图"时,教师会"通过条形统计图导入折线统计图",却无法解决甚至无法解释学生在解决相关问题时,经常会出现的"该用条形统计图的却用了折线统计图,该用折线统计图的却用了条形统计图"等问题。其实,一般而言,条形统计图适用于离散数据,而折线统计图则适用于连续数据。所以,"通过条形统计图导入折线统计图"是否合适,或者是否需要改造,是需要慎重考虑的。[①]

同时,值得注意的是,如果我们任意拔高数学思维的"含量",而无法顾及儿童自身发展尤其是其数学思维发展的一般规律,那么,任何旨在培养学生数学思维的教学活动甚至数学课程改革或数学教育改革运动,都无法收获其预期的成效。

只要小学数学教师想在自己的课堂教学中真正培养学生"学会数学思维",就必须知晓"什么是数学思维"。但是,这只是"教会学生数学思维"的必要条件。想使其转变为"充分条件",还需要我们小学数学教师不断地研学数学与运用数学,成为数学教育的"自立"之人;不断地实践尝试与自我反思,成为数学教育的"自觉"之人;不断地拓展自己的视野,沟通数学各部分内容及其之间的内在关联、数学与其他学科或领域的关联、数学与儿童生活和社会实践的关联,坚信"数学育人",成为数学教育的"自新"之人。这便涉及教思维方法背后更深层的目的:数学文化的熏陶。

(五)数学文化的熏陶

思维教学的背后蕴含着深层的数学文化教育。数学文化教育把育人放在首位,把弘扬科学精神,养成良好的科学思维习惯,培养正确的科学态度,建立科学的世界观放在首位,这种教育符合教育是培养人的活动的内涵。[②]

数学文化教育所持的是一种"统一数学观"或"综合数学论",即:数学是科学性与人文性的统一体。数学的科学性也已变得越来越"可见"和"直接",而其人文性则显得

[①] 徐文彬.小学数学教师的专业发展与在职培训[J].教学月刊小学版(数学),2023,653(Z1):1.

[②] 刘令,徐文彬.我国小学数学教科书中数学史料的分析与批判[J].全球教育展望,2008,37(7):87–91.

有些害羞，总是藏在"科学性"的后面而被屏蔽，显得有些灰色；数学是一个由思想、问题、方法和语言等所构成的"复合体"，而其"公理化"的形式则只是其外在的线性的逻辑呈现形式；数学不仅是一个包含真理性认识的知识体系，它更是一个"为人"，因而也是"有人"的社会—文化活动；数学的真理是相对绝对的，而非绝对相对的，更不是绝对的。

　　思维与文化的融合，体现在数学的游戏性之上。游戏有"有待之游和无待之游。有待是有所依靠的，无待是无所依靠的"①。但学校（数学）学习，如所周知，它必是"有待的"，至于是否游戏则需另议。另一方面，游戏"始终被理解为其自身之外没有其他任何根据的活动"②。而学校（数学）学习却不仅"有所根据"，而且还有着众多的"根据"。由此看来，要使学校数学学习成为"游戏"尤其是"无待之游"恐怕有点勉为其难。但这只是学校数学学习的一个方面的特点，而如果能够从数学文化的内在尺度来分析学校数学学习，那么就很可能会得出一些"相反的"看法或结论。

　　希尔伯特的"有限数学"计划就是想探明"数学游戏"的所有"有待的"根据，而歌德尔的"不完全性定理"则表明，数学从总体上来说，是一个犹如德里达所说的"无底棋盘上的游戏"一样，是一个"无待之游"。也就是说，数学的绝对真理是不可企求的，而它的相对真理则是"边界内的游戏"或"有底棋盘上的游戏"，自由但"有待"。维特根斯坦则从"语言游戏"的角度对数学的"游戏"性进行了分析："数学是特殊的，但其特殊性不在于它拥有比人类其他活动更高贵的特权，而只在于它是一种特殊的语言游戏。"但"'一个数学命题的理解不能像大多数非数学命题那样，由它的词语形式来保证'。也就是说，在其他许多语言游戏中，词的理解可能有关键的意义，而在数学中，词只在关系中意义才凸现出来，由此，'在数学中，一般与特殊的关系与在其他地方的这种关系是不同的'。因而，证明才在古往今来的几乎所有数学中占据决定性的位置。"因此，"数学也仅只作为诸多语言游戏、语言模式之一种而有其独立的存在。这样，它就不再位于生活之外或之上，而是在生活之中。"③

　　由此可见，根植于"数学文化"的（学校）数学教育就应该重视通过游戏来促进学生对数学的学习。如果说"无待之游"的数学游戏比较超然，而不易于被引进学校数学学习当中的话，那么，"有待之游"的数学游戏则必然是现实可行的绝好学习活动："唤醒学生的最好的办法是向他们提供有吸引力的数学游戏、智力题、魔术、笑话、悖论、打油诗或那些呆板的教师认为无意义而避开的其他东西。"（马丁·加德纳语）④

　　在此基础上，同时也强调数学教学中的"整体、联系与转换"。教学应不仅是为了让学生会学，而且希望他们能够乐于学习数学而教他们经常去调节这些基本的整体结构，因为已有的整体结构总是有局限的"有待之游"，这是一种"超越式的教学"。

---

　　① 彭富春. 说游戏说［J］. 哲学研究，2003，（2）：39-45.
　　② 彭富春. 说游戏说［J］. 哲学研究，2003，（2）：39-45.
　　③ 叶闯. 数学：一种特殊的语言游戏：评维特根斯坦后期数学哲学［J］. 自然辩证法通讯，1992，（4）：26-32.
　　④ 王幼军. 数学中的游戏因素及其对于数学的影响［J］. 自然辩证法通讯，2002，（2）：12-17.

"联系与转换的"整体观,即在设计整体结构时应该超越现在正在学习的"数学知识单元"等有限的范围,而同时考虑可能的更大范围的整体结构。所谓"整体"不仅仅是指幼小衔接、小初衔接、初高衔接和大中衔接的问题,也不仅仅是指一节课、一个单元、一个章节或一学期的数学内容之间的整体性问题,更不仅仅是指现行数学课程标准中所提倡的"三种联系"——联系学生的生活经验与实际、注重数学各学科之间的联系、数学与其他学科之间的联系等,它更多的是指数学教师应该追求用一种"无待的"整体观来看待各种"有待的"数学学习,以使数学学习成为融"游戏性""流变性"和"融贯性"于一体的师生共同创造的"自由天地"。

而所谓"联系与转换"则是在上述"整体"意义上内在于其中的要求,否则,整体将不成其为整体。整体只有通过这"联系与转换"才能够形成、变化和发展,成为一个可能的、更大的、整体的一个要素或局部或"联系与转换"本身。

在数学中,如同在其他领域中一样,不存在最后的和绝对的真理,存在的只是大量的"有限规则内的"相对真理或"语言游戏"。这样一来,我们不仅可以看到整数计算、有理数计算、实数计算、复数计算等之间的一致性,算术计算与代数运算之间的一致性,还可以见到算术与代数中的计算、函数运算与几何中的变换等之间的一致性,甚至"生命的计算本质",即"符号的排列组合"。[①] 由此可见,数学思维的教学最终会进一步影响学生的一般思维方式,以及与文化相对应的世界观、人生观、价值观——这是数学思维教学的深层意义。

四、教的怎样?

在讨论完教什么这一问题后,随之而来的问题是教的怎样,即教学评价。任何教学都需要对"教的怎样"做出回应,这是对教学的价值判断。而这种价值判断也不能脱离前述的三个环节,而且评价应遵循学教评一致原则。评价不仅仅是要知道学生的现状,更应是促进他们核心素养发展的途径(内蕴需要对"评价中学习者错误的价值"进行探讨的必要)。

(一)评价的内涵:价值判断

评价是对教的怎样的价值判断:(1)但凡评价活动,都表现为人们对价值客体的态度。[②] (2)评价是主体在事实基础上对客体的价值所做的观念性的判断活动。[③] (3)教学评价的本质是对教学的价值做出判断,是评价者的主体需要与被评价对象的客体属性的一种特殊的效用关系运动,是对教学活动的整体功能做出的评价。[④] (4)评价从

[①] 徐文彬. 关于数学文化视域中数学教学的若干思考[J]. 课程·教材·教法, 2012, 32 (11): 39-44.

[②] 李定仁, 刘旭东. 教学评价的世纪反思与前瞻[J]. 教育研究, 2001 (2): 44-49.

[③] 赵明仁, 王嘉毅. 促进学生发展的课堂教学评价[J]. 教育理论与实践, 2001 (10): 41-44.

[④] 杨学良, 蔡莉. 关于发展性教学评价的理论研究[J]. 教育探索, 2006 (7): 45-47.

本质上说是对评价对象做出的价值判断，是人们对价值关系的认识或反映，是以人为主体，以价值关系为客体的一种主客体之间的新型关系。①（5）评价是被人体现、认同的事实，以及带有"价值依附"的认识、描述。②

此处的价值，首先对应于教，教的怎样是前提，存在于"教得好"的标准之中。这应与前述的几部分相一致。也即是学生所要学的知识结构学得怎样，学生的认知结构生成如何，与之相应的思维方式掌握如何等。

（二）评价的原则：学教评一致原则

学教评一致是评价的基本原则。在单元整体教学的理念中，教学评价的设置要在教学活动组织（即如何教的问题）之前完成，并且要保持与教学目标的一致性。正如安德森所说"目标的不同类型要求不同的评估方法，目标的相似类型有可能涉及相似的评估方法。"③

由于单元知识结构学习评价是结果导向的，所以，在设置教学目标和教学重难点的时候，就已经考虑到其与学习评价的一致性问题了。故，单元知识结构学习评价的设置，要将教学目标和重难点作为重要参考。一方面，教学目标和重难点是学习评价设置的重要依据；另一方面，学习评价的结果也可以检验教学目标与重难点的合理性，作为教师教学经验和教学反思的重要组成部分，可促使教师不断调整自己的教学设计。

1. 教学目标的参照

教学目标的确立包括两个层面，一是理论层面的现有的教学目标分类理论或框架，如布鲁姆的教育目标分类理论、三维目标分类体系等，都可以作为教师确立教学目标的参考。另一层面是经验的层面，即教师可以结合对教育目标理论的理解和自身的教育经验，对单元教学目标进行个体把握。这两个层面同样也适用于学习评价环节，可以借鉴现有的学习评价理论框架，例如，目标模式理论、CIPP模式理论等相关评价原理和评价机制，搭建单元知识结构学习评价的框架，也可以根据自身教育教学经验和对学生的了解，针对学科核心素养的相关要求，对现有评价框架进行较为灵活地选择和调整。

2. 学习评价的反馈

在结果导向的评价模式中，学习评价和教学目标其实是相互对应的，教学目标和学习评价的关系就是相互影响和相辅相成的。一方面，教学目标为学习评价提供了前提和依据，是评价学习结果时所必须考量的重要标准。另一方面，评价作为一种反馈—矫正

---

① 李秉德. 教学论[M]. 北京：人民教育出版社，2001：307.
② 张民选. 回应、协商与共同建构："第四代评价理论"评述[J]. 外国教育资料，1995（3）：53–59.
③ 安德森. 学习、教学和评估的分类学：布卢姆教育目标分类学修订版[M]. 皮连生，等，译. 上海：华东师范大学出版社，2008：8，绪论.

系统，在教学过程中的每一个步骤上，用来判断该过程是否有效。因此，学习评价的结果又可以促使教师进行教学反思，包括在学习活动开展之前所确立的教学目标是否合理，学习评价的方式是否符合学生的认知和心理发展需要，以及学习评价的结果是否真正科学地体现了学生的认知发展和能力水平等等，综合了这些教学反思，在后续的教学过程中可进行相应地调整。

3. 单元知识结构的引导

单元知识结构作为整体教学设计模式的基点，是需要在教学设计模式框架体系中一以贯之的。在此，单元知识结构其实是指向了评价的内容层面，因此，学习评价要从已确立的核心知识点出发，致力于评价学生理解和把握知识的能力，以及知识学习系统性和连贯性的程度。概言之，学习评价同样需要从单元学科知识、学科间或相关领域知识以及经验性知识的内、外关联出发，判断确定学生按照既定的教学目标，通过一系列的学习之后，发展到了何种程度。

内部关联主要指向了单元学科知识。学科知识体系是单元知识结构的核心，在这个语义下，从时间的纵向维度来看，往前推，会有先前知识经验的联结；往后推，将有新学习知识的推进。传统"单篇"教学模式，往往人为地割裂了知识之间的联系，而单元知识结构的内部关联就是要打破以往知识之间零散分布的状态，从统整知识的角度将知识学习先前与后续之间的联系打通，这个联系的纽带便是单元知识的内部关联。即使在单元知识结构的外部关联层面，如学科间或领域知识以及经验知识，其外延性和拓展性也是以内部关联为轴心的。在学习评价中，内部关联的核心意义依然存在，并且能够通过学生的学习结果得到很好地反映或呈现。

外部关联主要指向学科间或领域间知识以及经验性知识。在此，外部关联是相对于学科知识而言的，并不是独立于单元知识之外的存在，只是相对于单元学科知识核心而言，外部关联指向了合科课程的维度。其实在人类历史早期，在知识论上，并没有将学科区分而来的习惯，最早的逻辑学其实来源于哲学，在现在看来是属于人文社会科学了。只不过是到了近现代，知识呈爆炸式速度增长，人们在有限的时间内并无可能将所有的知识囊括脑中，"术业有专攻"也成了一个响亮的时代教育口号，所以才有了对知识的分类，在教育教学中也才有了文科和理科的区分。但是，对知识做学科上的区分也仅仅是为了形式上的方便，并不代表学科知识之间关联的切断。因此，外部关联可以看作是单元学科知识在应用、拓展和延伸方面的提升。

在此，需要明确的是，单元知识结构的内、外关联并不是相互割裂的，在此做区分只是为了行文和思路上的清晰，内外关联最终会统整在单元知识结构中，也将会在学习评价中得以充分体现。因此，在确立学习评价的过程中，根据已确立的单元知识结构，重点考查学生对于所学知识以及掌握能力的深度和广度，具体体现在对知识内容系统的把握、对知识的应用、迁移与创造等方面。

4. 学生学习心理的发展

对单元知识结构的学习评价，需要充分考虑到评价对象的认知发展水平和心理发展规律，尤其是在学习开始时的准备状态、学习过程中的心理状态和学习结束后的认知状态，都可作为评价标准的重要参考。因此，之前建构的学生学习心理过程，在确立评价依据的时候具有重要的借鉴意义。

教师对学习评价的心理预期。从构建单元知识结构学生学习心理开始，教师在这一环节所做的心理活动建构都是预设的。因此，教师对学习评价的心理预期，需要借鉴学习心理层面、教学心理层面以及教育经验层面的考量，然后通过一段时间的教学活动，根据学生的学习状态和过程性评价，对学生大致掌握的学习结果应当有一个预先设定的结果。这个结果会影响到教师对学生学习评价的方式、评价的内容以及评价的结果。

教师对学习评价结果的反思。教师在制定评价方案时，要考虑到这个评价方案会对学生产生哪些实质性的影响，包括学习评价结果和学生心理。学习评价结果，是指经过一阶段的学习之后，对学生学习知识、能力等的评定，主要通过"学业测量+学习表现"的综合方式呈现。学生心理更多地关涉到评价结果对学生下一步学习所产生的影响，包括积极的影响和消极的影响。尤其是针对不同认知水平和层次的学生，教师要反思单元知识结构的学习评价是否是合理和行之有效的。在进行学习评价之后，教师根据既定的评价结果，会做怎样的教学反思，将会直接影响到教师自身教学水平的提升。[①]

（三）评价的指向：发展核心素养

与教的怎样的问题最为密切的是学的怎样的问题。对于教师来说，其更能控制的是自己教的怎样，但却不能控制学生学的怎样，只能通过教的怎样来影响学生学的怎样。教的怎样需要对学生学的怎样进行预设，充分考虑学生学习过程中的各种可能情况。如此，评价不仅仅作为价值判断，也可作为后续教学决策的依据。

因此，评价本身需要具有发展性，即能够通过评价来促进学生核心素养的发展。譬如，在对小数的意义和性质单元进行知识结构学习评价时，可以设计相应的理解性任务作为评价工具，基于迁移程度、情境类型、线索提示和问题程度可以分为多层次的小数理解任务（见表1-1）。[②]

[①] 李永婷. 单元知识结构整体教学设计模式研究［D］. 南京：南京师范大学，2018：116-119.
[②] 陆世奇，徐文彬. 基于理解性任务的小数理解调查研究［J］. 课程·教材·教法，2022，42（2）：87-94.

表1-1 "小数"的理解性任务层次

层次	描述	小数理解任务示例
层次4	远迁移；陌生情境；没有线索；创造问题并解决	500.00是小数吗，为什么？
层次3	近迁移；较陌生情境；有一些线索；发现问题并解决	情境：两位同学去超市买钢笔，他们买的钢笔价格分别为12.00元与15.50元。小红说："我们买的钢笔价格一个是小数一个是整数。"小明说："两个都是小数。"小红把12.00改成了12，然后说："现在是整数了吧。"小明还是坚持说："是小数，改了还是小数。" 问题：请你评论这两位同学的观点。并给予充分的说明。
层次2	需要较小的迁移；熟悉情境；有较多线索；解决问题	举例说明小数由哪些部分组成？
层次1	不需要迁移；熟悉情境；有操作指示；进行操作	500.00的小数部分与整数部分分别是（　　）；499.99精确到的百分位是多少？

以层次4的问题为例，该任务可以通过学生们的回答来揭示他们对小数意义和性质的现有理解，以作为他们学习该内容的起点；也可以作为对刚学习的各种意义和性质的强化，让学生表达他们对该问题的看法来看看他们对新学知识的掌握程度；而作为总结性评价时，则需要观察学生在何种程度上掌握了小数的意义和性质，以及他们的错误有哪些，这些错误背后的原因是什么。

由该例子可以看出，评价具有多层次性、多形式性。但它们都不能仅仅知道学生的答案是什么，而需要探究回答背后的思维，同时也要通过题目本身引导学生去思考，去强化其所学的知识，这是评价所追求的发展性。

（四）评价中学习者错误的价值

由上述例子可进一步引申出另一个话题，即评价中对待错误的态度。作为价值判断的评价，难免对主体的对错、好坏进行定性。这是必要的，但却不是全面的评价。那些所谓的坏、所谓的错，往往并不是一无是处。这意味着，学生犯错不一定是没有思考，其背后可能有非常具有逻辑性的思考过程，只是其价值标准与一般价值标准不同。如果我们只是单纯告诉他们，你们错了，而没有让他们意识到他们的错误来自价值标准以及他们自己的逻辑性，那么他们就算改正了错误，也没有内化成相应的知识，更没有发展他们的思维方式。

还是以小数的意义和性质为例，研究者概括了学生学习小数的可能困难。这些困难体现在多个方面，结合国内外已有的小数学习研究，可将主要困难分为小数的形式与意义两个方面。从形式上，小数的反直觉性使得学生不能很快地得到小数的心理原型。

譬如，相比于理解 2 盒饼干的意义，理解 0.2 盒饼干的意义要求学习者投入更多的思考以克服 0.2 在形式上的抽象性。不仅如此，学生对小数的形式也可能存在思维定式，即认为小数通常表示数量，而不是"整体—部分"关系（这种关系则被认为由分数表示），具体表现为相比于 $\frac{1}{5}$ 盒饼干，0.2 盒饼干的意义更难被学习者理解。从意义上，学生对小数的数位意义缺乏足够的理解，这可能会导致他们不能很好地理解密度属性。密度属性是指任何两个小数之间存在无数个小数，获得密度属性的概念对于之后学习并概念化有理数具有重要价值。而像整数、分数等其他概念对小数意义的负迁移是更常见的困难，最典型的例子体现在小数比较上。在小数比较任务研究中（decimal comparison task，DCT），研究者总结了整数思维（0.4 小于 0.12，因为 4 小于 12）、分数思维（把 0.4 当成 $\frac{1}{4}$，因此 0.4 小于 0.3）与负数思维（把 0.6 当成负数，因此 0.6 小于 0）等错误思维，这些都源于学习者不恰当地把其他概念的意义迁移到小数中。

因此，转换对学习者犯错的态度是此方面的前提条件：作为理解的必要发展阶段，错误的产生显示出某种合理性。学生的错误并不总是由于粗心，而可能是学生基于先前课堂学习和生活经验中形成的前概念，进行系统化思考的结果。而转变对学生犯错的态度使得这些错误成为一种重要的教学资源。其他研究者进一步探寻了学生犯错的价值：个体上，学生的错误模式是一个诊断学习困难和误解的有力工具；群体上，多数学生所产生的错误范例，可以用来揭示学生典型的概念误解。[①]

研究者指出，错误观念似乎就像野草那样不断地繁殖，并且对学生的吸引力也暗示了某些更为深层的强制性品质（譬如，"乘法所得的结果更大，除法所得的结果更小""图形即物体运动途径的照片""分数加法等于分子和分母的总和，两者保持一定的比率""长一点的数字要比短一点的数字更大：1.217 > 1.3"）。解释这些错误观念需要我们找到辨别这些例子的方法，在这些例子中，我们可以理解一般性的构成，并且认识到观点的延伸会在哪里产生错误。首先，"乘法所得的结果更大，除法所得的结果更小"对于大于 1 的有理数来说是有效的，但是如果扩展应用到 0 和 1 之间的有理数的乘法和除法的情况下就会出现错误。其次，在其他情况下，错误观念也体现了竞争性观点，它促使人们认识到需要进一步地理解概念应用的情境，以便选择正确的、可行的观点（譬如，我们知道有理数有多种不同的合法意义，并且通常需要根据情境来判断其他合适的选择）。最后，关于错误观念的研究常常引导我们考察这个概念的历史发展，但是，我们发现许多竞争性观点仍然存在一些值得争议的地方（其他可行的观念），这就表明永恒的概念胜利可能是文化、规则或逻辑相互作用的重要结果。

总体而言，错误观念明显表明学习不是观点和信念的简单堆积，也不是简单的纠正和替代，学习的过程是循环的，在知识的广度和深度方面不断累积的过程中，它要求回顾并修改这些观点，并要求仔细观察学习者的思想和感知能力。它进一步标志着个体的认识论观点和数学知识发展哲学可以被看成是与学习的理解相互联系的。在错误观念的

[①] 陆世奇，徐文彬. 基于理解性任务的小数理解调查研究［J］. 课程·教材·教法，2022，42（2）：87-94.

传统中，已有的批判主要针对这些术语的应用，即错误观念过分关注学生已形成的偏离传统的观点。因此，有研究者偏爱使用术语"其他可行的观念"，并借此来象征这些观点的潜在可行性。此外，强调理解学生推理的潜能也预示着建构主义的某些发展。①

值得注意的是，有些错误可能并不是由学生单方面造成的。从逻辑学的视角来看，任何问题或提问都预设该问题或提问所涉及的范围，即论域。所以，当问题或提问的设计者所预设的论域和问题的解决者（或回答者）所选择的论域不一致的时候，即使问题的解决者（或回答者）在其所选择的论域范围内所做的解答是正确的，也会被解答的分析者（以问题或提问设计者的预设为分析标准，而且分析者通常就是设计者）视为"错误"。我们认为，为避免出现这类"合理性"错误，问题（或提问）设计者应该明示其隐藏的预设。②

五、如何教？

如何教是单元整体教学最后关注的问题，但它也是最需设计的环节。关于"怎样组织与安排教与学的活动"这一问题，应该是教学理论研究的重要问题之一。但是，具体的教与学活动实际组织与安排却只能靠我们一线教师自己来完成。因为，尽管教学理论可以提供一般的组织与安排架构，譬如，新授课的结构一般都是"复习旧知—导入新知—教授新知—巩固新知—概括总结—课后练习"，但是，如何在一般架构指导之下组织与安排具体的教与学活动，则是我们一线教师自己的事情，任何人都无法替代，也一定不能替代。③

（一）"整体—部分—整体"的教学逻辑

在此，研究最为突出强调的是"整体—部分—整体"的教学逻辑。这一逻辑与知识结构是相一致的，对结构的掌握可以先有一个初步的、大致的了解，再具体深入其中的各个细节，体会各部分之间的关系。最后，再在整体的意义上回顾各部分，从而提升对最初的那个整体的理解。

最初的整体是知识结构的初步认识，此时的知识结构对于学生来说，还只是一个朦胧的问题域，其具有哪些要学习的要素，以及要素间的关系如何都还未触及，但学生可以知道学习的主题是什么，并且把这一主题作为后续学习的宏观统领。那么对于各个部分的学习就不是孤立的，而是始终为学习作为整体的主题而服务的。在主题的引领下，每个部分的学习就具有了关联性，譬如，对小数意义和性质的学习时，主题聚焦于对小数的理解，那么在先学习的数位意义和整体—部分意义这两个部分后，就可以以它们为基础来学习小数的基本性质以及小数初步比大小等，这要求学生以小数的意义作为工具

---

① 徐文彬，喻平，孙玲. 数学教育中建构主义三十年的发展与反思：早期发展的理论来源及其主导地位的确立［J］. 数学教育学报，2009，18（6）：13-15.
② 徐文彬. "数学概念学习中的错误分析"之分析［J］. 数学教育学报，2004（1）：45-47.
③ 徐文彬. 教材分析与比较的五个核心问题［J］. 教育视界，2021，215（23）：4-10.

来完成后续的任务。在教学完各个部分以后，可以再回到小数理解这个主题上，通过意义的体会以及意义的应用，可以对小数的意义有初步的，同时又是整体的理解。这使得最初朦胧的问题域转化为逐渐清晰的知识结构。更宏观地看，小数的数位意义和整体—部分意义又分别可以体现出其与整数以及分数的关联，这又使得这三种数构成一个数的整体，这是更高层次的知识结构。

"整体—部分—整体"是如何教的宏观指导原则。而落脚于具体的活动设计，第一个整体的意义在于强调带着整个知识结构来进行活动设计，也即预先生成完整的知识结构，这个知识结构是活动设计的出发点。而如何将这个整体呈现给学生，则需要教师的具体设计。

问题导向式教学是一种可能的尝试，其以问题作为主轴。理想情况下，一个问题贯穿于整个教学过程，该问题本身即是一个整体，而由此问题分解而出的各个子问题就是各个部分的渗透，最终的问题解决，就构成了第二个整体。

在进行部分的教学时，每个部分都要兼顾个体性和整体性。这是指，每个部分都有自己的独特性，在教学"部分"时，要突出其特殊之处，以显示其作为个体的价值所在。如此，学生才能深刻体会该部分的意义和内涵；同时，每个部分又都是整体中的部分，所以又需要从整体的意义上来理解部分，这要求学生在体会到部分的特殊性以后，思考其与整体的关联性，体会部分的特殊性在整体意义上的价值所在。在学习了多个部分以后，就可以逐渐看到各个部分的特殊性之间的联系和区别，以及它们如何共同构成整体的知识结构。

当然，教学既可以让学生先体会部分的特殊性，再体会部分的整体性，也可以让学生同时体会部分的特殊性和整体性。这需要教师恰当地组织教学活动，并根据教学内容的特点来选择教学逻辑。

（二）体现整体性的多样教学过程

"整体—部分—整体"的教学逻辑要具体地体现在各种教学过程之中。围绕该逻辑可以有不同的变式。学生作为独立的存在，有一个整体的认识系统；学习内容作为独立的存在，是一个整体的知识系统。学习过程就是这两个整体性系统之间的碰撞与融合。因此，不论是何种变式，都应兼顾这两个整体性系统。

在此，以问题解决导向式教学为例，其是一个可以体现整体性教学过程的模式。基于问题解决的学习起源于医学学习，是应对传统教学方式无法满足医学专业学生的实际职业需求而提出的新教学模式。其把问题作为学习的关键要素，以问题引导整个学习过程。迁移至更广泛的教学领域时，"问题"概念所指非常宽泛，指基于学习内容所设置的需要学生合作解决的各种任务，如问题/话题讨论、辩论、班级汇报、项目研究等。[①]

---

① 朱叶秋. "翻转课堂"中批判性思维培养的PBL模式构建[J]. 高教探索，2016（1）：89–94.

设计一个好的问题是基于问题解决的教学设计研究的首要任务。一个好的问题具有如下特征：（1）来源真实世界，（2）结构不良，（3）指向概念和原理，（4）兼顾自主学习与合作学习。与之对应，其教学目的包括：（1）培养实践能力，（2）培养创新型人才，（3）批判性思维和分析能力，（4）但不排斥基本知识与技能的掌握等。

基于问题解决的教学设计研究认为，教学的过程即是问题解决的过程。研究者提出了多种问题解决的步骤与环节，较为典型的包括"七步跨越"模式（即描述问题、定义问题、分析问题、确定欠缺、确定所需、实际获得与解决）和哈佛大学的"六步法"（组织学习小组、设计问题、自主探究学习、学习成果展示、多元评价和反思总结六个环节）。[①]

在此基础上，"问题解决导向式"教学模式是在"问题解决"教学模式及"问题教学"的基础上提出，不仅代表一种能够应用于实际的教学模式，还代表了一种教育理念。它是以"问题"为教学核心，以解决问题作为驱动力，让学生在突出重点、情境导入，提出问题、引发思考，合作探究、达成共识，巩固提高、拓展延伸这四个教学环节中学习知识、发展思维。这一过程注重教学各个环节之间的联系，强调"问题情境""提出问题""解决问题""拓展提升"的重要性，倡导师生之间、生生之间的互动与交流。

1. 作为一种教育理念

"问题解决导向"作为一种教育理念，强调学生学习的自我导向性。学生利用元认知能力自觉监控自身的学习过程，在表征问题、理解问题、分析问题、解决问题的过程中进行自我调节，从而在教师的引导下自觉评价自身的学习结果。此外，"问题解决导向"作为一种教育理念可以应用于各个学科中，相比于"问题教学"应用范围更广。这种教育理念给人文学科提供了改进教学的可能新途径。

2. 作为一种教学模式

"问题解决导向式"教学模式的建立是"问题解决导向"这一教学理念与实际教学实践活动的结合。旨在对传统的教学方法进行完善与改进，给教师的教学和学生的学习提供一个新的思路。"问题解决导向式"教学模式倡导以"问题"为核心，"问题"的提出可以是教师也可以是学生，教师针对学生有价值的问题组织探究活动抑或是学生根据教师所设计的问题情境提出自己想要探究的问题，更加注重了课堂的生成性与学习的自主性。此外，问题情境的选择需要贯穿教学的整个过程，强调了教学各个环节之间的统整性，使得教学有层次，能够循序渐进地促进学生思维的发展。[②]

除了问题解决导向式教学，还有一些其他体现整体性的教学过程。

从"类合"到"架构"再到"模块"。通常来看，学生在学习时，总是会接触到各种感觉材料。这些感觉材料是最直观、最基础的知识因子。随着这些因子的不断丰富，

[①] 向佐军. 整体任务问题式学习校本课程开发研究［D］. 杭州：浙江大学，2019.

[②] 安丹诺. 小学数学"问题解决导向式"教学模式的应用研究［D］. 南京：南京师范大学，2018：16–17.

学生需要对其进行进一步的处理，从而避免过多糅杂的知识因子在大脑中以混乱的形式存在，增加大脑的负担。这个进一步的处理就是类合，即给所接触到的具体对象赋予意义，再依据各个知识因子的某些性质或特点，将其进行分类与概括。类合是人类的一种本能，也是人类认识世界的一种重要方式，可以理顺、厘清知识因子的层次结构，减轻大脑的负担。这时，类合起来的因子就成了一种更高层次的类目，它是包含了对多方面因素的理解并能够与其他类目相互联系和区别的独立存在。基于类目之间的联系与区别，将各个类目进行更进一步的组合则是架构的过程，而架构的结果就形成了模块。可见，学习就是一种对知识因子不断类合与架构，从而形成蕴含高层次理解的类目与模块的过程，这个过程实际上就是构建知识的过程。对此，布鲁纳曾经指出：学习就是类目化，就是将各种知识组织分类，形成具有结构的知识系统。数学作为一门极具结构性的学科，类合自然就成为其学习的一种重要手段。

从"范例"到"运用"再到"综合"。数学学习不能单纯地基于抽象的概念进行操作，还要基于具体的现实、基于特殊的事例进行分析。数学本质的体现是其作为一门学科，既有抽象性，也有现实性；既有理论性，也有实践性。正如史宁中教授所说：数学虽然是抽象的、可以超越现实的，但是对于它的研究却必须借助于现实、借助于事例，这是数学的一个特点。因此，数学学习往往需要从"范例"开始。这里的"范例"就是指现实、具体且与抽象对象有足够联系的一种情境。作为教学的情境，它应该具有典型性与深刻性，能够触及学生的生活经验，使得知识更有效地呈现在学生面前。①

相比问题解决导向式教学，后两者更微观，偏向于聚焦于某个教学片段，而非一个完整的教学过程，但它们都以整体性作为最上层的指导原则。它们分别以问题、类目、范例为抓手，一步步建构整体的知识结构以作为教学过程的主要对象。当然，体现整体性的教学过程不限于此，还可以有更为丰富的教学过程变式，供教师自主开发。

（三）体现整体性的教学观念

除了对教学逻辑和教学过程的阐述外，还需要涉及体现整体性的教学观念。整体性的观念与"以生为本"的育人理念是一致的。要想在课堂教学中切实落实"以生为本"的育人理念，教师就应该更多地关注学生对自身学习过程与学习结果的主观感受（即学习效果），并据此来处理或协调课堂教学中的各种对成关系：课前预设与课堂生成，教师主导与学生自主，教学进程与学习进程，课本知识与学生经验，学科思维与学生思维，学生的个体差异和个别差异及其给予教师的启发，学生的学习结果和学习过程及其给予学生的主观感受，等等。②

---

① 陆世奇，彭亮. 基于单元知识结构的数学学习心理探微：以苏教版四年级下册第一单元为例[J]. 教育研究与评论（课堂观察），2017，340（5）：10–14.

② 徐文彬. 试论课堂教学设计的有效性：基于学习者学习效果的分析[J]. 江苏教育，2016，1009（C3）：13–15.

1. 数学教学中的"引发疑惑"

这里教师所应关注的是，通过课堂教学，学生是否感受到了疑惑、疑难与问题。常言道，"为学患无疑，疑则进也""学贵有疑，小疑则小进，大疑则大进"。其实质就是，学习务求疑问，若没有疑惑，则学习不会有长进；小疑问可能导致小进步，而大困惑则极有可能导致豁然开朗。其实，教学也未尝不是如此。可以想见，没有遗憾的教学肯定不是真实的教学，而真实的教学必然有值得改进或完善的地方，而这正是我们教师的教学困惑之所在。正所谓："是故学然后知不足，教然后知困。知不足，然后能自反也，知困，然后能自强也。故曰：教学相长也"。①

2. 数学教学中的"留有余地"

为培养学生的"数学的"反思性、批判性、创造性和超越性，我们认为，数学文化的教学就必须要"留有余地"。不过，这里的"留有余地"并不是指在课堂上"留有一手"，以待"课后"对学生进行"辅导""提升"或"拔高"；而是指，在任何数学教学活动中，数学教师都不应该"把数学教死"，即不应该把数学知识教成"一串无意义的"符号，而应该把数学知识教成"数学思想流变"的凝结；不应该把数学活动教成"小和尚念经，有口无心"的"步骤发现"，而应该把数学活动教成"数学方法游戏的""再发现"；不应该把数学的"社会建制"隐藏起来，并独独倾心于"数学的绝对性"，而应该把数学的"社会建制"作为"数学精神"的不竭追求的体现，数学学习的"融贯性"只有在这种不竭的追求中才可能达到。②

3. 数学教学中的"备而不'课'"

所谓"备而不'课'"不是说不需要备课，而是指在课前、课中尤其是课后都需要精心地去思考、设计和准备。这里的"备"就是准备，而且它还应该是全方位的、"整体—联系—转换"的无时无刻不存在的准备；而这里的"不课"则是指，不因一时一课而形成通常意义上的"教案"。在综合的"数学文化"观的意义上，"备而不'课'"就是要求我们对所教数学内容都要有一个丰富的"纵横交错"的理解与运用，并使得这些"纵横交错"的丰富关系成为教师个人的"血肉"烂熟于心，而不是仅此"自留地"一块。因为，只有这样，我们的数学教学才有可能使数学学习充满游戏性、流变性和融贯性；也只有这样，我们的数学教学才有可能既体现数学文化的科学性，又体现其人文性。③

---

① 徐文彬. 试论课堂教学设计的有效性：基于学习者学习效果的分析 [J]. 江苏教育, 2016, 1009 (C3)：13–15.

② 徐文彬. 关于数学文化视域中数学教学的若干思考 [J]. 课程·教材·教法, 2012, 32 (11)：39–44.

③ 徐文彬. 关于数学文化视域中数学教学的若干思考 [J]. 课程·教材·教法, 2012, 32 (11)：39–44.

4. 数学教学中的"游戏性"

游戏性也应是数学教学观念的应有之义。就每次数学教学而言，我们都不应该把数学知识、技能、思想和方法等看作是一个不变的知识体系结构，而应该把它们视为"数学文化传统约定下的"一种安排或选择——"有规则的游戏"，数学学习就是这"游戏规则"的"再发现"或"再命名"[①]，而在这"游戏规则"的"再发现"或"再命名"过程当中，可能还会出现新的非"数学文化传统约定下"的新规则，这也就是所谓综合的"数学文化"中的数学的创新与发明——"数学文化"发展的一种方式，而非专门的"数学文化"发展的研究方式，即数学家和数学工作者们专门从事的事业。[②]

第二节 小学数学单元整体教学设计的实践解读

本章第一节从理论上探讨了五个方面的问题（即，学什么？怎么学？教什么？教的怎样？如何教？），它们在理论上揭示了小学数学单元整体教学设计的内涵，以及这一教学设计模式的价值所在。如果说理论建构是宏观的、抽象的意义建构，那么实践解读则就应是微观的、具体的环节解读。

具体来说，该教学设计模式共有五个因素，即单元知识结构、学习心理轨迹、教学目标和重难点、教学评价以及教学活动。

一、单元知识结构

单元知识结构是该教学设计模式首要的且最为重要的因素。研究已经在理论上论述了知识结构的内涵，而在实践意义上，已有很多单元教学的实践尝试，它们可以作为在实践意义上理解单元知识结构的起点。

由此，我们可以对单元知识结构本身进行更为具体的探讨，这应包括对"单元"内涵的揭示，以及对单元知识结构构成的分析。

（一）单元教学的历史

系统论认为，系统整体不等于构成它的诸要素的简单相加，而往往大于构成它的诸要素之和。然而，知识的发展使得原初浑然一体的知识整体逐渐分割，形成我们现在所熟知的各个门类的知识。伴随着这样一种知识状况，教育也分门别类地传授着知识，形

[①] 弗赖登塔尔. 数学教育再探：在中国的讲学 [M]. 刘意竹，杨刚，等译. 上海：上海教育出版社，1999：63.

[②] 徐文彬. 关于数学文化视域中数学教学的若干思考 [J]. 课程·教材·教法，2012，32（11）：39–44.

成了教育中的各个学科。不仅如此，考虑到各门知识内部的层级，各个学科的教学也被划分为许多片段，希望能以此累积地获得每门学科的知识。殊不知，这种人为的划分和教学往往打碎了原初知识的整体性，使得学生无法形成对学科的整体感知进而影响其对学科的学习。因此，知识的系统性和整体性与课堂教学的分散性诉求着一种教学方法，而这就是单元教学（方法）施展效用的地方。

"单元教学"这个词并不是什么新词，早在20世纪20年代就有人提出了"单元教学法"。如梁启超就主张"不能篇篇文章地讲，须一组组地讲"，这"一组组地讲"，实际上就是单元教学。这种单元教学思想，在世界范围内，都有过广泛的影响。其中的莫里森单元教学法原本是从美国传入中国的，后来美国学者布卢姆等人从中获得启示，将它改造为"掌握学习法"，提出相应的"目标教学"理论，并于20世纪80年代再次成为我国教学实验领域中的一支重要力量。莫里森单元教学法包括五个步骤，即试探、提高、自学、组织、复讲。

近二三十年以来，教育和教学都发生了许多变化，有些甚至是根本性的变化。许多国家的中小学，无论是理科还是文科，都在设计单元教学。我国教育工作者也根据自身的教学实践，探索出了诸如黎世法的"五步三课型单元教学法"、张沛元的"二单元四步教学法"、万兴厚的"比较归纳教学法"等单元教学法。甚至可以说，单元教学法是历史的必然，也是时代的课题。

关于单元教学的本质，历来都是教育研究者聚讼之处，比较典型的有七种观点：（1）单元教学法说。这种观点认为，单元教学是一种教学方法。但这种观点在许多教育研究者看来并不能成立，理由是单元教学可以涵盖很多的教学方法，不能与一般的教学方法（如比较教学、情境教学、自学讨论等）并列。（2）单元教学阶段说。这种观点认为，单元教学是"教学过程中最小的一个教学阶段"，"这个阶段虽小，但毕竟还是阶段，有它特定的目的，要完成特定的任务"。（3）单元教学结构体系说。该观点认为，单元教学是一种教学结构、教学体系。（4）单元教学组织形式说。这种观点认为，单元教学是一种教学结构的组织形式，不是一种具体的教学方法，它可以灵活地吸收各种有效的教学方法。（5）单元教学制度说。该观点认为，单元教学是一种教学制度，它是19世纪末20世纪初欧美新教育运动的产物。（6）单元教学模式说。这种观点认为，单元教学是一种教学模式，并且有着具体的实施步骤。（7）单元教学思想说。该观点认为，单元教学是一种教学思想，其现实针对性就在于：一方面，革新传统的教学观念，将教师从传统的传道、授业、解惑的理论框架中解脱出来；另一方面，确立一种新型的教学形态，以适应社会不断发展的需要。①

这些关于单元教学的已有研究，一方面说明了单元教学在理论和实践上都有较为厚实的基础，可作为理解单元整体教学的依据；另一方面也要求研究者更具体地探究单元整体教学的内涵，从而更深刻地理解何为单元、何为知识结构、何为整体等问题。

---

① 徐文彬，彭亮. "单元教学法"解析及其运用：小学数学教学方法研究系列之二 [J]. 教育研究与评论（小学教育教学），2016，275（2）：5–12.

（二）"单元"的内涵

任何"单元"都是相对的，是处于整个"单元丛"中的一丛，而如果没有"单元丛"，该"单元"则无所遁形。因此，单元可以是教材中编制好的某一具体单元、章节、主题、模块、领域、学期或学年某学科教材整体、某一学期或学年所有学科教材整体，甚至整个学校课程。因为碎片化（没有结构）的知识（实乃信息）不是知识，所以，仅就（结构化的）知识传授而言，单元教学就必须建立在"单元知识结构"的基础之上。[①]

通常教学上的单元，是指整体中自为一组或自成系统的独立单位。教学论意义下的单元指的是把相近的知识、内容等作为整体进行考虑，以单元、模块或主题的方式呈现得相对独立的教学内容，若干单元组成一组教学材料，通常以（本）或（册）的形式加以层级区分，每一（本）或（册）的知识内容存在平行、后继、衔接等关系，本研究中对"单元"知识的理解有多种可能。首先，在单元的文本载体上，可以借鉴并行的多版本教材内容，包括国外的相关教材设置编排，亦可作为教学设计的参照；其次，从知识角度来看，单元知识结构所指向的知识，内容既包括了通常教学意义上的知识表征形式——"单元"，亦包括了单元学科知识、学科间或相关领域知识以及各种经验性知识上。[②]

教学中的"单元"是基于一定的目标与主题所构成的教材与经验的模块或单位。这里的"单元"，既可以是教材中呈现的教材单元（如《角的初步认识》），也可以是主题性的探究（如《解决问题的策略——列举》），更可以是内容多少不一或难度高低不等的领域（如《统计与概率》《统计图表》）。[③]

正如前文所述，不能直接将教材或者教参中的内容以结构图的形成直接转化，这缺乏对内容本身的思考。与结构图的形式相比，更为重要的是如何生成知识结构的方法。在确立单元知识结构中，最先需确立的是单元本身。这要求教师首先对教材中的单元分布有整体的了解，并且能够知道各个单元分属于哪一个教学领域，能知道每个单元与哪些单元间具有直接关联，与哪些单元间具有间接关联。

在对单元有基本的认识以后，则需进一步思考，哪些单元本身可以很好地构成一个整体（如确定位置），哪些单元或哪些单元可以引申出某个主题式探究（如认识四边形），以及哪些单元可能需要进一步与其他单元相结合，生成一个更大的领域（如统计活动过程），作为知识结构。所有这些分析应该可以形成对单元的初步定位。

[①] 徐文彬，李永婷，安丹诺.单元知识结构整体教学设计模式的理论建构［J］.江苏教育，2018，1182（43）：7-9+22.
[②] 李永婷.单元知识结构整体教学设计模式研究［D］.南京：南京师范大学，2018：98.
[③] 徐文彬，安丹诺."五环节单元整体教学设计"方法探析：以《角的初步认识》单元为例［J］.教育视界，2022，247（11）：22-25.

（三）单元知识结构的构成

在明确单元是什么以后，便可以更为具体地探究单元知识结构的构成了。单元知识结构的构成与课程标准中所要求的"三重联系"（即，学科知识内部的联系、学科之间的联系、学科与儿童生活和社会实践之间的联系）密切相关。首先，应在充分理解所教授的数学学科内容领域（譬如，数与代数），内部各部分知识之间的内在关联性的基础上，分析该内容领域与其他内容领域（譬如，图形与几何、统计与概率、综合与实践）之间的"外部"关联性；其次，应在充分了解当下儿童的实际生活和社会发展状况的前提下，探讨所教授的数学学科内容领域与其所存在的各种现实的或潜在的关系；第三，应在充分知晓所教学生所学其他学科内容的基础上，研究所教授的数学学科内容领域与其他学科之间的关系；最后，应结合所教学生的年龄特征与实际情况，有针对性地设计相应学科内容领域的学习目标或教学目标、学习活动或教学活动、学习评价或教学评价，并始终关注它们之间的相互协调与一致性问题。[①]

由此可见，单元知识结构应该既包括其所构成的内部结构与外部结构两个方面，即学科内部因素和学科外部因素。

学科内部因素主要是学科知识体系本身，即单元在小学数学学科知识体系中的"位置"及与其他知识间的关联。在此意义上，单元所内蕴的整体性是学科内部的，指向的是某一单元背后所对应的整体知识逻辑。学科知识体系一方面构成了学科的课程内容，另一方面也在无形中限定了课程的学科边界。遵循学科知识的逻辑，几乎成了一个牢不可破的理念，长期支配着教科书的编写，对教科书的发展和建设以及人才培养起到了不可低估的作用。遵循着学科知识逻辑，一定程度上降低了教科书编写的相对难度，同时保证了教科书编写的逻辑清晰和循序渐进。而遵循着学科知识逻辑的教科书，也容易匹配学生的认知规律，有利于构建学科知识体系，有助于教师的教和学生的学。[②] 学科知识可以说是单元知识结构的核心所在，也就是说，学科内部因素是单元知识结构的立命之本，是联系学科外部因素的重要前提和统摄依据。

学科外部因素主要是数学学科与其外部的各因素间的关联。这种外在关联是相对于学科内而言的，一定程度上是学生与外部世界联系的重要纽带，具体指向的是学科间或相关领域内知识以及各种经验性知识。从这个意义上来讲，单元知识结构的知识并不是孤立的，而是由学科知识、学科间或领域知识以及经验性知识组成的复杂的知识网络体系。在这个知识网络中，从横向来看，学科知识、学科间或相关领域知识以及各种经验性知识交织；从纵向来看，学生先前经验与新学习的经验组成知识的前承与后继关系，知识的这种横向联系和纵向联系贯穿于单元知识结构中。[③]

[①] 徐文彬. "三重联系"的数学课堂教学设计之意涵、作用与要求[J]. 江苏教育，2015，954（26）：21–22.

[②] 彭寿清，张增田. 从学科知识到核心素养：教科书编写理念的时代转换[J]. 教育研究，2016，37（12）：106–111.

[③] 李永婷. 单元知识结构整体教学设计模式研究[D]. 南京：南京师范大学，2018：67.

日常生活也是一个不可忽视的重要因素。尽管近现代数学的发展给人们的印象是"越来越远离我们的生活",但是,数学的起源与发展无时无刻不与我们的生活紧密相连。而小学生所学习的数学基本上都属于"初等数学"的范畴,毫无例外地都与我们的生活联系紧密。因此,在小学数学中联系孩子们的生活来开展教学活动是自然而然的事情。但是,现实中却经常会出现"把成人过时的经验当成当下孩子们的经验"以及不能区分"联系生活的数学运用与知识巩固"等问题。①

此外,兴趣是最好的老师,而唯有联系学生当下"深陷、遭遇的"生活实际与社会实践,才有可能引发学生的注意,以至培养学习的兴趣、思考的习惯。数学历来被认为是中学最为"枯燥、乏味的"一门课程,不少学生深受"努力学、学不好、好难学、学不会……"的境地,以致患有"数学恐惧症"。而解除这些学生的痛苦,并提高其他学生学习数学的兴趣的良方之一便是,把数学与他们的实际生活与社会实践联系起来,思考并设计课堂教学。②

二、学习心理轨迹

与单元知识结构对应,学习心理轨迹是该模式的另一个基础因素。关注学生单元知识结构学习的心理过程,其核心就是要明确,在具体的一个单元的学习过程中,个体具有怎样的学习路径或轨迹。对于学生心理进行深入研究可以被看成是更加直接找寻教学依据,在单元知识结构的基础上,通过学生的学习心理分析深化其教学内涵。兼顾学生学习心理与单元知识结构的分析,实际上是主观与客观,内在与外在,过程与结果等多方面的结合。最终的目的是运用概念的外在的逻辑水平,以促进学生内在的概念思维水平的发展,这是一个内化的过程。

(一)对学生学习心理的观照是研究者的共识

单元知识结构整体教学设计模式之所以必须观照到学生学习心理过程,源于教学始终是面向学生的活动,因而对教学活动的探讨,也必须从学生发展的角度出发。在学生发展核心素养的教育旨归下,学习过程的本质诉求就转变为,使学习者获得较高的知识水平,其中涉及更多的是思维方式的转变以及学习能力的提高等问题。

其实,对学生学习心理的观照是研究者的共识。有研究者在明确"儿童心理的发展必然形成年龄阶段性"和肯定"小学阶段儿童思维发展的一般的、基本的、本质的特点(从以具体形象思维为主要形式逐步过渡到以抽象逻辑思维为主要形式)"与"年段特征(低年段以具体形象思维为主、中年段从具体形象思维向抽象思维过渡、高年段开始以抽象逻辑思维为思维的主要成分)"后,强调指出:小学数学知识系统的"序"要符合

---

① 徐文彬. 如何认识《义务教育数学课程标准》中的三重联系 [J]. 江苏教育, 2013, 809 (5): 23-25.
② 徐文彬."三重联系"的数学课堂教学设计之意涵、作用与要求 [J]. 江苏教育, 2015, 954 (26): 21-22.

学生认识规律的"序",并在量与质两个方面都分别逐步增加与提高;小学数学内容中的各部分知识应自成体系,由浅入深、由易到难、循序渐进、螺旋上升;对不同年龄阶段的儿童提出不同的要求,学习不同的内容,以体现教学的阶段性;不仅如此,而且要注意各部分知识之间的联系,注意概念的不断深化。①

"基于数学学习理论的教学策略",学生的生活经验是小学数学学科的基础,情境设计和利用在小学数学学习中具有重要意义,学生学习数学经历了一个"数学化"的过程,思考是小学数学学习的核心,数学学习是一个再创造的过程,等等。所有这些研究结论都表明,"经验""情境""数学化""思考""再创造"等是小学生数学学习的基本要素,学生是数学学习活动的主体,思考是其本质。②

(二)学习心理与知识结构具有关联性

学习心理与知识结构密切相关。一方面,知识结构是客观而静态的存在,它独立于学生的学习,不等同于作用于它的心理过程;另一方面,心理过程是主观而动态的存在,它依附于学习的对象,不能脱离被它作用的知识结构。

这其实意味着,要兼顾过程与结果来思考学习心理,学生的学习过程应是在已有知识结构的引导下的持续生成。针对静态的知识结构,应该能够从中得到学习该结构的过程,在这个过程中,学习者的心理特点,既具有一般性,也具有内容对应性。一般性作为统领,表明学生学习的限度,即其所处的一般认知水平和心理发展水平限制其适应于怎样的学习过程;内容对应性则更为具体地体现出在学习某个特定内容时,学生在该内容上可能呈现出怎样的特点。

因此,需要根据已确立的单元知识结构,把握学生学习的主要内容,在考查学生已有的认知水平和思维发展水平的基础上,重点思考新的知识同已有经验之间的联系是怎样影响学生学习心理的。这需要对学习心理轨迹的特性进行进一步讨论。

(三)学习心理轨迹的特性

学生的学习心理轨迹,具有阶段性、发展性、活动性等特性,这些特性共同具化了学习心理的实践意义。阶段性是指,学生的学习过程往往可以被概括为多个阶段,每个阶段都有相应的心理活动。这意味着学习要按照一定的顺序来进行,此顺序要与学生的心理阶段性相符,当我们对学生的学习心理轨迹进行分析时,就是在对学生学习的阶段性进行预设。这种预设是粗线条的,只能在较为宏观的心理阶段上有所设定,而对于阶段之间的具体心理过程,则并没有细致的描述。因为学生在此具有很大的自由性,阶段性只是对学生自由学习的引导,而不是规定。因此,同时可以预设,每个学生在各个阶

---

① 徐文彬."教学心理的研究"三十年:回顾、反思与展望[J]. 教育研究与评论(小学教育教学),2013,156(6):5–9.
② 徐文彬."教学心理的研究"三十年:回顾、反思与展望[J]. 教育研究与评论(小学教育教学),2013,156(6):5–9.

段上的表现具有差异性。学习者可能在某些阶段上表现优异，甚至出现阶段的跳跃性；而在另一些阶段上出现困难，使得停滞于某阶段而不能延续。这些都应是学习心理轨迹预设需考虑的可能情况。

发展性是指，学生的学习在心理意义上是持续发展的，除了按照一定的顺序展开学习心理过程，在这个顺序之中，学生本身会不断提升其认知水平和思维水平。对学生学习心理的重视最为重要的原因之一就是在心理意义上关注学生的发展。知识逻辑的展开，每一步都有一定的心理水平作为其支撑。如果心理水平的发展并不能与相应的知识逻辑相匹配，则不能达到教学的真正目的。譬如，在学习平均数时，若学生只是知道了如何计算平均数，而不能体会平均数的意义，那么他们只是在程序上掌握了平均数的计算方法，但未能在概念上内化平均数这一统计概念。那么在后续的应用中，他们也可能无法将平均数作为一种统计量来使用，而使其仅仅成为一种"惰性知识"。因此，发展性要与阶段性相结合，学习心理过程的不断持续，也正是学生相应心理活动的不断发展的表现。

而活动性则是指，学生的学习是在一定的学习活动中展开的，缺乏学生自主的活动体验，他们的学习心理将难以得到发展。譬如，仅就平均数的学习而言，若仅仅是告诉学生平均数有何意义，那它依然是一种外在于学生的陌生概念，唯有在真正的统计活动中，让学生经历不得不运用平均数来解决统计问题时，他们才可能意识到平均数的统计意义，并内化于自己的认知结构。越是高阶的思维，越需要活动来激发。学生的学习心理轨迹，就对应着不同的学习活动，这是教师进行学习心理过程建构的应有之义。

三、教学目标和重难点

作为核心知识的具体体现，教学目标和重难点被看作是教学效果的重要衡量尺度，也是教学内容和教学手段的重要影响维度。在明确"学什么"（单元知识结构）、"怎么学"（学习心理过程）之后，就需要考虑"学到什么程度"（教学目标和学习评价，即，教什么和教的怎样）以及"如何学"（学习活动的组织）等问题。因此，单元整体教学的教学目标与重难点的把握使得教师再一次站在整体教学的角度，考虑学生所需要达到的基本知识和基本能力。教师的指导之所以重要是因为，教师应该可以站在较为全面、系统的立场上来确定单元整体教学的教学目标，以及把握学生学习的教学重点与难点。很显然，这是建立在明确单元知识结构和把握学习心理过程基础之上的教育思考与判断，也是教师日常教育教学经验的集中体现，更是教师对学生经常出现的"疑难杂症"进行反思之后的教学决策与行动。根据学生已有学习基础和学习心理，对单元整体教学的教学目标和重难点进行把握，既是单元知识结构更为具体化的呈现，也是对学习心理过程的重要参照，同时也可作为单元知识结构学习评价的重要依据。[1]

---

[1] 李永婷. 单元知识结构整体教学设计模式研究[D]. 南京：南京师范大学，2018：95.

（一）单元整体教学的教学目标

教育教学中，目标表明了我们想要的学生学习的结果，是一种在教学活动之初计划，但往往由结果决定的教学组成部分。教学作为一种有目的的和合理的行为，教学目标的设置尤其重要，教师可以通过评估来证明他们所教授给学生的东西是值得学习的。布鲁姆认为，教学存在合理性和目的性，合理性与教师为学生选择什么目标有关，目的性方面与教学怎样帮助学生达成目标有关，学习环境、活动、经验应该与选择的目标相一致。[①]简单来说，教学目标就是通过教学过程的进行，想要学生习得的东西作为我们的教学结果的一种规定性评价。

现有的教育目标分类理论有很多，目前比较常用的有布鲁姆的教育目标分类理论，他将教育目标划分为认知、情感和操作三个领域，构成了面向教师教学的教学目标的一般体系。安德森在布鲁姆教育目标分类学的基础上，细化了学习和评估的分类方法，由此建立了学习、教学和评估的分类学，主要对知识的维度进行了区分，并进行了认知过程维度的划分，两者对当前教育目标的分类领域提供了极强的借鉴和指导意义。关于教育目标分类的理论还有许多，如加涅的八大学习结果、核心素养的总体框架等等，总体上对于当前教师教学的指导性意义都很大，在此并不一一赘述。

在此，本研究只是为教师设置教育目标，提供了可供参考的模式框架以供借鉴，给予教师充分的自主性和灵活性，只要在五个环节的模式框架下，教师可以根据自身对教育目标分类的理解以及教育教学经验，从实践的角度，根据学生的认知发展情况和学习特点，探索适合于自身教学风格的教学目标框架。在此，单元整体教学的教学目标和重难点的把握，主要是基于安德森对于知识四个维度的划分，即事实性知识、概念性知识、程序性知识和反省性知识。当然，也应考虑其认识维度的划分。

具体来看，教学目标实际上就是针对教学活动的预期结果所要达到的标准、要求所作的规定或设想。教学活动所欲达到的预期结果，是学习者的身心发展或者是有规律、有秩序的身心变化。简言之，教学目标是通过教学活动所欲促成的预期的身心变化。以往的教学目标往往以课时为划分单位，课与课之间虽有衔接，但并不会以知识结构的形式外显，学生习得的知识也较零散和弱体系化。为了对这方面进行改进，单元整体教学被看作是有力的尝试，譬如，从单元整体上把握其教学目标，用以区别以往的课时教学目标。而且，单元整体教学的教学目标与以往的单元目标又有形式和操作上的不同。

结构性是单元整体教学的教学目标的重要特点，前文也已提及，在此并不赘述。单元知识结构的教学目标具有两个关键词：保持和迁移。保持是教学之后将学习内容原封不动记住的能力，更多地关涉到单元知识的内容层面；迁移则是运用所学知识去解决新问题、回答新问题或促进新材料学习的能力，更多地关涉到单元知识的应用层面。在学生对单元知识"保持"与"迁移"的过程中，贯穿学习始终的是学习者的心理状态。概言之，保持重在过去，而迁移重在将来。譬如，在学生阅读有关勾股定理的教科书之后，

---

① 李永婷. 单元知识结构整体教学设计模式研究[D]. 南京：南京师范大学，2018：95.

保持测验可能要求学生写出勾股定理的公式，而迁移测验可能要求学生用勾股定理测量建筑物的高度等等。

在以单元知识结构为整体教学对象进行教学目标设置时，首先要明确单元整体在本册教材中所处的地位和作用，进而明确将要教学的单元在本册教材中的重要程度，从而设置单元整体教学的教学目标。以往的教学目标重在学生对所学知识的把握，即"保持"维度的学习，这种不同是考虑知识怎么与不同认知过程一起加以运用。因此，单纯讨论记忆层面的评估是没有意义的。单元整体教学的教学目标更注重对学生运用知识能力的要求，在设置上既要关注到促进学生"保持"的教学目标，同时也要关注到促进学生"迁移"的教学目标，即，依据认知过程的不同维度进行单元整体教学目标的确定。[①]

（二）单元整体教学的教学重点

教学重点指向了知识本身的层面，指的是在一定社会意识形态下，被挑选出来的"最有用"的那部分知识。这些知识被看作是能够获得一些知识和技能的重要来源，也是能够对知识的发展起到承前启后作用的知识，同样也是个体为了适应社会生活所必须掌握的。在教育教学中也不例外，教育教学中的知识，本身就是在教育目标和培养目标的规定下，经过学科专家和教育专家挑选过的，其重要性不言而喻，但是在具体的教学中，这些被选进课本里的知识的重要性同样也存在不同程度的差别。因此，教学的重点就是从教学知识的语义出发，从教学内容材料里抽取出比较重要的那部分知识。一般而言，教学重点通常体现了教学的核心知识点与关键技能，也可以被认为是"比较重要的知识"。

在此，教学重点主要是由知识本身受制于个体适应社会生活的重要性决定的，一般通过教育目标、课程标准、教学目标等体现出来。具体的单元整体教学重点，指的就是单元教学内容中的重点，需要依据课程标准、考试大纲以及实际教学中不同的学科、不同学龄段学生认知发展以及实际生活需求而定。[②]

（三）单元整体教学的教学难点

与教学重点不同的是，教学难点是针对学习者而言的，是学习者为了达到教学重点的过程中可能出现的障碍，也就是说，教学重点是需要花费学习者较多时间和精力才能掌握的知识点与技能。在实际教育教学中，教学难点一定程度上也可以看作是易错点。

单元教学重、难点与单元教学目标的关系密不可分。虽然在语义和使用习惯上来看，教学重难点是连在一起的，但从概念意义上，教学重点与难点是不同的所属，两者的关系是你中有我，我中有你的。教学难点一般是来自教学重点，教学重点可能是教学难点，但不绝对是难点。如果说教学重点对象是面对全体学习者而言的，教学难点可能

[①] 李永婷. 单元知识结构整体教学设计模式研究［D］. 南京：南京师范大学，2018：96.
[②] 李永婷. 单元知识结构整体教学设计模式研究［D］. 南京：南京师范大学，2018：96–97.

会存在个体差异,对同一知识点,对一个学习者来讲是难点,但可能对另一个学习者而言就不算是难点了。

总的来说,在以单元知识结构为教学对象的单元整体教学中,单元整体教学的教学重点是指向知识层面的,承载了在单元知识结构中起到重要地位和作用的部分,也是最能够体现学生核心能力的知识点,这些知识点尤其体现在学科知识、学科间或领域间知识以及经验性知识组成的结构化知识网络中。单元整体教学的教学难点亦同,同样置于单元知识结构中,但与单元教学重点不同的是,教学难点指向了学习者层面,通常体现在学生需要花费较多时间和精力才能掌握的知识点上,以及学习评价的易错点上。而且,针对不同认知层次和特点的学生而言,单元教学难点也存在着个体差异。[1]

四、教学评价

以单元知识结构为教学对象的单元整体教学设计模式的每个环节之间并不是单纯的线性关系,学习评价既是单元知识结构的重要体现,也一定程度上回应了已确立的教学目标和重难点。可以说,学习评价是检验教学目标达成度的重要依据。在确立学习评价时,同样需要将学习心理纳入考量。基于单元知识结构的教学评价框架包含评价内容、评价形式、评价标准三个方面,可为实践操作提供指导与方向。

(一)评价内容

评价内容是评价框架的基本要素,直接决定了在哪些方面了解学生的学习。因此,课程标准是评价内容的重要依据。课程标准指出的包括"三会十一核心素养"的目标体系,使评价不再仅仅关注数学知识的掌握情况,而更关注数学素养的发展情况。与此同时,在一致性原则的指导下,评价内容需要将目标体系转换为学生的学习体系,关注学生的学习进程,引导学生做数学,拓展数学学习的外延。

首先,知识技能应该是教学评价的基础内容,即教学评价要充分体现学生掌握单元知识结构的程度。其次,学生可能只是记住了知识结构中的具体知识,而没有在知识的理解与应用上有所发展,所以,数学思考和问题解决也是教学评价的应有之义。数学思考是整个数学教学的核心,促进学生数学的思考是数学教学的本质所在。数学的教学与学习往往是从问题出发,经过思考活动,解决问题的过程;同时,在这一过程中培养数学思维能力,提升数学理解水平。因此,教学评价应该再现这一教与学的过程,并且尽可能地创设恰当的问题情境,给予学生充分的思考机会。

最后,情感态度往往难以评价,但也包含在内。而在核心素养视角下,学生的学习观、数学观是更为重要的教学目标。因此,教师要尽可能地关注整个教学活动中学生情感态度的发展,包括投入数学学习的意向和程度、进行数学活动的习惯、人格的塑造等。

---

[1] 李永婷. 单元知识结构整体教学设计模式研究 [D]. 南京:南京师范大学,2018:97.

（二）评价形式

评价内容从学生学习出发而形成多方面的目标体系，这意味着评价形式必然也是多元化的。根据一致性原则，评价活动也是一个过程性活动，它包含在整个教学（学习不断发生、发展）的过程中。因此，评价的理论形式应该是形成性评价体系，其中包括诊断性评价、过程性评价和总结性评价。

诊断性评价主要是在课前、课后进行的针对单课的评价，旨在考查学生是否掌握了本节课的内容，同时考查学生对下节课的内容处于怎样的学习起点。它更多地指向知识技能的掌握，并且体现出不同的知识理解层次，以便尽可能丰富地考查学生的知识理解程度。

过程性评价更多是教学过程中的评价，具有较丰富的内涵：可以是对具体问题解决过程的评价，可以是对自主、合作、探究等活动表现的评价，可以是对语言的评价，可以是对计算、画图、列表等操作的评价，等等。实际上，过程性评价常常是一种隐性的评价，是对课堂中学生瞬息万变的学习过程的评价。这基于教师主观的经验判断，因此在评价的信度、效度上具有较大的局限性。同时，过程性评价又区别于其他评价形式，更多是对学生表现的评价。学生多元的表现更能体现他们数学素养整体发展的状况。因此，课堂观察作为一种过程性评价方法已经越来越受到重视。

总结性评价则主要是对整个单元的整体评价，一般在单元教学完成之后进行。从评价的顺序上来说，总结性评价是一个单元的最后一次评价。因此，作为形成性评价体系的一部分，总结性评价应该充分利用先前评价的结果，从而形成更利于促进学生学和教师教的评价功能。通常来说，总结性评价一般以单元测试，也就是以试卷形式考查学生对一个单元的整体掌握情况。

（三）评价标准

评价标准的选择要基于评价内容和评价形式。然而，即使对于同一内容和形式，也可能存在不同的标准。因为基于一致性原则，评价框架需要与目标体系相一致。表现在评价标准上，就是只有评价标准与单元整体教学目标相一致时，评价结果才可以真正地促进学生的学习和教师的教学。

结合评价内容（基于课程标准的目标体系）和评价形式，一般来说，知识技能维度在三种形式中皆有涉及，它贯穿于整个评价过程中，因此知识技能的评价标准也应该具有发展性。此外，不同的知识类型也应有不同的评价标准，譬如，事实性知识要求学生记忆，而概念性知识则更多地要求学生在记忆的基础上理解与反思。

数学思考与问题解决维度主要在过程性评价和总结性评价中展开，前者通过学生在学习过程中的表现来考查，后者则通过学生答题的结果来考查。结合这两个维度本身的特点，这两种评价的标准都要具有层次性，在综合考量课程标准要求、知识逻辑与学习心理之后，形成本单元的数学理解与思维水平的评价标准。

情感态度维度作为一种内在的、隐性的评价维度，一般只存在于过程性评价中。因此，其评价标准也是模糊的，通常只能通过观察学生的学习活动进行间接的认识。有鉴于此，其评价标准应结合以课程标准为基础的数学观以及一般学习理论的学习观，形成一种开放的、经验的动态评价。而情感态度本身是很难甚至不可以量化的，其最好的评价方式是细致地观察与真诚地交流。只有真切地关注学生的具体情况，并以恰当的方式给学生以反馈和指导，才能真正发挥这一维度评价的应有价值。

五、教学活动

教学活动是单元整体教学设计的最后一个环节。这意味着前述的四个环节都是该环节的依据。以往的教学往往是点与点的分散式的教学，这边一个知识点，那边一个知识点，这边再来一个知识点。就学生自身而言，将所学知识串联起来的难度有点大，既不利于知识的深化吸收，也不利于系统知识的有效传递，往往就会造成学生掌握了大量的命题性知识，却难以将所掌握的知识转化为实际的应用能力。传统教学试图在知识学习与实际应用之间搭建即学即用的情境，但往往效果有限，在强调知识之间的系统、关联与应用方面，尚有改进的空间。单元整体教学设计模式的最后一个环节是面向学生的学习活动组织，其目的在于教给学生系统化了的单元知识结构。[①]

（一）单元知识结构的统领

分析教材的目的是使教师站在更为宏观的角度看待学习内容，对单元知识甚至整个教材的编排意图做仔细揣摩和深度理解；在此基础上，教师根据自身的教育教学经验和学生的认知发展特点，合理安排学习活动，进行课时与内容的划分。

单元知识结构的内在关联主要是指单元核心知识，即单元学科知识，是单元知识结构中最具关联性和重要性的存在。外在关联主要是指学科间或相关领域知识以及各种经验性知识，这些知识也会同单元核心知识产生关联，特别是经验性知识，指向了学生的学习背景性知识和自身学习经验，也是同学生学习内容联系最为紧密的知识。概言之，重视单元知识的内、外关联的最终目的是将学生的学习和自身的经验相结合，培养学生解决现实生活中具体问题的能力。

教师在进行学习活动组织的时候，条件允许的话，可以考虑借鉴其他版本教材的内容范例，也可以联系学生生活实际，准备更具生活气息的应用拓展知识和经验内容，以此提升学生的实际运用能力。

（二）学习心理过程的浸润

在对学习活动的组织上，学生学习心理过程的建构也是不可忽略的重要依据。教学始终是面向学生的活动，学生的心理状态、认知水平变化会直接影响到教师教学的有效

---

① 李永婷. 单元知识结构整体教学设计模式研究［D］. 南京：南京师范大学，2018：130.

性。根据之前所构建的学习心理过程，教师需要从两个方面进行统整。一是学生的学习心理状态，二是学生的认知心理变化。

学习心理状态主要是指在学习过程中，学生的学习信念、学习情绪、学习兴趣等影响学习持久性和有效性的因素。首先，引起学生的学习兴趣是最为重要的，这直接影响到学生的学习准备状态。因此，教师可以采取富有吸引力的方式导入学习，如情景导入、设置悬疑等。其次，要坚定学生的学习信念，尽量消退或避免学生产生诸如"现在的数学学习对于我今后的生活有什么用呢"这样的疑问。再次，教师要注意到学生在学习过程中的情绪变化，以及如何应对这些变化以保证正常学习活动的开展。最后，要考虑如何最大限度地调动学生的学习积极性，可以从教学方式上着手，采取更加有效的方式。[1] 学生的认知心理变化主要指向了具体的单元知识学习，所以，应基于学习的心理过程来设计具体的学习活动。

（三）教学目标与重难点的观照

教师对单元教学目标与重难点的分析，直接指向了教师组织学习活动的重点和难点所在。根据已确立的教学目标重点和难点的解析，教师可以在教学活动中做到重点有序地针对性教学。其中，教学目标是教学活动需要完整考虑的因素，无论教学活动多么精彩，若在设计的意义上不能全然顾及所有教学目标，那么便不能算是合格的教学设计。

而教学重点体现在教学活动中，应体现出其基础性，尽可能保证每个学生都能较好地掌握它。相应的，教学难点则更需教学艺术，充分运用各种教学策略来应对。教学活动不应降低难点的难度，而是应引导学生主动地挑战困难，引导学生运用各种思维策略尝试解决困难，这些往往也依赖于活动的巧妙设计。

（四）学习评价的考虑

由于单元整体教学设计模式中的学习评价在一定程度上是结果导向的评价模式，因此，在学习活动的组织和安排上，就需要考虑到学习评价的相关内容。按照单元整体教学设计的模式框架，教师在开展学习活动之前，已经确立了学习评价的方式以及具体的学习评价的内容。

因此，教师在组织学习活动的时候，只需要按照学习评价的要求进行即可。纵向上要求诊断性评价、过程性评价和终结性评价相结合，横向上采取他评和自评两种方式。但在具体的学习活动过程中，主要采取过程性评价，方式包括教师的评价和学生的自我评价。评价内容主要通过课堂问答、课堂练习、课堂观察等具体环节展开。[2]

---

[1] 李永婷. 单元知识结构整体教学设计模式研究［D］. 南京：南京师范大学，2018：131–132.
[2] 李永婷. 单元知识结构整体教学设计模式研究［D］. 南京：南京师范大学，2018：133.

（五）从单元知识结构的角度对教学活动进行设计

教学活动的设计要站在单元知识结构的角度上展开。这即是说，要完整地、系统地设计一个单元的多课时教学活动或学习活动。这种设计并不是形式上的，仿佛把每个课时的教学设计或学习设计放在一起就构成了单元整体教学设计。而是真正地体现各课时之间的关联性和整体性。

所以，在以单元知识结构为教学对象的单元整体教学设计中，有时候，前一节课的精妙之处可能需要在后一节课中体现；有时候，多个课时要在最后一课时中形成一个整体才能完整理解；有时候，第一节课就完整地体现了本单元的整体结构，后续单元是对该结构的逐步深化。由此可见，单元整体教学的教学活动或学习活动的设计总是单元先于课时的，课时要为单元的整体性而服务，在这个基础之上，再考虑每个课时的细节问题。

值得注意的是，在这种整体教学设计中，可能会出现在一个相对完整的教学活动上，不足或超过40分钟，而这是需要教师能够恰当地加以调整，以使得该教学活动能够与现有课时的时间安排相互协调，化冲突为契机。

第二章　小学数学单元整体教学设计模式

懂其所教、爱其所教、喜欢教学与爱教他们（即其所教的学生）是教学课堂教学的四种递进的层次。具体而言，教师应该能够通过自己的课堂教学让其所教的学生切身感受到自己懂其所教——可谓教师课堂教学的一级追求，处于生存阶段；教师应该能够通过自己的课堂教学让其所教的学生切实感受到自己爱其所教——可谓教师课堂教学的二级追求，处于积累阶段；教师应该能够通过自己的课堂教学让其所教的学生真心感受到自己喜欢教学——可谓教师课堂教学的三级追求，处于发展阶段；教师应该能够通过自己的课堂教学让其所教的学生真实感受到自己爱教他们——可谓教师课堂教学的四级追求，处于创造阶段。当然，爱其所教应以懂其所教为基础，喜欢教学则应以爱其所教和懂其所教为前提，而爱教他们则应该以前三者为条件。[①]

教师对课堂的高层次追求，既表现在对发展与创造的追求，也应体现在教学设计之中。本章将从操作指南的意义上来阐释如何进行小学数学单元整体教学设计，即将从相互递进、多重反向勾连的五个环节来展开：如何确立单元整体教学的单元知识结构、如何建构单元整体教学的学习心理轨迹、如何把握单元整体教学的教学目标和重难点、如何设计和实施单元整体教学的学习评价、如何组织和安排单元整体教学的学习活动。

第一节　如何确立单元知识结构

一般来说，单元知识结构的确立有三种方式可供选择：遵循、调试和引进。遵循方式是指，基本按照所选教材的内容编排来进行单元知识结构的建构；调试方式则是指，依据教材但又不仅仅局限于教材的内容编排结构，而是对教材内容进行重新理解、重新单元化来建构单元知识结构；而引进方式则是指，在"课程整体"与"整体教学"的视野下，将教学内容按照学校或教师的规划进行增添删减、优化组合，实现教材与教材、

[①] 徐文彬. 试论教师课堂教学的四种不同追求：基于学生学习感受的分析[J]. 教育视界，2015，14（4）：4–6.

学科与学科之间的互相借鉴和联系，从而建构"单元知识结构"。① 由此可见，单元知识结构的确立是一个综合多方面资源的过程。

总体而言，首先是要"高观点"、整体、全面地熟悉《义务教育数学课程标准》及相关教师用书、学生用书和"配套练习"等课程资源；其次是要对所使用版本教材烂熟于心，并尽可能多地了解其他版本教材甚至境外教材，以为比较、选择、改编、重组，乃至重构单元学科知识结构和单元知识结构寻找依据；再次是要细致入微地系统分析学科领域知识（仅就小学数学而言，就有数与代数、图形与几何、统计与概率等）的内在联系（应打破"学段"界限，这也是解决幼小衔接和初小衔接的必由之路）；第四，在上述分析基础上，具体入微地就所教单元的学科知识结构进行分析建构（内在联系），并分析教材所载"数学问题"（背景）所蕴含的其他学科或领域知识，以建构单元知识结构（内外关联）。关于单元学科知识结构和单元知识结构的呈现方式，最好能够用图表的方式来表达，以便于我们能够"一览众山小"，宏观把控、灵活运用、入微入味、恰当适合。② 因此，我们可以分别从知识结构的分析来源、确立原则和结构要素来阐述单元知识结构的确立方法。

一、知识结构的分析来源

当进行单元知识结构的确立时，课程标准、教材的编排、相关教学研究成果以及日常教学生活等都可作为分析来源。

课程标准是从整体上认识单元地位和价值的重要参照。课程标准中的课程目标、课程内容是主要的分析对象。课程目标中的核心素养内涵是最为上位的概念，分析首先指向于本单元涉及哪些核心素养，它们在本单元的体现如何；与之类似，本单元涉及哪些学段目标也是分析的应有之义。课程内容中，分析指向本单元涉及的课程内容，而其应与课程目标中的分段目标相对应，并感受这两方面如何与核心素养相联系。

在此，课程标准的变化应是单元知识结构确立需关注的重点。理念上，需把核心素养作为知识结构的上位概念。具体内容上，"数与代数"领域中，"常见的量"移到了"综合与实践"领域，负数、方程、反比例移到了初中，百分数移到了"统计与概率"领域；"图形与几何"领域最大的变化是增加了尺规作图，增强了几何直观；"统计与概率"领域的变化是增加了百分数。把百分数作为统计量符合百分数的意义，也适应大数据时代的要求。

教材的编排分析是另一个分析依据。其主要涉及两个方面，一是分析教师所使用的教材，一是就同一内容分析其他版本教材的编排。其目的在于帮助教师合理地认识某一单元内容的组织，进而深入思考其教学设计的具体安排。在具体分析时，应该以所使用

---

① 徐文彬，李永婷，安丹诺. 单元知识结构整体教学设计模式的理论建构 [J]. 江苏教育，2018，1182（43）：7–9+22.

② 徐文彬，刘晓玲. 基于单元知识结构的小学数学课堂教学设计 [J]. 南京晓庄学院学报，2016，32（5）：42–45.

教材的逻辑为主，辅以其他各种版本的教材逻辑作为补充。

课程标准与教材是建构单元知识结构的基本资源，它们为知识结构提供了底线式要求、内容案例以及基本的知识顺序。除了这两种资源外，还有其他丰富的资源可供教师作为确立单元知识结构的依据。

如前所述，某个知识的相关数学史是一种重要资源，虽然教材可能会有所涉及，但其所涉及的相关数学史更多是片段式的、简单的。因此，教师还需要进一步丰富与知识内容相关的数学史材料。这可以为教师呈现知识的演进、知识的运用以及知识的实践样态等，而教师需要组织其中的部分内容，以作为建构知识结构的资源。

相关的数学教学研究成果也是重要的资源之一。很多数学研究者和数学教育研究者会形成各种与数学教学相关的研究成果。在激发学生对数学产生兴趣的过程中，知识渊博的老师所起的作用无可替代，改变教学方法，重复地说教，或对教学大纲进行改革，都无法做到这一点。而教师（特别是新手教师）的学科知识提升很大程度上依赖于对这些研究成果的占有与消化。基于此，教师不仅要与教育家或教学论专家结盟，而且还要与数学家或数学工作者交朋友。小学的数学研究不能仅仅局限于一般的教育学原理或教学论之原则，而应该把这原理与原则"融进"数学文化当中。而数学文化的教育原理和教学原则最好本身就来自数学文化——数学家和数学工作者的数学研究就是这数学文化本身之一。另一方面，小学数学研究者最好也能够兼做些数学至少是初等数学的研究工作，只有这样，才能真正做到"在数学活动中体验数学活动"。[①]

这些研究成果可以作为工具辅助构建知识结构。例如，伍鸿熙教授的《数学家讲解小学数学》主要针对数与代数领域进行了研究。特别是在连续整数、小数和分数上，从专业数学的角度进行了系统阐述，深入浅出地将这三类数进行统一，这种统一与单元整体教学的思想是一致的，其相关的研究可以作为数与代数领域的知识建构的直接依据。史宁中教授的《基本概念与运算法则——小学数学教学中的核心问题》主要讲述小学数学教学内容中的一些核心问题，其一方面对来自数学教育工作者和教学一线的数学教师所形成的一些问题进行了探讨；另一方面，围绕小学数学中的一些基本概念和运算法则，设定了一系列话题，以对相关内容进行基础的、本质的研究。

类似的研究成果还有张景中院士的系列丛书，《帮你学数学》《新概念几何》《数学家的眼光》《数学与哲学》《漫话数学》《从 $\sqrt{2}$ 谈起》《数学杂谈》《从数学教育到教育数学》等。以及，《数学基础》（徐文彬）、《小学数学这样教》（郜舒竹）、《小学数学教材中的大道理核心概念的理解与呈现》《数学教育概论》（张奠宙）、《数学思维与小学数学》《新数学教育哲学》《小学数学教育的理论与实践：小学数学教学180例》（郑毓信）、《数学基本思想与教学》《数学基本思想18讲》（史宁中）等等。

除了从其他研究者处获得各种资源，教师还需重视从自己的日常教学生活中获取资源：教学即研究。对于教师来说，他们花费时间最多的、最熟悉的，就是自己的课堂。因

[①] 徐文彬. "小学数学的研究"三十年：回顾、反思与展望[J]. 教育研究与评论（小学教育教学），2013，144（2）：5-8.

此，在自己的教学中进行研究，是一线教师成本最低，而又最擅长的研究方法。这要求教师要带着问题意识进入课堂，注重反思自我的教学惯性，既要形成自己的知识结构，又要持续地改进这一结构。从这个意义上来说，不同研究者对于某一知识内容的对应知识结构可能有不同的理解，而一线教师可以借鉴这些研究成果，但也要对各种不同的知识结构进行选择与改造，形成自己课堂所需要的知识结构，但这一知识结构也是有待改进的，改进的一个重要来源即是自我课堂的验证和经验总结。教师应特别关注学生在课堂中的表现，要善于在各种表现中发现问题，并结合知识结构进行反思，下面的一个案例就是从学生的表现中生成的。

例如，在教学苏教版三年级上册"三位数除以一位数"练习课时，我们补充了"$612 \div 2 \div 4$"一题。学生的解题方法归纳起来有以下两种：

[解法 1] $612 \div 2 \div 4 = 306 \div 4 = 76 \cdots\cdots 2$

[解法 2] $612 \div 2 \div 4 = 612 \div 8 = 76 \cdots\cdots 4$

通过调查，得知学生对余数的掌握只停留在技能的操作层面上，并没有更深层次地把握余数的意义。基于此，我们建议，当教师在教学"有余数的连除"时，特别是第一步就遭遇余数的题型时，如果学生很难接受"变式算法"，那么教师不妨把这类问题放到具体情境中，让学生在具体情境中体会各数的含义，这样，他们就可能较易理解，否则又会得出"计算顺序改变，结果也随之改变"的结论了。[①] 从课堂中遇到的问题出发，展开调查，从而明晰问题的关键点，这是教学反思的价值所在。

二、知识结构的确立原则

在一定意义上来讲，原则即是规约，单元整体教学设计模式需要一定的原则以确保其规范性。结构性原则从整体上规范了其根本的基点，统整性原则指向的是学科知识、学科间或领域知识以及经验性知识之间实质的关联，科学性原则一定程度上保证了单元整体教学设计的合理性，开放性原则为面向学生学习的具体学科的教学设计留足了弹性空间。[②]

（一）结构性原则

结构性原则指的是单元知识的有序化组织，因为单元知识必然反映了学科基本原理和基本方法，所以内在地具有结构性特征。具体来说，从学习的纵向角度来看，特定单元知识一定程度上是由前单元知识的浅层次水平向后单元知识的深层次水平过渡的"最近发展区"，知识传递过程中涉及各类知识的迁移，结构性正是体现了知识的迁移过程。在单元整体教学设计模式下，结构性原则需要贯穿始终。[③]

[①] 徐文彬，汤卫芳. "两步连除计算"的微型调查研究 [J]. 小学数学教育，2016，220（10）：21–23.

[②] 李永婷. 单元知识结构整体教学设计模式研究 [D]. 南京：南京师范大学，2018：71.

[③] 李永婷. 单元知识结构整体教学设计模式研究 [D]. 南京：南京师范大学，2018：71–72.

（二）统整性原则

统整性原则指向的是单元知识结构要确保单元知识的内在关联与外在关联的合理联结。它包括两方面的内容，一方面，知识结构要作为后续环节的统领，使得其所蕴含的整体性在整个单元知识结构模式下要一以贯之；另一方面，单元学科知识与学科间或相关领域知识以及相关经验性知识之间要形成有关联的、不可割裂的整体。①

（三）科学性原则

科学性原则要求单元整体教学设计需要建立在教师专业能力的基础上，知识结构的确立既要符合知识追求"真理"的诉求，不能脱离单元知识的核心和学生认知发展水平，也要遵循教育教学的一般规律，需要观照认知心理学和脑神经科学等域外学科相关研究成果，从而使得教学设计更符合学生学习的实际，更有效指导教师的教学。②

（四）开放性原则

开放性原则指向的是单元知识结构在充分占有课程标准与教材相关资源的同时，在一定程度上体现对它们的开放性。这具体指在达成课程标准的底线要求，与教材内容相关联的同时，知识结构也应为学习者的自主建构留有余地，在兼顾基础性和深刻性的同时，应尽量保持简洁性，为学习者补充、改进、再造知识结构提供机会。

三、知识结构的要素

在阐述了知识结构的各种分析来源以及确立原则后，可转向对知识结构的要素进行具体阐述。知识结构的要素主要包含两大方面：学科内部因素和学科外部因素。学科内部因素一方面是单元的整体审视，分析本单元与其他单元之间的联系，本单元在本领域中所处的位置等。另一方面是单元的内部审视，在单元整体审视的基础上，需要进一步细致地分析单元的内部结构，从而使其形成一个较为系统的知识结构。学科外部因素是对单元学科知识结构的补充，包括其他学科以及生活领域的联系对单元学科知识结构的影响（见图2-1）。这种联系的影响是双向的、交叉的。教学中也需要同时考虑相关学科或领域对数学学科的影响和数学学科对相关学科或领域的影响，并从多个知识视角审视同一个数学问题。③

---

① 李永婷. 单元知识结构整体教学设计模式研究［D］. 南京：南京师范大学，2018：72.
② 李永婷. 单元知识结构整体教学设计模式研究［D］. 南京：南京师范大学，2018：72.
③ 陆世奇."单元知识结构教学模式"的实践解读：以小学数学学科为例［J］. 教育研究与评论（课堂观察），2017，316（1）：12-17.

```
知识结构要素 ┬ 学科内部因素 ┬ 单元整体审视
            │              └ 单元内部审视
            └ 学科外部因素 ┬ 相关学科关联
                          └ 日常生活关联
```

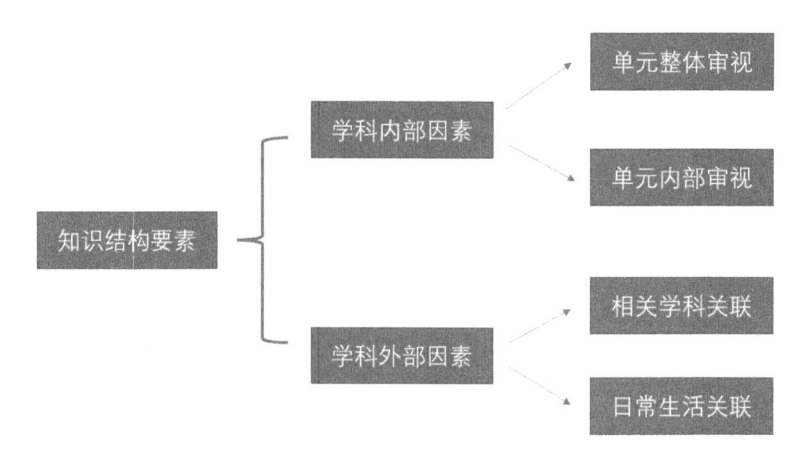

图 2-1　单元知识结构的要素结构

（一）学科内部因素的分析

在学科内部因素的分析上，要先对本单元进行整体审视，以对本单元的定位有一个整体的认识；然后再对单元内的内容进行具体分析，以明确具体的知识内涵。

1. 整体审视

在学科内部因素上，先对本单元进行整体审视，可以分别从课程标准和教材中概括出本单元相关领域的大致内容。课程标准中的核心素养、课程目标和课程内容是重点关注对象，可主要从这三个模块中概括相应内容。而对教材的审视，则要求教师以所教教材为主，以其他教材为辅，进行多元教材的审视。同时，每一版本的教材，教师都应了解其每个年级有哪些单元，每个单元属于哪个领域。如此，可以同时分析多个版本教材的编排，并进行比较。本书中，某些单元整体教学设计的案例中，可能会涉及台湾四个版本的教材以及美国加州的教材，这些与中国大陆不同体系的教材可以为我们提供更为广阔的视野。

通过这种概括，可以对本单元有一个初步、整体的认识。在一个完整的知识逻辑链条中，可分析该单元是领域中的起始单元、总结单元，或者承上启下单元等。这为知识结构设定了一定的边界，其应是围绕某个主题之上的建构，而不能泛化到其他单元之上；同时也为知识结构提出了开放性要求，即知识结构虽然不直接涉及其他单元，但它要内含着与其他单元的关联性。关联是多方面的，有些单元是另一些单元的深化，如"小数的意义与性质"是"小数的初步认识"的深化；有些单元需要应用另一些单元，如"小数的加法和减法"需要应用"小数的意义与性质"；有些单元则是其他单元的总结，如"认识四边形"是多个四边形（平行四边形、长方形、正方形、梯形等）单元的总结。

由此可见，只有把本单元放在整体领域中来审视，才能更好地理解它应该教什么，应该侧重于哪些方面，以及应该内隐着哪些知识点。例如"可能性"这一单元（以苏教版为例），属于概率，虽然只有"可能性"这一个单元，但其与同属统计与概率统计领域有着密切的联系。一方面，我们在学习可能性时，是通过动手操作来进行探究的，并且把所操作的结果进行收集、整理并分析，而这些都是统计领域中所学习来的知识；另一方面，在实际生活中，我们不可能把所有的事物都统计完整，例如人口调查的时候，所以我们需要通过对样本的统计去推断总体，这时候就涉及不确定因素的影响，而这正是可能性所研究的内容。另外，从小学数学的总体结构上来看，在学习统计与概率的过程中会涉及解决问题、计算、推理以及整数、小数、分数、百分数、图形等许多数学知识，实际上学习统计与概率的同时又复习和运用了过去的旧知识，发展了学生解决问题的能力。① 这为"可能性"的单元知识结构之建构提供了依据。

当然，在进行整体审视时，教师需要有一种整体视野，而这种视野本身也来自相关数学教学研究成果的学习和自我教学生活的反思。上述"可能性"单元的审视，就需要教师一方面要拥有一定的统计学和概率学知识，另一方面也要拥有一些与可能性相关的日常生活经验，以及对学生"可能性"概念认识的预设。

2. 内部审视

单元的内部审视应以整体审视为基础。整体审视中已经对本单元有了一个初步的认识，而内部审视则是这一认识的进一步深入，这需要更具体、更细致地对课程标准与教材进行解读。

此时的分析，更聚焦于本单元所涉及的内容，并对这些内容进行加工。譬如，在第一学段的"统计与概率"领域中，数据分类的目标为经历简单的分类过程，能根据给定的标准进行分类，形成初步的数据意识。② 数据分类是课程标准的变化之一，其由"分类"转化为"数据分类"，突出了对数据的强调。那么相应的单元知识结构，则要在分类中融入数据概念，要体现分类与数据的关联性；在活动意义上，则可能是让学生在统计活动过程中体会分类的需求，并基于分类活动而进行数据收集、整理等活动。

同样的，带着课程标准中对数据分类的强调，可以去分析各种教材的呈现情况，以观察其中的分类活动与数据的联系性。通过教材分析，可以进一步得到，根据数据的不同，分类活动有不同的类型，可概括为属性分类和数量分类两种。属性分类包含了广泛的主题，它主要以质性的分类标准对问题进行分类（喜欢的水果）。数量类目则主要是将某个主题进行数量上的分段（身高分段、体重分段等）。由此可见，教材中所呈现的各种分类案例，更细致地凸显了分类如何与数据相关联。

此外，从本原性知识出发，统计学习需要经历两个认识论上的范式转变：（1）从把统计视为一种基于工具的计算程序到把统计视为一个包含丰富思维的活动过程；（2）从把概率视为一个独立的领域到把概率中的随机思想渗透在统计活动过程当中。这更是贯

---

① 华应龙，施银燕. "所有的判断都是统计学"："统计与概率"备课与教学难点解析［J］. 人民教育，2006（13–14）：67.
② 中华人民共和国教育部. 义务教育数学课程标准（2022年版）［M］. 北京：北京师范大学出版社，2022，12.

穿所有统计学习的上位理念，将其融入数据分类活动中，能够更清楚地理解何为分类，为何需要分类，分类又如何影响统计活动本身，从而让数据分类的学习为后续的统计活动打下基础。

概而言之，整体的分析是对单元之间的联系进行分析，其旨在确定本单元教学的生长点，固着点和引申处；而具体分析则更多地思考如何将前者所得的内容融入本单元之中，并在此基础上形成统摄前者的具体结构。

（二）学科外部因素的分析

在学科外部因素上，与学科内部因素的分析不同，学科外部知识因素的分析没有具体的形式，且不具有结构性。然而，其与单元中的诸多方面都相关，诸如案例的形式、教学内容的载体、师生交流的方式等都可以成为学科外部因素分析的对象。教学过程中，包括形式、载体、交流、传递等在内的多方面因素都涉及与其他学科以及生活领域之间的联系。区别于单元学科知识结构，对于单元相关学科或领域知识结构的考量主要分散地存在、附着于各个具体教学环节的方方面面中，以帮助教学过程更好地进行。而且，因为学生的思维本身就是联系着各个学科和领域的，不会因为是数学课而只考虑数学的因素，所以对于学科外部因素的考量并不是锦上添花式地装扮原有的数学知识，而是由数学知识所涉及的多个学科和领域的综合形式去展现，从而让学生能够更好地认识与理解所学的内容。

因此，对于外部因素的分析更多的是思考这样一些问题，譬如，单元内容与数学以外的哪些领域有关？其联系是什么？如何利用这些联系？等等。结合这些问题，我们可从数学与其他学科的联系以及数学与生活的联系两个方面来分析学科外部因素。

1. 相关学科关联

数学虽然是一个高度抽象性的学科，但其也与其他相关学科具有联系，通过对学科间的联系进行分析，可以把握知识结构可能的外部影响。

以"平移、旋转和轴对称"这一单元为例，其与美术和科学学科有着密切的联系。图形本身就是一种重要的审美对象，而通过各种运动，可以构造出丰富多彩的图形组合，而除了体会图形运动本身，在运动中也可促进学生进行艺术创作，这些创作反过来也会培养学生的空间观念与几何直观能力。同时，作为一种操作活动，各种图形运动活动也与科学学科相关。科学学科的运动，更多是通过各种操作活动来帮助学生体验这种知识，同时，其也涉及让学生学会进行科学实验，注意各种实验细节，包括一些具体现实的情况。数学课的运动，更多是从直观到抽象的理解，它也需要很多的操作活动，但其更注重通过操作活动所形成的思维活动，而不只关注活动本身。在此，数学学科需要借助科学学科所强调的操作细节来进一步达成思维发展的目的。

同样的，这里其实还存在着更多的数学与科学的联系与区别。譬如，"科学中的平均分"似乎都是会有误差的，而"数学中的平均分"是绝对不容许有任何误差的。那么，如何进行"数学的平均分"呢？其实，没有任何具体现实的办法——这是科学的问题，只有在大脑中理想化、抽象化、形式化地平均分——这是数学思考的方式方法。因此，"过程与方法"目标的达成就必须通过这种"数学思考"，而非仅仅是"科学思考"所能够完成的。[①]

与之相似，统计活动本身就与统计学有着直接联系，作为"数学学科"的一个领域，其不仅仅强调对各种统计方法运算方面的学习，更注重通过统计解决实际问题。这又更深层次地与社会学及社会心理学相联系，人们的统计判断和决策过程，往往是以作为一个社会中的人为前提，并结合数据结果而进行的复杂心理过程。若是忽略统计活动与这些学科间的关系，则无法真正地理解把数据概念作为该领域核心的深层意义。

2. 日常生活关联

与此同时，数学与生活间的联系也不容忽视。就数学学习而言，我们不仅应看到学校中的数学教学，而且也应看到整个文化环境，特别是日常生活对其的影响。这也是数学社会建构性所引发的关注点。譬如，一个新的数学概念的诞生需要一个数学共同体的一致认可，才具有相应的社会影响力，而不是某个数学家一个人发现了它之后就会自动具有相应的"合法地位"。因而，在小学数学教学中，教师不能忽视数学的社会建构性的特点，需要将所学数学知识与历史文化和日常生活相关联。

数学与生活的联系是多方面的。在大部分教学内容上，都可以找到丰富的生活场景作为实例，以生活场景引入教学是很多教师的常用教学手段。这些生活场景也应是学生们熟悉的场景，这才为他们进行该内容提供了支架。而将所学的内容应用于生活中也可作为一种变式联系而呈现，很多时候，通过这些应用才能真正体现学生是否掌握了该知识。而通过生活情境引发冲突也是一种重要的教学手段，有时候数学知识会与我们的常识相悖，而这作为一种"迷"形成了相应的问题，对这一问题的充分探究，往往最终指向该内容的本原性知识。在图形运动的教学中，以摩天轮的情境为例，这是游乐场里学生们都十分喜欢的项目，而大部分人通过日常经验的判断都认为它的运动是旋转，但从数学的角度上说，摩天轮每个座舱的运动是平移还是旋转，是需要讨论的。由图2-2可知，如果仅就现实中的情况来看，座舱的运动只能算是平移，因为运动到某一点，前后对应点的距离是相等的（这是平移的特点），此时它就不满足旋转的特点（到中心点的距离相等），但如果把每个座舱看成是一个点，那么就可以看作旋转运动，相当于一个点在圆上运动。

综上所述，单元内部知识结构和单元外部知识联系都具有十分丰富的内涵，以往的教学都较为重视前者，而忽视后者，但二者具有同等的重要性，共同构成了单元的知识结构，都对学生的学习有不可替代的价值与意义。

[①] 徐文彬. 如何认识《义务教育数学课程标准》中的三重联系[J]. 江苏教育，2013，809（5）：23–25.

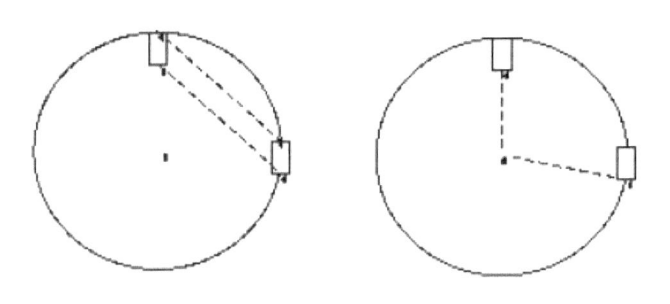

图 2-2　座舱运动示意图

第二节　如何建构学生的学习心理轨迹

在明确了单元知识结构的基础上，本节的主要内容是要探讨如何建立单元知识结构学习心理轨迹。教育心理学认为，教学要遵循准备性原则，也就是根据学生原有的准备状态进行新的教学，同时，个体认知的获得都是心理发生的结果，而心理发生就是一个从较低级的结构过渡到一个较复杂的结构的过程。因此，学习心理轨迹的建构，需要将学习心理过程置于特定的单元知识中，结合已确立的单元知识结构影响学生的知识学习。[①] 具体来说，一方面要关注学生的心理过程，另一方面要对学生的实际经验有所了解。

一、学习心理轨迹的建构要以学生的心理过程或认知水平为依据

学习本身是一个范围很广泛的概念，因此对它的理解就有不同的层次性，而不同层次下的学习就相应存在着不同层次的心理过程。具体来看，课堂教学主要包括不带学科的一般性学习心理，带学科的学习心理，以及具体单元的学习心理。这三个层次的具体化程度是不断加深的。其一是一般性的学习，指学生学习的最宏观的心理过程，最具普适性（如奥苏贝尔的有意义学习）；其二是具有学科因素的学习心理，显然每门学科的学习过程是存在差异的（数学学科上，具有代表性之一的是 SOLO 分类理论）；其三是具体单元的学习心理，这一层次不仅关注了学科性，也关注了学科内部的各个单元间的差异（三个不同领域具有不同的学习心理理论）。[②]

具体单元的学习心理过程应是这些不同层次学习心理的综合与优化。有一些研究成果是探究学生学习心理的重要依据，如皮亚杰的发生认识论、SOLO 分类理论、APOS 理论、范希尔几何思维水平理论、统计的 PPDAC 过程和 M3ST 水平理论等。

---

① 李永婷. 单元知识结构整体教学设计模式研究［D］. 南京：南京师范大学，2018：77.
② 陆世奇. 基于单元知识结构的小学数学教学设计案例研究［D］. 南京：南京师范大学，2017：35.

(一) 皮亚杰的发生认识论

皮亚杰认为,"认知关系的建立,或更广泛地说,认识论关系的建立,既不是外物的一种简单的复本,也不是主体内部预成结构的一种独自显现,而是主体和外部世界在连续不断的相互作用中逐渐构造起来的一些结构的集合"。[①]

具体而言,首先,认识起源于主客体的相互作用,公式 S—(AT)—R(S—外界刺激,A—同化或顺应,T—主体的认知结构,R—主体反应);其次,认识是在持续建构中发展的,其发展自有其图式、同化、顺应、平衡等机制,以及感知运动、前运算、具体运算、形式运算等阶段;再次,自我调节是建构的内在动力;最后,主体的数学逻辑结构和外部世界相符合是一个无限的过程。

仅就发展阶段而言,身处感觉运动智力发展阶段的儿童其思维属于萌芽阶段(0—2岁),前运算思维发展阶段的儿童其思维属于表象或形象思维(2—7岁),具体运算思维发展的阶段的儿童其思维处于初步的逻辑思维(7—12岁),形式运算思维发展阶段的儿童其思维属于抽象逻辑思维(12—15岁)。与此同时,图式是形成概念的基础,是同化、顺应和平衡的依据。那么数学概念作为概念的一个类别,也必然具有丰富的数学图式,需要在活动基础上建立起相应的数学认知图式。学生也总是用已有的图式去认识事物,如果主体能把外界的刺激纳入已有的图式,这就是同化过程。在数学概念的建立过程中,如果主体能将外界的数学现象纳入原有的数学概念之中,这种同化过程就丰富了原有的数学概念,促进了概念的发展。在图式的不断发展过程中,主体是不平衡的,主体总是试着向平衡方向发展,即主体不断对自身图式调整,以适应环境,然后达到较为稳定的平衡(或者是远离平衡)。通过这一系列的活动而产生新的图式。联系数学概念的形成,学生在一系列的数学思维活动中,通过自身原有的数学思维其概念不断与环境作用,不断产生新的而又较模糊的数学概念,这个模糊的数学概念再与外界的数学现象相互作用后,逐渐清晰,当能够用这种较清晰的数学概念又同化更多的数学现象时,数学概念就形成了。新图式的形成,可以同化更多的客体。同样,新的数学概念也同化了更多的数学现象以后才能被检验,因此数学概念只有在应用中才能得到巩固、深化与发展。[②]

(二) SOLO 分类理论

"SOLO"是英文"Structure of the Observed Learning Outcome"首字母的缩写,原意是"可观察到的学习成果的结构"。SOLO 分类理论是对学习者在进行学习活动中所产生的一系列表现的描绘,它提供了一个有条理的层级式的分类方式,即一个学习者在掌握学习任务时对任务复杂性理解的增长变化。这个理论假定:学生学习许多概念和技能会有一种结构复杂性的普遍增长顺序,并且这个顺序可引导教师用来调整具体的教学目标或对具体结果的评价。

---

① 左任侠,李其维. 皮亚杰发生认识论文选 [M]. 上海:华东师范大学出版社,1991:2-29.
② 刘淑珍. 从皮亚杰的理论谈数学概念教学 [J]. 沙洋师范高等专科学校学报,2003(5):81-83.

SOLO 分类法的理论基础是结构主义学说，同时吸收了皮亚杰的认知发展理论的合理因素，它起源于两种需要。一是弥补皮亚杰理论在应用于学校背景时的明显不足，二是描述所观察到的大量学科和主题领域学生在各种学习环境下的大量反应的结构一致性。[①]

根据学习者在解决学习任务时表现的不同，SOLO 分类评价理论将学习成果划分为五种复杂性水平或五种结构。[②]

（1）前结构水平：学习基本上没有解决问题的简单知识，或者被情景中无关的方面所迷惑或误导，不能以任务中所涉及的表征方式处理任务，或为以前所学的无关知识所困扰，关注问题中某些偶然的不相关的信息，回答问题逻辑混乱或同义反复。

（2）单一结构水平：学习能够使用或获得要解决问题的一个或多个部分特征，能够找到一个相应的解决办法，但只能联系单一事件，急于追求答案，忽视题目中多种相关资料的区别和联系，往往只找到一个线索就急于得出结论。

（3）多元结构水平：学生能够找到越来越多的正确的相关特征或线索，却不能觉察到这些特征或线索之间的联系，不能对线索或特征进行整合，常常给出一些支离破碎的信息。

（4）关联结构水平：学生能够使用所有可获得的线索或资料，并将任务的各部分内容整合成一个有机的整体，能够联想多个事件，并将多个事件联系起来回答或解决较为复杂的具体问题；能够检查错误或矛盾。

（5）拓展抽象结构水平：学生超越资料进入一种新的推理方式，能将关联的结构整体概括到一个更高的抽象水平，并且使这种概括化拓展到一个更高的抽象水平，会归纳问题，在归纳中概括考虑了新的和更抽象的特征；结论具有开放性，能拓展问题本身的意义。这一层次的学生表现出更强的钻研精神和创造意识。

结合 SOLO 分类法，教师不仅能够了解学生所掌握的知识，而且能够了解学生的思维层次和学习表现，可及时改进自己的教学方式，对学生进行有针对性的辅导，逐步提高学生的思维水平。

（三）APOS 理论

APOS 分别是由英文 action（操作）、process（过程）、object（对象）和 schema（图式）的第一个字母所组合而成。这种理论认为，在数学学习中，如果引导个体经过思维的操作、过程和对象等几个阶段后，个体一般就能在建构、反思的基础上把它们组成图式从而理清问题情景，顺利解决问题。

具体来说，所谓操作是指个体对于感知到的对象进行转换，这个对象实质上是一种外部刺激。举例来说，给出一个函数公式，要求个体计算出在一个给定点的函数值，这

[①] 蔡永红. SOLO 分类理论及其在教学中的应用［J］. 教师教育研究，2006（1）：34-40.

[②] 彼格斯，科利斯. 学习质量评价：SOLO 分类理论（1）可观察的学习结果结构（1）[M]. 高凌飚，张洪岩，译. 北京：人民教育出版社，2010：27-33.

就是操作。不断重复这种操作，学生从中得到不断的反思，于是就会在大脑中进行一种内部的心理建构，即形成一种过程模式。这种过程模式使得操作呈现出自动化的表现形式，而不再借助于外部的不断刺激。比如一旦学生认识到所谓函数只不过是给定一个不同的数就会得出相应的不同值，而不必再进行具体的运算时，他就已经完成了这种过程模式的建构。而当学生意识到可以把这个过程看作是一个整体，并意识到可以对这个整体进行转换和操作的时候，其实已经把这个过程作为一个一般的数学对象。这时不但可以具体地去指明它所具有的各种性质，如单调性、奇偶性、周期性等，也可以以此为对象具体地去实施各种特定的数学演算，如微分运算、积分运算等。从数学的角度看，由"过程"向"对象"的转移其基本意义就是为从更高的层次进行研究开拓了现实的可能性。就如这个例子所表明的那样，只有通过将注意力由主要集中于相应的计算过程转移到函数本身，也即把函数看成一个单一的对象，我们才能进而讨论函数的各种性质，包括各种函数的相互关系及函数的运算等。个体对操作、过程、对象以及他自己头脑中的原有的相关方面的问题图式进行相应整合就会产生出新的问题图式，这种图式的作用和特点可以决定某些问题或某类问题是否属于这个图式，从而就会做出不同的反应。显然，个体的思维和认识状况在这种持续建构中已经上升到更高的层次。即对有关概念进行了更高层次的加工和心理表征。

APOS理论揭示出，数学学习中图式的形成往往并不是一种自觉的行为，而是一个不知不觉的渐进的建构过程。在整个环节中，相应的操作为图式的形成提供了必要的基础。从这样的角度去分析，"熟能生巧"这一传统的中国数学学习方法显然有其一定的合理性。但是，对于这里所说的"操作"必须作广义的理解，它未必一定是具体的运算，而也可以是任何的数学运作，更不必一定有明确的算法。[①]

（四）范希尔几何思维水平理论

荷兰教育家范希尔夫妇（Pierre Van Hiele & Dina Van Hiele）受皮亚杰（Jean Piaget）数学理解水平的影响，结合教学过程中所遇到的问题，提出了几何思维发展的五个水平，被称为范希尔（几何思维水平）理论。[②]

水平1：直观（visuality）。学生能按照外观从整体上区分几何图形，他们对图形的区分往往依赖于具体样板。对于所给的几何图形，儿童可以凭借整体感知描述图形，但不能利用图形的特征分析图形，如范希尔所说："图形看起来像"以及"知道它是什么图形，但无法解释为什么"。[③]

水平2：分析（analysis）。学生已经能够认识图形的特征性质，并依据性质做图形分类。学生可以描述图形的相关特征，或者利用这些特征解决简单的问题，但却无法建

[①] 乔连全. APOS：一种建构主义的数学学习理论[J]. 全球教育展望，2001（3）：16—18.
[②] 鲍建生，周超. 数学学习的心理基础与过程[M]. 上海：上海教育出版社，2009.
[③] VAN HIELE P M. Structure and Insight: A Theory of Mathematics Education [M]. Orlando: Academic Press, 1986.

立这些特征之间的联系，正如克莱门兹、贝蒂斯塔所说："这个阶段的学生不再通过直觉辨认图形，而是根据所了解的性质辨别图形"。①

水平3：非形式化的演绎（informal deduction）。这时学生已能形成抽象的定义，区分概念的必要条件和充分条件，并能通过非形式化推理将图形分类。在这个阶段，学生可以根据相关性质建立图形与图形之间的联系，同时对他们来说，建立几何图形的定义与性质之间的关系成为一个有意义的主题，② 然而，学生依旧不知道如何利用所给定的前提条件建立逻辑证明。

水平4：形式的演绎（formal deduction）。学生可以了解到证明的重要性和了解"不定义元素""公理"的意义，理解几何学中的公理、定义、定理等，也能推理出新的定理，建立定理间的关系网络。

水平5：严密性（rigor）。学生能在不同的公理系统下严谨地建立定理，以分析比较不同的几何系统，如欧式几何与非欧几何系统的比较。

通过该理论我们可得到一些启示。首先，教师要提升自身的几何思维水平。在平时的几何教学中，教师应该注重学习，特别是了解几何的发展历史，掌握几何定理与推论的证明及使用，从而提升自身的思维水平。其次，教师要充分了解学生的思维水平。通过了解范希尔理论，知道几何之所以难教是教师在教学过程中所呈现的问题和语言超出了学生的思维水平。因此，了解学生的思维状况，特别是性别之间的差异，尽可能采用因人而异、因材施教的教学方法，提升学生学习的积极性，提高教学效率。第三，教师要学会使用多种教学方法。学习是一个思维与认知发展的过程，《课程标准》强调，教学过程不能局限于教师单方面地向学生传授知识，而应该是一种师生互动、平等交流的过程。因此，在几何的教学过程中，通过设置思维的"最近发展区"以及富有创造性的问题，让学生在合作中学习和解决所遇到的几何问题，自主构建几何知识框架，更有助于学生几何思维水平的发展。③

（五）统计学习的相关理论

统计学习的相关理论主要指统计调查循环（inquiry cycle）的PPDAC模型（PPDAC model）。具体指问题具体化（problem specification）、计划（plan）、数据（data）、分析（analysis）、结论（conclusion），即分析研究问题的状态，设计研究程序，进行数据收集，运用概括和分析回答研究问题，探查研究结论。

PPDAC调查循环（the PPDAC inquiry cycle）提醒我们，在进行统计调查时所涉及的主要步骤。这是统计思维发生的环境。PPDAC中的第一个"P"强调了问题（或疑问）

---

① CLEMENTS D H, BATTISTA M T. Geometry and spatial reasoning [M]. New York: Macmillan Press, 1992.
② CLEMENTS D H, BATTISTA M T. Geometry and spatial reasoning [M]. New York: Macmillan Press, 1992.
③ 曾友良, 负朝栋. 范希尔理论的几何思维水平研究综述及启示[J]. 当代教育理论与实践, 2017, 9（5）: 12–16.

的具体化阶段。早期阶段，问题通常定义不清。人们起初对他们的问题是什么，他们需要理解什么，以及为什么要理解，都是非常模糊的。"问题"阶段是试图将这些模糊的感觉转化为更加精确的信息目标，一些能够使用数据来回答的非常具体的问题。达到可以使用统计数据来如实回答的有用问题总是要涉及许多艰难的思考和准备工作。

随后的"计划"阶段是要决定获取哪些人/对象/实体的数据，我们应该"度量"（measure）什么事物，以及我们将如何去做。"数据"阶段涉及数据采集、存储和辨析（使用各种转换重组数据、整合不同来源的数据，以及清理数据，为分析做准备）。接下来的"分析"阶段和"结论"阶段是关于理解所有内容，然后抽象和交流分析所获。其中，总是会涉及分析、初步形成结论、再进行更多分析的来回往复的过程。事实上，每当在后续步骤中的收获导致修正先前决定的新内容时，主要阶段之间就会来回往复进行。

从数据中所获得的任何实质性学习，都会涉及依据你在数据中所理解的来推断它与更广泛的宇宙之间的联系。PPDAC聚焦于运用有计划的过程目的所收集的数据，这些过程是奠基于统计基础之上的选择，（这些统计基础）可以证明某些类型的推断是合理的。[①]

二、学习心理轨迹的建构要结合学生的实际经验

奥苏贝尔指出有意义学习就是指在新旧知识之间建立起实质的非人为的联系。由于概念自身有其赖以形成的途径，所以不可避免的是，要习得特定的概念，就需要有丰富的有关经验的背景。[②]

由此可见，学生已有经验是新的学习的基础。在学习心理上，我们需要思考学生的已有经验是怎样的。结合学科因素，可以从数学学习的经验和一般性的生活经验上来思考。

在学习过程中，学生会潜移默化地基于原来知识来学习新知，而这种结合广泛存在于概念的形成与同化过程中。从学习的角度，概念的抽象水平并不是概念本身所固有的性质，它取决于概念与学习者之间的关系。换句话说，同一概念在不同人眼里的抽象水平是不同的，这与每个人以前的学习经历和知识基础有关。经过合适的引导，学生的数学知识会结构化地增长，不断形成体系，不断基于已有认知结构而扩展。

另外，经验有时也会有干扰作用，如学生初次接触到的知识概念，一般以"标准图形""原型""特殊事例""初始定义"为主。这些表象对掌握数学概念的本质属性起到过有益的作用，但对后续学习与运用也有极大的干扰作用[③]。因为这些初次得到的学习结果会给学生留下深刻的"第一印象"。学生在以后的学习中，回忆到这些概念时，首

---

① DANI B Z, KATIE M, JOAN G. International handbook of research in statistics education [M]. Switzerland: Springer International Publishing AG, 2018.

② 邵瑞珍,皮连生,吴庆麟.教育心理学:学与教的原理[M].上海:上海教育出版社,1983:122.

③ 李善良. 现代认知观下的数学概念学习与教学[M]. 南京：江苏教育出版社，2005.10：73.

先就会想起这些"第一印象",而不是想到去做出调整。①

因此,学生对新概念的理解受已有知识的影响总是多种多样的,而需要指明的是概念意义的表征形式本身就是多样的,但差别在于每一种理解与表征在多大程度上反映出了概念的本质,这给予我们的启示,甚至是一个错误的表征也有可能在一定程度上反映出学生对这个概念的部分理解。所以,我们要鼓励学生用他们自己的话语体系去表征学习的知识概念,从而去探求他们的内部表征情况。这是我们理解学生学习心理的重要手段,缺少了这些外部表征,那么所学的知识则很有可能有形式化的倾向。如只知道二分之一是分数,却不知道分数是什么,或认为分数就是分数,又或是只知道先乘除后加减,但不知道为什么,因为这就是老师叫我们记下来的,等等。

我们需要尽可能多地了解我们的学生,清楚他们在学习之前拥有什么,而不是把他们视为一张白纸一样地机械灌输。再例如,对于分数的认识,学生在学习这部分知识之前就有了十分广泛的非科学性认识,这种认识既可能是对的,也可能是错误的,也可能夹杂着对与错的部分。很显然,这种前概念认知的差异性就可以解释为什么同在一个课堂之中,有的学生学习新知识非常快,有的学生学习的很慢,有的会很困扰,因为新学习的内容可能与他原有的认知是非常冲突的,导致他无法判断哪一种才是正确的认识。这种对于分数的混乱认识即是由朴素观念而产生的,因为坚持朴素直觉而导致了对于形式定义的错误"转译"。②

需要指出的是,对学生的心理过程的理解,要区分抽象意义和具体意义上的学生。抽象意义上的学生,其心理过程是普适的,确定的,具有推广意义。而具体意义上的学生是独立、复杂的个体,其心理过程属于具体的个人,并具有一定的差异性。这里我们强调要兼顾两种意义下的心理过程,前者是我们进行构建心理过程的基础,后者则侧重在进一步理解学生的基础上,对一般心理过程进行改善而使其更合适于所教学生。

学生学习心理轨迹的构建,最终是要充分地与教学进行联系。学生是在"做"与"思"的活动中进行学习的,学习过程中内隐的心理过程与相应的数学活动相对应。从学生心理的角度联系教学就是要基于心理过程去设置学习活动,使得学习活动具有心理依据。

三、学习心理轨迹的建构原则

在操作的规范性问题上,对学生学习心理的把握需要相对科学的原则进行规范,才能最大限度地保证所构建的学习心理轨迹的合理性。从一般意义上来讲,构建学习心理轨迹需要遵循证据原则、结构性原则、灵活性原则和差异性原则。其中,证据原则指向了循证理论,是单元知识结构整体教学设计模式得以成立的前提,结构性原则是其立命之本,灵活性原则体现了建构心理轨迹的开放性特征,差异性原则则指向了学习者内部的个体特性。

---

① 李善良. 现代认知观下的数学概念学习与教学 [M]. 南京:江苏教育出版社,2005.
② 郑毓信. 新数学教育哲学 [M]. 上海:华东师范大学出版社,2015(5):259.

（一）证据原则

证据原则体现在建构学习心理轨迹的科学性和合理性上，从法学意义上来讲，证据是证明案件事实的依据；从循证教育理论出发，指向的是在教育教学实践过程中，谋求专业智慧与最佳可利用经验证据之间的融合循证教育一般遵循提出问题、获取证据、批判评价、应用和评估五个环节。在此，指向的是教师所构建的学生学习心理轨迹是要有依据可循的。前文也已论及，从社会文化、学习心理、教学心理、教育经验四个方面进行考量，这是从一般意义上提供了建构学习心理轨迹的四大依据。但是从实际操作而言，教师的个体层面也要保持客观公正，遵循证据原则。

1. 一般层面

在构建学习心理轨迹的四大因素当中，社会文化层面将教育教学放置到一个宏观的社会大背景下，在此框架下探讨学生的学习心理，是一个必然的文化结果。从学生个体学习心理入手，其目的是试图准确把握学生的学习心理状态。教学心理是从教师的角度，探讨影响教学的多种教学心理现象和影响因素，以期为教学提供有效的借鉴。教育经验的内省更是教师专业成长的重要一环，是将教师和学生关系紧密结合的重要纽带。因此，从一般层面上来看，从社会文化到教师教育经验，我们试图提供一个由宏观到微观的证据分析框架，用以指导教师，尽可能全面地把握学生的学习心理，从而建构起一般意义上的学生学习心理轨迹。

2. 教师个体层面

在教师个体层面，主要体现在教师对学生学习心理轨迹的构建是在个人维度完成的，其结果也体现了教师的个人价值观和能力倾向。跟一般层面相比，教师个体层面并不要求一致的理论指导或者结构框架，而是具有较大的个体主体性，因此，教师对学生学习特点的分析，教师教育经验的获得渠道和教育经验的运用都需要有据可循。对此，教师需要保持客观和清醒的头脑，尽量追求经验总结的客观性，例如，阅读相关研究文献，根据教育经验不断进行反思和内省，等等。

概言之，证据原则的目的就是为了解决教师在建构学生学习心理轨迹中存在的问题。对此，要求教师保持跨学科思考的思维方式，从多视角、多方面考量可能影响学生学习的心理因素。证据原则不仅仅是一以贯之于单元整体教学中，在该模式的每个环节之间，也存在不可割裂的关系，具体的运作过程，也需要做到处处有据可循。

（二）结构性原则

结构性原则需要贯穿于单元整体教学设计模式的始终。作为其立命之本，结构性原则需要体现在整体教学的各个环节。在学习心理环节，主要体现在教师如何以先前确立的知识结构为前提构建学生的学习心理轨迹。一是学生理解知识的过程需要紧紧围绕单元知识的主线；二是学生的心理状态的变化需要遵循阶段性特征。

1. 理解知识的过程

在理解知识的过程中，面对不同的知识类型，学生的理解也会存在不同的维度，在不同的理解维度下，结构性原则都应作为重要的指导和依据。比如，布鲁姆将知识分为事实性知识、概念性知识、程序性知识和元认知知识，这是从知识的功能进行的划分，属于客观存在的知识。但在学习过程中，这些知识也就成了学生的学习对象，学生理解和学习到这些知识，仅仅知道这些知识本身其实尚属于较浅的层面。因此，在学习过程中，还需要从元认知的层面把握"关于"事实的知识，"关于"概念的知识，"关于"程序性的知识以及"关于"元认知的知识。这样一来，学生的知识理解就能够到达一个较深的高度，与此相对应的这些理解，可以说是后台性知识。也就是说，前台知识是文本呈现的客观存在，后台性知识则是更加丰富和关联化了的结构性知识，后者才是体现个体思维方式、价值观念、行为习惯等的最为关键的能力。

2. 心理状态的变化

在理解知识的过程中，面对不同知识类型的呈现和不同理解知识的阶段，学生的心理状态会发生怎样的变化，这个过程同样需要结构性原则的指导。正如之前所说，结构性原则贯穿单元整体教学的始终，学生的知识理解呈现出结构化特征，那么相对应的心理状态的变化，也应该是有规律可循的。如果从认知心理学的角度来看，结构化是学习的直接心理机制，心理状态对学习的影响不言而喻。因此，教师从结构性教学入手，对学生的心理状态变化进行分析和归纳，是学生有效学习的重要一环。

（三）差异性原则

差异性原则主要体现在不同个体学习能力的差别，即便是面对同一认知水平的学生，面对同样的学习内容，学生所习得的知识在个体内化层面还是存在着很大的形式上或程度上的差异，更遑论课堂教学中教师所面对的是在个性、认知水平、思维方式等方面迥异的学习个体。因此，在构建学习心理轨迹时，需要站在全局的角度探讨学生群体的学习心理，即面对不同阶段的知识划分，学生普遍的知识理解过程是怎样的。但在具体的教学活动中，教师还要照顾到不同认知水平学生的心理状态，尽可能准确地把握学生个体的心理状态，选择最适合学生接受的知识传递方式，最大限度地照顾到不同学习层次学生主观的学习感受。

（四）灵活性原则

灵活性原则主要指向"学生学习心理轨迹的建构"不是一个可以"一锤定音"的事情，它是一个判断、建构、解构、重构、再判断、再建构、再解构、再重构的无尽过程。

其目的是尽可能准确地把握学生学习的心理准备和各种发生变化的可能。因为在教学实践中，我们教师无法"站在上帝的视角"来把握学生的学习心理，所以，就"学生学习心理轨迹的建构"而言存在着很大的弹性空间——而这给予教师的就是灵活性。在此，灵活性原则主要体现在教师和学生两个方面。

1. 教师角度

从教师层面来看，教师所要做的是能够具备设计单元整体教学的能力以及掌控课堂教学的能力。教师在构建学习心理轨迹时，首先考虑到前文的四个依据，也就是说，在相对普遍意义下，学生的学习心理过程发生了怎样的变化？在此，教师可以阅读相关文献资料，也可借助教育经验进行考量。其次，要考虑到四大依据只是提供了教师解读学生学习心理过程的一种可能的框架，在教师教育经验下，面对不同的学生个体，还是会存在多种可能，因而，教师应当持着一个开放的态度，灵活地选择或借鉴。

2. 学生角度

从学生的角度来看，主要指向的还是教学对象的特殊性。虽然构建学生学习心理轨迹的主体是教师，但是，学习毕竟是学生的事情，即便教师再了解一个学生，也很难做到将学生的方方面面都看透，所以，此处所讲的建构学习心理轨迹，都是从一个较为宏观的和群体的角度进行的把握，在实际操作过程中，面对不同认知风格和学习水平的学生个体，教师也可以进行灵活地变通，目的是更好地理解学生，使学生更有效地掌握系统的知识和技能，这也是单元整体教学所强调的构建学生学习心理轨迹的初衷。

四、建构学习心理轨迹的核心问题

以学生的心理过程或认知水平、实际经验为依据，并遵循各种建构原则，就可以具体构建学生本单元学习的心理轨迹。为了启发教师的构建思路，我们可以从以下三个方面来展开思考：（1）本单元学生到底需要理解什么？（2）在理解的过程中出现了怎样的阶段？（3）在这些阶段中分别有怎样的心理过程？

（一）本单元学生到底需要理解什么？

单元整体教学设计模式是面向学生学习活动的组织框架，故其设计重心便是使学生掌握系统的知识结构，以便于将所学的零碎的、繁杂的知识统整成相互关联的知识网络，并恰当地运用到实际生活当中。

首先，在弄清楚这个问题之前，要了解到教师的知识同学生的知识之间是存在动态流动关系的，教学就是教师将自身知识传递给学生以形成学生个体知识的过程。从这个意义上来看，学生所获得的知识，很大程度上就是对教师知识的传承。诚然，在知识流动和传递的过程中，难免有教师个体教学方式和学生个体认知风格之间的差异性，但不可否认的是，教师应当存在这样的知识观念。因此，第一个问题提出的原因就在于，以往的教学，大多从教材入手，教材呈现什么就教给学生什么，反而将教学的重点放在了教学方法的形式层面。一定程度上，缺乏对知识内容本身，也就是"教什么知识"的深度考虑。故，教师首先应当定位好，在单元知识学习中教师和学生所处的角色，以及各自承担的"任务"，这是首要的，也是在以往的教学中极其容易被忽略掉的问题。

其次，这个问题回归到了知识层面，是教师从知识学习本身的角度来观照学生的学习心理。这就涉及"学什么"的层面，学习内容是开展学习活动的前提和基础。就教材知识而言，不同的单元或模块有着特定的主题与核心知识点，随着知识水平的加深，对应着不同的难度梯度。因此，这个问题试图要教师厘清的是，就本单元的知识本身而言，它具体有哪些内容？是以何种方式形成联结的？单元知识结构是围绕着什么核心知识点展开的？在单元知识结构之下，学生需要学习或领悟哪些具体知识、技能或情感等等？换个角度来看，这也是学生需要达到的知识与能力水平。故，从整体教学的角度来看，这个问题既回答了学习目标的设定，又是对学习评价的回应。

最后，要弄清楚学生到底需要理解什么，这就需要教师全面了解本单元的知识内容，以单元为单位，乃至将特定单元知识置于各学龄段教材体系中，从知识全局把握，以便于将模块化的单元知识放置在合适的知识体系中，寻找知识之间的关联。在这个问题下，教师还要对学生已有的认知基础以及学习经验了然于心，在教学活动开展之前呈现先行组织材料，并具备将新、旧知识经验合理联结起来的能力。前一环节单元知识结构的明确，做的就是基础性工作，到这个环节，就是水到渠成的事情了。

（二）在理解的过程中出现了怎样的阶段？

一般来讲，学生的理解过程存在着知识水平的层级化特征，即"现象的水平""概念的水平""方法的水平""价值的水平"四个阶段，这是从学习者习得知识的角度对认知过程的划分。如果从学生获得知识水平的纵向维度来看，学习者所习得知识水平四个层次的螺旋式上升基本上对应了核心素养的内在要求。

1. 现象的水平：信息意识的能力

现象的水平对应的知识通常是事件、文本性的信息或现象等，因此，探讨学习者对知识的掌握，主要考查学习者的信息意识能力。信息意识能力不仅包括识别事件、现象、信息的能力，还包括了解、表达、复述的能力。需要注意的是，个体在接受新知之前的知识储备不同，所掌握的认知水平也是迥异的。因此，对新知识的习得水平也存在着差异，其中，现象的水平属于较低层次的知识习得层次，相当于对新知识"打了个照面"，相比之下，将知识内化为自己的思维能力和品质的能力较弱。

2. 概念的水平：抽象概括的能力

概念是符号性知识的基本单元，可以被组成类别，还可以被组织成图式。总的来说，概念有三种存在形式：本质直观、定义和理想类型。在此，概念的水平指向了知识本质的层面，也就是理性概念层面，即包括了对概念本身，形成概念的前提性认识以及对于概念的总体性认识。不同于现象的水平所关涉的事实性知识本身，概念水平还包括了关于这些事实的知识。具体来说，概念可能还含有与概念、属性、背景及常识之间关系的有关信息，以及有关因果关系的信息。

对学习者来说，概念的水平阶段是学习者进一步内化了的知识水平，要求学习者能够了解到作为知识点的有机组成部分的事实。因而，在概念水平的知识习得层面，学习者的学习就需要解决以下问题：语词和符号的表征在我们头脑中是如何组织起来的？概念在文本上是如何抽象释义的？概念节点之间是如何联系的？这些概念在应用上又是如何变化的？通过这些问题解决的过程，学习者逐渐掌握抽象概括的能力。

3. 方法的水平：学会学习的能力

通常来讲，方法有两个层面的释义，一是具体的方法，即掌握某一项技能或解决某一个问题的方法，具体到教育研究方法，有归纳法、演绎法、实验法、调查法、文献法等等。另一个是哲学层面的关于方法的方法，即方法的系统，这就是方法论，指向的是对具体方法的选择、使用以及方法体系的构建规范。在一般教学中，学习者会学习到各种具体的方法，一定程度上可以认为是对程序性知识的应用。但是这些具体方法背后的选择、使用以及方法体系的构建规范在学习过程中往往就被弱化掉了，而后者正是个体思维方式形成的重要体现。

方法的水平阶段是面向问题解决的知识水平维度，包含了两个次层级：其一是学习者掌握解决具体问题的方法，在这个语义下，针对某一具体知识点，方法的水平与概念的水平可能会呈现交叉、重置的情况，较理想的状态下，方法的习得要置于生活经验中才更具现实意义；其二是学习者掌握关于解决问题方法的知识，属于元认知的层面，如逻辑水平、批判性思维、创造力、解决问题的能力等。同样地，元认知层面的方法水平是学会学习能力的体现，也是体现核心素养关键能力的内在要求。

4. 价值的水平：全面发展的能力

价值的水平是与知识的客观与否息息相关的，如果从"具有认知主体的认识论"语义框架出发，认识论一旦回归到学习者习得知识的层面，尤其是介入了心理与逻辑的范畴，知识获得就必然被赋予了价值属性，因此，知识层面的价值判断还是有可能并且是有必要的。当前教学中往往过多地注重教授学生对事实性知识的对与错的判断，却往往忽视了运用理性思维对事物或现象的是与非、真与假的价值性判断，而后者才是一个人形成合理的价值观的基本要求。

但是价值又是通过占有知识的人才能体现出来，也就是说，价值是个体化了的内在品格。如果仅仅停留在浅层次的"口号价值"，那么对于知识习得来讲，本质上还停留在现象层面，"口号价值"仅仅是一个符号、一个现象抑或一则信息而已。有大量道德知识储备的人并不见得不做坏事，从这个意义上来讲，知识获得的价值水平是内化于个体的认知结构和思维体系之内的，可以通过谈吐和行为自然而然体现出来的。故，知识获得的价值水平指向的是更高阶的个人化价值，关涉的是默会维度的知识生成、知识再现与知识表现（行为）。

具体来说，现象的水平、概念的水平、方法的水平、价值的水平对学习者所要求的批判性思维能力和品质也不尽相同。一般来说，现象的水平、概念的水平属于前台性知识的获得层级，方法的水平和价值的水平属于知识习得的高阶层级，属于个人知识，更多的是关涉到默会认知的层面。诚然，在教学过程中，这种知识习得水平的层次也并不是全然割裂的，就某一个具体知识点而言，知识的四个水平也会呈现出交叉、叠置的现象；面对不同的学习个体，同一知识点的知识习得水平也不尽相同，这集中体现在学习结果的差异上。在此，知识的四个水平指向的是学习者知识习得的维度，教师在开展问题解决教学活动中，要注意区分知识习得四个水平的不同阶段，以及不同阶段所对应的学生的问题解决思维方式，以便有针对地指导学习。

（三）在这些阶段中分别有怎样的心理过程？

在准确把握学习内容的基础上，下一步要做的便是根据这些内容，从学生学习知识的心理特征入手，揣摩学生理解知识的认知过程。为了使学生更有效地掌握知识结构，需要将脑神经科学理论、认知心理学理论考虑在内，力图做到学习活动心理层面考量的完整性。脑神经科学理论为学习活动的需求、注意、意识等提供了生理上的解释力。认知心理学认为，学习的直接心理机制是学习者的知识结构，并为学习的情绪唤醒、准备状态和学习兴趣提供了认知筹划上的策略和方法。学生的学习过程总是呈现阶段性特征，面对新知识，学生的理解也是存在一个从模糊认知到逐渐明晰的过程。因此，第三个问题需要教师厘清的是，学生在理解知识的过程中出现了怎样的阶段，这是教师组织学习活动的重要前提。

首先，学习的注意与动机。注意与动机主要对应了学生的感知与理解。从脑神经科学的角度来看，大脑从接受刺激到形成认知处理的过程之间，存在着多种器官的共同运作，大脑能把外来的刺激通过并沿着胞突传递，再经过"分析"或"贮存"，然后发出调整后的冲动传到另一个神经细胞或效应细胞。在处理和加工信息时，通过语言和视觉对未知事物进行理解，从获取到的信息开始，大脑会马上判断并进行搜索已知的知识及认知，学习并对未知的事物进行储备。大脑总是倾向于选择与之前存储过的信息相类似的信息，并进行信息的传递与加工。

其次，学生的认知过程存在着阶段性特征。认知心理学的普遍研究结果都显示了人的认知过程存在着阶段性特征。皮亚杰的认知发展过程理论的核心是动作的结构或组织

——图式，正常情况下，人脑中存在着由各种关系网络组成的图式，图式使个体能对客体的信息进行整理、归纳，使信息秩序化和条理化，从而达到对信息的理解。在面对新知识时，新知识会与头脑中已有的图式发生作用，其中存在着同化、顺应、平衡等知识整合的过程。学生的学习过程就是头脑中新、旧知识相互作用的过程。因此，教师在把握已有知识的基础上，从学生理解知识的过程分析学生的学习心理，具有认知心理学上的现实意义。在学生认知过程的阶段理论下，学生的心理过程一般会呈现"感知 — 理解 — 内化 — 运用"的阶段。

最后，对教材内容做更为细致的"解体"。学生学习的对象是知识，如果从主客体的角度来看，学生作为学习的主体，那么知识就是学习的客体。在学习过程中，学习主体的理解过程是受到学习客体制约的，也就是说，知识内容、组合方式会影响到学习者的理解过程。对此，教师需要解决的首要问题在于，如何将学习内容划分为有联系的更小的知识模块，使得知识学习更能符合学生的理解过程。在此，之前已确立的单元知识结构，融合了单元学科知识、学科间或领域间知识以及各种经验性知识，在单元教学的整体框架下，必然存在着更小的模块化的知识体，这些知识体就构成了学习过程的具体阶段。对应上一环节的知识理解过程，教师需要把握学生在面对这些理解过程中对应了怎样的心理过程及其变化。

综上，教师在分析了教学内容和学生的学习特点之后，需要从整体教学的视角，更深入细致地思考学生的认知心理过程是如何变化的，这些变化也并不是教师头脑想当然的东西，而是具有一定科学性的、符合学生认知发展水平的心理特征。统整学习心理过程的目的，就是将这些会影响学习主动性和学习效率的因素纳入整体教学设计的考量中，但是这些因素并不是教师的臆断，而是以教学和学习的一般规律为依据的。①

第三节　如何把握单元整体教学的教学目标和重难点

关于"教与学的目标、重难点"的问题，是教育学、教学论与教学心理学等研究的重点之一。教育目标分类学（如布鲁姆的教育目标分析学以及安德森对其改进后的教育目标分类学等）为我们研究并设定教学目标提供了很好的分析框架；教学论对教学目标的分类讨论也为我们具体分析（数学内容与过程）教学目标提供了很好的参考依据；而教学心理学则为我们具体设定（数学内容与过程）教学目标与重难点提供了更为具体的教学心理依据。②

教学目标和重难点的分析是对教学的总体考虑，是整个教学设计过程的引导性环节，它们共同形成目标系统，指引教学的方向。基于单元知识结构的整体教学设计要求，

---

① 李永婷. 单元知识结构整体教学设计模式研究［D］. 南京：南京师范大学，2018：84-88.
② 徐文彬. 教材分析与比较的五个核心问题［J］. 教育视界，2021，215（23）：4-10.

教师以单元为基本单位，进行单元整体教学的目标和重难点的分析。

一、单元整体教学目标的把握

单元整体教学目标的把握是首要问题，它直接关乎学生学什么尤其是学到什么程度的问题，并为后续单元整体教学的重点和难点的确立提供依据。

（一）把握单元整体教学目标的原则

基于单元知识结构的理念，系统性地审视单元整体教学目标，需要遵循学科性、关联性和应用性三个原则。

1. 学科性原则

学科性指向学科自身的各种内容（如学科架构、学科特点、学科思维等），是把握单元整体教学目标的首要原则。关注学科性意味着反思所教知识的数学内涵、价值以及学习方式等，通过对这些方面的分析可能会促使数学课堂生发出具有数学味的学科价值与意义。

具体来说，从学科性到单元整体教学目标，首先要构建一个包括学习内容（本单元的知识结构）、学习活动（学习知识所运用的活动方式）和学习结果（学习所获得的经验）三个方面的学习框架，其次要对学习框架中的三个方面进行组合。基于此，可以把单元整体教学目标描述为学生在本单元中通过怎样的学习活动，学习怎样的内容，获得怎样的学习结果。由此可见，这样确立的单元整体教学目标兼顾了学习过程与结果。

需要特别指出的是，基于学科性得来的学习框架只能确立一部分单元教学目标，它的学习内容主要是数学学科的内部结构，因此还需要对外部结构（即关联性和应用性）进行分析。外部结构应依附于内部结构，即无论是关联性还是应用性，都是对学科性的补充与完善。

2. 关联性原则

内部结构所包含的各种知识往往不仅仅是数学学科的，而且对其他学科也有所涉及。关联性是指知识可能在多个学科上具有意义和价值，并且可以在不同学科间建立相互联系，以促使学习者进行更深刻的认识。因此，关联性就成为单元整体教学目标的应有之义。对关联性的分析，首先要明确本单元知识可能存在的学科视角，即了解哪些知识在哪些相关学科中有所体现；其次要以该学科的视角对知识进行具体分析，即探究某知识在该学科中具有怎样的意义，以及背后存在怎样的概念背景、学科思维等；最后要将分析内容回归数学学科，即将相关学科与数学学科进行对比，分析它们之间的联系与区别，从而得到更深刻的数学意义，由此形成相应的单元整体教学目标。当然，这必然要求数学教师要具有全学科视野，以一种整体联系的视角来看待数学学科知识和单元整体教学目标。

3. 应用性原则

外部联系的另一方面是应用性。它是指在生活实践中进行知识的应用，既强调生活实践的重要性，认为其是学生已有经验的直接来源；又强调知识应用的重要性，认为其是学生对知识理解的重要体现。对应用性的分析，首先要将生活气息融入教学中，使学习不能成为单调的知识掌握，而是实践活动、操作游戏或生活体验；其次要思考生活实践与相应知识的内在联系，即生活实践是否可以作为情境和练习，促进相应知识的理解和运用；最后要将学科知识置于真实情境中，形成复杂任务，促使学生协调运用各种复杂认知技能，完成面向实际的学习任务。①

（二）设置单元整体教学目标的方法

教学目标是关于我们通过课堂教学，想要让学生真正地学习到什么，尤其是学到什么程度的问题，更直接地说，就是教什么的问题。如果这个问题处理不好，那么接下来的一系列步骤都将失去意义，因此，如何设置单元整体教学目标是教学的核心问题。对于教学目标的考量，众多学者有着丰富多样的相关理解。

教育目标分类学是指把各门学科的教育教学目标按统一标准分类使之规范化、系列化的教学理论，它旨在为目标和评价的科学设计提供技术性指导。对于教育目标分类的研究，布卢姆主编的1986年版《教育目标分类学　第一分册　认知领域》是20世纪后半期最有影响的教育著作之一，而2001年由安德森等人主编出版了认知领域教育目标分类学修订版，吸取了原版的理论成果，并进行了创新和修改，对教学理论和实践都有很大的启发和影响。

新的教育目标分类学对单元整体教学具有指导作用。作为一种工具，教育目标分类学是为教师进行教学和科研服务的。它可以改变原来只注重结果的评价模式，而侧重于对学习过程兼顾学习结果的评价。它通过目标分类不仅仅指向目标，而是目标、活动、评价的三重指向，从而也促使这三者的一致性，这为单元整体教学的设计提供了重要依据。它所指的目标清晰明确，便于教师的理解和使用，并且目标活动与评价的联系性也是十分密切，也使得教师对活动的设计、评价的设计有了很好的思路。不仅如此，在具体的分类细目中也给予了单元整体教学很大的启发。一方面，它指出认知领域教育目标分类的标准应该是"期望的学生学习行为"所对应的学生实际心理发展阶段（过程），从而关注学生的学习行为、学习心理之间的密切联系，而这正是单元整体教学所要重视的；另一方面，它的一个特点是重在认知过程的理解与创造，体现了单元整体教学培养学生理解与创造能力的重要方向，融合了教育心理学对高层次认知过程的新研究趋势，促进了对教学设计更深层次的理解。而关于情感领域的教育目标分类研究问世之后，教学论的抉择思路也开始真正兼顾非理性领域，有针对性地通过对学生学习经历的考察来

---

① 陆世奇，彭亮. 基于单元知识结构的数学教学目标和重难点确立：以苏教版四年级下册第一单元为例［J］. 教育研究与评论（课堂观察），2018，364（3）：20–25.

把握其在对待某一学习任务时的认知与情感状态。也就是说,单元整体教学目标的设置要兼顾理性与非理性,兼顾知识、思维、情感态度等多方面的教学目标,这是值得在具体的小学数学学科中进行深入研究的部分。[①] 在此,我们参照安德森的教育目标分类学系统(见表2-1),试图将其与小学数学的教学体系相互结合,形成一套综合的教学目标体系。

表2-1 教育目标分类表

	记忆1	理解2	运用3	分析4	评价5	创造6
A 事实性知识						
B 概念性知识						
C 程序性知识						
D 元认知知识						

该教学目标分类体系分为知识维度和认知过程维度。其中,知识维度分为事实性知识、概念性知识、程序性知识、元认知知识等四个方面;认知过程维度则包含记忆、理解、运用、分析、评价和创造等六个方面。

1. 知识维度

事实性知识包括学科专家用于学术交流、理解以及系统地组织学科的基本要素。通常,这些要素就以其呈现的形式被工作于该学科的人们所使用;当使用的情境改变时,它们几乎或完全不需要改变。事实性知识包括学生通晓一门学科或解决其中的问题所必须了解的基本要素,这些要素通常涉及某些具体指称对象的符号或表达重要信息的"符号串"。大部分事实性知识处在相对较低的抽象水平上。具体而言,分别是术语知识与具体细节和要素的知识。

概念性知识包括关于分类和类别以及它们之间的关系的知识,是更为复杂的、结构化的知识形式。概念性知识包括图式、心理模型或者不同认知心理模型中或明或隐的理论。这些图式、模型和理论描述个体所具有的那一类知识,它涉及某一学科是如何组织和结构化的,信息的不同部分或片段是如何以一种更为系统的方式互相联系的,以及这些部分是如何共同产生作用的。具体而言,分别是分类和类别的知识,原理和通则的知识以及理论、模型和结构的知识。

程序性知识是关于如何做某事的知识。这里,"某事"可能是完成相当程式化的练习,也可能是解决新问题,也可能是它们之间的任何事情。通常,程序性知识以需要遵循的一系列或序列步骤的形式出现,它包括技能、算法、技术和方法等。程序性知识还包括确定何时使用各种程序的准则知识。

---

① 陆世奇.基于单元知识结构的小学数学教学设计案例研究[D].南京:南京师范大学,2017:15.

元认知知识是关于一般认知的知识以及关于自我认知的意识和知识。在元认知知识类别中包括了关于学生学习和思维的一般性策略知识，关于认知任务的知识以及关于何时与为何使用这些不同策略的知识。同时，也包含与行为认知和行为动机两者相关的关于自我（个人变量）的知识。[①]

2. 认知维度

记忆层面的目标指的是，当教学目标是促进学生对教学中呈现的材料以大致相同的形态保持时的情形，属于"保持"的教学目标。就知识用于较为复杂的任务来说，对知识的记忆和复述对于有意义的学习和解决问题是基础的和必要的。记忆层面的目标主要考查的是学生对单元知识的概念、规则、原理等层面的掌握程度。

在单元整体教学活动中，强调的是弱化以往的机械学习，即教学和评估侧重对知识的要素或细节的记忆层面的过分强调。诚然，机械学习也是有必要的，以训练记忆力作为基础，才会更有利地投入有意义的学习中，有意义的学习强调知识的记忆被整合到建构新知识或解决问题等较大的任务中。在此，记忆又包含两个子目标：再认与回忆，再认指向的是对知识的识别功能，是从长时记忆系统中找到与呈现材料一致的知识，例如，（例子）再认哪几项属于一元二次方程等等；回忆指向的是从长时记忆中提取相关知识，例如，回忆已学过的数学公式等等。概言之，记忆层面的目标主要考查学生对所学知识"保持"的程度，是较为浅层次的认知目标，但却是最为基础的，并非可有可无。

理解层面的目标主要是从口头、书面和图画传播的教学信息中生成和建构意义，属于"迁移"的教学目标。当学生从书本、教学媒体、教学工具上呈现的信息进行意义建构时，便是在理解知识了。理解层面的教学目标其目的在于厘清学生对新输入的单元知识被整合进原有图式和认知框架的过程，所考查的是学生针对获得的信息，在何种程度上建立初步联系的能力。其中，理解又包含了七个子目标：解释、举例、分类、概要、推论、比较和说明。

（1）解释，指向的是澄清、释义、描述和转换。例如，从一种呈现形式（如图画的）转换成另一种形式（如语言的），数学中根据图形、数量、关系等推算出结论等都属于解释意义上的理解。

（2）举例，指向的是例示、具体化的知识。在举例中，学生在学习了某个抽象的概念或原理之后，会给出一个具体的实例或案例来回应所学的知识。例如，找出利用勾股定理测量和计算建筑物的实例。

（3）分类，指向的是类目化和归属的意义。分类是确定某事物属于某一个类目（概念或原理）的目标。在分类任务中，考查的是学生从若干事例中确定何者属于某个类目，何者不属于，在此基础上，将特定的若干实例归类于某些类目中的能力。例如，将描述

[①] 安德森. 布卢姆教育目标分类学：分类学视野下的学与教及其测评［M］. 蒋小平，张琴美，罗晶晶，译. 北京：外语教学与研究出版社，2009：35-47.

过的图片和场景归类，将复杂化的运算公式归类等。

（4）概要，指向的是抽象概括能力。考查的是从特定内容中抽象出一般主题或要点的能力，一般以抽象出最为核心的要点为合格要求。例如，概括某段文字的核心观点。

（5）推论，指向的是从所提供的信息中得出逻辑结论的目标，包括内推、外推和预测等。推论考查的是在给予一系列例子或事件的情况下，学生通过观察和思考，推理并发现说明它们的概念或原理的能力。例如，对运算律的学习。

（6）比较，指向的是对照、匹配、映射的能力，目的在于确定两个观点、客体之间的一致性。主要考查的是学生对比相似知识点之间的异同的能力。例如，比较各种统计图的特点。

（7）说明，指向的是构建和建模的能力，目的在于建构一个系统的因果模型。说明主要考查的是，给予学生某个系统，学生提出和使用该系统的因果模型。例如，说明小数的意义和性质。

运用层面的目标主要是考查学生在给定的情境中执行或使用某程序的能力。以往的教学中大量存在的现象是：学生学习的知识很多时候只是与之打了个照面，不能深刻理解其深层次意义，也就不能很好地运用到生活经验中去。

运用属于"迁移"的教学目标，与程序性知识有很强的联系，其中，又包括了执行和实施两个子目标。其中，执行指向的是贯彻能力，是把某一程序运用于熟悉的任务中的熟练程度，例如，学生在学习了整除之后，进一步运用除法计算有余数的除法，等等。

分析层面的教学目标主要是考查学生把所学知识分解为组成部分，并在此基础上，找出部分之间是如何相互联系以形成整体或达到合力的操作，属于"保持"能力和"迁移"能力相结合的目标。其中，保持是进一步理解的基础，迁移是分析的必要条件。分析层面的目标又包括三个子目标：区分、组织和归属。

（1）区分，指向的是辨别、区别、集中和选择，要求学生能从所呈现知识材料的整体中区别出有关部分，或者从不重要部分区别出重要部分。例如，在一系列数据中发现极端值。

（2）组织，指向的是从一组知识材料中完成具备一致性、整合、列提纲、结构化等能力的要求，考查的是学生确定某些要素如何在某一结构中的合理存在，以及这种能力具有何种功能等等。例如，简述统计决策的过程。

（3）归属，指向的是解构的能力，是考查学生确定潜在于呈现材料中的观点、偏好、假定或意图的能力。例如，挖掘他人决策背后的原因。

评价层面的目标主要是考查学生依据标准做出判断的能力，属于"迁移"的目标。评价主要包括两个子目标：核查与评判。其中，核查指向的是学生具有的协调、探测、监测和检测的能力，例如，查明某种程序在运行时的有效性，检查某一产品的合格率等；评判指向的是判断的能力，属于价值判断的范畴。例如，查明一个软件对特定问题的适用性、判断争执双方孰对孰错等。评判能力是在核查能力基础上的更高层次的评价要求。

创造层面的目标主要是考查学生熟练运用的基础上，将知识元素重新组织成为新的模式或结构的能力，创造能力同样属于"迁移"的目标。其中，又包含三个子目标：生成、计划和产生。生成指向的是假设，是根据标准提出多种可供选择的假设的能力，是创造力的先决条件。例如，提出假设来解释和说明观察到的现象。计划指向的是设计的范畴，是为了完成某一任务所规定的具体步骤，这是创造力的实行阶段。例如，计划制订旅游方案。产生指向的是建构的层面，是发明一种产品的能力，这是创造力的产生方面。例如，根据图形运动的原理设计一套复杂图形等等。在此，生成、计划和产生的思维和活动也经历了一个螺旋上升的过程。①

二、单元整体教学重点的确立

单元整体教学的重点是目标体系中的第二个方面，通过单元整体教学重点的确立，教师可以帮助学生分清学习的主次，将注意力放在主要部分，这是一种重要的认知策略。对于重点的设置一直是教学设计中的一个重要环节，它指向于学生所需要学习的重要部分，在教学中，教师帮助学生分清什么是问题的主要方面和次要方面，并将注意力放在主要部分，也是一种重要的认知策略。在小学数学的教学中，教学重点如概念、性质、法则、计算等等，就是指在教学过程中学生必须掌握的基础知识及技能。

教学重点的选取依据是多方面的，包括课程标准、教学目标、学科内容和学科评价等。从课程标准上看，课程标准中所强调的，用"理解、掌握"等动词要求所指向的对象都是教学重点的重要依据，这些对象是学生所不可短缺的知识；从内容上看，在同一内容链中的前提知识点是后续知识学习的重点。而更为广泛地看，处于内容网络中网线的交汇点的内容都是重点。

当然，教学目标可以说是单元整体教学重点的直接来源或依据。在已确立的整体教学目标中，教师要挑选出比较重要的知识点，这些重要的知识点或者会在课程标准中规定，或者会在教学导案中提及，或者会在练习题中反复提及。总之，教师在对教学目标通盘考虑的基础上，备课过程还要对整个单元的知识点编排做透彻的理解，重点知识与非重点知识应该区别对待。充分利用好课本中的单元说明，学生可以据此明确学习方法和学习重点，老师则据此明确本单元的训练重点，确定本单元的教学重点，并将其具体到教学活动的组织安排上，从而细化到单元的各课时中。②

学科知识是单元教学重点的主要来源之一，教师可以从学科知识中归纳出单元整体教学重点。具体来看，学科知识视角下的单元整体教学重点主要有两个方面：一是内容网络中的节点知识，一是知识背后的数学思想。知识结构以内容网络的形式呈现，而节点知识则是其中的重要枢纽，具有牵一发而动全身的作用。教师应该清楚本单元知识的整体分布，并基于知识本身进行价值分析；然后对相关知识链进行分析，得出本单元知

---

① 李永婷. 单元知识结构整体教学设计模式研究［D］. 南京：南京师范大学，2018：100–103.
② 李永婷. 单元知识结构整体教学设计模式研究［D］. 南京：南京师范大学，2018：103–104.

识所处的地位，以及与前后知识的联系。知识背后的数学思想是另一个方面，它反映单元知识在整体结构中的价值或地位。

学科评价是单元教学重点的另一个来源。对于学生来说，评价是一种重要的学习需要，既是一种自我检验，也是一种公认准则。学科评价视角下的单元整体教学重点确立要从知识的考查与检验出发，兼顾评价问题的基础性与开放性。具体来看，评价问题的基础性是指评价问题注重操作与描述等基础性内容，从而要求学生掌握基础知识。①

上述从教学重点选取依据的视角对其进行了简要的介绍，而作为单元知识结构学习中的教学重点，就涉及对不同层次下的教学重点的分析："为了准确确定每一课时的教学重点，必须采用先整体、后部分的策略，即首先确定每一个分支的重点；其次确定每一章、节的重点；再次确定每一层次的重点；最后确定每一课时的重点。"②同样地，我们也需要从一个知识领域的重点到一个单元的重点再到一个课时的重点三个层次来确立教学重点。

另外，从更为一般性的数学教学视角上说，培养思维能力是每一节数学课的重点。这也就意味着我们的教学中，尤其是在教学活动中，我们应该要把被动的朴素的思维闪光转化为主动的精心设计的思维渗透。这就要求我们每一节课的设计都要考虑在何处，如何去渗透思维能力的培养等问题。③

三、单元整体教学难点的确立

单元整体教学难点关注学生学习中可能存在的困难。在单元整体教学难点的影响要素上，主要有教学内容这一外部要素和学生这一内部要素。在单元整体教学难点的来源上，学习是外在的知识结构与内在的认知结构相互联系的过程，在这一过程中学生的学习心理就成为单元整体教学难点确立的重要来源。而对一线教学来说，虽然教学难点指向学生，但是教师的教学反思往往更能准确把握学生的困难所在，因此，教学反思是单元整体教学难点确立的另一个重要来源。

（一）教学难点的影响要素

不同于教学重点，教学难点既和教学内容有关，也和学生本身有关，因此，我们试从外部因素（教学内容）和内部因素（学生）来对教学难点进行分析。从外部因素来看，教材本身从内容、形式和语言上有难易之分。抽象的、宏观的内容难度就大；具体的以及与学生生活距离小的，难度就小些，如分数的整体部分意义与平均分联结，学生有很丰富的分割经验，因此简单，而分数的除法意义相对而言就比较抽象，

---

① 陆世奇，彭亮. 基于单元知识结构的数学教学目标和重难点确立：以苏教版四年级下册第一单元为例［J］. 教育研究与评论（课堂观察），2018，364（3）：23–24.

② 薛赞祥. 如何确定和突出小学数学教学重点［J］. 小学教学参考，1999（Z1）：78

③ 陆世奇. 基于单元知识结构的小学数学教学设计案例研究［D］. 南京：南京师范大学，2017：44–46.

如何将分数与除法联系起来需要教师花费更大的精力。形式有单一的，也有复杂的，后者难度大些，如同分母的加减法运算形式简单，学生很快就可以掌握运算方法，而到了异分母加减法时，由于分母的不同（有时候分子分母不尽相同）而带来的形式复杂则会让学生不知从何下手。语言有艰深晦涩的，也有明白易懂的，前者难度大些，如在分数的测量意义中，分数的引入实际上是一种数系的扩充，但这样的描述肯定是学生难以理解的，有的教师从而也就直接略过了这部分内容，实际上，通过具体生活与数学史的引导可促使学生用自己的话语说出分数引入的必要性是一个更加有效的选择[①]。由此可见，教学难点是教学中难以理解或领会的内容，或较抽象、或较复杂、或较深奥。

从学生的内部因素上看，学生知识基础和接受能力是难点形成的决定因素。具体地看，主要有以下一些可能存在的难点：第一，对于学习内容，学生缺乏相应的感性认识，因而难以开展抽象思维活动，不能较快或较好地理解。例如，分数的初步认识。第二，在学习新的概念、原理时，缺少相应的已知概念、原理做基础，或学生对已知概念、原理掌握不准确、不清晰，使学生陷入了认知的困境。例如，分数的基本性质的教学，应先复习商不变的性质和分数与除法的关系。第三，负迁移的影响，当前后两种学习之间存在某种表面上看来相似，实质并不相同的因素时，前一学习就会对后一学习造成干扰，产生负迁移。例如，学生学习带分数乘法时，由于受带分数加法法则的影响，往往会认为带分数乘法也是整数部分与整数部分相乘，分数部分与分数部分相乘，从而出现诸如 $2\frac{2}{3} \times 3\frac{5}{3} = 6$ 这样的错误。从内部因素上来理解，小学数学的教学难点也存在因人而异的情况，因此，教师在教学过程中需要在解决多数同学学习难点的前提下，兼顾少数人。[②]

（二）教学难点的来源

学习心理和教学反思是单元教学难点的重要来源。学习心理的个体性、复杂性和不确定性等决定了教学存在难点。基于学习心理的分析，在单元学习中往往存在着比较普遍的认知困难，这些认知困难构成了单元整体教学的难点。

学生学习心理状况以脑神经科学和认知心理学相关理论作为依据，为单元整体教学难点的设置提供了生理学和心理学上的解释力。脑神经科学关注脑认知的最新研究成果，其中包含了"学习是如何发生作用"等问题的生理成因机制，回答的是"为什么要学"的问题，是学生学习心理的重要本源性因素；认知心理学关注学生学习的意识，情绪与状态如何更好地促进学习的心理机制，因而规定了"如何学得好"的问题，影响了学生学习心理的多种表现形式。概言之，学生学习心理状况作为单元整体教学难点设置的参考标准，将"为什么要学"和"如何学得好"的心理状态考虑在内，会在更大程度

[①] 王雅利. 把握与突破教学重难点的有效学习活动设计 [J]. 中国校外教育，2014（S2）：208.
[②] 陆世奇. 基于单元知识结构的小学数学教学设计案例研究 [D]. 南京：南京师范大学，2017：46–47.

上照顾到学生学习的状态和情绪，使单元知识更能有效地予以呈现，以便学生更深层次地掌握单元知识。

教学反思是教师日常教学的一个重要组成部分。将教学反思与单元整体教学难点的确立相联系，可以使教学反思更具操作性、实效性，也可以使单元整体教学难点的确立更加全面、有意义。教师与学生共同经历教学活动，拥有关于学生所存在的"疑难杂症"大量一手资料。教学反思时，教师可以对这些资料进行收集、整理与运用。从这一角度来说，每个教师都是本班学生学习心理的理论构造者，同时也是本班学生学习心理的实践指导者。一方面，反思可以聚焦于一般学习心理所指向的教学难点，思考一般性的学习心理是否与本班学生的学习情况相符；另一方面，可以反思是否存在其他方面的教学难点，以创造出具有价值的教学难点。在"教学—反思—难点"的思考过程中，实际上是教师将教学实在心理学化，并以此推断出学生的学习困难的一个过程，也是教师将实践中得到的学科教学知识转化为有理论意义的教学难点的一个过程。①

第四节 如何设计和实施单元整体教学的教学评价

教学评价在整个教学设计系统中具有重要价值，它应该能够衡量学习者达到预期目标的程度。在单元知识结构的教学设计理念下，教学评价设计要遵循"学—教—评"一致性原则，教学评价的目的应该指向促进学生的学习与教师的教学。在操作指南中，综合运用主观、客观两种题型是落实评价目的的重要环节，而基于"掌握学习"的"双85"评价准则则为具体教学评价提供依据。而在具体实施中，要考虑如何设计和实施诊断性评价、形成性评价和过程性评价。

一、贯彻"学—教—评"一致性原则

评价方法要丰富、评价维度要多元、评价主体要多样，评价结果要能够被呈现并被运用是小学数学教学评价的基本理念。②这些理念都围绕在充分发挥学生的主体性之上。学生学习在整个教学活动中具有优先地位。就过程而言，学生已有的认知水平与学习能力是教学活动的起点；就目的而言，促进学生更好地学习是教学活动的指向。因此，具体的教学与评价活动都应以学生的学习为基础。

课堂教学中，教师要对学生已有的认知水平、学习能力，以及可能的学习心理过程有一个综合的了解。同样，教师也要明确学生的学习在数学知识、数学技能、数学思维、

---

① 陆世奇，彭亮. 基于单元知识结构的数学教学目标和重难点确立：以苏教版四年级下册第一单元为例 [J]. 教育研究与评论（课堂观察），2018，364（3）：20–25.

② 中华人民共和国教育部. 义务教育数学课程标准（2022年版）[M]. 北京：北京师范大学出版社，2022，89–90.

数学情感等方面有怎样的发展。教学的应然追求就是评价的实然内容。如果说教学指向学生学习发展的可能，那么，评价则是为了切实发现学习发展的实际情况。具体而言，评价旨在发现，通过教学活动，学生关于本单元知识的理解等水平有怎样的变化，对知识背后所体现的数学思维与数学方法有怎样的体会，以及学习中相应的自主、合作、探究等能力有怎样的提升，等等。

一致性原则在理念上以学习为首，但是在实际教学中并不具有固定的顺序，三种活动甚至可能同时发生。而基于单元知识结构的整体教学设计所追求的就是三种活动相互联结的教学过程。首先，一个基于单元整体教学目标的教学活动同时也应该是一个学习活动，而评价活动则考查教学是否真正引起了学习，这表明学与教的一致性情况需要通过评来反映。其次，有效的学习要真正地发生，既需要与其一致的教学活动的支持，也需要与其一致的评价活动的考查，这表明教与评的内容需要基于学来设置。最后，学习与评价都是一种过程，而在具体课堂中，它们都存在于教学过程当中，这表明学与评的实际进程要与教的实然逻辑相一致。

因此，基于一致性原则的评价，其目的在于考查教学是否为学习服务，探究学生的学习进程以及学习目标的达成情况等。所以，评价既是已有教与学的终点，也是进一步教与学的起点。与单元整体教学目标相似，评价需要不断地引入已有学习，并向进一步学习开放。也就是说，评价在促进学生学与教师教的发展的同时，也要不断地促进自身的发展。

二、教学评价的操作指南

基于一致性原则，以课程标准目标体系为基础，包含评价内容、评价形式、评价标准的评价框架为"单元知识结构整体教学设计"中的教学评价提供了厚实的结构基础。在教学实践中，要将形成性评价体系落实在教学过程当中，教师可以设置课前小测试、课堂活动评价、课后小练习、单元检测题等一系列具体的教学评价工具。而在具体设计时，教师要整体地考量多种评价之间的关系，合理分配评价内容的比重，厘清多种评价之间的目标链，使各种评价切实发挥其应有的价值，从而真正地实现一致性原则的内涵——通过评价促进学生学与教师教的发展。

具体来说，对课堂活动评价来说，以目标体系为基础的学习水平框架（根据目标的不同，可以分为理解、活动、问题解决等水平）是主要的评价方式与标准；而其他涉及书面测验的评价工具则需要更详细的设计考量。合理地设计和实施书面测验有助于全面考查学生的数学学业成就，及时反馈教学成效，不断提高教学质量。因此，需要进一步为书面测验选择恰当的题型和评价准则。

（一）题型设计

书面测验的题型主要分为主观题与客观题两种。一方面，两种题型各具特色，在检测中发挥着不同的作用，需要正确看待并合理利用；另一方面，从数学学科出发，两种题型也各具特点。因此,准确把握题型的一般特色与数学特点,是书面测验设计的应有之义。

1. 客观题设计

客观题是一种具有封闭性和良好结构的题型。在数学测试中,事实性知识的主要考查方式就是客观题。对于这一类型的知识,我们只需要知道学生能否记住或简单操作。对于概念性知识,客观题也是一种重要的考查题型。它具有的良好结构可以为学生提供很好的解题环境。常见的客观题包括再认(选择)、回忆(填空)、匹配、计算与判断等。客观题的优点是命题灵活性大,知识覆盖面广,考查内容的偶然性小;其不足之处在于不能较深入地体现学生的理解和认识情况。

一般来说,大部分的选择题和填空题是关于基础知识的评价,它们是这类知识的首选题型;而针对难度较大、认知层次较高的评价,也可以选择少量的选择题和填空题。匹配题则更多地出现在需要对知识进行分类的单元内。计算题是一种基于程序的操作,一般针对相应的计算知识。然而,由于小学数学教学特别强调计算能力的培养,因此大部分单元都会存在或多或少的计算题。最后,需要指出的是,基于一致性原则,判断题主要针对概念性知识,并且需要写出相应的判断理由,通过理由的解释体现学生的学习,因此,其也被理解为一种主客观相结合的题型。

2. 主观题设计

相比于客观题,主观题具有开放性与综合性。它主要的考查形式是建构—反应,即学生自己组织材料,并采用合适的表达方式来呈现答案。主观题的开放性主要体现为其结构不良,需要学生自主寻找解题路径,匹配合适的知识与技能,选择答案的呈现方式;同时,主观题的问题形式也比较开放,一般可以针对不同主题(数与代数、图形与几何、统计与概率等)的特点设计多样化的问题形式。主观题的综合性主要表现为其通常能够考查多种知识类型,并且形成一定的问题层次。因此,建构—反应是一个逐步提升的过程,一般分为多个小题,每一小题都是后一小题的前置问题。这样的问题层次为学生提供了支架,能帮助学生解决更具挑战性的问题。

兼顾开放性和综合性的主观题可以帮助教师深入了解学生的数学理解程度。这在数学学习中至关重要:数学本身的特点要求学生通过解决具有复杂性的问题提升数学素养,思维能力的发展必然需要经历一种"登山式"的挑战过程,而问题解决能力本身需要在解决问题的过程中提升。因此,不难想象,主观题的设计更加复杂,范围更加广泛,对教师的命题能力也是一种更高的考验。

在题型选择上,要充分考虑单元整体教学中的数学内容,通过对单元知识结构与单元整体教学目标的分析,可得到本单元考查的知识类型及侧重点,以及不同层次知识的比重,并据此设计相应的题型。此外,在综合考虑信度和效度的基础上,还要将一致性原则融入评价设计中,使之更具可操作性。

（二）"双 85"评价准则

评价准则是对评价标准的量化，通常采用百分制。评价准则是针对被评价者的达成标准，即被评价者在多大程度上完成评价任务才算达成评价要求。实际上，评分过程就是一个统计过程：教师基于一定的评价观，通过百分制的量化标准，得到学生的考试数据，并得出关于学生学习的相应结论。因此，一个评分标准体系就应该包含评价观、基于量化标准的合格线以及相应的评价结论。

教学实践中，我们可以布卢姆的"掌握学习"为理论基础，采用"双 85"评价准则。"双 85"评价准则是指，在一个单元检测中，若有 85% 及以上的学生掌握了 85% 及以上的知识，就可以认为该群体学生达到了本单元教学的基本要求，可以进行下一个阶段的学习了。

从评价观来看，"掌握学习"的教学观念是"为掌握而教"，并抱着"所有学生都能学好"的学生观，这与一致性原则相符。由此可见，这一评价准则高于一般评价的要求，对教师和学生来说，都是一种挑战。但是，从实际情况来看，依据现今学生的认知水平以及教师的教学水平，一种较高的评价要求是合理且必要的——那种平时检测要求低而最终考试（包括单元检测）要求高的现象需要避免。这种达成标准也为最后的评价结论提供了启示，即不仅是形式上的"双 85"，更是一种教育信念的传达：数学学习并不可怕，在师生的共同努力下，它是可以被学生很好地理解和掌握的。这种教与学的"乐观主义"对发掘学生的发展潜力，提高学生的学习信心，以及促进师生共同体的成长，都具有重要价值。

当然，"双 85"评价准则并不是一种绝对真理，它一方面检验着被评价者的表现，另一方面也被评价实施者所检验和改善，以期能够更好地促进学生的发展。

总之，基于单元知识结构的数学整体教学评价，在形式上与传统教学评价相类似，但在理念上则更加突出评价促进学生发展的功能。这意味着基于单元知识结构的整体教学评价设计并不想要改变已有的评价，而是旨在以单元整体教学的视角来重新厘清评价的应然状态，建构评价框架，从而更加科学、有效地进行评价设计。[①]

三、教学评价的具体实施

评价活动的展开，需要贯彻于整个教学活动之中。在评价部分的最后，需要具体说明如何设计和实施诊断性评价、形成性评价、总结性评价。

无论是哪一种评价，都应与教学目标一致，这意味着，任何评价都对应着某个或某些教学目标，也就同样对应于目标分类表当中的某些类目。根据顺序，可先设计两套完整的单元检测试卷，它们可以分别被用于单元整体教学或学习的诊断性评价和总结性评价。值得注意的是，这两套单元检测试卷应在结构上保持一致，而在具体的题目上有所

[①] 陆世奇，彭亮. 基于单元知识结构的数学教学评价：以苏教版四年级下册第一单元为例[J]. 教育研究与评论（课堂观察），2019，412（5）：26–32.

区别。在诊断性评价和总结性评价上尽量保证结构一致可以较为直观地得到学生们通过学习后其学习行为的变化情况。

不难设想，作为诊断性评价，学生们面对本单元的各种问题普遍会感到困难，但正如前述不断提及的那样，正是通过对学生困难的了解，才能更有效地进行教学。因此，在诊断性评价中应鼓励学生尽可能表达自己的想法，而无须顾忌对与错。这作为一种教学设计资源直接影响着教师如何设计教学或学习活动。

作为总结性评价，它应检验学生学习本单元以后的掌握情况。它是一个专门的单元测试，与诊断性评价不同，在总结性评价中出现的错误需要反思于教学之中，判断这些问题的来源，是学生原有误解的持续存在，还是教学引导了学生犯错，抑或是其他原因。当然，基于"双85"原则，总结性评价也不应强求学生百分百的正确，同时在可能的情况下设置具有不同答案的开放题。在学生出错后，引导学生自主解决错误，而不是专注于对错本身，从而促使学生养成反思的习惯。

而形成性评价穿插在每一节课之中。作为一种提前设计，可为每节课设计课堂检测，以促进学生对本节课所学的知识进行巩固。这些检测的评价标准都应强调层次性，以便更具体地呈现出学生在何种程度上理解了所学的知识。课堂检测的层次性可以依据学生回答问题的正确个数，可以是对某个问题解答的完整程度，也可以直接指向学生对知识理解的表达情况，等等。与此同时，这种课堂检测更强调承上启下的作用，要在对已学知识的巩固同时，引向下一节课将要学习的内容上——这要求课堂检测也具有部分的超越性。

因此，就单元整体教学而言，宏观上，单元整体教学的诊断性评价与总结性评价之间的所有课堂教学活动（甚至包括课后作业）都应成为单元整体教学中的形成性评价；中观上，前后接续的课堂教学，其前面的课堂检测（本节课的课堂教学的小结性评价）应成为后续课堂教学的诊断性评价；微观上，每节课的课堂教学中的所有学与教的活动都应成为其诊断性评价（上一节课的课堂检测）与本节课的课堂检测（小结性评价）之间的形成性评价。

在具体设计和实施教学评价时，还有很多细节需要教师注意，但总体上来说，这些细节都应落实"学—教—评"一致原则，这也是为什么要在组织和安排学习活动之前便要设计教学评价的原因。唯有此，才能更有针对性，而又不失开放性地引导学生发展核心素养。

第五节　如何组织和安排学习活动

在组织和安排学习活动上，具体的步骤为：（1）深入分析单元学科知识的内在联系性，即单元学科知识结构；（2）充分考虑单元学科知识与相关学科知识或领域以及学生当下的社会实践和生活经验的"外在关联",即"单元知识结构";(3)细致分析学生在建构单元知识结构时心理操作的逐层递进性;(4)给予单元检测以必要的关注,可考虑是否在学习活动或教学活动设计时兼顾单元检测所涉及的"题型"或"材料"类型等,以避免"教评脱离"甚至分离现象的发生,努力做到"教评一致"、教有所依、学有所评;(5)综合考量,合理分配教学单位和划分课时(这里的"教学单位"是由单元知识结构的内在层级和学生学习心理过程所确定的,其所对应的课时可能不足一个,也可能多于一个),设计由诸多"教学单位和相应课时"的教案所组成的整体教学方案。[①]

一、具体学习活动的设计

在具体学习活动的设计上,需要以学习内容、学习活动、学习反馈为主体,形成整体结构。首先,要对学习内容进行整体划分与课时分配,为学习活动提供内容基础,并进行课时内容学习活动的具体设计,包括活动框架的建构、活动类型的分析和活动建议的提出;其次,就学习反馈而言,要兼顾课内反馈与课外反馈,通过检验学习活动的目标达成情况来确保学习活动的目标导向。

(一)活动框架

活动框架是对学习活动的一种整体性组织。它以学习内容为基础,主要体现单元整体的活动倾向,单元内每个课时的活动主题以及各个主题下具体的活动安排等。

学习内容是学习活动的原材料,好的学习活动离不开对学习内容的恰当处理。学习内容的处理是一个综合多方面要素的过程,它既包括整体划分,也包括课时分配。学习内容的整体划分是整体思维的体现,也是单元知识结构中"单元整体"理念在学习活动设计中的具体化。整体划分主要以知识结构和内在逻辑为依据,通过对已有材料的不断重组、整合,形成一个学习内容的基本学习路径。以教材内容为主的知识材料,由于普适性的要求,不能直接转化为学生的学习材料,而需要通过一定的方式进行加工和创造。对单元学习内容进行整体划分,就是一种结构性的加工和创造,可以将静态的知识材料转变为动态的学习材料。

课时分配基于整体划分,是对整体划分的具体展开。只有将学习内容恰当地分配到每个课时中,才算是切实地完成了对学习内容的处理。课时分配需考虑课时限制、学生学习心理等因素,以使学习内容有顺序、有条理地呈现在每一节课中。每个课时都有相应的活动主题,但是各个课时的活动主题是相互联系的,每个课时的活动都可以看成前一个课时活动的提升。这不仅是学习内容深度、广度的提高,也是活动主体、活动形式、活动要求等多方面的改变。总体上,课时分配是一个学习内容分与合的调控过程。一方面,要将整体结构分解为一个个课时主题,以体现每个课时的相对独立性和完整性;另

[①] 徐文彬,李永婷,安丹诺. 单元知识结构整体教学设计模式的理论建构[J]. 江苏教育,2018,1182(43):7–9+22.

一方面,又要潜在地将每个课时联系起来,使各个课时又可以综合为一个整体。

(二) 活动类型

活动类型是对活动框架的一种综合认识与反思。活动类型要综合考虑目标、内容、对象等多个因素。不同类型的目标要求不同的活动类型,包括不同的活动方法、不同的活动材料、不同的师生角色等。譬如,以"平移、旋转和轴对称"单元整体教学为例,可将该单元的(学习)活动主要划分为三种类型:记忆型活动、理解型活动、应用型活动。

记忆型活动的主要目标是对某个知识的记忆与保持。活动方法主要通过观察与操作形成初步印象,然后对所获得的经验进行回忆与再认;活动材料较为基础,由于只需要简单的操作,只需要方格纸即可。在师生角色上,教师是主导者,学生需要跟着教师的节奏,对三种运动进行线性的了解与认识。记忆型活动是本单元必不可少的基础活动,它为后续的活动提供了丰富的经验基础。

理解型活动的主要目标是将某个知识与已有知识相联系,以纳入认知结构中。活动方法注重在活动中形成知识的迁移,常常需要学生进行解释、说明、举例、概要、分类、比较、推论等活动;活动材料除了方格纸之外,还需要一些具体的图形作为探究工具,也需要一些总结性文本帮助综合比较三种运动。在师生角色上,教师是指导者,学生是探究者。教师提出话题或提供材料,做出初步的指导;学生在教师的指导下以小组为单位进行合作探究,得到对运动概念的深入理解。理解型活动是本单元的主要活动,学生只有通过理解型活动,才能从本质上真正地掌握运动概念。

应用型活动的主要目标是将知识作为一个概念整体置入实际问题中,以体现知识之间的联系以及知识在生活中的应用价值,其活动方法较为灵活,视应用主题而定,但本质上都是对知识的执行与实施。以该单元为例,有掌握游戏技能、完成游戏任务、设计游戏方案等,这些包含了大量图形运动知识的执行活动与实施活动,同时也兼有一定的审美活动与创造活动,活动材料比较丰富。以该单元为例,活动材料可为"俄罗斯方块"玩具。在师生角色上,教师是发起者、促进者、评价者,学生是主导者、参与者、完成者。区别于理解型活动,应用型活动甚至不需要明确的结果,更注重过程中的体验与表现。

(三) 活动建议

活动建议指向学习活动中存在的一些细节问题、困难之处和可以充分利用的方面等。同样以"平移、旋转和轴对称"单元整体教学为例,可提出如下几个建议。

第一,操作与思考结合。"图形的运动"的教学中,大多数活动都需要包括操作环节,但是,单纯的操作并不能达成教学目标,只有在操作的同时进行丰富的思考,才能形成基本活动经验,促进思维能力的发展。也就是说,操作是问题探究的途径,每种运动的认识、联系、变换、应用等过程都始于操作,终于操作经验的总结与内化。

第二，通过学习活动保持学习热情。"图形的运动"的内容趣味性强，生活气息丰富，可以进一步拓展，形成主题式活动。学生可以通过学习活动保持学习热情，不断加深对运动的理解。当学生要解决一个自己感兴趣的问题时，自然就会产生进一步认识相关知识的需求。例如，在玩"俄罗斯方块"游戏时，学生需要进行旋转操作，却又不太熟悉这一知识点，此时，对旋转知识的再认识就是自发的，而不是教师强加的。

第三，三位一体地进行学习活动。本单元的主题需要从"平移、旋转和轴对称"发展至"图形的运动"——前者是三种不同的运动，而后者是一个整体。在实践中，不能孤立地进行三种运动的教学，而要在学生具有一定运动经验的基础上，设置运动之间的比较、转换以及综合运用等活动。这样，学生才会以整体思维来看待三种运动，并将其纳入自己的认知结构中。

（四）课时内容的学习反馈

学习反馈是学习活动的检验环节。在实际教学中，往往存在为了活动而活动的现象，忽视学习活动的根本目的在于完成学习目标。学习反馈就是通过检验学习活动的目标达成情况来确保学习活动的目标导向。学习反馈可分为课内反馈和课外反馈两种类型。前者聚焦于课堂之内，是学习活动后的即时反馈；而后者则延伸至课堂之外更为广泛的领域，是全面多元化的反馈。

课内反馈是学习反馈的主要类型，是课堂学习活动的组成部分之一。在单个学习活动中，它可以反映学习活动的完成情况，指导学习活动的改进；在不同学习活动之间，它起到桥梁作用，即新的学习活动的进行以旧的学习活动的反馈为依据。课内反馈的主体主要是教师，一般来说，反馈形式包括观察、提问、小组活动、组织讨论与汇报等。当然，学生也是学习反馈的主体，主要通过自我反思、同伴交流等形式进行反馈。

课内反馈是目标与教学一致性的重要体现，具有如下特点。首先，课内反馈以形成性反馈为主，更多的是师生、生生之间的描述性交流，而非总结性评判。例如，在进行旋转学习活动时，学生常常因旋转经验的不足而存在困难。此时的反馈不是关注学生是否正确地认识了这一活动，而是关注学生是否对自己的困难有所呈现、反思，并形成一定的讨论活动。其次，课内反馈在关注学生知识技能掌握的同时，也要十分关注学生的学习动机、学习兴趣等情感态度方面的提升。教师要通过观察与交流，营造良好的学习氛围，维持学生学习的高动机、浓兴趣状态。最后，课内反馈往往是即时反馈，需要反馈者在学习活动之后立刻做出反馈。这不是简单的基于目标的机械反应，而是一种包含多种要素的教学艺术，比如对于不同学生的反馈态度、对于不同阶段的反馈时机以及对于不同问题的反馈形式和表达方式等，都需要灵活处置。

课外反馈是课内反馈的必要补充，因为学习反馈不是一蹴而就的简单判断，而是持续的、多元化的反思活动连续体。课外反馈的延时性使其可以有更充足的时间来进行多元化的反馈，从而成为课时之间的连接器，以及整个单元整体教学活动进程的调节器。

这种多元化体现在多个方面。在反馈主体上，课外反馈不再是教师的专利，家长、同伴、自己、课本、任务目标或评价标准等都可以成为主体；在反馈手段上，课外反馈不仅仅是纸笔测试，计算机等通信工具、学习群体组织的学习活动等都是重要的手段；在反馈内容上，课外反馈不仅仅是提供一个分数，应尽可能提供学习活动的过程性信息，以及促使学生反思的提示性内容，为学生的进一步学习提供指导。

"平移、旋转和轴对称"单元整体教学中，一个有效的课外反馈是，让学生利用课余时间自己动手设计图案，并以图形运动为主从多个角度对其进行说明和解释。这一反馈的价值是，一方面，从图形运动的视角展开设计图案的多重意义和内涵；另一方面，从众多其他角度体会图形运动的意义和内涵。而这也就构成了学生"用数学的眼光"去观察生活的一个落脚点。[①]

二、教学策略与方法

单元整体教学中可以包括各种不同的教学方法。落实到每一节课时，每节课的某个片段，可以灵活地运用各种教学方法来达到整体教学的教学目的。并且，对于这多种方法，我们要择长补短，以综合发挥多种教学方法各自的优势为选择依据。所谓"教学有法，教无定法"。教学方法的选择必须遵循教学原则和学生的实际特点，才能更好地实现教学目标。单元（整体）教学虽然有着传统教学法不可比拟的优点，但也需灵活运用，才能达到最好的效果。[②]

以下是几种可供选择的教学方法。这些教学方法可以在恰当的单元中、恰当的学习活动中选择使用。

情境教学法是指，教师基于教学目标，引入或创造与教学内容相适应的具体场景或问题，帮助学生迅速而正确地理解教学内容，形成积极的学习情感体验的教学方法。其理论依据包括情感和认知活动的相互作用原理、认识的直观原理、形象思维的特征原理等，运用时需遵循适切性、抽象性、真实性、趣味性等原则，基本呈现形式为：创设情境—教师提出或学生发现问题—揭示数学内容或解决问题—回顾反思—在情境中应用。[③]

演示教学法是指在课堂教学中，教师根据教学内容、学生认知等方面特点，向学生呈现（如呈现实物或模型）或演示各种教具、实物，以使学生通过观察获得对事物形象或直观感性认识的教学方法。其理论依据是直观教学理论、人本主义学习理论、班杜拉的社会学习理论，基本原则有准备性、解释性、重点性和综合性等原则，一般呈现形式

[①] 陆世奇，彭亮. 基于单元知识结构的数学学习活动设计：以苏教版四年级下册第一单元为例[J]. 教育研究与评论（课堂观察），2019，418（6）：27—32.

[②] 徐文彬，彭亮. "单元教学法"解析及其运用：小学数学教学方法研究系列之二[J]. 教育研究与评论（小学教育教学），2016，275（2）：5—12.

[③] 徐文彬，侯正海. "情境教学法"解析及其运用：小学数学教学方法系列研究之十[J]. 教育研究与评论（小学教育教学），2016，307（11）：14—23.

是：创设演示情境，提出演示目的——教师演示内容，学生观察思考——概括演示内容，指导学生练习。①

数学教学中的游戏教学法，就是以数学知识为目的，以游戏教学为手段，以活泼、具体的形式来学习数学知识，使学生的数学学习成为一个生动活泼、主动和富有个性的过程。其理论依据是皮亚杰的儿童思维发展理论和杜威的活动理论，基本原则有思想性、启发性、体验性、开放性等原则，一般呈现形式是：引入新知——教学新知——巩固新知。游戏教学法的运用需关注游戏教学的设计、游戏内容的选择及游戏材料的准备。②

数学阅读教学法主要以建构主义理论和终身教育理论为依据，其基本教学程式为：复习旧知，创设情境；出示提纲，引导自学；讨论质疑，精讲深化；变式练习，反馈矫正；归纳小结，布置作业。一堂课不可能仅仅采用阅读教学法，教师应根据不同的教学目标和内容，以及学生的差异与实际需要，灵活设计具体的数学阅读教学方案。阅读教学法的运用仍存在一些问题，有待进一步研究，使数学阅读真正成为数学学习的重要方法，切实提高学生数学阅读能力，培养学生良好的数学阅读习惯。③

变式教学法不仅仅是通过"变"来对某一事物形成科学概念，而且还要通过"变"来达成新课程所提倡的三维目标，即知识与技能、过程与方法、情感态度与价值观，其理论依据包括奥苏贝尔的有意义学习理论、建构主义学习理论和马登的变异理论，包括概念性变式和过程性变式两种呈现形式。具体运用时要做到：讲解新概念时应选择具有广泛性的典型变式；恰当地运用本质特征的变式；运用变式纠正错误；鼓励学生一题多解或一题多变；运用变式加强概念系统的教学，以促使学生数学知识的系统化与结构化。④

示例教学法是指借助精选的、清楚的、典型的实例帮助学生理解数学概念或原理的教学方法，其本质是借助直观理解抽象。除了范例教学这一思想来源外，示例教学法还有着数学发展理论、数学认识论、儿童思维发展理论等理论依据，并遵循目的性、基础性、启发性、典型性等教学原则。示例教学法的呈现形式有：建构新知与巩固应用，实物、图形及经验实例，正例与反例。在具体运用中，教师还应整体把握示例的具体性与数学知识的抽象性之间的关系，准确把握不同教学阶段示例教学的要求。⑤

尝试教学法以辩证唯物主义认识论作为哲学基础，以"迁移""最近发展区"等现代心理学理论作为心理学基础，以现代教学论思想作为教学论基础。具体运用时，需遵

---

① 徐文彬，肖连群. "演示教学法"解析及其运用：小学数学教学方法系列研究之十一[J]. 教育研究与评论（小学教育教学），2016，310（12）：5–13.

② 徐文彬，彭亮. "游戏教学法"解析及其运用：小学数学教学方法系列研究之九[J]. 教育研究与评论（小学教育教学），2016，303（10）：5–11.

③ 徐文彬，肖连群. "阅读教学法"解析及其运用：小学数学教学方法系列研究之八[J]. 教育研究与评论（小学教育教学），2016，296（8）：5–12.

④ 徐文彬，彭亮. "变式教学法"解析及其运用：小学数学教学方法系列研究之六[J]. 教育研究与评论（小学教育教学），2016，289（6）：5–13.

⑤ 徐文彬，侯正海. "示例教学法"解析及其运用：小学数学教学方法系列研究之七[J]. 教育研究与评论（小学教育教学），2016，293（7）：5–13.

循尝试指导原则、即时矫正原则、问题新颖原则、准备铺垫原则、合作互补原则和民主和谐原则，做到"先试后导""先练后讲"。其呈现形式分基本模式、灵活模式和整合模式三类。需注意的是，运用尝试教学法，需要学生具有一定的自学能力；对于起始概念的引入课，一般不宜应用尝试教学法；尝试教学法本身不能解决课堂教学的所有问题，等等。[1]

引导发现教学法是我国教学实践经验与西方先进教学思想有机结合的产物，其理论依据包括唯物辩证法、建构主义、发现学习理论及人本主义心理学等，具体运用时应遵循情境创设有效原则、教师提问恰当原则、课堂氛围良好原则、学生个性彰显原则和教师引导循序渐进原则。具体实施步骤是：创设情境，提出问题；学生发现，教师引导；提出假说，验证假说；建构新知；运用新知。[2]

动态生成教学法的理论依据是生态学理论、复杂性理论和建构主义知识观，基本要求是：对学生主体地位的尊重，关注个性化的学习方式，凸显交往互动在课堂教学过程中的重要意义。教学运用中的呈现方式是：教学设计变"直线式"为"板块式"，学习材料变"静态提供"为"动态展现"，教学过程变"预设实施"为"生成建构"。需要注意的是，教师要提升专业素养，切忌主导过度，避免生成与预设脱节，教学评价应得当。[3]

实验教学法是将"教师教数学"变成了"学生做数学"，可分为研究性实验教学和教学性实验教学两种。小学数学实验教学法的教学程式是：创设情境，提出问题；实验探索，形成结论；实践运用，总结问题；总结反思，评价体验。实践中，教师应努力避免或者不断反思，诸如过于注重问题的结论及解题的方法与技巧的传授、形式化的实验教学、学生缺少参与实验的主动性与积极性、教师对数学实验教学认识不足等问题。[4]

---

[1] 徐文彬，肖连群."尝试教学法"解析及其运用：小学数学教学方法系列研究之五[J]. 教育研究与评论（小学教育教学），2016，286（5）：5–15.

[2] 徐文彬，赵东津."引导发现教学法"解析及其运用：小学数学教学方法系列研究之四[J]. 教育研究与评论（小学教育教学），2016，282（4）：10–21.

[3] 徐文彬，侯正海."动态生成教学法"解析及其运用：小学数学教学方法系列研究之三[J]. 教育研究与评论（小学教育教学），2016，279（3）：5–13.

[4] 徐文彬，肖连群."实验教学法"解析及其运用：小学数学教学方法系列研究之一[J]. 教育研究与评论（小学教育教学），2016，272（1）：5–13.

第三章 "整数四则混合运算"整体教学设计

本章以"整数四则混合运算"单元为例,具体探讨其整体教学设计中的五个具体问题:(1)如何确立"整数四则混合运算"单元的知识结构?(2)如何建构学生学习"整数四则混合运算"的心理轨迹?(3)如何把握"整数四则混合运算"整体教学的教学目标和重难点?(4)如何开展学习"整数四则混合运算"的教学评价?(5)如何组织和安排"整数四则混合运算"的学习活动?

第一节 "整数四则混合运算"知识结构的确立

苏教版教材中(研究虽然会综合考虑不同版本教材在该内容的呈现,但在教学设计上主要以苏教版教材为主,后续各单元也是如此),"整数的四则混合运算"是其小学数学四年级上册第七单元的主题,主要涉及混合运算的运算规则及其应用等内容。此前,"(整数)混合运算"是其小学数学三年级下册第四单元的主题,应是本单元的前置单元,而本单元则是对混合运算的进一步深入探究。作为算法的学习,应将算法与算理相结合,并将其与应用相关联,注重运算程序的掌握和相关概念的内化。

据此,我们可以初步确立一个"整数四则混合运算"单元知识结构示意图(见图3-1)。

由图 3-1 可知,运算规则是该单元知识结构中最为核心和基础的部分,区别于三年级所学的(整数)混合运算单元,该单元增加了中括号这一内容,从而丰富了原有的规则系统,并出现了更加复杂的综合算式。因此,可以把这个单元整体上看成是对混合运算的一种更为深入的探讨。

应用方面,解决实际问题与三年级比较一致,其具有完整的步骤:等量关系—列式(写解)—计算(写答),并且可以从多个实际领域中发现相应的等量关系,包括购物、公式、计划等等。除解决实际问题之外,还适当增加了简便运算这一应用内容,一方面使学生对算式的感觉更加深刻,另一方面也为后续相关学习做一些准备。

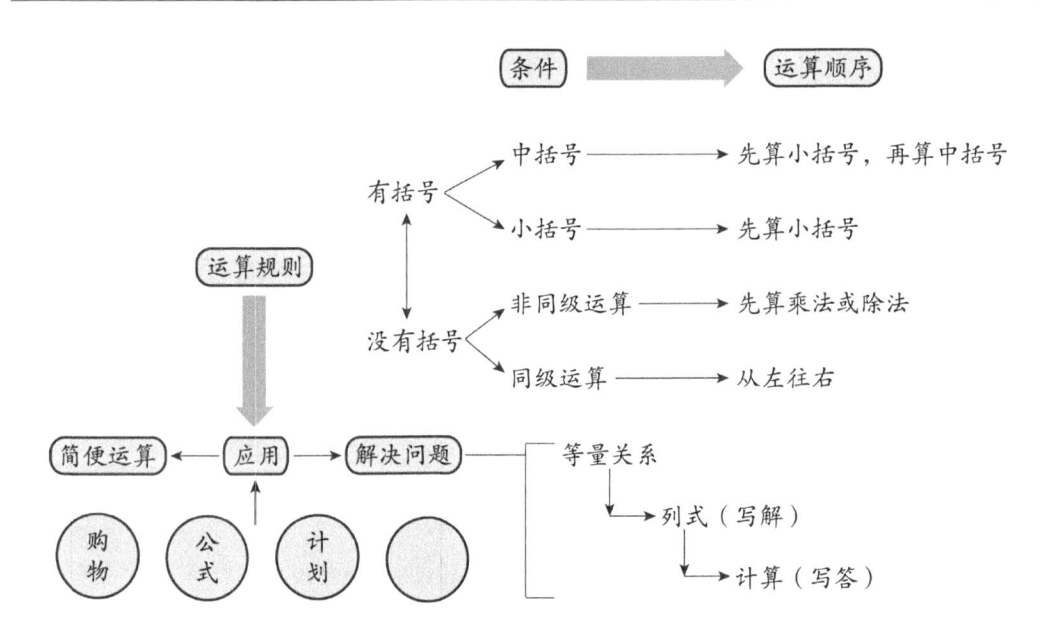

图 3-1 "整数四则混合运算"单元知识结构示意图

第二节 "整数四则混合运算"学习心理轨迹的建构

"整数四则混合运算"属于数与代数领域，且具有丰富的混合运算前置知识与学习，学生学习本单元知识结构的一般心理过程可以参照杜宾斯基的 APOS 理论[1][2]来建构。

相比于生成新的概念，本单元更侧重于对原有概念的丰富，以使得学生的心理图式更加稳定、具有联系性。基于相关研究文献的学习与反思[3][4]，可初步建构出该单元知识结构学习的一般心理轨迹（见表 3-1）。

表 3-1 "整数四则混合运算"知识结构的一般学习心理过程

学习阶段	心理过程	学习活动
1. 个人经验	学生在学习本单元前已学习过混合运算单元，对于混合运算主题有丰富的经验，通过课前活动，唤醒学生的已有知识，激发学生的知识准备	课前对学生三年级所学的混合运算进行调查

---

[1] DUBINSKY E, MCDONALD M A. APOS: A Constructivist Theory of Learning in Undergraduate Mathematics Education Research [J]. 2001（7）: 275–282.

[2] DUBINSKY E, WELLER K, MCDONALD M A, et al. Some Historical Issues and Paradoxes regarding the Concept of Infinity: An Apos Analysis: Part 2 [J]. Educational Studies in Mathematics, 2005, 58（3）: 335–359.

[3] 鲍建生，周超. 数学学习的心理基础与过程 [M]. 上海: 上海教育出版社, 2009: 95–105.

[4] 乔连全. APOS: 一种建构主义的数学学习理论 [J]. 全球教育展望, 2001, 30（3）: 16–18.

续表

学习阶段	心理过程	学习活动
2. 活动	学生通过对较复杂的综合算式运算顺序的判断，得到更进一步的运算顺序"指令"；以及通过对较复杂的实际问题的解决，得到关于问题解决的一般步骤	出示一系列复杂的综合算式，要求学生说出运算顺序；出示一系列问题情境供学生自主进行探究
3. 程序	学生对较复杂的混合运算及混合运算的实际问题进行多次重复的活动之后，逐步不再局限于具体操作，而是内在地反思形成新的混合运算心理建构（包括运算规则和问题解决）。此时学生形成了自主化的层次较高的混合运算"程序"。 进一步地，学生可以基于各个具体程序来探究性质与联系，以促进思维深入	进行关于规则的全班讨论（包括中括号的认识），之后出示改进过后的规则分析过程。 出示多组混合运算的问题情境（问题串）
4. 对象	当学生把混合运算的规则"程序"和问题解决看作是一个整体，并感受两者的关系，即从规则到问题解决的指向性，就形成了一个关于混合运算高层次的"数学对象"。此时可以去深化这个对象的性质和意义，以达到精致化	出示运算规则结构和应用结构，形成运算规则—应用的完整联系
5. 图式	在经历上述几个过程之后，学生将新获得的高层次混合运算知识纳入已有的综合心理图式中，并建立起与其他概念、规则、图式等的联系	总结活动，形成完整的混合运算概念结构图
6. 应用	以高层次的混合运算图式为对象进行新的活动，在较复杂的运算情境和实际问题情境中运用混合运算知识，经历分析与建构的过程，从而深化对相关概念的掌握	出示多方面的混合运算应用问题

仅就上述"整数四则混合运算"单元知识结构的一般学习心理过程而言，学习阶段 1 为课前学生的准备状态，学习阶段 2—5 主要为第 1—2 节课的心理过程，其中，学习阶段 2—4 可以看成是由过程到对象的压缩或凝聚，而学习阶段 5 则是学习阶段 2—4 的一个整体的静态知识结果。

第 1 节课可以运算规则为主，包括规则的回顾、规则的深化以及新规则的认识；第 2 节课可以问题解决为主，包括解决问题的步骤回顾、解决问题的深化及新问题的解决。

学习阶段 6 主要为第 3 节课的心理过程，学习阶段 6 是对学习阶段 5 的发展，是以新的层次更高的混合运算图式为对象进行新的活动，包括较复杂的运算情境和实际问题情境。

第三节 "整数四则混合运算"整体教学目标与重难点的把握

根据安德森的教育目标分类法①可将单元的整体教学目标置于分类表中（见表3-2）。由表3-2可知，认知过程维度的理解和知识维度的程序性知识和元认知知识是本单元整体教学目标涉及最多的部分；相比之下概念性知识则较少，不是本单元的重点。

表3-2 "整数四则混合运算"整体教学目标分类表

知识	认知过程					
	记忆	理解	运用	分析	评价	创造
事实性知识	目标1	目标2				
概念性知识		目标3		目标3		
程序性知识	目标1	目标2	目标1 目标2 目标3			
元认知知识		目标4	目标4	目标5	目标5	

一、"整数四则混合运算"整体教学的教学目标

1. 掌握整数四则混合运算的运算顺序，认识中括号，并知道它的作用；能熟练地进行整数混合运算（三步），能进行分步算式与综合算式的转换。

（目标1注重对事实性知识的记忆，以及对程序性知识的记忆和运用，包括混合运算的规则、中括号、运算步骤及两种运算方式。）

2. 结合问题情境，能进一步体会分步算式与综合算式两种运算方式的联系与区别；能初步认识混合运算的简便运算，以深化对运算规则的认识。

（目标2强调在应用中深化对事实性知识和程序性知识的理解和运用，包括分步算式、综合算式及简便运算。）

3. 能运用混合运算解决较复杂问题，巩固解决问题的一般步骤，会进行等量关系的分析。

---

① 安德森，等. 学习、教学和评估的分类学：布卢姆教育目标分类学修订版（简缩本）[M]. 皮连生，等，译. 上海：华东师范大学出版社，2008：25–82.

（目标 3 旨在能够在记忆和理解的基础上，对相应的程序性知识进行应用，以内化相应的技能。并可对等量关系这些概念性知识进行理解和分析。）

4. 通过探究活动，感受数学中的思维要素，培养学生数感，体会数之间的联系，通过等量关系的分析，培养学生思考问题的能力，发展解决数学问题的思维方法。

（目标 4 注重学生的能力发展，在探究活动中，培养学生对数的感觉，体会数与数之间的联系，从而培养学生对算式简便运算的敏感性。同样通过等量关系的分析，学生进一步发展了自身的分析能力和解决问题的能力，这些都是对元认知知识的理解和内化。）

5. 通过简便运算和解决复杂问题的过程，感受数学自身的魅力以及数学与生活的联系，体会数学价值，激发学习数学的兴趣。

（目标 5 注重学生数学观的发展，通过简便运算和解决复杂问题的探究活动，学生可以体会到数学本身的奥秘和美感，也可以体会到数学的实际价值，这些都激发了学生数学观的发展，是学生元认知知识的自我分析与评价。）

二、"整数四则混合运算"整体教学的教学重点

1. 运算规则的整体认识，能熟练地进行混合运算。
2. 了解中括号在算式中的作用，知道中括号与小括号的联系。
3. 掌握解决问题的一般步骤，能根据步骤解决问题。

三、"整数四则混合运算"整体教学的教学难点

1. 在对混合运算有较熟练的认识下，能进行简单的简便运算。
2. 掌握解决问题的一般步骤，能根据步骤解决问题。

第四节 "整数四则混合运算"整体教学评价的开展

学习的教学评价可以分为他评和自评，也可以分为诊断性评价、形成性评价和总结性评价。在此，"自评"贯穿于整个教学过程、课堂检测甚至家庭作业当中（具体可参见"'整数四则混合运算'学习活动的组织与安排"一节），"他评"则主要是指单元检测。

单元整体教学之最初可以考虑诊断性评价，以诊断学生对本单元知识结构学习的整体"准备状况"；单元整体教学之最后则可以考虑总结性评价，以评估本单元知识结构学习的教学成效；其间每节课的"课堂检测"可视为该节课的总结性评价，亦应是下节课的诊断性评价；而单元整体教学之最初和最后之间的所有教学活动或评价活动则都可以视为该单元整体教学的形成性评价。

依据本单元的整体教学目标、重难点,我们可以明确其单元检测中需要考查学生在记忆、理解、运用、分析这四大认知过程领域中的发展水平,以及相应的内容应涉及整数的运算规则、运算、简便运算、解决实际问题等三方面(见表3-3,表3-4)。

以下两份"单元检测"试卷[①]及其"参考答案与评分说明"是严格按照"检测试卷编制的科学规范"编制而成的,具有较高的科学性、可靠性和有效性,并且具有一定的等值性,可用于"科学、规范的"教学(实验)研究。

表3-3　"整数四则混合运算"知识结构学习的单元检测双向细目表(A)

内容	认知过程					
	记忆	理解	运用	分析	评价	创造
运算规则 (目标1) (目标2)	一1、一2、一3	二1、二2、二4	三3			
运算 (目标1)			四1、四2、五1、五2			
简便运算 (目标2)		二3	三1、三2、五3			
解决实际问题 (目标3)		六1	六2、六3(1)	六3(2)、六3(3)		

"整数四则混合运算"知识结构学习的单元检测(A卷)

(考试时间:60分钟　分数:100分)

班级:　　　　姓名:

一、填空题:请将正确答案填写在(　)内。(第2小题每空2分,其余每空1分,共11分)

1. 计算$25\times8\div(25\times4)$时,应先算(　　),再算(　　),最后算(　　),得到的结果是(　　)。

2. 列综合算式。

(1)$810-29=781$,$781\times2=1562$,$1562+216=1778$。这一组算式的综合算式是(　　)。

(2)$86\times5=430$,$430+18=448$,$448\div4=112$。这一组算式的综合算式是(　　)。

---

① 部分试题选自一师一优课网(http://1s1k.eduyun.cn/portal/html/1s1k/index/1.html)。

3. 在只有小括号的综合算式中，应先算（　　）；在既有小括号又有中括号的算式中，应先算（　　），再算（　　）。

二、判断题：请在正确的题后（　　）中打"√"，错误的题后（　　）中打"×"，并给出理由。（每小题 5 分，共 20 分）

1. $5 \times 100 - 20 \div 4$ 和 $(5 \times 100) - (20 \div 4)$ 运算顺序不同。（　　）

理由：

2. $900 \div 5 + 60 \times 4$ 可以读作"900 除以 5 的商再加上 60 的和乘以 4，积是多少"。（　　）

理由：

3. $62 \times 99 = 62 \times 100 - 1$（　　）

理由：

4. $7.2 - 2.4 \div 1.2 \times 1.4$ 与 $340 - 50 \div 5 \times 14$ 的运算顺序一样。（　　）

理由：

三、比大小（填空）题：请在○中填上 >、< 或 =。（每小题 2 分，共 6 分）

1. 67×101 ○ $67 \times 100 + 67$

2. 43×100 ○ $43 \times 99 + 1$

3. $125 \times 4 + 25 \times 8$ ○ $(125 \times 4) + (25 \times 8)$

四、改错题：请改正下列各题中的运算错误。（每小题 4 分，共 8 分）

1. $17 \times (246 \div 2) = 17 \times (30 \div 2) = 17 \times 15 = 255$

2. $120 \div (62) \times 3 = 120 \div 8 \times 3 = 120 \div 24 = 5$

五、计算题：请按要求进行计算。（第 1 题 12 分，第 2 题 8 分，第 3 题 8 分，共 28 分）

1. 脱式计算。（每小题 3 分，共 12 分）

（1）$50 + 160 \div 40$　　（2）$120 - 144 \div 18 + 35$

（3）$(58 + 37) \div (64 - 9 \times 5)$　　（4）$120 - [16 \times (18 - 9) - 35]$

2. 按指定的运算顺序添上括号，再计算。（每小题 4 分，共 8 分）

（1）$20 \times 4 + 36 \div 4$（先算加法，再算乘法，最后算除法。）

（2）$20 \times 4 + 36 \div 4$（先算除法，再算加法，最后算乘法。）

3. 简便计算（每小题 4 分，共 8 分）

（1）$3999 + 399 + 39 + 3$　（2）$102 \times 99 + 102$

六、挑战题：请按要求作答。（第 1 小题 6 分，第 2 小题 9 分，第 3 小题 12 分，共 27 分）

1. 解决问题。

要求：先写出等量关系，再解决问题。

一把椅子售价 55 元，一张沙发的售价比椅子的 7 倍还多 5 元，一把椅子的售价比一张沙发便宜多少元？

2. 算 24 点。

要求：可选做，算出 1 个 3 分，2 个 6 分，算出 3 个可得满分（可多做）。
（1）1，7，5，11　（2）9，13，9，12　（3）6，4，7，8　（4）2，14，6，6
（5）7，3，12，6　（6）8，12，6，9　（7）11，3，4，2　（8）4，1，3，9

3. 小明去玩游戏，该游戏的任务要求是，通过获得以下各类星，以达到 240 个积分。

星类	积分
红星	12
黄星	7
蓝星	18
绿星	13
紫星	9

（1）如果只用一种颜色的星完成任务，可以用哪些颜色的星，分别需要多少个？

（2）如果只用两种颜色的星完成任务，且需要两种颜色的星个数相同，可以选择哪两种颜色，各需要多少个？

（3）如果只用三种颜色的星完成任务，且需要三种颜色的星个数相同，可以选择哪三种颜色，各需要多少个？

"整数四则混合运算"知识结构学习的单元检测（A 卷）
参考答案与评分说明

一、填空题。（第 2 小题每空 2 分，其余每空 1 分，共 11 分）

1. $25 \times 4 = 100$，$25 \times 8 = 200$，$200 \div 100 = 2$，2

2. $(810 - 29) \times 2 + 216$，$(86 \times 5 + 18) \div 4$

3. 小括号内的，小括号内的，中括号内的。

二、判断题。（每个判断 2 分，每个理由 3 分，共 20 分）

1. ×　2. ×　3. ×　4. ✓

理由判分标准：准确 2 分，充分 1 分，共 3 分

1. 理由：第一个算式要先算 5×100，再算 $20 \div 4$，最后算减法；第二个算式也是如此。只不过第一个是根据非同级运算先乘除后加减，第二个是根据有括号先算括号内的。

2. 理由：这题应先算 $900 \div 5$，再算 60×4，最后算加法。因此，应改成"900 除以 5 的商加上 60 乘以 4 的积，和是多少"。

3. 理由：$62 \times 99 = 62 \times (100 - 1)$，也可以是 $62 \times 99 = 62 \times 100 - 62$。

4. 理由：两个算式的运算符号都一样，只不过一个是小数，一个是整数，而是小数还是整数不影响运算顺序，所以它们的顺序一样。

三、比大小填空题。（每小题 2 分，共 6 分）

1. =   2. >   3. =

四、改错题。（每小题 4 分，共 8 分）

1. $17 \times (24 + 6 \div 2) = 17 \times (24 + 3) = 17 \times 27 = 459$

2. $120 \div (6 + 2) \times 3 = 120 \div 8 \times 3 = 15 \times 3 = 45$

五、计算题。（第 1 题 12 分，第 2 题 8 分，第 3 题 8 分，共 28 分）

1. 脱式计算。（每小题 3 分，共 12 分）

（1）$50 + 160 \div 40 = 50 + 4 = 54$

（2）$120 - 144 \div 18 + 35 = 120 - 8 + 35 = 112 + 35 = 147$

（3）$(58 + 37) \div (64 - 9 \times 5) = 95 \div (64 - 9 \times 5) = 95 \div (64 - 45) = 95 \div 19 = 5$

（4）$120 - [16 \times (18 - 9) - 35] = 120 - [16 \times 9 - 35] = 120 - [144 - 35] = 120 - 109 = 11$

2. 按指定的运算顺序添上括号，再计算。（每小题 4 分，共 8 分）

（1）$20 \times (4 + 36) \div 4 = 20 \times 40 \div 4 = 800 \div 4 = 200$（先算加法，再算乘法，最后算除法。）

（2）$20 \times (4 + 36 \div 4) = 20 \times (4 + 9) = 20 \times 13 = 260$（先算除法，再算加法，最后算乘法。）

3. 简便计算。（每小题 4 分，共 8 分）

（1）$3999 + 399 + 39 + 3 = 4000 + 400 + 40 + 4 - 1 \times 4 = 4000 + 400 + 40 + 4 - 4 = 4444 - 4 = 4440$

（2）$102 \times 99 + 102 = 102 \times 99 + 102 \times 1 = 102 \times (99 + 1) = 102 \times 100 = 10200$

也可以说（1）$3999 + 399 + 39 + 3 = 3999 + 399 + 39 + 1 + 1 + 1 = (3999 + 1) + (399 + 1) + (39 + 1) = 4000 + 400 + 40 = 4440$

注：未简便运算时扣 2 分。

六、挑战题。（第 1 小题 6 分，第 2 小题 9 分，第 3 小题 12 分，共 27 分）

1. 等量关系：沙发的价格 − 椅子的价格 = 多出的钱（2 分）

$55 \times 7 + 5 - 55 = 385 + 5 - 55 = 390 - 55 = 335$（元）

答：一把椅子的售价比一张沙发便宜 335 元。（4 分）

2. 要求：可选做，算出 1 个 3 分，2 个 6 分，算出 3 个满分（可多做）。

（1）$1 + 7 + 5 + 11 = 24$

（2）$13 + 12 - 9 \div 9 = 24$

（3）$(6 + 4 - 7) \times 8 = 24$ 或 $(8 - 7) \times 6 \times 4 = 24$

（4）$6 \times 6 - 14 + 2 = 24$

（5）$(7 - 3) \times (12 - 6) = 24$

（6）$8 \times (6 + 9 - 12) = 24$

（7）$(11 - 3 + 4) \times 2 = 24$

（8）$(3 \times 9) - 4 + 1 = 24$ 或 $(9 - 3) \times 1 \times 4 = 24$

3. 第一小题 3 分，第二小题 4 分，第三小题 5 分，共 12 分。

（1）可选择：红星 240÷12＝20（个）。其他颜色的星都不能恰好达到 240 分。

（2）可选择：红星和蓝星 240÷(12＋18)＝8（个），黄星和绿星 240÷(7＋13)＝12（个），黄星和紫星 240÷(7＋9)＝15（个）

（3）可选择：蓝星、绿星和紫星 240÷(18＋13＋9)＝6（个）

表 3-4 "整数四则混合运算"知识结构学习的单元检测双向细目表（B）

内容	认知过程					
	记忆	理解	运用	分析	评价	创造
运算规则 （目标1） （目标2）	一1、一2、一3	二1、二2、二4	二3			
运算 （目标1）			三1、三3、四1、四2、五1、五2			
简便运算 （目标2）		三2	五3			
解决实际问题 （目标3）		六1	六2、六3（1）、六3（2）	六3（3）		

"整数四则混合运算"知识结构学习的单元检测（B 卷）

（考试时间：60 分钟 分数：100 分）

班级：   姓名：

一、填空题：请将正确答案填写在（   ）内。（第 2 小题每空 2 分，其余每空 1 分，共 11 分）

1. 计算 36－36÷6－6 时，应先算（   ），再算（   ），最后算（   ），得到的结果是（   ）。

2. 列综合算式。

（1）960÷15＝64，64－28＝36，36×3＝108。这一组算式的综合算式是（   ）。

（2）75×24＝1800，2500－1800＝700，700÷5＝140。这一组算式的综合算式是（   ）。

3. 在有括号的综合算式中，应先算（   ）；如果小括号里既有加法和除法，应先算（   ），再算（   ）。

二、判断题：请在正确的题后（　　）中打"√"，错误的题后（　　）中打"×"，并给出理由。（每小题 5 分，共 20 分）

1. $12-6\times 2+3$ 和 $(12-6)\times 2+3$ 运算结果相同。（　　）

理由：

2. $900\div 5+60\times 4$ 可以读作"900 除以 5 的商加上 60 乘以 4 的积，和是多少？"（　　）

理由：

3. $35\times 14+10=35\times 2\times 7+10$（　　）

理由：

4. $5\times 4-15\div 3$ 与 $25\times 12-15\div 3$ 的运算顺序一样。（　　）

理由：

三、比大小（填空）题：请在○中填上＞、＜或＝。（每小题 2 分，共 6 分）

1. $100\times [120-120\div (20-10)]$ ○ $100\times (120-120\div 20+10)$

2. 24×100 ○ $24\times 99+24$

3. $107+3+25\times 8$ ○ $(107+3)+(25\times 8)$

四、改错题：请改正下列各题中的运算错误。（每小题 4 分，共 8 分）

1. $(300+360\div 6)-2\times 30=(660\div 6)-60=110-60=50$

2. $29\times 20\div 29\times 20=580\div 580=1$

五、计算题：请按要求进行计算。（第 1 题 12 分，第 2 题 8 分，第 3 题 8 分，共 28 分）

1. 脱式计算。（每小题 3 分，共 12 分）

（1）$95\div (64-45)$　　（2）$21+(327-23)\div 19$

（3）$539-513\div (378\div 14)$　　（4）$178-[165\div (5\times 3)+42]$

2. 按指定的运算顺序添上括号，再计算。（每小题 4 分，共 8 分）

（1）$15\times 6+30\div 2$（先算加法，再算乘法，最后算除法。）

（2）$15\times 6+30\div 2$（先算除法，再算加法，最后算乘法。）

3. 简便计算。（每小题 4 分，共 8 分）

（1）$15\times 4\times 25\times 6$　（2）125×64

六、挑战题：请按要求作答。（第 1 小题 6 分，第 2 小题 9 分，第 3 小题 12 分，共 27 分）

1. 解决问题。

要求：先写出等量关系，再解决问题。

王师傅用 3 小时加工了 105 个零件。照这个速度，王师傅再工作 5 小时一共可以加工多少个零件？

2. 算 24 点。

要求：可选做，算出 1 个 3 分，2 个 6 分，算出 3 个可得满分（可多做）。

（1）10，10，4，4（2）3，3，12，8（3）5，7，9，7（4）4，7，13，13

（5）3，5，6，12（6）5，13，8，1（7）5，13，10，9（8）6，8，9，7

3. 现需要为一个房间地面铺地砖，地面为长方形，长为50分米，宽为40分米，有两种地砖可供选择，如下表所示。

地砖	规格
长方形地砖	长6分米，宽4分米
正方形地砖	边长4分米

（1）如果全部用长方形地砖，最多能铺多少块，还剩多少面积没有被铺？
（2）如果全部用正方形地砖，最多能铺多少块，还剩多少面积没有被铺？
（3）能不能设计一种方法，用两种类型的地砖把整个房间地面铺满，请写出你的设计过程。

"整数四则混合运算"知识结构学习的单元检测（B卷）
参考答案与评分说明

一、填空题。（第2小题每空2分，其余每空1分，共11分）
1. $36 \div 6 = 6$，$36 - 6 = 30$，$30 - 6 = 24$，24
2. $(960 \div 15 - 28) \times 3$，$(2500 - 75 \times 24) \div 5$
3. 小括号内的，除法，加法。

二、判断题。（每小题判断正确2分，理由准确、充分3分；共20分）
1. ×   2. ✓   3. ✓   4. ✓

理由判分标准：准确2分，充分1分，共3分

1. 理由：第一个先算6×2，得到的结果是3，第二个先算$12 - 6$，最后的结果是15。
2. 理由：这题应先算$900 \div 5$，再算60×4，最后算加法，与所读描述一致。
3. 理由：对的，这题把14分解为2×7，不改变原式的大小，所以它们是相等的。
4. 理由：两个算式的运算符号都一样，所以它们的顺序一样。

三、比大小（填空）题。（每小题2分，共6分）
1. <   2. =   3. =

四、改错题。（每小题4分，共8分）
1. $(300 + 360 \div 6) - 2 \times 30 = (300 + 60) - 60 = 360 - 60 = 300$
2. $29 \times 20 \div 29 \times 20 = 29 \div 29 \times 20 \times 20 = 1 \times 20 \times 20 = 400$

五、计算题。（第1题12分，第2题8分，第3题8分，共28分）

1. 脱式计算。（每小题3分，共12分）
（1）$95 \div (64 - 45) = 95 \div 19 = 5$
（2）$21 + (327 - 23) \div 19 = 21 + 304 \div 19 = 21 + 16 = 37$

（3）$539-513÷(378÷14)=539-513÷27=539-19=520$

（4）$178-[165÷(5×3)+42]=178-[165÷15+42]=178-[11+42]=178-53=125$

2. 按指定的运算顺序添上括号，再计算。（每小题4分，共8分）

（1）$15×(6+30)÷2=15×36÷2=540÷2=270$（先算加法，再算乘法，最后算除法。）

（2）$15×(6+30÷2)=15×(6+15)=15×21=315$（先算除法，再算加法，最后算乘法。）

3. 简便计算。（每小题4分，共8分）

（1）$15×4×25×6=15×6×100=90×100=9000$

（2）$125×64=125×8×8=1000×8=8000$

注：未简便运算时扣2分。

六、挑战题。（第1小题6分，第2小题9分，第3小题12分，共27分）

1. 等量关系：3小时工作量+5小时工作量=总量（2分）

$105+5×(105÷3)=105+5×35=105+175=280$（个）

答：王师傅再工作5小时一共可以加工280个零件。（4分）

2. 要求：可选做，算出1个3分，2个6分，算出3个满分（可多做）。

（1）$(10×10-4)÷4=24$ （2）$(12-3×3)×8=24$

（3）$(5+7)×(9-7)=24$ （4）$4×(7-13÷13)=24$

（5）$(3+5-6)×12=24$ （6）$5×(13-8)-1=24$

（7）$5×(13-10)+9=24$ （8）$6×[8÷(9-7)]=24$

3. 第1小题4分，第2小题4分，第3小题4分，共12分。

（1）$6×9>50>6×8$，$40=4×10$，$8×10=80$（块）

$6×4×8×10=1920$（平方分米）$50×40-1920=80$（平方分米）

答：最多铺80块，还剩80平方分米没有铺。

（2）$4×13>50>4×12$，$40=4×10$，$12×10=120$（块）

$4×4×12×10=1920$（平方分米）$50×40-1920=80$（平方分米）

答：最多铺120块，还剩80平方分米没有铺。

（3）因为两种地砖的宽都是4分米，且$40=4×10$，所以宽可以被铺满，而正方形地砖与长方形地砖的长分别是4分米与6分米，要进行组合以得到50分米就可以铺满。

例如：$(4+6)×5=50$，$4×2+6×7=50$，$4×8+6×3=50$，$4×11+6×1=50$，都可以。

所以，可以选择长方形地砖50块，正方形地砖50块，也可以选择其他方法。

第五节　"整数四则混合运算"学习活动的组织与安排

在完成单元知识结构及其学习心理轨迹、整体教学目标与重难点，以及整体教学评价的分析之后，我们便需要对具体单元的整体教学思路、教学策略与方法，以及课时活动设置进行分析了——这是我们需要在课堂教学中所要真正展现的内容。在此，我们需要特别关注的是，单元知识结构的关联性、层次性、结构化和开放性及其与整体教学目标、整体教学评价的一致性——这便是学习活动的组织与安排。由此，我们才有可能形成一个完整的单元整体教学设计（需要注意，在具体学习活动的组织与安排中，研究主要依附于苏教版教材 2013 版，该部分出现的各种教材信息与该版本教材相对应，后续单元也是如此）。

一、整体教学思路

由于本单元知识结构的学习不是单纯的"新知"探索，而是"旧知"的回顾、整理与提升或优化（渗透了可能的"新知"，譬如，中括号）。所以，其整体教学思路上，本单元知识结构的学习活动的组织与安排，可按照"探究规则—问题解决—练习与应用"的路径展开，并划分为四节课。

单元开讲之前，可选用一套单元检测题，以进行诊断性评价，可作为调整这里的学习活动的"组织与安排"的依据；第一节课是混合运算规则的探究活动，第二节课是基于规则进行问题解决的学习活动，并得到解决问题的一般步骤，第三节课则兼顾规则与应用，旨在对混合运算有一个巩固与提升，第四节课则是所谓的练习课，其实质则是本单元知识结构学习的小结性评价。其中，诊断性评价与小结性评价之间的所有学习活动或教学活动均是所谓的形成性或过程性评价，以期望学生达成单元知识结构的完整内化。

二、教学策略与方法

基于"整数四则混合运算"的知识结构及其学习心理过程的预设等方面的分析与考量，以及已有相关研究文献的学习与反思[1][2][3]，我们可以初步得出以下一些有关该单元整体教学的策略和方法。

---

[1] 汪凤炎，燕良轼，郑红. 教育心理学新编：第 4 版[M]. 广州：暨南大学出版社，2016：258–332，351–421.

[2] 刘松旺. 整数四则混合运算教学之我见[J]. 学周刊，2012（24）：137.

[3] 冷冰. 扣准教材变化，精心梳理，有效衔接："四则混合运算的顺序"教学策略与思考[J]. 中小学教材教学，2015（9）：19–22.

（一）探究式学习

整数四则混合运算仍然需要大量的探究活动来进行学习。虽然混合运算的学习已促使学生形成了一定的概念，但本单元在此基础上希望学生能够进一步学习更为复杂的混合运算知识（就其实质而言，应该是算理，包括运算的意义、运算的基本规律和运算的法则等）。因此，需要以探究式的学习方法为主，即让学生在独立思考的基础上，通过小组合作来自主发现复杂综合算式的内在规则以及复杂问题情境的解决方法，而教师只需要提供丰富、多样甚至开放性的学习材料，并做适当的问题引导即可。其目的是，希望学生能够基于探究活动及其所获，来深化对已有的混合运算认知图式的再认识，以增强其相应认知结构的整体关联性和开放灵活性。

（二）程序化学习

程序化的学习方式在本单元整体教学中同样适用。在中括号的认识、简便运算的初探和复杂问题的解决中，都会涉及大量的程序性知识，则这需要学生以程序思维来学习和探究的。这种程序化学习方式的运用与熟练可能会让学生在思维能力上得到发展与提升，极有可能会为学生后续的方程学习打下厚实的思维基础。因为这种程序性的学习方式和解决问题完整步骤正是代数思维尤其是方程思维最为核心的部分之一。因此，本单元整体教学中对这种思维方式的渗透与把握，不仅有利于学生具体知识内容的学习，而且更有利于学生数学核心思维的逐步养成与整体发展。

（三）中心扩散模式

基于 APOS 理论，可以以一种中心扩散模式进行该单元知识结构的整体教学。当新学习的知识从属于学生数学认知结构中已有的、包容范围较广的知识时，构成下位关系。这是新知识与学生已有认知结构之间的一种最为普遍的关系。概念知识的这种关系是指新的概念知识是学生已有概念知识的扩展、修正或限定，并使已有知识得到精确化。从逻辑的角度来说，这时的新概念知识的内涵包含了已有概念知识的内涵，相应的，新概念知识的外延是已有概念知识的外延的子集。相应于这种关系，出现相关概念学习可适用于"中心扩散模式"。

该模式的四个阶段的具体操作流程为：感性认识活动—拓展生成过程—归纳明晰对象—扩散形成图式。

三、课时活动设置

第一课时（新授课：运算顺序与运算规则）

教学目标

1.通过探究活动，深化对混合运算的整体认识，认识中括号。

2. 通过完成一系列任务，体会中括号的价值，感受小括号与中括号的联系。
3. 通过探究活动，感受数学中的思维要素及数学本身的联系性，激发学习兴趣。

教学过程

一、导入

（一）运算下列各题，并说一说运算顺序和运算规则

1. $62-44+81$
2. $232\div12\times11$
3. $88-172\div4$
4. $(61-42)\times3$

二、探究

问题情境：算式集合

（1）$120-80+50-20$　　（2）$3\times12\div4\times3$　　（3）$150+120\div6\times5$
（4）$75+360\div20-5$　　（5）$40\div5+12\times3$　　（6）$20\times2-5\times3$
（7）$7\times14-(44-21)$　　（8）$209+102\div(52-35)$　　（9）$(100-20\times2)\div(5+15)$
（10）$15\times(22-225\div25)$　　（11）$96\div[(12+4)\times2]$　　（12）$158-[(27+54)\div9]$

探究活动 1：标出算序。

在算式下标上数字符号表示运算顺序。

探究活动 2：对中括号的探究。

疑问："[ ]"是什么符号，它具有什么含义？

以（11）为例，进行探究

$$96\div12+4\times2$$

提问：如果想要先算 $12+4$，如何改变算式？

$$96\div(12+4)\times2$$

提问：如果想要先算 $12+4=16$，再算 16×2，如何改变算式？

基于已有知识无法改变，因此，我们引入一个新符号帮助我们解决这个问题。（中括号的意义）

像这样的符号叫作中括号，它的优先性排在小括号之后，没有括号之前。

现在你能标注（11）（12）的运算顺序了吗？

结论：当算式中既有小括号，又有中括号，要先算小括号，再算中括号。

练习：说出算序。

同桌互相提问，试着说出算序。

例如：$75+360\div20-5$

说算序：首先求 360 除以 20 的商，接着求 75 与商的和，最后将和减去 5 求差。

探究活动3：新旧知识的比较。

出示混合运算探究算式集合。

（1）$4+7+2=13$　　（2）$4+7\times2=18$

（3）$25\div5\times5=25$　　（4）$25\div(5\times5)=1$

（5）$9+6\div3=11$　　（6）$(9+6)\div3=5$

（7）$3+(4-1)=6$　　（8）$3+4-1=6$

（9）$17\times(6\div3)=34$　　（10）$17\times6\div3=34$

（11）$12-(2\times5)=2$　　（12）$12-2\times5=2$

试着比较，这节课所学与之前所学有什么相同和不同？

不同：算式更加复杂、有中括号。

相同：运算顺序规则不变。

探究活动4：编制算式。

我们已经学习过了运算规则，这节课所学的内容可以说是稍微复杂一些的混合运算。

那么，想请大家小组合作，先讨论出运算顺序规则的有哪些条件，在各个条件下的顺序又是怎样的，并为每个条件编制1—3个算式。

以小组为单位请学生自主报告讨论结果，并进行评价和补充。

对所编制的算式，请其他小组的同学回答运算顺序是怎样的。

总结规则结构。

基于活动4，在学生的自主报告中形成一个运算顺序规则结构示意图，以作为本节课的总结。

课堂检测

1. 比大小，并请在（　）中填"<"或">"。

（1）$90\div6\div3$（　）$90\div(6\div3)$

（2）$80\div4\times2$（　）$80\div(4\times2)$

（3）$60\times2+30$（　）$60\times(2+3)$

（4）$60-40\div5$（　）$(60-40)\div5$

等级分数	具体描述
0	正确计算2个以下
1	正确计算2—3个
2	正确计算4个

2. 计算下列各题。

$25\times30+25\times20$　　$25\times(30+20)$

$840\div40-400\div40$　　$(840-400)\div40$

等级分数	具体描述
0	正确计算 2 个以下
1	正确计算 2—3 个
2	正确计算 4 个

3. 计算下列各题。

$540 \div 3 + 6 \times 2$　　$540 \div (3 + 6 \times 2)$　　$540 \div [(3 + 6) \times 2]$

$180 \div (36 \div 12) + 6$　　$180 \div (36 \div 12 + 6)$　　$180 \div [36 \div (12 + 6)]$

等级分数	具体描述
0	正确计算 3 个以下
1	正确计算 3—5 个
2	正确计算 6 个

第二课时（新授课：运用分步算式或综合算式解决实际问题）

教学目标

1. 能熟练地进行整数混合运算（三步），能进行分步算式与综合算式的转换，能体会分步算式与综合算式两种运算方式的联系与区别。

2. 能运用混合运算解决复杂（实际）问题，深化认识解决问题的一般步骤，会进行等量关系的分析。

3. 通过等量关系的分析，培养思考问题的能力，掌握解决数学问题的思维方法。

4. 体会运算知识的现实价值，激发数学学习的兴趣。

教学过程

一、复习导入

请同学快速解决这两个问题。

（1）$5 \times 3 + 20$

（2）$40 \div 5 + 12$

这是此前所学习的内容，今天我们继续学习运用混合运算进行问题解决。

二、问题解决的探究

（一）回顾过程

回顾解决问题的一般过程。

分析等量关系—列式—计算。

等量关系较容易得出。

如何列式：可以分开列式，也可以列综合算式。体会两者的一致性。

$$12\times3+15\times4$$
$$=36+15\times4$$
$$=36+60$$
$$=96（元）$$

$12\times3=36$（元）
$15\times4=60$（元）
$36+60=96$（元）

$$15\times4+12\times3$$
$$=60+12\times3$$
$$=60+36$$
$$=96（元）$$

$15\times4=60$（元）
$12\times3=36$（元）
$36+60=96$（元）

（二）问题情景的延伸

任务1：列式，并计算。

① 买3副中国象棋，5副围棋，4副飞行棋，2副五子棋一共多少钱？

② 买3副中国象棋和5副围棋比买3副飞行棋和2副五子棋多多少钱？

任务2：根据算式说明意义。

① $12\times3+(12+3)\times4$　② $(30\div3)\times3-(10\times3)$　③ $(15-5)-(12+3)$

发现：有些括号在运算时可以去掉。

任务3：

① 请你自己编一个问题，同桌列式并解答。

② 请你自己列一个算式，同桌说明意义并解答。

附加挑战：请编制一个需要中括号的问题。

例1：买围棋和飞行棋的套装三套需要多少钱？

列式：$[(12+3)+(10\times3)]\times3$

发现1：上述式子可以改写成 $(12+3+10\times3)\times3$

例2：买三个飞行棋比买三个围棋贵多少钱？

列式：$[10\times3-(12+3)]\times3$

注：经过多次练习，在运算时可以自主去掉不需要的括号。但在表示的数量关系时，

仍然需要括号来表示一个整体。

发现2：带有中括号的问题相对复杂。但还是基于我们所学习的运算规则。

三、总结

这节课我们如何解决问题，解决问题的步骤是怎样的，有哪些需要注意的。

（1）解决问题的步骤。

（2）生活实际的应用（结合单元知识结构图下半部分）。

课堂检测

1. 根据下列算式写综合算式。

（1）$12 \times 5 = 60$　　$72 \div 3 = 24$　　$60 - 24 = 36$

（2）$96 \div 8 = 12$　　$30 + 12 = 42$　　$42 - 12 = 30$

等级分数	具体描述
0	未作答或者答案错误
1	正确回答1题
2	正确回答2题

2. 解决下列问题，并写出完整过程。

给一个房间的地面贴地砖。如果用长3分米，宽2分米的长方形地砖，160块正好贴满。如果改用边长是4分米的正方形地砖，需要多少块？

等级分数	具体描述
0	未作答或者答案错误
1	能部分列举出地面规格，能正确算出需要多少块正方形地砖（仅部分）
2	能全部列举出地面规格，并正确算出不同规格下需要多少块正方形地砖

3. 解决下列问题，并写出完整过程。

修路队要修一条1200米的公路，原计划每天修75米，实际每天修100米，照这样计算，修完这条路要比原计划提前多少天？

等级分数	具体描述
0	未作答或者答案错误
1	能解决问题，但未写出完整过程
2	能解决问题，能写出完整过程

第三课时（新授课：简便运算与综合运用）

教学目标

1. 通过各种关于混合运算和实际问题的变式，加深对混合运算整体的认识，增强应用混合运算的能力。

2. 通过探究活动，能初步认识混合运算的简便运算，并深化对运算规则的认识。

3. 通过探究活动，感受数学中的思维要素，培养数感，体会数之间的联系。

教学过程

一、复习导入

对运算规则结构图的回顾。

二、混合运算的巩固与提升

（一）计算下列各题。

$75 \times 12 + 280 \div 35 \quad (564 - 18 \times 24) \div 12 \quad 48 \times (32 - 17) \div 30 \quad 714 \div (30 + 180 \div 15)$

（二）比大小

直接在每组中得数大的算式后面的□里画"√"。

1. $45 + 25 \times 12$ □　$(45 + 25) \times 12$ □

2. $20 + 12 + 60 \div 3$ □　$20 + (12 + 60) \div 3$ □

3. $68 + 185 \div 5 + 32$ □　$68 + 185 \div (5 + 32)$ □

4. $800 - 432 \div 6 \times 9$ □　$800 - 432 \div (6 \times 9)$ □

你是怎样想的？与同学交流。

（三）简便运算的探究

1. 口算。

$22 \div 3 \times 6 \quad 5 - 8 + 3$

$178 - 67 - 78 \quad 177 + 325 + 23$

2. 笔算。

$25 \times 12 = 25 \times (4 \times 3) = ?$

$25 \times 13 = 25 \times (4 \times 3 + 1) = 25 \times 4 \times 3 + 25 = ?$

三、解决问题的巩固与提升

（一）算式意义的对比

问题情境（如下图所示）

> 我们组有18人。
>
> 我们组的人数是美术组的2倍。
>
> 我们组比你们两组的总人数多6人。
>
> 合唱组有多少人？

等量关系：

列式：$18+18\times2+6$

> 大华水果店上午运进菠萝140千克，下午运进的菠萝比上午的2倍还多50千克。这一天一共运进菠萝多少千克？

等量关系：

列式：$140+140\times2+50$

比较：第一组的三个量和第二组的三个量之间的对应关系和略微差别。

（二）估算（如下图所示）

> 羽毛球拍每副97元　网球拍每副202元
>
> 李老师买4副羽毛球拍和3副网球拍。你能估计李老师大约要用多少元吗？他实际用了多少元？

估算也要先分析等量关系。

在列式环节需要思考，基于怎样的估计来进行列式。

例如：基于靠近整百的思路，把97~100，202~200，恰好，一个变大一个变小，可以增强估算结果的有效性。

列式：$4\times100+3\times200$

（三）用不同的方法计算

> 小军家——520 m——学校——390 m——少年宫
>
> 小军从家到学校走了8分钟。用同样的速度，他从家到少年宫要走多少分钟？
>
> 你会用不同的方法计算吗？

核心：路程、速度、时间的关系。

可以用综合算式，也可以分步计算

综合算式：

$390 \div (520 \div 8) + 8 = 14$（分钟）

$(520 + 390) \div (520 \div 8) = 14$（分钟）

分步运算：

方法1：

$520 \div 8 = 65$（米每分钟）

$390 \div 65 = 6$（分钟）

$8 + 6 = 14$（分钟）

方法2：

$520 \div 8 = 65$（米每分钟）

$520 + 390 = 910$（米）

$910 \div 65 = 14$（分钟）

讨论：比较两种方法的等量关系。

结论：当问题比较复杂时，可以运用分步运算。

课堂检测

1. 运算下列各题。

（1）$2.5 + 1.5 \times 10 - 5$

$(2.5 + 1.5) \times 10 - 5$

$2.5 + 1.5 \times (10 - 5)$

$(2.5 + 1.5) \times (10 - 5)$

（2）$\dfrac{9}{10} \times 10 + 90 \div 9$

$\dfrac{9}{10} \times (10 + 90 \div 9)$

$(\dfrac{9}{10} \times 10 + 90) \div 9$

$[\dfrac{9}{10} \times (10 + 90)] \div 9$

等级分数	具体描述
0	能答对4题以下
1	能答对4—6题
2	能答对7—8题

2. 解决下列问题，并写出完整过程。

> 航模组有男生8人，女生6人。
>
> 美术组的人数是航模组的2倍。

合唱组有84人，合唱组的人数是美术组的几倍？

等级分数	具体描述
0	未作答或者答案错误
1	能解决问题，但未写出完整过程
2	能解决问题，能写出完整过程

3. 解决下列问题。

在等号左边添上合适的运算符号和括号，使计算结果等于右边的数。

3○3○3○3 = 1　　3○3○3○3 = 2
3○3○3○3 = 3　　3○3○3○3 = 4
3○3○3○3 = 5　　3○3○3○3 = 6
3○3○3○3 = 7　　3○3○3○3 = 8

等级分数	具体描述
0	能答对4题以下
1	能解答4—6个
2	能解答7—8个

第四课时（练习课：单元检测）

第四课时为练习课，教师可以根据实际教学情况，选择前面所给出的两套单元检测题中的一套，以与诊断性测试做比较，进而判断教学设计及其实施的成效并做出适当、实时的调整。

第四章 "小数的意义与性质"整体教学设计

本章以"小数的意义与性质"单元为例,具体探讨其整体教学设计中的五个具体问题:(1)如何确立"小数的意义与性质"单元的知识结构?(2)如何建构学生学习"小数的意义与性质"的心理轨迹?(3)如何把握"小数的意义与性质"整体教学的教学目标和重难点?(4)如何开展学习"小数的意义与性质"的教学评价?(5)如何组织和安排"小数的意义与性质"的学习活动?

第一节 "小数的意义与性质"知识结构的确立

"小数的意义和性质"是小数领域第二学段的内容。《义务教育数学课程标准(2022年版)》在"学段目标"的"第二学段"中提出了"理解小数的意义"目标。在"课程内容"的"第二学段"中提出了"结合具体情境,理解小数的意义""能比较小数的大小"等内容。

人教版该部分内容设置在四年级下册第四单元"小数的意义和性质",主要内容包括:小数的意义和读写法、小数的性质和大小比较、小数点位置移动引起小数大小的变化、小数与单位换算、小数的近似数;北师大版该部分内容设置在四年级下册第一单元"小数的意义和加减法",主要内容包括:小数的意义、比大小、加减法;苏教版该部分内容是五年级(实际上,这是第三学段了)上册第三单元的主题,同时也是小数领域的第二个单元,它的内容主要倾向是深化学生对小数概念的理解,从而为后续的小数运算学习打下基础。

另外,在台湾多个版本的教材中,其小数知识的展开是以小数数位的多少来进行的,例如一位小数、两位小数、三位小数和多位小数则被分成了四个单元;而在美国加州教材中,其特点是强调了认识小数的多种途径,也就是运用多种表征来帮助学生认识小数。

"小数的意义与性质"单元知识结构的确立是其整体教学设计的首要环节。在对小数概念的理解上,核心思想应是从意义和形式两个方面着手,兼顾小数与整数和分数的联系，并以此为抓手，进一步展开其整体教学设计的各个环节。具体而言，其主要内容可以分为概念、基本性质、应用和表征四方面。

概念包括意义与形式两部分，是这两部分的综合体；而基本性质则是基于意义与形式而得来的，主要针对小数的大小，因此也与小数简单的比大小相联系；上述两部分共同指向应用方面，应用包括更偏向于实际的问题解决部分，也包括更偏向于数学内部的（初级）科学记数法和取近似数两部分；最后，各种小数的表征形式是学生本单元学习一以贯之的学习载体或工具，通过各种表征与小数的联结，学生才有可能较好地掌握上述三部分内容。由此，上述各内容之间相互连接便可以初步构成其单元知识结构（见图4-1）。

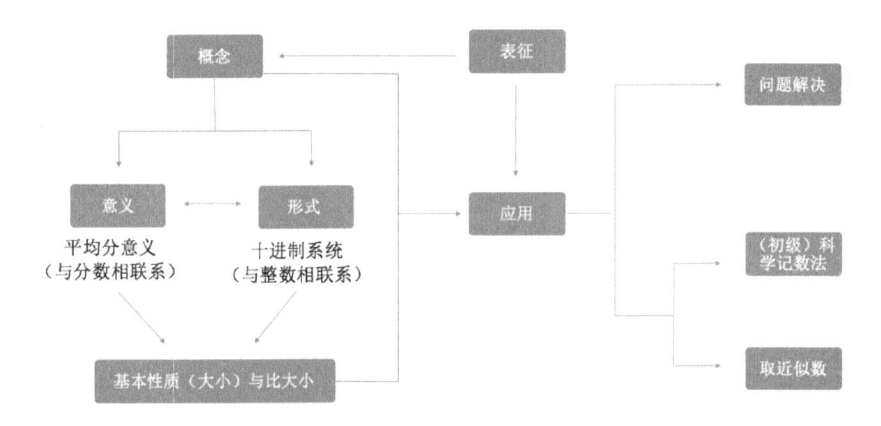

图4-1 "小数的意义和性质"知识结构示意图

第二节 "小数的意义与性质"学习心理轨迹的建构

小数的意义与性质主要是对小数概念的理解与认识，学生的心理过程可以参照杜宾斯基的APOS理论[1][2]来建构，这一理论较适合"数与代数"领域概念的学习过程。基于已有相关研究文献的学习与反思[3][4]，我们可以初步建构"小数的意义与性质"学习心理的一般心理轨迹（见表4-1）。

---

[1] DUBINSKY E, MCDONALD M A. APOS: A Constructivist Theory of Learning in Undergraduate Mathematics Education Research [J]. 2001（7）: 275–282.

[2] DUBINSKY E, WELLER K, MCDONALD M A, et al. Some Historical Issues and Paradoxes regarding the Concept of Infinity: An Apos Analysis: Part 2 [J]. Educational Studies in Mathematics, 2005, 58（3）: 335–359.

[3] 鲍建生，周超. 数学学习的心理基础与过程 [M]. 上海: 上海教育出版社, 2009: 95–105.

[4] 乔连全. APOS: 一种建构主义的数学学习理论 [J]. 全球教育展望, 2001, 30（3）: 16–18.

表 4-1 "小数的意义与性质"知识结构的一般学习心理过程

学习阶段	心理过程	学习活动
1. 个人经验	包含个人经验、前概念知识、已学过的知识、相联系的知识在此融合	课前调查，尽可能地了解学生的学习起点、个人经验
2. 活动	通过情境唤醒对小数的已有认识，获得外显的小数"印象"，为进一步认识小数做好心理准备。此时对小数只是朴素的认识，暴露出小数与分数有联系这一简单感知，仍需通过具体情境感受小数与分数的具体关系，认识小数的大概意思以及与生活的联系。这是直观层面的认识，不涉及结构化和抽象归纳	已有小数知识的练习与回顾；关于分数的情境与活动；上述相同情境与活动引入到小数之中进行对比、归纳、总结
3. 程序	学生在经过多个小数情境的体验后，从中感受小数概念的意义方面和形式方面。学生通过分数、图形、数轴等模型，尝试将小数与这些表征相联结，体会表征的特点及意义，以形成一种稳定的心理建构，一种自动化的小数"程序"	设置多种表征形式，让学生讨论、交流并尝试归纳总结各种表征下共通的小数概念
4. 对象	当学生把意义方面和形式方面当成一个整体，并意识到可以对这个整体进行深入探究，则会进一步得到小数的性质，从而形成一个兼有概念与性质的"数学对象"	通过比大小问题设置冲突，通过练习、讨论、深思等方法尝试解决问题，并从问题解决中认识小数的基本性质
5. 图式	在经历上述几个过程之后，学生初步地形成了小数的概念图式，但这一状态是动态开放、不断变化的，学生对小数的意义性质有了一个初步的结构性的理解	总结知识，保持开放怀疑的状态；组织交流活动，进行总结与改进
6. 应用	以小数图式为对象进行新的活动，通过变式与练习，加深概念的理解，巩固概念，从概念的重难点处进行巩固。概念的运用也是巩固的手段，通过改写活动、取近似数活动，体验和深化小数的意义，通过激发对小数的运用，体验价值，增强能力	对所学知识进行回顾，尝试运用，设置更复杂的活动；设置改写活动、取近似数活动；在活动过程中不断促进学生反思与回顾

就上述学习阶段而言，学习阶段 1 为课前学生的准备状态；学习阶段 2—3 主要为第 1—2 节课的心理过程，重点是从意义方面和形式方面体会小数的概念；学习阶段 4—5 主要为第 3—4 节课的心理过程，重点是基于小数的意义和形式认识小数的性质，并会进行简单的比大小活动；学习阶段 6 为第 5—6 节课的心理过程，包括小数的改写活动和取近似数活动；第七节课是学习阶段 2—5 的再次体验，以深化小数概念。

整个心理过程也是单元知识结构（见图 4-1）从左往右发展的过程，在此过程中，表征一直是学习心理的重要对应物或参照物，联结着学生的认知与思维和小数的意义与性质。学生学习"小数的意义与性质"的心理过程是学生学习活动组织与安排的直接依据。

第三节 "小数的意义与性质"整体教学目标与重难点的把握

"小数的意义与性质"整体教学目标可将其知识结构和学习心理进一步具体化为学生实际学习的最终目标。以安德森的教育目标分类法[①]为依据，可初步形成整体教学目标分类表（见表 4-2）。

表 4-2 "小数的性质和意义"整体教学目标分类表

知识	认知过程					
	记忆	理解	运用	分析	评价	创造
事实性知识	目标 1					
概念性知识		目标 1 目标 3	目标 3	目标 3		
程序性知识	目标 2	目标 2	目标 2			
元认知知识		目标 4	目标 4	目标 5	目标 5	

由表 4-2 可知，在认知过程维度上以理解为主，预示着本单元整体教学的教学重点；在知识内容维度的分布上，每种知识都较多，这与本单元的知识结构是一致的，重点在于小数的意义和性质等知识的理解活动，并进一步进行更多相关知识内容的理解。

---

① 安德森，等. 学习、教学和评估的分类学：布卢姆教育目标分类学修订版（简缩本）[M]. 皮连生，等，译. 上海：华东师范大学出版社，2008：25–82.

一、"小数的意义与性质"整体教学的教学目标

1. 认识小数的读写法，知道小数的数位、计数单位、进率，理解小数的意义和小数的基本性质。

（目标1前半部分注重对事实性知识的记忆，后半部分则注重对概念性知识的理解。）

2. 掌握小数比大小、改写和取近似数的方法，并理解方法背后所蕴含的小数意义和性质，加深两者的联系，尝试统合。

（目标2侧重于程序性知识，即有记忆过程，如掌握方法；也有理解过程，如理解方法背后的意义和性质；同时也有相应的运用活动。）

3. 在不断的探究活动中，体会不同表征下的小数，以加深对小数的综合认识；并不断体会小数与分数以及整数的联系，增加对数的整体宏观认识。

（目标3注重概念性知识的理解、运用和分析，这种概念性知识不仅是关于小数的，也是关于整体"数系"的。）

4. 通过问题情境，展开探究活动，以促进归纳、猜想、对比、综合等思维的发展，并培养学生从宏观层面、整体角度看待问题的视野。

（目标4注重学生能力的发展，注重各种思维能力的运用和提升，以形成综合的数学素养，这些属于学生元认知知识的理解和运用。）

5. 充分感知数学知识之间的联系，体会数学知识的现实意义，增强自身的数学效能感，形成对数学学习的内在动机。

（目标5围绕学生的元认知知识，注重学生数学观的发展，通过学习活动自主生成关于数学学习的各种元认知知识，是学生元认知知识的自我分析与评价。）

二、"小数的意义与性质"整体教学的教学重点

1. 认识小数的读写法，发现小数与分数的联系。
2. 理解小数的意义，明确小数的数位、计数单位和进率。
3. 理解小数的性质，以及学会运用小数的性质。
4. 掌握小数比大小、改写和取近似数的方法，并运用这些方法解决问题。

三、"小数的意义与性质"整体教学的教学难点

1. 对小数的意义和性质的深度理解。
2. 对比大小、改写和取近似数活动的原理与方法的理解，以及它们与小数意义和性质的联系。
3. 对小数、整数和分数的联系与区别的体验，以及对小数与整数在比大小、改写和取近似数活动中的相似性的体验和延伸。

第四节 "小数的意义与性质"整体教学评价的开展

学习的教学评价可以分为他评和自评，也可以分为诊断性评价、形成性评价和总结性评价。在此，"自评"贯穿于整个教学过程、课堂检测（甚至家庭作业）当中（具体可参见"'小数的意义与性质'学习活动的组织与安排"一节），"他评"则主要是指单元检测。

单元整体教学之最初可以考虑诊断性评价，以诊断学生对本单元知识结构学习的整体"准备状况"；单元整体教学之最后则可以考虑总结性评价，以评估本单元知识结构学习的教学成效；其间每节课的"课堂检测"可视为该节课的总结性评价，亦应是下节课的诊断性评价；而单元整体教学之最初和最后之间的所有教学活动或评价活动则都可以视为该单元整体教学的形成性评价。

依据本单元的整体教学目标、重难点，我们可以明确其单元检测中需要考查学生在记忆、理解、运用、分析这四大认知过程维度中的发展水平，以及相应的内容应涉及小数的意义、小数的形式、小数的性质与小数的应用（小数的表征潜在地涵盖于这四部分之中）等四个方面（见表4-3、表4-4）。

结合已有相关研究文献[1][2][3]和上述所设置的整体教学目标，可设置"小数的意义与性质"知识结构学习的单元检测试题。以下两份"单元检测"试题[4]及其"参考答案与评分说明"是严格按照"检测试卷编制的科学规范"编制而成的，具有较高的科学性、可靠性和有效性，并且具有一定的等值性，可用于"科学、规范的"教学（实验）研究。

表4-3 "小数的意义和性质"知识结构学习的单元检测双向细目表（A）

内容	认知过程					
	记忆	理解	运用	分析	评价	创造
小数的意义（目标1）	一1	一3、一4、二3、二5、三2				

---

[1] 沈维维. 四—五年级学生对小数的理解[D]. 上海：华东师范大学，2012：12–22.
[2] 汪运起. 儿童的分数和小数数量表征及其发展[D]. 杭州：浙江大学，2013：1–13.
[3] 周慧彬. 小学小数知识学习现状的调查研究[D]. 长春：东北师范大学，2014：3–11.
[4] 部分试题选自一师一优课网（http://1s1k.eduyun.cn/portal/html/1s1k/index/1.html）。

续表

内容	认知过程					
	记忆	理解	运用	分析	评价	创造
小数的形式（目标2）	二1（1）	三4	二4、二6			
小数的性质（目标1）	一5		三1、三3			
小数的应用（目标1）（目标2）（目标3）		一2、四3	四1、五1	二1（2）、二2、四2、五2		

"小数的意义和性质"知识结构学习的单元检测（A卷）

（考试时间：60分钟　分数：100分）

班级：　　姓名：

一、选择题：请将正确答案前的字母填写在题后的括号内。（每小题5分，共25分）

1. 99.99中的各个9在位值上所代表的意义，从右往左依次为（　　）。

A. 9个0.001、9个0.01、9个0.1、9个1

B. 9个1、9个10、9个100、9个1000

C. 9个10、9个1、9个0.1、9个0.01

D. 9个1、9个0.1、9个0.01、9个0.001

E. 9个0.01、9个0.1、9个1、9个10

2. 下列数字中，最接近0.28的数字是（　　）。

A. 0.2　　B. 0.3　　C. 0.25　　D. 27　　E. 3

3. 如果下图中正方形表示"1"，那么阴影部分表示0.2的图形是（　　）。

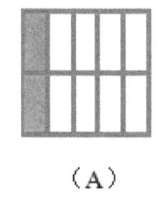

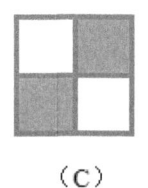

（A）　　（B）　　（C）　　（D）

4. 王老师评阅试卷用了2.4小时，他评阅试卷所用时间也可以表示为（　　）。

A. 24分钟　　B. 2小时40分钟

C. 2小时4分钟　　D. 2小时24分钟

5. 与0.15相等的数是（　　）。

A. 0.105　　B. 1.5　　C. 0.015　　D. 0.150

二、填空题：请将正确的答案填写在相应的括号内。（1—4小题每空1分，5—6小题每空2分，共15分）

1. 一个小数的整数部分的最高位是（　　），小数部分的最高位是（　　）；数轴上，距离0最近的正整数是（　　），距离0最近的小数是（　　）。

2. 一个两位小数，四舍五入后是4.0，这个小数最大的是（　　），最小的是（　　）。

3. 一盒巧克力有15块，0.4盒巧克力有（　　）块，12块巧克力是（　　）盒。

4. 求下面小数的近似值。

8.978 ≈（　　）（保留一位小数）

34.363 ≈（　　）（精确到百分位）

6.0576 ≈（　　）（保留三位小数）

5. 下图是一个圆，图中0.2个圆的意思是（　　）。

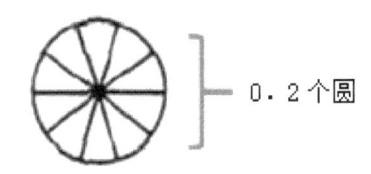

6. 把0.078、7.08、7.80、0.807、0.78、0.708、0.87、0.087按从小到大的顺序排列，其顺序是（　　）。

三、判断题：判断正误，并给出理由；判断正确的请在其题后的括号内打"√"，判断错误的请在其题后的括号内打"×"。（每小题5分，共20分）

1. 一个数改写后是15.3，另一个数改写后是15.30，但这两个数不一定相等。（　　）

理由：

2. 小数是比1小的数。（　　）

理由：

3. 在小数的末尾添加0或者去掉0，小数的意义不变。（　　）

理由：

4. 小数由整数、小数点、小数组成。（　　）

理由：

四、简答题：请按要求作答。（第1小题4分，第2小题6分，第3小题6分，共16分）

1. 一根铁丝有"┗━━┛"长，请问：3.2根铁丝长可画怎样的图来表示？

2. 在7.3与7.4之间，是否有小数？如果有，请写出两个在它们之间的小数，并说一说它们之间一共有多少个小数。

3. 一盒饼干里有5包饼干，每包饼干里有10块饼干，请问：0.2盒饼干与0.8包饼干哪个比较多，为什么？

五、探究题：请按要求作答。（每小题12分，共24分）

1. 一盒鸡蛋有10个，每个鸡蛋重0.06千克。

（1）请圈出0.3盒鸡蛋　　　　（2）请圈出0.3千克鸡蛋

0.3盒鸡蛋重（　　）千克　　　0.3千克鸡蛋是（　　）盒鸡蛋

2. 试比较0.7与0.07的大小，并按照下列要求进行解释。

（1）运用下面的图形进行解释。

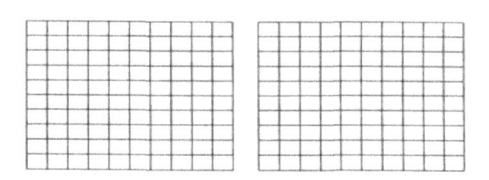

（2）运用数轴进行解释。
（3）运用人民币的例子进行解释。
（4）运用小数的计数单位进行解释。

"小数的意义和性质"知识结构学习的单元检测（A卷）
参考答案与评分说明

一、选择题。（每小题5分，共25分）
1. E　　2. B　　3. A　　4. D　　5. D

二、填空题。（1—4小题每空1分，5—6小题每空2分，共15分）

1. 不存在，十分位，1，不存在
2. 4.04，3.95
3. 6，0.8
4. 9.0，34.36，6.058
5. 把一个圆平均分成10份，其中的2份
6. 0.078、0.087、0.708、0.78、0.807、0.87、7.08、7.80

三、判断题。（每小题判断正确2分，理由正确、充分3分，共5分；合计20分）
1. ×　　2. ✓　　3. ×　　4. ✓　　5. ✓

理由判分标准：准确2分，充分1分，共3分。

1. 理由：因为改写不改变原来数的大小，且15.3 = 15.30，所以原来的两个数一定相等。
2. 理由：小数不一定比1小，当小数的整数部分大于1时，小数比1大。

3. 理由：在小数的末尾添加 0 或者去掉 0，小数的计数单位发生了变化，所以其意义也发生变化，但是其大小不变。

4. 理由：小数是整数部分、小数点、小数部分组成的。

四、简答题。（第 1 题 4 分，第 2、3 小题各 6 分，共 16 分）

1. 所画的图分为两部分，一部分表示 3（2 分），一部分表示 0.2（1 分），0.2 部分要突出 0.2 与 1 之间的关系（1 分）。

2. 判断正确（2 分），举例正确（2 分），说出个数准确（2 分）。

3. 根据数量关系可知：

0.2 盒饼干＝1 包饼干＝10 块饼干（2 分）

0.8 包饼干＝8 块饼干（2 分）

所以 0.2 盒饼干＞0.8 包饼干（2 分）

五、探究题。（每小题 12 分，共 24 分）

1. 2 个画图正确每个 3 分，2 个填空正确每个 3 分（0.18；0.5），共 12 分。

2. 每一小问 3 分，共 12 分。

（1）正确表示 0.7，0.07 各 1 分，表示恰当 1 分

（2）正确表示 0.7，0.07 各 1 分，表示恰当 1 分

（3）正确表示 0.7，0.07 各 1 分，表示恰当 1 分

（4）正确表示 0.7，0.07 各 1 分，解释关系 1 分

表 4-4 "小数的意义与性质"知识结构学习的单元检测双向细目表（B）

内容	认知过程					
	记忆	理解	运用	分析	评价	创造
小数的意义（目标 1）	一 1	一 3、一 4、二 3、二 5、三 2				
小数的形式（目标 2）	二 1（1）	三 4	二 4、二 6			
小数的性质（目标 1）	一 5	三 1、三 3				
小数的应用（目标 1）（目标 2）（目标 3）		一 2、四 3	四 1、五 1	二 1（2）、二 2、四 2、五 2		

"小数的意义和性质"知识结构学习的单元检测（B卷）

（考试时间：60分钟　分数：100分）

班级：　　姓名：

一、选择题：请将正确答案前的字母填写在题后的括号内。（每小题5分，共25分）

1. 27.18 按数位顺序表的位名从右往左依次为（　　）。

   A. 个分位、十分位、百分位、千分位

   B. 个分位、十分位、个位、十位

   C. 十分位、个分位、个位、十位

   D. 百分位、十分位、个位、十位

   E. 千分位、十分位、十位、个位

2. 下列数字中，最接近 0.18 的数字是（　　）。

   A. 0.1　　B. 0.2　　C. 17　　D. 0.15　　E. 2

3. 小胖喝了杯牛奶，用小数表示的话，下面哪一个是对的？（　　）

   A. 5.4 杯　　B. 4.5 杯　　C. 1.25 杯　　D. 0.8 杯　　E. 0.4 杯

4. 小胖运动用了 1.3 小时，他运动所用时间也可以表示为（　　）。

   A. 13 分钟　B. 1 小时 3 分钟

   C. 1 小时 0.3 分钟　D. 1 小时 18 分钟

5. 与 0.27 相等的数是（　　）。

   A. 0.207　　B. 2.7　　C. 0.027　　D. 0.270

二、填空题：请将正确的答案填写在括号内。（1—4 小题每空 1 分，5—6 小题每空 2 分，共 16 分）

1. 一个小数的整数部分的最低位是（　　）；小数部分的最低位是（　　）；数轴上，距离 0 最近的负整数是（　　），距离 0 最近的小数是（　　）。

2. 一个三位小数，四舍五入后是 5.73，这个小数最大是（　　），最小是（　　）。

3. 一包糖果有 20 颗，0.8 包糖果有（　　）颗，18 颗糖果是（　　）包。

4. 在括号里填上合适的数。

   4 米 8 分米 =（　　）米　　1 米 3 分米 7 厘米 =（　　）米

   4 千克 350 克 =（　　）千克　　2 米 4 厘米 =（　　）米

5. 下图是一个正方形，图中 0.4 个正方形的意思是（　　）。

0.4 个正方形

6. 把 0.016、0.006、1.106、1.60、0.1006、0.601 这些小数，按从小到大的顺序排列，其顺序是（　　　）。

三、判断题：判断正误，并给出理由；判断正确的请在其题后的括号内打"√"，判断错误的请在其题后的括号内打"×"。（每小题 5 分，共 20 分）

1. 一个数取近似数后是 15.3，另一个数取近似数后是 15.30，它们俩不一定相等。（　　）

理由：

2. 小数不是负数，都比 0 大。（　　）

理由：

3. 在小数的末尾添加 0 或者去掉 0，小数的大小不变。（　　）

理由：

4. 小数由整数部分、小数点、小数部分组成。（　　）

理由：

四、简答题：请按要求作答。（第 1 小题 4 分，第 2 小题 6 分，第 3 小题 5 分，共 15 分）

1. 右图表示一个圆，请问：3.2 个圆可画怎样的图来表示？

2. 在 0.799 与 0.80 之间，是否还有小数？如果有，请写出两个在它们之间的小数，并说一说它们之间一共有多少个小数。

3. 1 盒饼干里有 4 包饼干，每包饼干里的块数相同，请问：0.2 盒饼干与 0.6 包饼干谁比较多，为什么？

五、探究题：请按要求作答。（每小题 12 分，共 24 分）

1. 每串糖葫芦有 5 个（如右图所示），一个糖葫芦有 0.4 分米长（不考虑间隔），请参照下图的样子按要求画糖葫芦，并比较它们之间的长短或多少。

（1）画出 1.6 串糖葫芦。

（2）画出 0.4 串糖葫芦。

（3）画出 1.2 分米长的糖葫芦。

2. 试比较 0.4 与 0.04 的大小，并按照下列要求进行解释。

（1）运用下面的图形进行解释。

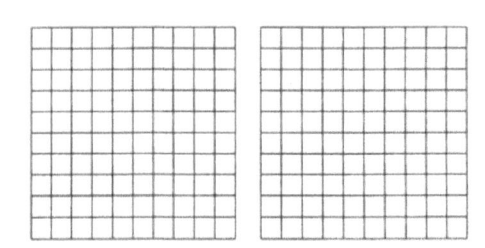

（2）运用数轴进行解释。

（3）运用人民币的例子进行解释。

（4）运用小数的计数单位进行解释。

"小数的意义和性质"知识结构学习的单元检测（B卷）
参考答案与评分说明

一、选择题。（每小题5分，共25分）

1. D　　2. B　　3. D　　4. D　　5. D

二、填空题。（1—4小题每空1分，5—6小题每空2分，共16分）

1. 个位，不存在，−1，不存在

2. 5.734，5.725

3. 16，0.9

4. 4.8；1.37；4.35；2.04

5. 把一个正方形平均分成5份，其中的2份。

6. 0.006，0.016，0.1006，0.601，1.106，1.60

三、判断题。（每小题判断正确2分，理由准确、充分3分，共5分，合计20分）

1. √　　2. ×　　3. √　　4. √

理由判分标准：准确2分，充分1分，共3分。

1. 理由：因为取近似数可能改变原来数的大小，所以原来的两个数不一定相等。

2. 理由：小数可以是正数，也可以是负数，如 −0.12 也是小数，而它小于0。

3. 理由：符合小数的性质。

4. 理由：符合小数的形式。

四、简答题。（第1小题4分，第2小题6分，第3小题5分，共15分）

1. 所画的图分为两部分，一部分表示3（2分），一部分表示0.2（1分），0.2部分要突出0.2与1之间的关系（1分）。

2. 判断正确（2分），举例正确（2分），说出个数（2分）。

3. 根据数量关系可知：

0.2 盒饼干 = 0.8 包饼干（3分）

所以 0.2 盒饼干 > 0.6 包饼干（2分）

五、探究题。（每小题12分，共24分）

1. 3个画图正确每个3分，比较大小3分，共12分。

2. 每一小问3分，共12分。

（1）正确表示0.4，0.04各1分，表示恰当1分

（2）正确表示0.4，0.04各1分，表示恰当1分

（3）正确表示0.4，0.04各1分，表示恰当1分

（4）正确表示0.4，0.04各1分，解释关系1分

第五节 "小数的意义与性质"学习活动的组织与安排

学习活动的组织与安排应与"小数的意义与性质"知识结构的关联性、层次性、结构化、开放性及其整体教学目标、整体教学评价保持一致。具体而言，可以包括这样三个方面的谋划：整体教学思路，教学策略与方法，以及课时活动设计。

一、整体教学思路

整体教学思路应侧重于单元知识结构的整体性来进行设计。综合来看，可按照"概念—性质—应用"的路径来展开。

单元开讲之前，可选用一套单元检测题，以进行诊断性评价，作为调整这里的学习活动的"组织与安排"的依据。

具体而言，可划分为 8 节课。第 1—2 节课是小数概念的认识，包括意义与形式两个方面，第 3 节课是小数基本性质的体验与认识，第 4 节课是基于概念与性质进行小数比大小的学习，第 5—6 节课则是改写与取近似数的学习，第 4—6 节课都属于应用的范畴；第 7 节课则是总结课，强调对知识结构的关联性、层次性、结构化与开放性的整体把握，基于表征视角加深对小数的本质认识；第 8 节课可为练习课，即"小数的意义与性质"知识结构学习的单元检测。

其中，诊断性评价与小结性评价之间的所有学习活动或教学活动均是所谓的形成性或过程性评价，以期望学生达成单元知识结构的完整内化。

二、教学策略与方法

依据整体教学思路，并结合已有相关研究文献的学习与反思[1][2][3]，以及教师教学经验的总结，我们认为，在"小数的意义与性质"整体教学策略与方法方面，应关注整数与小数的关系、小数性质的反思、小数概念的对象与过程的关系等三个方面问题。

---

[1] VAMVAKOUSSI X, VOSNIADOU S. Understanding the structure of the set of rational numbers: a conceptual change approach [J]. Learning & Instruction, 2004, 14 (5): 453–467.

[2] VOSNIADOU S, VAMVAKOUSSI X. Examining Mathematics Learning from a Conceptual Change Point of View: Implications for the Design of Learning Environments [J]. Instructional psychology: Past, present and future trends, 2006 (1): 1–37.

[3] CHRISTOU K. What Can We Gain from A Conceptual Change Approach to the Learning and Teaching of Mathematics [C]. Mediterranean Conference on Mathematics Education. 2005, 1–13.

（一）处理好整数与小数的关系

教师在教学中需要处理好整数与小数的关系。从联系思维，甚至从学生所有判断的结果上看，问题都是在围绕整数与小数而讨论。学生总是先学习整数，再学习小数，这符合认知习惯与认知规律。因此，如何处理整数与小数的关系是学习小数的一个关键点。Xenia Vamvakoussi 指出，自然数作为小数学习的先前知识，其可能会阻碍学生对小数的理解，主要反映在以下两个方面：（1）自然数的离散性与小数的连续性之间的矛盾，（2）自然数的符号表示是唯一的，而小数则不唯一。她还进一步提出了相应的应对策略：理解小数需要对学生先前知识进行重组，即概念改变（conceptual change）。对此，她强调，概念改变不能通过附加机制（即将自然数的认识机制附加到小数上）来实现，使用附加机制是误解的主要原因之一。当将新信息添加到不兼容的知识库中时，会产生合成模型，即一个多种认识机制共存的认知模型。学生对小数概念的获得是一个渐进过程，是通过产生并反思一系列的误解或合成模型，最终形成一个稳定的概念。

这为我们如何学习和教学小数提供了启示，特别是，教师往往会引导学生像看待整数一样地看待小数，如比较 0.2 与 0.18 的大小时，将它们看成 20 与 18。这在教学初期是一个让学生接纳小数的有效方式，但对小数的认识不能停留于此。寻找适时的契机进行概念改变，让学生能够抛弃整数的附加机制来学习小数，应该是小数学习或教学的重点甚至难点。学生在小数学习中必然会产生多种认识机制共存的混乱阶段，即合成模型。教学的重点在于通过一系列学习活动使学生从混乱的合成模型向稳定的概念结构发展，并最终能够通过小数来反思整数，并促进学生发展或完善"十进位置制"计数法，从而整体、系统地看待整数与小数，逐步形成"数系"概念——整数不过只是"特殊"的小数而已。

（二）注重对小数基本性质的反思

教师在教学中应注重对小数的基本性质的反思。小数的基本性质是"小数的意义与性质"学习中的重要组成部分，也是等值思维的知识基础。在苏教版小学数学五年级上册的教材中，关于小数的基本性质定义是这样的：在小数的末尾添上 0 或去掉 0，小数的大小不变（见图 4-2）。

从左往右看，小数的末尾添上 1 个或几个 0，小数的大小不变。

从右往左看，小数的末尾去掉 1 个或几个 0，小数的大小不变。

小数的末尾添上"0"或去掉"0"，小数的大小不变。这是小数的性质。

图 4-2 "小数的基本性质"教材示意图

这是一个操作性的定义，即对小数进行某种操作，它的大小不会发生变化。回顾这一操作的思维策略可知，教师应该引导学生从多个视角上反思小数的基本性质。以 500.00 为例，根据小数的基本性质，500.00 与 500 的大小是相同的，这种操作性的表述更多是为运算而服务的，以促使学生在遇到类似于 0.2≈0.18 的问题时可以将两个小数转化成具有相同计数单位的"整数"。但是，小数的计数单位、意义、生活价值等都表达了这样的一种观念：虽然 500.00 与 500 在大小上是相同的，但它们在其他方面还有诸多不同之处——而这些都可以看成是对等值思维的"不合理性"或不足的例证。

因此，教学小数的基本性质既要体现 500.00 和 500 的相同之处，又要体现两者的不同之处；既要注重其操作性方面，也要注重其背后的实际意义方面，从而兼顾小数的符号形式与符号意义，得到一个整体性的符号理解。只有这样，学生才有可能更好地体会小数的基本性质的价值，体会数学与现实的联系性，并形成一个积极的数学观。

（三）兼顾概念的过程性与对象性

教师在教学中应兼顾小数概念的过程性与对象性。从"四舍五入"取近似数中，我们可以得到一种启发：即在教学中需要将小数作为一种过程——对象对偶体（procept，来源于过程 process 与概念 concept 的组合）来理解。一方面，基于"四舍五入"，可以将形如 500.00 看成一个范围，并预设着一个过程：即某个范围内的某个数通过四舍五入变成 500.00。另一方面，当这种操作经验足够丰富时，这个过程就会凝聚为一个数学对象，此时，这种动态操作的过程使得作为对象的 500.00 被赋予了某种意义，使其可以被当成小数。这种思维实际上就是通过小数的过程性方面去解释对象性方面。由此可见，对象性的概念是静止的、即时的和综合的，过程性的概念则是动态的、继时的和具体的。

因此，联系实际教学，教师需要引导学生经历操作（过程）—凝聚（对象）—显现（过程）的过程。在开始教学小数时，需要给予学生足够的动态操作体验，如运算、等值变换以及取近似数等；接着将这些体验不断凝聚为稳定的结构性的对象，作为一种稳定的知识纳入学生静态的知识结构之中。而当遇到"小数实际问题"时，再引导学生根据对象性的知识将各种潜在的动态过程显现出来以解决问题。最后，当学生通过概念学习而形成这种过程—对象性思维时，就可以依据不同的情境要求在两者之间做出必要的、灵活的转换。这种过程—对象性的思维正是促进学生向更高级思维发展的途径。

三、课时活动设置

第一课时（新授课：小数的分数意义）

教学目标

1. 学生在现实的情境中，结合分数的意义，初步理解小数的含义，学会读、写小数，体会小数与分数的联系。

2.通过多种模型，巩固小数的意义，学会多角度的理解意义，促进思维能力的发展。

3.从一两位小数的意义，归纳猜想出更多位数小数的意义，养成认真思考、大胆猜想的习惯。

4.感受小数与生活的联系，增强数学学习的信心。

教学过程

一、课前练习

（一）复习回顾

1.（小数与分数的转化，分数的意义）十分之几，零点几的回顾，以及现实意义，它的读写法。

2.用分数表示下面的数。

1角＝（　　　）元　1分米＝（　　　）米

2角＝（　　　）元　1厘米＝（　　　）米

1分＝（　　　）元　1毫米＝（　　　）米

二、突出重点，情境导入

（一）小数乐园

（二）寻找0.01

货币、花园、面积、城堡、数轴、小镇、群组、王国

0.01的总结：

0.01，读作零点零一。0.01可以表示把一个物体平均分成100份，取其中的1份。

意图：

对于小数的意义，最重要的两点是：（1）它的意义是什么？（2）为什么以这样的符号形式表示这种意义。前者就是要理解平均分意义，后者就是要将小数符号与平均分意义联结。

因此，通过寻找0.01的过程（实际上也包括寻找1和0.1），在不同表征中不断强调平均分意义，将0.01与平均分意义联结，作为初步认识。

（三）练习

1.读写法练习。

分数小数的转化练习（要根据分数的意义来进行转化，如0.48表示把一个物体平均分成100份，取其中的48份，它的意义与一百分之四十八是一样的。）

意图：

这部分重在形式，即读写法和分数小数的转化练习，这两部分是对上述活动的补充，是在理解意义的基础上，对一些技能性和事实性知识的巩固。

三、提出问题，引发思考

试着用不同的方式表示0.06（自主进行）

货币、花园、面积、城堡、数轴、小镇、群组、王国。

意图：

通过这个活动来帮助学生巩固对小数意义的理解：（1）清楚1、0.1、0.01三个计数单位的对照物。（2）清楚0.01与0.06的关系。（3）能够进行小数与表征类型的转化。

这一活动让学生自主进行，以检验他们对小数的理解情况（包括上述的三方面），这一活动可以作为学生理解小数的依据，也可以发现学生潜在的错误。

四、合作探究，达成共识

0.6与0.06谁比较大。

你能举例说明吗？（该部分可以让学生自主探究）

意图：

这一活动的目的是小数意义的迁移，通过不止一个对象的表征活动，来帮助学生建构意义系统，在表征0.6和0.06的过程中，可以一目了然地发现谁更大。同时，也可以进一步认识各个符号的含义，促进学生建立各个小数的心理参照物。

五、巩固延伸，拓展提升

（一）你能说一说对0.001的认识吗？

1. 先想象，再讨论，它是什么含义，你是如何判断的。

2. 群组模型。

意图：

表征0.001是比较困难的，此时需要学生在试图去进行表征的同时，也尝试着基于对0.1和0.01的认识在脑海中直接想象0.001的含义。

这个过程需要学生先自己想象，再共同讨论，最后用群组模型去验证和巩固。

小结：分母是10、100、1000……的分数都可以用小数表示。一位小数表示十分之几，两位小数表示百分之几，三位小数表示千分之几……

（二）练习

1. 读写法练习。

2. 单位换算练习。

3. 32页试一试和练一练。

课堂检测

1. 在数轴上表示1.25和一个比它大的数。

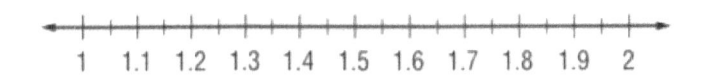

等级分数	具体描述
0	未能表示1.25，也未能表示比它大的数

等级分数	具体描述
1	正确表示 1.25，但未能表示比它大的数；或未正确表示 1.25，但正确表示比它大的数
2	正确表示 1.25，并正确表示比它大的数

2. 填空题。

（1）0.14 读作（　　　）。

（2）（　　　）读作二十点零五。

等级分数	具体描述
0	未能正确作答
1	能正确作答 1 题
2	能正确作答 2 题

3. 请自行选择一种方式表示 0.15，越多越好。

等级分数	具体描述
0	未使用任何方式
1	使用了一种或一种以上方法，但未正确表示 0.15
2	使用了一种方法，且正确表示 0.15
3	使用了多种方法，且正确表示 0.15

第二课时（新授课：小数的数位意义）

教学目标

1. 认识小数的数位名称及顺序，知道小数的计数单位及相邻单位之间的进率。

2. 通过表征活动，感受小数的数位意义，形成对数位系统的初步了解。通过探究活动，感受计数单位的意义和小数的稠密性。

3. 感受小数表示、小数形式和小数意义三者的联系。同时加深对小数的意义的理解，促进培养宏观总体的思考问题方式。

教学过程

一、突出重点，情境导入

（一）复习：读一读小数

（二）引入：继续探索小数乐园，来到了数位广场

（导游告诉我们，在这里，上节课所游玩的地方都可以找到。）

二、提出问题，引发思考

（一）数位广场

1. 认识数位。

基于小数的意义，认识数位和计数单位，也就是知道0.6与0.1，0.06与0.01的关系。

2. 认识进率。

基于对1、0.1、0.01、0.001意义的认识，从而自然得出进率。

3. 认识数位顺序表。

对上述两方面的总结以及和整数的联系。

意图：

基于小数的意义，认识小数的数位系统，包括数位、进率以及小数数位顺序表。

4. 练习：例3作为练习题。

5. 对344.725的认识，系列问题。

（1）344.725是小数吗？

（2）344.725怎么读？

（3）344.725各数字的数位及计数单位是什么？

要求：（a）知道小数由整数部分、小数点、小数部分组成；小数点的意义在于分隔整数部分与小数部分。（b）会读。（c）知道每个数字的数位及计数单位。

三、合作探究，达成共识

（一）认识1.234

1. 由群组模型作为表征，以进一步建构小数的数位组成。

（1）模型展示—计数单位回顾—模型含义。

（2）抽象为数位表和文字表示，并进行联结。

（3）横行表示数位表，以引出展开式1与展开式2。

展开式1把每个数位的位值相加组成小数，展开式2强调位值的本质是个数×计数单位。

（4）总结1.234是由1个一，20个十分之一，3个百分之一和4个千分之一组成。

（5）回顾数位可以统一各种表征类型，是表征的一般化或者符号化。

2. 练习。

面积模型

（1）模型到小数的转化

（2）小数的位值到模型的转化

3. 总结。

小数表示、小数形式、小数意义以及三者的关系。

4. 思考：整数和小数的关系、分数和小数的关系。

整数和小数都具有数位和计数单位，且进率相同。但整数没有小数部分。

分数和小数都表示平均分，但分数可以表示平均分成任意份。

四、巩固延伸，拓展提升

（一）数轴活动

1. 指出 0.08。

2. 指出每个数轴相同的位置分别表示什么小数。

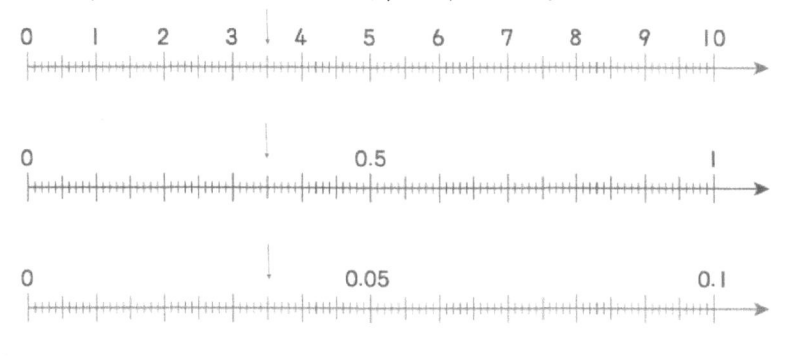

意图：

巩固位值的意义。活动 1 通过在长为 10、1、0.1 三条不同的数轴上寻找 0.08 的位置，使学生感受 0.08 与 10、1、0.1 的大小关系，这是对位值的间接体会；活动 2 要求指出每个数轴相同的位置分别表示什么小数，这是对位值的直接体会，可以感受虽然个数（这里是距离相同）相同，但计数单位不同，所以组成的数不同。

（二）小数的下一个数（与整数比较）

1. 请一位同学说出一个整数，同桌说出这个整数的下一个整数。

2. 请一位同学说出一个小数，同桌说出这个小数的下一个小数。

3. 发现。

认识小数的稠密性，因为小数没有最小的数位（整数有个位，所以它有下一个整数），所以一个小数也没有下一个小数。同样的，两个小数之间有无数个小数。

课堂检测

1. 大于 0.1 而小于 0.3 的小数有（　　）。

A. 1 个　　B. 无数个　　C. 3 个　　D. 20 个

等级分数	具体描述
0	未能正确作答
1	选择正确

2. 填空题

（1）15 个 0.01 是（　　），24 个 0.1 是（　　）。

（2）0.08 里面有（　　）个百分之一，0.5 里面有（　　）个百分之一。

（3）2个十、8个十分之一和3个千分之一组成的数是（　　）；

$2 \times 10 + 8 \times 0.8 + 3 \times 0.003 = ($　　$)$

（4）27.27是由（　　）组成。

用等式表示 27.27 =（　　）。

等级分数	具体描述
0	未能正确作答
1	能正确作答1—3空
2	能正确作答4—6空
3	能正确作答7—8空

3. 判断正误（如果错误请解释原因）：小数是比0小的数。

等级分数	具体描述
0	未能正确判断
1	能正确判断，但原因未解释
2	能正确判断，但原因不够充分
3	能正确判断，且原因充分

第三课时（新授课：小数的性质）

教学目标

1. 基于小数的意义，学生通过情境经历小数性质所表述的过程，从而理解小数的性质的表层含义，会运用小数的性质化简或改写小数。

2. 面对问题，积极思考，不懈质疑，并通过探究活动研究问题，尝试解决问题，积累数学活动的经验，发展数学思考的能力。

3. 通过情境，思考探究小数性质的现实意义与价值，初步形成对小数性质的深层理解，体会小数性质存在的必要性。

4. 通过自主探索、合作交流等方式，体验数学学习的乐趣，通过意义的探究，感受数学的价值，激发学习数学的兴趣。

教学过程

一、突出重点，情境导入

（一）课前练习

1. 57个0.01合起来是多少？

2. 1个10，2个1，8个0.1，6个0.01和5个0.001合起来是多少？

（二）比大小情境

1. 0.4杯与0.6杯比较。

2. 3盒与2.7盒。

3. 计数单位不同，如何比较？

4. 群组模型。

5. 意义30个0.1与27个0.1比较。

意图：

引出问题，当计数单位不同时，比大小是困难的，因此，试图去改变数的计数单位，产生运用小数性质的需求。

二、提出问题，引发思考

（一）观察5组数量，你发现了什么相同点和不同点？

1. 让学生从"个数×计数单位"的角度思考。

2. 注意：每一个都要强调1是谁：百格板是1、1米是1、大正方形是1、1千克是1、数轴上的1是1（最后一个可忽略）。

3. 相同点：大小相同；不同点：计数单位不同。

4. 体会规律：当个数放大10倍，计数单位就缩小10倍，大小仍然不变。同样当个数缩小10倍，计数单位就放大10倍，大小仍然不变。

三、合作探究，达成共识

（一）0.3与0.30哪个大？你能解释吗？可以试着举例说明

1. 用各种表征来表示0.3和0.30。

2. 结合表征，说明0.3和0.30的意义。

（1）0.3表示3个0.1，表示把一个物体平均分成10份，其中的3份。

（2）0.30表示30个0.01，表示把一个物体平均分成100份，其中的30份。

（3）分数形式0.3＝；0.30＝

3. 它们的大小相同，但计数单位不同。

4. 比较0.3，0.30，0.300，0.3000……

它们都相等，计数单位在变小，个数在增多

5. 结论：得到小数的性质：在小数的末尾添上0（或去掉0），小数的大小不变。

6. 小数的性质的本质：

添上1个0表示，计数单位缩小10倍，个数扩大10倍。

去掉1个0表示，计数单位扩大10倍，个数缩小10倍。

（二）练习

练习1：小数的化简。

练习2：小数的改写。

四、巩固延伸，拓展提升

（一）4.05可以去掉0变成4.5吗？解释你的结论

1. 举例说明两者的差别。

2. 从意义上解释两者的差别。

3. 得到一般性结论：中间的0不能去掉。

（二）小数的性质整数适用吗？

1. 0.300 = 0.30 = 0.3

2. 解释：300个0.001=30个0.01=3个0.1

这是"个数×计数单位"的形式变化

3. 300 = 30 = 3？

设置悬念，明显这是错的，那么如何去使它变得正确呢？

使用"个数×计数单位"的形式

4. 个数×计数单位的变化。

300个1=30个10=3个100=3000个0.1=0.3个1000=……

5. 300 = 30 = 3的错误原因是它们的计数单位都是1。

6. 结论：个数×计数单位的变化是小数和整数都适用的。

小数的性质是根据个数×计数单位的变化得来的。

7. 总结：小数的性质与小数的意义和形式有关。

意义：平均分意义的变化。

形式："个数×计数单位"的变化。

8. 扩展思考。

哪些时候需要运用小数的性质。

例如：

（1）现实生活价格一般是两位小数。

有时候需要把某个数根据小数的性质转化为两位小数。

结合例4，因为货币的最小单位是分，也就是0.01元，因此一般都统一用两位小数表示。

（2）比大小时，需要统一计数单位。

2.7与3，2.70与3.2。

9. 对小数性质的反思。

在测量时，所得到的结果，计数单位越小，说明这个结果越精确。所以，虽然3分米与30厘米以及300毫米大小相等，但是表示的精确程度不同。

（可简单说一说）当拿尺子测量物体时，如果这个尺子最小的单位是1分米，我们测出了该物体为3分米，而另一个尺子最小的单位是1厘米，我们测出了该物体为30厘米，还有一把尺子最小单位为1毫米，我们测出了该物体为300毫米，它们测量的结果是怎样的（都相同），你更愿意相信哪一把尺子测量的结果？（测量都是有可能有误差的，这个物体一直测下去，可能就会变成0.29999999，所以测量到越小的数位，就越准确。)

课堂检测

1. "1.0"是小数吗？为什么？

等级分数	具体描述
0	未回答或回答无关
1	回答错误，无解释
2	回答正确，无解释；回答错误，解释较少
3	回答错误，但解释有较高合理性；回答正确，但解释较少
4	回答正确，解释有较高合理性

2. 填空题。

（1）小数的（　　）添上"0"或者去掉"0"，小数的大小不变。这叫作小数的性质。

（2）化简下面小数。

0.30 =（　　）　　1.350 =（　　）　　140.00 元 =（　　）　　0.2400 =（　　）

（3）将下列小数按从小到大的顺序排列。

0.5　　0.506　　0.605　　0.056　　0.065　　0.56

等级分数	具体描述
0	未能正确作答
1	能正确作答 1—2 空
2	能正确作答 3—4 空
3	能正确作答 5 空

3. 判断正误（如果错误请解释原因）。

（1）12.8 和 12.80 的大小一样，但计数单位不一样。

（2）在小数部分添上两个"0"，小数的大小不变。

等级分数	具体描述
0	未回答或回答错误且无解释
1	正确判断第一题；正确判断第二题，无解释
2	正确判断第二题，且有较少解释；正确判断第一题和第二题，第二题无解释
3	正确判断第一题和第二题，且第二题有较少解释；正确判断第二题，且第二题有合理解释
4	正确判断第一题和第二题，且第二题有合理解释

第四课时（新授课：小数大小的比较）

教学目标

1. 基于情境，通过对小数意义与小数性质的理解，进行小数大小的比较。

2. 通过与整数比大小的方法的对比，加深对小数大小比较的认识。

3. 通过对具体情境的探究获得意义，形成对数的理解，学生在此过程中获得分析、推理和归纳等思维的能力。

4. 学生在教师帮助下体会数的意义与联系，感受所学知识的价值，体验学习成功感，增加学习动机。

教学过程

一、突出重点，情境导入

（一）复习回顾

1. 三组整数比大小。

2. 回顾整数比大小的方法。

3. 结构图展示。

二、提出问题，引发思考

（一）出示例7

1. 举例表示0.6与0.48，再比较大小。多种表征形式体现。

意图：

当把0.6与0.48放在一起时，学生可能出现整数思维，把它们转化为6和48。这是对数位认识的不足，以及整数学习经验的干扰。通过表征的列举，可以帮助学生直观地体验0.6与0.48的大小，进而反思它们的意义。

三、合作探究，达成共识

（一）基于小数的意义进行比较

1. 以群组模型为例：

0.6表示6个0.1。

0.48表示48个0.01，或者4个0.1和8个0.01。

只需要比较十分位的大小。

0.6与0.498429857108351。

小数部分的大小与数位的多少无关。从十分位开始顺次比较小数部分。

2. 0.48处在0.4与0.5之间，为什么？

意图：

基于直观经验的基础上，开始思考如何将比大小方法一般化，也就是从意义上解释大小关系。这要求理解数位的意义，知道（1）0.6中的6与0.48中的4都是十分位。（2）当十分位的大小明确后，百分位即后续数位上的数可以不看。因为，小格最多有9个，但 9 个小格也比 1 条小格要少。（3）小数部分的大小与数位的多少无关。（4）从十分位开始顺次比较小数部分。

3. 练习。

比较两组小数，自主解决并说明比较方法。

7.96　　8.32；0.13　　0.129

四、巩固延伸，拓展提升

（一）0.6 与 0.48 的再认识（从计数单位的视角）

1. 计数单位不统一时，从高位顺次比较。

2. 计数单位统一时，可以直接比较个数。

3. 计数单位统一时，还知道差多少。

4. 2.692 与 2.48 的再认识。

试着比大小，也试着算一算少多少。

意图：

从结果上看，比大小的方法并不需要统一计数单位，只需要知道数位意义，从高位顺次比较即可；统一计数单位的目的有两个：（1）作为理解数位意义的中间过程，如在理解 0.6 和 0.48 时，缺乏数位意义认识的学生不能清楚 0.6 相对于 0.48 的意义是怎样的，因为它们的计数单位不统一，而通过统一计数单位后，学生不仅知道 0.6 可以转化为 0.60，与 0.48 都是两位小数，更要清楚的是，0.6 中的数字 6 是和 0.48 中的数字 4 相对应的，并且这是小数部分的最高位。（2）是为进一步的加减运算做准备，即将 0.6 转化为 0.60 就可以直接去减 0.48，这更多是算理的认识。所以这里有必要涉及部分运算的知识，让学生体会到计数单位统一的优越性，否则仅仅为了比大小而统一计数单位是不必要且无意义的。（所以把运算和比大小分开的编排是值得商榷的）

（二）练习

1. 比大小。

2. 多位数排序。

课堂检测

1. 20 个 0.01 和 2 个 0.1 相比较（　　　）。

A. 20 个 0.01 大　　B. 2 个 0.1 大　　C. 它们的大小相同　　D. 无法判断

等级分数	具体描述
0	未能正确作答
1	选择正确

2. 比较大小。

1.75（　　）1.745　　1.5（　　）1.50　　0.07（　　）0.7

0.46（　　）0.464　　4.020（　　）4.002　　15.08（　　）16

等级分数	具体描述
0	未能正确作答或能正确比较1—2题
1	能正确比较3—5题
2	能正确比较6题

3. 用0、0、3、8这四个数字和小数点按要求组成小数。

（1）组成最小的小数是（　　　）。

（2）组成最大的小数是（　　　）。

（3）组成最小的两位小数是（　　　）。

（4）组成最大的两位小数是（　　　）。

（5）组成只读一个0的两位小数是（　　　）。

（6）组成一个0都不读的小数是（　　　）。

等级分数	具体描述
0	未能正确作答，或能正确作答1—2空
1	能正确作答3—5空
2	能正确作答6空

4. 判断正误（如果错误请解释原因）。

0.6大于0.06，因为两位小数大于三位小数。

等级分数	具体描述
0	未回答，或回答错误。
1	回答正确，无解释
2	回答正确，解释不够充分
3	回答正确，且解释充分合理

第五课时（新授课：小数的改写）

教学目标

1. 通过情境，理解改写的操作性含义，掌握把较大的数改写成以"万"或"亿"作单位的小数的方法。

2. 通过探究活动，思考改写的本质性含义，进而加深对小数性质以及数的意义的理解，得出数的一般性质。

3. 在探究活动中，提升思维品质，培养动脑思考，深入钻研的好习惯。

4. 基于本质性的改写进行操作性的改写，学生能从中体会数学的神奇与趣味，体验改写的来龙去脉，感受到数学的本质，从而丰富自我的数学感。

教学过程

一、突出重点，情境导入

（一）出示情境图（例8）：

1. 提问：你看到了什么？知道了什么？

（地球和月球之间的平均距离大约是384400千米，地球和太阳之间的平均距离大约是149600000千米。）

2. 先读一读。

3. 当数据过大时，我们可以试着改写，先试着改写384400。

二、提出问题，引发思考

（一）改写384400

1. 将384400写成"个数×计数单位"的形式，计数单位只有一个。

得到384400个1

2. 基于"个数×计数单位"进行变化。

得到38440个10、3844个100、384.4个1000、38.44个10000。

3. 指出通常把数字改写成以万为单位。

得到384400=38.44万。

4. 将这个过程用数位表格表示。（表格中红色的0可以省略）

5. 观察小数点位置的变化。

发现：从计数单位1（此时小数点在个位的右边），改写成其他计数单位时，只需要把小数点放在（原数）要改写的单位右边。

三、合作探究，达成共识

（一）练习

1. 149600000的改写。

（1）通常更大的数需要改写成以亿做单位。

（2）通过384400的改写经验，得到结论。

（3）把小数点放在原数亿位的右边。

（4）通过上一个改写，这一个改写的本质已然清楚，只需要注意操作上的准确性。

四、巩固延伸，拓展提升

（一）改写的延伸

1. 新的问题：数位不够，怎么办？

规则不变，如果原数的位数不够，改写时要用"0"补足。

2. 练习。

（1）补足的改写。

（2）自由选择万或亿进行改写。

（二）总结

1. 知识点回顾。

（1）通常的数以"1"为单位。

（2）改写就是在某个单位的右边点上小数点，并在后面添上相应的计数单位。

（3）一般把原数改写成以"万"或"亿"为单位的数。

（4）如果原数的位数不够，改写时要用"0"补足。

2. 结构总结。

（1）小数改写的结构图。

（2）强调其与小数意义和小数形式的联系。

课堂检测

1. 把一个数改写成万位，就是把小数点向左移动（　　　）。

A. 3 格　　B. 4 格　　C. 5 格　　D. 6 格

等级分数	具体描述
0	未能正确作答
1	选择正确

2. 改写下列数。

（1）一支铅笔 5 角。单价：_____ 元

（2）一个铅笔盒 12 元。单价：_____ 元

（3）一个书包 60 元。单价：_____ 元

（4）一个小练习本 3 角 5 分。单价：_____ 元

等级分数	具体描述
0	未能正确作答，或能正确作答 1 题
1	能正确作答 2—3 题
2	能正确作答 4 题

3. 判断正误（如果错误请解释原因）。

（1）改写一个数不改变这个数的大小。

（2）把 4876000 改写成以亿做单位是 0.4876 亿。

等级分数	具体描述
0	未做回答或回答错误且无解释

等级分数	具体描述
1	正确判断第一题；正确判断第二题，无解释
2	正确判断第二题，且有较少解释；正确判断第一题和第二题，第二题无解释
3	正确判断第一题和第二题，且第二题有较少解释；正确判断第二题，且第二题有合理解释
4	正确判断第一题和第二题，且第二题有合理解释

第六课时（新授课：小数取近似数）

教学目标

1. 通过情境对比，回顾、分析取近似数与改写的联系和区别。

2. 通过回顾整数取近似数的方法，联系小数的意义与性质，归纳出小数取近似数的方法，并发现两者的一致性。

3. 在整数、小数取近似数对比中，加深对数的认识，感受到整数与小数的异同，贯通小数与整数，形成宏观的对数的认识。

4. 基于之前所学内容以及本节课所学，感受到整个单元知识的联系性，体会到数学学习的贯通性，产生对数学新的认识而来的愉悦感，激发学习数学的内在动力。

教学过程

一、突出重点，情境导入

（一）改写到万位

（二）精确到万位

1664900

16926381

（三）初步体会改写与取近似值的区别

改写不改变大小，而取近似值会改变大小。

（四）求近似数方法的总结

结构图

二、提出问题，引发思考

（一）小数取近似值的学习

1. 1.496精确到十分位。

```
                                                            大于等于5，则进1
                                                                ↑
   求近似数方法  →  确定数位  →  观察下一位 ─┤
                                                                ↓
                                                            小于等于4，则退1
```

基于程序思维，按照上述方法解决该问题。

展示解决问题的过程。

2. 1.496 精确到百分位。

同样的，按照步骤解决该问题。

比较结果 1.5 和 1.50，说明后者末尾的零不能去掉，且代表更精确的数值。

3. 强调：小数求近似数的方法和整数是一样的。

4. 练习。

  7. 在○里填"="或"≈"。
   324000 ○ 32.4 万   4090000000 ○ 41 亿
   324000 ○ 32 万   4090000000 ○ 40.9 亿

三、合作探究，达成共识

（一）从原数到近似数

1. 比较从千分位到个位，12.9642 精确到不同的数位是怎样的。

2. 比较发现，从上往下得到的近似数离原数越来越远，精确度在不断下降。

（二）从近似数到原数

1. 某个数的精确数是 0.9，这个数可能是（ ）。

（1）数轴模型。

（2）找到 0.9。

（3）基于四舍五入确定数的范围。

（4）在 8.5 与 9.5 之间，但不能是 9.5。

（5）无数个。

四、巩固延伸，拓展提升

（一）挑战题

一个数四舍五入到十分位是 6.1，四舍五入到百分位是 6.08，四舍五入到千分位是 6.083。得出原始数字可能是多少？

1. 从哪开始分析？

可以尝试从十分位开始分析，也可以尝试从千分位开始分析。

2. 发现其中的规律:

从千分位开始分析即可。

3. 理由:

只要满足了四舍五入到千分位是 6.083，也就满足了前两个条件，因此可以忽略前两个条件。

课堂检测

1. 这里有四个数，当要取近似数时，其中一个是与众不同的数，找到它，并解释你的推理。

　　34.62　　34.59　　34.49　　34.56

2.（1）将 9.996 精确到百分位是（　　）。

A. 9.99　　B. 10.0　　C. 10.00　　D. 1.00

等级分数	具体描述
0	未作任何回答
1	知道从取近似数角度回答问题，但回答相关性不大
2	知道从精确到十分位或百分位来思考，但回答错误
3	知道从精确到十分位或百分位来思考，且回答正确
4	知道有序思考，分别从精确到十分位和百分位来思考，且回答正确

（2）49.9963 精确到百分位是（　　）。

A. 49.996　　B. 49　　C. 50.0　　D. 50.00

等级分数	具体描述
0	未能正确作答
1	正确选择 1 题
2	正确选择 2 题

3. 把下面各数改写成以"亿"为单位的数，再精确到个位。

（1）397000000　　（2）3809000000

（3）995000000　　（4）13090000000

等级分数	具体描述
0	未能正确作答
1	能正确作答 1—3 题
2	能正确作答 4 题

4. 判断正误（如果错误请解释原因）。

（1）求小数的近似值时，小数末尾的0都可以去掉。

等级分数	具体描述
0	未回答，或回答错误
1	回答正确，无解释
2	回答正确，解释不够充分
3	回答正确，且解释充分合理

第七课时（新授课：小数的实际应用）

教学目标

1. 通过表征进行小数意义和形式的练习，会根据意义进行表征和小数的转化，且会说小数的意义。

2. 会解决简单的小数问题，会分析等量关系。

3. 在练习中体会小数与分数和整数的联系，感受整体知识结构。

教学过程

一、突出重点，情境导入

（一）以小数乐园为情境，进行复习课。

（二）不仅去游玩，而且要做一次小小设计师，来认识小数乐园的设计方案。

二、意义与形式的建构

（一）练习1

表征—小数的联结。

（一）构造1

1. 认识小数概念，以0.8、0.49、2.06为例。

2. 小数表征为工具。

3. 小数意义：

平均分成10份、100份、1000份……

4. 小数形式。

（1）每个数位的位值相加组成，位值是"个数×计数单位"的形式。

（2）进率为10。

5. 意义和形式的联结。

进率为10与平均分成10份、100份、1000份……是相互联系的，可以具体解释。

三、小数性质和比大小的建构

（一）练习2

1. 找相等的数，回顾小数的性质。

2. 比大小，回顾比大小的方法。

（二）构造2

1. 认识小数性质与比大小，以 0.8 和 0.80 为例。

2. 意义的联系：

从 0.8 到 0.80。

从平均分成 10 份其中的 8 份，到平均分成 100 份其中的 80 份。

（三）形式的联系：

从 0.8 到 0.80。

从计数单位是 0.1，个数是 8，即 8 个 0.1，到计数单位是 0.01，个数是 80，即 80 个 0.01。

（四）补充结构图

四、小数的改写和求近似数的建构

（一）构造3

1. 形成应用部分：

基于之前的内容。

2. 应用部分中的改写与求近似数。

（二）练习3

1. 改写与求近似数，回顾改写方法，回顾求近似数方法。

2. 进行练习题。

（三）构造4

应用中的解决问题。

五、解决问题的建构

（一）练习4

1. 盒数与个数的关系。

2. 不同大小盒子中，盒数与个数的关系。

六、总结

形成完整的单元知识结构图。

这节课我们一起设计了一个完整的小数乐园结构图。同学们真棒！

课堂检测

1. 请将 9.996 转化为展开式。

等级分数	具体描述
0	未能正确作答
1	展开式有部分错误

续表

等级分数	具体描述
2	正确展开这个小数

2. 请用多种方式表示 1.25。

等级分数	具体描述
0	未作答
1	作答，但没有任何正确表示
2	正确使用 1—2 种方式表示
3	正确使用 3 种以上方式表示

3. 试着画一画小数乐园的结构图。

等级分数	具体描述
0	未作答
1	部分作答，结构性较差
2	部分作答，结构性一般
3	完整作答，结构性较好

第八课时（练习课：单元检测）

第八课时为练习课，教师可以根据实际教学情况，选择前面所给出的两套单元检测题中的一套，以与诊断性测试做比较，进而判断教学设计及其实施的成效，并做出适当、实时的调整。

第五章 "小数四则运算"整体教学设计

本章以"小数四则运算"单元为例,具体探讨其整体教学设计中的五个具体问题:(1)如何确立"小数四则运算"单元的知识结构?(2)如何建构学生学习"小数四则运算"的心理轨迹?(3)如何把握"小数四则运算"整体教学的教学目标和重难点?(4)如何开展学习"小数四则运算"的教学评价?(5)如何组织和安排"小数四则运算"的学习活动?

第一节 "小数四则运算"知识结构的确立

数学知识的教学,要注重知识的"生长点"与"延伸点"(即知识之间的关联),把每堂课教学的知识置于知识整体当中,注重知识的结构和体系,处理好局部知识与整体知识的关系,引导学生感受数学的整体性,体会对于某些数学知识可以从不同的角度加以分析、从不同的层次进行理解。

而单元知识结构整体教学设计正是顺应了这一理念,在关注学科知识之间的内在联系的同时,也凸显出与其他学科、与学生的实际生活的联系。也就是说,这一教学设计模式不是局限于教材内容的编制,而是在对教材内容进行分析、比较的基础上重新理解、重新结构化来建构单元的知识结构。在此,我们将以"小数四则运算"为例来阐述单元知识结构的确立。

在分析、比较台湾版、北师大版、人教版及苏教版等数学教材之后,我们发现,各个版本的教材都比较注重在运算过程中引导学生对算理的理解,并在此基础上促使其掌握算法。从小数四则运算的内容分布来看,苏教版教材将小数四则运算集中呈现于五年级上册的第四、第五单元,第三单元则是"小数的意义和性质",知识的逻辑结构较为集中。人教版小数四则运算分别安排在四下第六单元,五上第一、三单元,四下第四单元则是"小数的意义与性质",教材设计上较为注重算理的具体理解。北师大版小数四则运算分别安排在四下第一单元、第三单元、五上第一单元,"小数的意义与性质"则包含在四下第一单元"小数的认识与加减法"当中,教材设计上更注重学生对算理的几何直观理解。而在台湾多个版本的教材中，小数四则运算的算理则主要是围绕计数单位的多少来加以理解。

仅就苏教版教材而言，小数四则运算主要是在理解小数加、减、乘、除法意义的基础上，掌握小数加减乘除运算的计算方法，正确地笔算和口算，继而进行简单的小数四则混合运算，能应用相关计算解决一些实际问题，并能根据问题情境，合理地求近似值。掌握了小数四则运算的学习，能够为后续的分数、小数、百分数的互化，以及分数四则运算打下坚实的基础。在对小数四则运算相关知识的教学中，核心思想应是从运算和应用两个方面着手，在探讨运算技能的基础上展开小数混合运算以及求近似值方面的应用。与此同时，为体现数学学习与信息技术的整合，本单元还要求学生掌握计算器计算，强调多种算法的融合。

单元知识结构的确立是整体教学设计的首要环节。本单元中，其主要内容可以分为运算与应用两个方面。小数和整数一样，都是采用十进（位置）制计数法进行计数的。因而，小数四则运算规则与整数四则运算其计算思路基本一样，小数加减法计算时要注意数位对齐，小数乘除法可以通过积的变化规律、商不变规律转化成整数乘除法来计算。这里也体现了转化的思想，即将新知转化成旧知。小数计算过程中，应着重强调小数点的位置移动规律。应用方面则包括求近似值、解决问题、混合运算等。其实，解决问题过程中，常常需要求近似值，教师需要引导学生根据问题情境的需要选择合适的求近似值的方法。小数混合运算与整数混合运算一样，也可以采用运算律进行简便计算。由此，各内容之间相互联系形成既有关联、又有层次、也具开放性的结构化知识体系（见图5-1）。

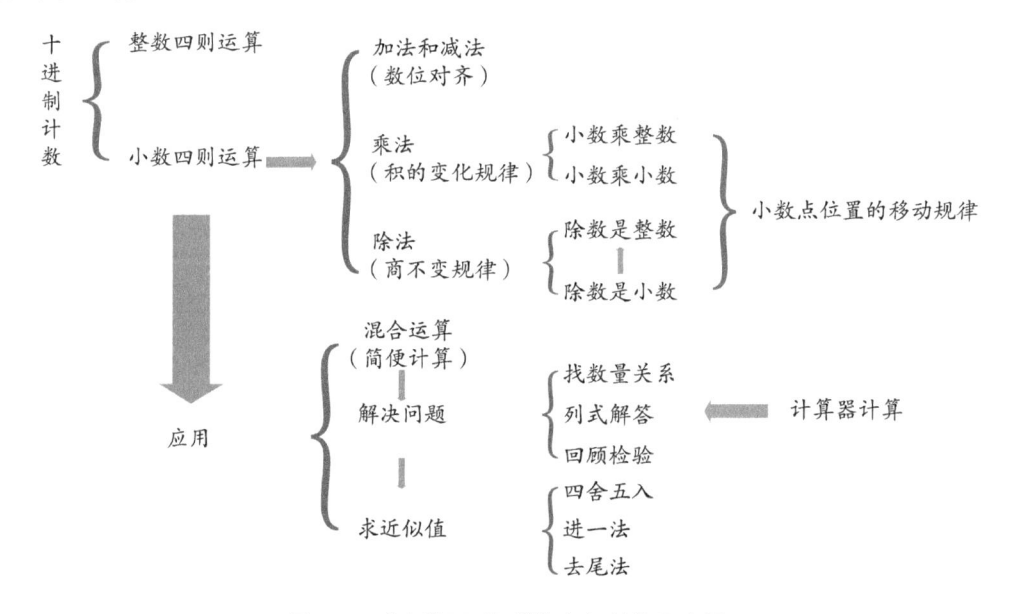

图 5-1 "小数四则运算"知识结构示意图

第二节 "小数四则运算"学习心理轨迹的建构

"小数四则运算"属于数与代数领域的内容，旨在培养学生的运算能力，渗透逻辑推理能力和模型意识的培养。学生"小数四则运算"知识结构学习心理轨迹可以参照杜宾斯基的 APOS 理论[1][2]来建构。

杜宾斯基将数学看成是一个活动的过程，即把数学学习视作一种综合性的心理图式。由此，我们基于相关研究文献[3][4]的回顾与反思，初步建构了学生学习本单元知识结构的一般心理过程（见表 5-1）。

表 5-1 "小数四则运算"知识结构的一般学习心理过程

学习阶段	心理过程	学习活动
1. 个人经验	学生在学习本单元之前已经学习了小数的意义和性质，掌握了整数四则运算、混合运算、运算律，应具备扎实的整数四则运算功底和一定的解决问题的能力	课前对学生进行小数的意义与性质、整数的口算、笔算及混合运算的检测，尽可能了解学生的学习起点及个人经验
2. 活动	通过问题情境或生活情境唤醒学生对小数四则运算的需要，感受小数四则运算的应用价值。引导学生尝试联系整数四则运算算法，根据小数的意义、积的变化规律、商不变规律等知识探究小数四则运算法则	已有小数意义的练习与回顾；设计小数运算的情境与活动；感受小数四则运算在生活中的广泛应用，探究小数四则运算的具体算法
3. 程序	学生在探索小数四则运算过程中，经过自主探究、合作交流，逐步探究得出小数四则运算的运算法则。此时，学生可以判断出哪些算式需要运用哪些规则进行计算，但还需要经过一定的练算过程，才能达到自动化水平的小数四则	组织小组开展合作交流，归纳小数四则运算法则；设计小数四则运算的巩固练习与综合练习，在综合性的问题情境中感受小数四则运算的应用价值。出示多组小

---

[1] DUBINSKY E, MCDONALD M A. APOS: A Constructivist Theory of Learning in Undergraduate Mathematics Education Research [J]. 2001 (7): 275-282.

[2] DUBINSKY E, WELLER K, MCDONALD M A, et al. Some Historical Issues and Paradoxes regarding the Concept of Infinity: An Apos Analysis: Part 2 [J]. Educational Studies in Mathematics, 2005, 58 (3): 335-359.

[3] 鲍建生，周超. 数学学习的心理基础与过程 [M]. 上海：上海教育出版社，2009：95-105.

[4] 乔连全. APOS：一种建构主义的数学学习理论 [J]. 全球教育展望，2001，30 (3): 16-18.

续表

学习阶段	心理过程	学习活动
3. 程序	运算"程序"。同时,学生在运用四则运算技能的基础上进行混合运算、解决问题以及求近似值,在应用中巩固技能、深化理解	数四则运算任务(问题串),以比较与分析为中介,归纳、概括小数四则运算的算理依据(程序)
4. 对象	当学生经历多次计算操作后,逐渐能深入理解算理,并在此基础上抽象概括出更为精练的运算法则。即把小数四则运算"程序"当成一个整体,并意识到可以对这个整体进行灵活转换与应用,则会形成一个关于小数四则运算的"数学对象"。此时,学生融入了小数的意义与性质与整数的相关知识,深化对象的理解,以达到精致化	出示运算规则的问题情境,在计算、对比、反思、交流的基础上形成对运算规则的深度理解
5. 图式	在经历上述几个过程之后,学生初步的形成小数四则运算的图式,这一状态是动态开放的,不断变化的,并建立起与小数意义、整数四则运算的联系,融入已有的认知结构	总结算法,理解算理;组织交流活动,从中深入理解小数四则运算与整数四则运算的本质联系,内化知识
6. 应用	以小数四则运算为对象进行新的活动,通过变式练习,理解并巩固小数四则运算技能。在解决实际问题中运用小数四则运算知识,经历分析与建构的过程,从而深化小数四则运算知识的应用	对所学知识进行回顾,尝试运用,设置实际问题情境;设置问题组,采用不同方法取近似数;在活动过程中不断促进学生反思与回顾

由表 5-1 可知,学习阶段 1 为课前学生的知识准备状态;学习阶段 2—3 重在联系整数四则运算,理解小数四则运算的算理,总结算法;学习阶段 4—5 重在掌握小数四则运算法则的基础上进行求近似值的学习以及解决实际问题的应用;学习阶段 6 重在联系整数的混合运算及运算律,研究小数的混合运算及运算律的运用,期间也是对学习阶段 2—5 的再次体验,旨在提升学生小数四则运算的应用能力。

第三节 "小数四则运算"整体教学目标与重难点的把握

"小数四则运算"整体教学目标的设计可以安德森的教育目标分类法[①]为依据,来具体构造知识与认知过程的双向细目表(见表 5-2)。

---

① 安德森,等. 学习、教学和评估的分类学:布卢姆教育目标分类学修订版(简缩本)[M]. 皮连生,等,译. 上海:华东师范大学出版社,2008:25-82.

表 5-2 "小数四则运算"整体教学目标分类表

知识	认知过程					
	记忆	理解	运用	分析	评价	创造
事实性知识						
概念性知识		目标1 目标3	目标1			
程序性知识	目标2 目标3	目标2 目标3	目标2 目标3			
元认知知识		目标4	目标4	目标5	目标5	

由表 5-2 可知，认知过程维度上，应以理解为主，这应是该单元整体教学的教学重点；知识维度上，几乎每类知识都有所涉及。

一、"小数四则运算"整体教学的教学目标

1. 结合具体情境，初步体会小数加减法、乘除法的意义，深入理解运算算理。

（目标 1 注重对概念性知识的理解和简单运用。）

2. 探索并理解小数加减法、乘除法的计算方法；能正确计算小数加减法、乘除法，以及简单的小数四则混合运算；会用计算器进行一些稍复杂的小数加减法的计算；能应用相关计算解决一些实际问题。

（目标 2 侧重于程序性知识，既有记忆过程，如掌握方法；也有理解过程，如理解计算方法背后的算理；还有运用过程，能够运用相关计算解决实际问题。）

3. 探索并掌握一个小数乘或除以 10/100/1000……时，小数点位置的移动规律，能应用这一规律口算相应的计算题或解决一些简单实际问题。

（目标 3 注重理解程序性知识，有记忆的过程，更强调对知识的理解，继而帮助学生进一步理解算理、掌握算法。）

4. 通过问题情境开展探究活动，引导学生经历观察、对比、归纳、猜想、综合等思维过程，培养从宏观层面、从整体角度看待问题的视野。

（目标 4 注重学生能力的发展，注重各种思维能力的运用和提升，以形成综合的数学素养，这些属于学生元认知知识的理解和运用。）

5. 充分感知小数四则运算与整数四则运算之间的联系，体会小数四则运算与生活的联系，增强自身的数学能力，形成对数学学习的内在动机。

（目标 5 围绕学生的元认知知识，注重学生数学观的发展，通过学习活动自主生成关于数学学习的各种元认知知识，是学生元认知知识的自我分析与评价。）

二、"小数四则运算"整体教学的教学重点

1. 引导学生将整数加减法、乘除法的经验迁移到小数加减法和乘除法中来，同时理解并掌握小数乘除法计算中小数点的处理方法，正确计算。
2. 理解小数取近似数的含义，能根据情境需要用"四舍五入""去尾法""进一法"求一个小数的近似值。
3. 灵活运用不同的运算方法，分析数量关系，解决情境问题。

三、"小数四则运算"整体教学的教学难点

1. 被减数小数部分的位数比减数少的小数减法。
2. 积的位数少于乘数中小数部分位数之和的小数乘小数的笔算。
3. 除数是小数的除法笔算。

第四节 "小数四则运算"整体教学评价的开展

学习的教学评价可以分为他评和自评，也可以分为诊断性评价、形成性评价和总结性评价。在此，"自评"贯穿于整个教学过程以及课堂检测（甚至家庭作业）当中（具体可参见"'小数四则运算'学习活动的组织与安排"一节），"他评"则主要是指单元检测。

单元整体教学之最初可以考虑诊断性评价，以诊断学生对本单元知识结构学习的整体"准备状况"；单元整体教学之最后则可以考虑总结性评价，以评估本单元知识结构学习的教学成效；其间每节课的"课堂检测"可视为该节课的总结性评价，亦应是下节课的诊断性评价；而单元整体教学之最初和最后之间的所有教学活动或评价活动则都可以视为该单元整体教学的形成性评价。

依据本单元的整体教学目标、重难点，我们可以明确其单元检测中需要考查学生在记忆、理解、运用和分析这四大认知维度中的发展水平（元认知知识的评价检测不适合于纸笔测验），以及相应的内容应涉及小数四则运算的意义与算理的理解、小数四则运算技能的掌握、小数点的位置移动规律、小数四则运算的应用等四方面（见表5-3、表5-4）。

以下两份"单元检测"试卷及其"参考答案与评分说明"是严格按照"检测试卷编制的科学规范"编制而成的，具有较高的科学性、可靠性和有效性，并且具有一定的等值性，可用于"科学、规范"的教学（实验）研究。

表5-3 "小数四则运算"知识结构学习的单元检测双向细目表（A）

具体内容	认知过程					
	记忆	理解	运用	分析	评价	创造
运算意义和算理（目标1）		一3、一4、二5	二3、五1			
小数的运算（目标2）	一1	一2、二1（1）、三4	四1、四2、四3			
小数点的位置移动规律（目标3）	一5	三2、三3	二6、三5			
运算的应用（目标3）		二2、三1	二1（2）、二4、二7、五2、五3、五4			

"小数四则运算"知识结构学习的单元检测（A卷）

（考试时间：60分钟　分数：100分）

班级：　　　姓名：

一、选择题：请将正确答案前的字母填写在题后的括号内。（每小题4分，共20分）

1. 一根彩带长10m，第一次用掉2.36m，第二次用掉3.4m，这根彩带一共短了（　　）。

　A. 4.24m　　B. 2.7m　　C. 5.76m　　D. 5.7m

2. 一个加数减少0.7，如果要使和增加8.5，另一个加数应（　　）。

　A. 减少9.2　　B. 增加9.2　　C. 增加7.8　　D. 减少7.8

3. 将一个小数的小数点先向左移动两位，再向右移动三位，结果（　　）。

　A. 扩大10倍　　B. 缩小10倍　　C. 扩大100倍　　D. 缩小100倍

4. 做一条短裤需要用布0.67米，那么20米的布最多可以做这样的短裤条数是（　　）。

　A. 29.9　　B. 30　　C. 29　　D. 28

5. 下面的式子中，与37.8÷0.16的商相等的式子是（　　）。

　A. 378÷1.6　　B. 37.8÷1.6　　C. 3780÷1.6　　D. 3.78÷1.6

二、填空题：请将正确的答案填写在相应的括号内。（第4、6小题中每空2分，其余各小题中每空1分，共20分）

1.（1）7.07与3.45的和减去它们的差是（　　）；比15.7少4.3的数加上3.54，其结果是（　　）。

（2）5.74 至少要加上（　　）才能得到一个整数。

2. 在下面的括号内填上 ">"、"<" 或 "="。

12.3×0.75(　)12.3　　　$0.56 \div 0.4$(　)0.56

0.95(　)0.95×1.87　　　4.8×100(　)$48 \div 0.01$

3. 1 吨芝麻可榨油 450 千克，平均每千克芝麻可榨油（　　）千克，平均榨 1 千克油需芝麻（　　）千克。（结果保留两位小数）。

4. 小红在计算 $10 \times (□ + 0.2)$ 时，错算成 $10 \times □ + 0.2$，这样会与正确的答案相差（　　）。

5. 5.3 公顷＝（　　）平方米　　　4200 公顷＝（　　）平方千米

0.12 平方千米＝（　　）公顷　　　35000 平方米＝（　　）公顷。

6. 两个乘数的积是 10.8，如果一个乘数不变，另一个乘数乘 100，积是（　　）；如果两个乘数同时除以 10，积是（　　）。

7. 直角三角形的三条边长分别是 0.8 米、0.6 米、1 米，这个直角三角形的面积是（　　）平方米。

三、判断题：判断正误，并给出理由；判断正确的请在其题后的括号内打"√"，判断错误的请在其题后的括号内打"×"。（每小题 4 分，共 20 分）

1. $0.18 \times 2.5 \div 0.18 \times 2.5 = 1$（　　）

理由：

2. $8.39 \div 2$ 和 8.39×0.5 都表示 8.39 的一半。（　　）

理由：

3. 一个不等于 0 的数除以小数时，商一定大于被除数。（　　）

理由：

4. 甲＞乙＞丙，这三个数的平均数是 1.76，则 1.76＜甲。（　　）

理由：

5. 在 $8.46 \div 2.5$ 中，如果同时去掉被除数和除数的小数点，那么商就扩大 10 倍。（　　）

理由：

四、计算题：请按要求作答。（第 1 小题 4 分，第 2 小题各 6 分，第 3 小题 6 分，共 16 分）

1. 直接写出得数。

$8.1 - 4 =$　　　$0.7 + 0.3 =$　　　$0.63 + 0.47 =$　　　$2 - 1.4 =$

$0.65 \times 0.2 =$　　　$1.5 \div 0.03 =$　　　$2.97 \div 100 =$　　　$1.5 \times 0.7 =$

2. 用竖式计算，标有"※"的要验算。

$7.86 + 1.24 =$　　　$30 - 20.55 =$　　　$2.08 \times 2.5 =$　　　$0.036 \div 0.24 =$

3. 计算下面各题，能简便的要用简便方法计算。

$12.5 \times 0.96 \times 0.8$　　　$7.25 - 3.86 - 2.14$　　　$97.3 \div 12.5 \div 0.8$

五、解答题：请按要求作答。（每小题 6 分，共 24 分）

1. 一桶油连桶共重12.65千克，用去一半后，连桶还重6.85千克，原来的桶里有油多少千克？

2. 爸爸用两条长度分别是1.27米、1.35米的绳子接起来捆扎报纸。接口处共用去绳子0.25米，接好后的绳子有多长？

3. 南京市出租车起步价为8元（3千米以内）。超过3千米的路程，平均每千米收费2.4元。（其他费用暂时忽略不计）请问：（1）如果王阿姨要乘出租车到距离13千米的某商场购物，需付多少元钱？（2）李叔叔从新街口乘出租车到某汽车站共付车费17.6元，新街口距离这个汽车站多少千米？

4. 一块平行四边形的土地，底是8.5米，高是4.4米。这块地的面积是多少平方米？如果用这块地种辣椒，每棵辣椒占地0.2平方米，这块地一共可以种多少棵辣椒？

"小数四则运算"知识结构学习的单元检测（A卷）
参考答案与评分说明

一、选择题。（每小题4分，共20分）
1. C　　2. B　　3. A　　4. C　　5. A

二、填空题。（第4、6小题中每空2分，其余各小题中每空1分，共20分）
1. 6.9，14.94；0.26　　2. <，>，<，<　　3. 0.45，2.22　　4. 1.8
5. 53000，42，12，3.5　　6. 1080，0.108　　7. 0.24

三、判断题。（每小题判断正确2分，理由准确、充分2分，共4分；合计20分）
1. ×　　2. ✓　　3. ×　　4. ✓　　5. ✓

理由判分标准：准确2分，充分1分共3分

1. 理由：这道算式必须按顺序计算，不能先算左右两边的乘法。

2. 理由：一个数除以2就等于这个数乘0.5。

3. 理由：一个数除以一个比1小的数，商大于被除数。

4. 理由：平均数在最大数和最小数之间。

5. 理由：相当于被除数扩大100倍，除数扩大10倍，商扩大10倍。

四、计算题。（第1小题4分，第2小题各6分，第3小题6分，共16分）
1. （1）4.1　　（2）1.1　　（3）1.1　　（4）0.6　　（5）0.13
   （6）50　　（7）0.0297　　（8）1.05
2. （1）9.1　　（2）9.45（验算1分）　　（3）5.2　　（4）0.15（验算1分）
3. $12.5 \times 0.96 \times 0.8 = 12.5 \times 0.8 \times 0.96 = 10 \times 0.96 = 9.6$

   $7.25 - 3.86 - 2.14 = 7.25 - (3.86 + 2.14) = 7.25 - 6 = 1.25$

   $97.3 \div 12.5 \div 0.8 = 97.3 \div (12.5 \times 0.8) = 97.3 \div 10 = 9.73$

五、解答题。（每小题6分，共24分）
1. $12.65 - 6.85 = 5.8$（千克）。

$5.8 \times 2 = 11.6$（千克）

答：原来的桶里有油 11.6 千克。

2. $1.27 + 1.35 - 0.25 = 2.37$（米）。

答：接好后的绳子长 2.37 米。

3. （1）$8 + 2.4 \times (13 - 3) = 32$（元）

答：需付 32 元。

（2）$(17.6 - 8) \div 2.4 + 3 = 7$（千米）

答：新街口距离这个汽车站 7 千米。

4. $8.5 \times 4.4 = 37.4$（平方米）

$37.4 \div 0.2 = 187$（棵）

答：这块地的面积是 37.4 平方米，这块地一共可以种 187 棵辣椒。

表5-4　"小数四则运算"知识结构学习的单元检测双向细目表（B）

内容	认知过程					
	记忆	理解	运用	分析	评价	创造
运算意义和算理（目标1）		一3、一4、二5	二3、五1			
小数的运算（目标2）	一1	一2、三4	四1、四2、四3			
小数点的位置移动规律（目标3）	一5	三2、三3	二6、三5			
运算的应用（目标3）		二2、三1	二1、二4、二7、五2、五3、五4			

"小数四则运算"知识结构学习的单元检测（B卷）

（考试时间：60分钟　分数：100分）

班级：　　姓名：

一、选择题：请将正确答案前的字母填写在题后的括号内。（每小题4分，共20分）

1. 一个三位小数加上一个两位小数，它们的和是（　　）。

A. 两位小数　　B. 三位小数　　C. 四位小数　　D. 五位小数

2. 在一个数的末尾添上两个"0"，这个数就（　　）。

A. 缩小到原来的1/100　　B. 扩大100倍　　C. 大小不变　　D. 无法确定

3. 把一个小数的小数点去掉后，比原数大 39.6，这个小数是（　　）。

A. 3.96　　B. 3.6　　C. 4.4　　D. 4.8

4. 做一条短裤需要用布 0.67 米，那么 20 米的布最多可以做这样的短裤条数是（　　）。

A. 29.9　　B. 30　　C. 29　　D. 28

5. 2.56÷0.15 的商是 17，余数是（　　）。

A. 0.1　　B. 0.01　　C. 0.001　　D. 0.0001

二、填空题：请将正确答案填写在相应的括号内。（第 1、2、4、7 小题每空 2 分，其余各小题每空 1 分，共 20 分）

1. 根据每组第 1 题的得数，直接写出其余各题的得数。

$25 \times 1.2 = 30$　　　$5.4 \div 3.6 = 1.5$

$2.5 \times 1.2 = (\quad)$　　　$5.4 \div 0.36 = (\quad)$

$(\quad) \times 12 = 0.003$　　　$0.54 \div (\quad) = 36$

2. 把一根粗细均匀的木料锯成三段，用了 9.6 分钟，照这样子计算，把这个木料锯成 5 段需要的时间是（　　）分钟。

3. 李玲收集废品 1.2 千克，比王明少 0.18 千克，王明收集废品（　　）千克。

4. 网络教室的长是 9.5 米，宽 6.5 米。用边长为 0.5 米的正方形瓷砖铺地，至少需要这种瓷砖（　　）块。

5. 两个数相乘的积是 7.6，如果一个因数乘 100，另一个因数的小数点向左移动三位，积是（　　）。

6. 5.3 公顷 =（　　）平方米　　4200 公顷 =（　　）平方千米

0.12 平方千米 =（　　）公顷　　35000 平方米 =（　　）公顷

7. 小芳去书店买书，付了 60 元，找回了 15.8 元，小芳发现售货员少找给他 22.8 元，这本书的价钱是（　　）。

三、判断题：判断正误，并给出理由；判断正确的请在其题后的括号内打"√"，判断错误的请在其题后的括号内打"×"。（每小题 4 分，共 20 分）

1. 整数的最小计数单位和小数的最大计数单位相差 0.1。（　　）

理由：

2. $4.5 \div 0.8 + 4.5 \div 0.7 = 4.5 \div (0.8 + 0.7) = 4.5 \div 1.5 = 3$。（　　）

理由：

3. 一个不等于 0 的数除以小数时，商一定大于被除数。（　　）

理由：

4. 甲 > 乙 > 丙，这三个数的平均数是 1.76，则 1.76 < 甲。（　　）

理由：

5. 在 5.46÷5.5 中，如果同时去掉被除数和除数的小数点，那么商就扩大 10 倍。（　　）

理由：

四、计算题：请按要求作答。（第1、2小题各2分，第3小题12分，共16分）

1. 直接写出得数。

$6.1-4=?$　　$0.6+0.3=?$　　$0.53+0.57=?$　　$3-1.4=?$

$0.55\times 0.2=?$　　$1.2\div 0.03=?$　　$3.97\div 100=?$　　$2.5\times 0.7=?$

2. 用竖式计算，标有"※"的要验算。

$7.96+1.14=?$　　※ $30-22.55=?$　　$2.28\times 2.5=?$　　※ $0.036\div 0.12=?$

3. 计算下面各题，能简便的要用简便方法计算。

$4.02\div 0.25+6.98\times 4$　　$[0.5+(2-0.75)]\times 1.6$　　$4\times 0.5\div 4\times 0.5$

五、解答题：请按要求作答。（每小题6分，共24分）

1. 批发市场某种钢笔的批发价格如下表所示。

数量/支	1—50	51—100	100以上
单价（元/支）	9	7.5	7.2

张老师打算买40支这样的钢笔，赵老师打算买75支这样的钢笔。如果他们各自去购买，各要付多少元？如果他们合起来去购买，一共要付多少元？

2. 甲乙两辆汽车同时从上海和南京相对开出，经过3.1小时后甲车在超过中点12.4千米处和乙车相遇，甲车每小时行54千米，问乙车每小时行多少千米？

3. 北京市出租车起步价为10元（3千米以内）。超过3千米的路程，平均每千米收费2.7元。（其他费用暂时忽略不计）请问：（1）如果王阿姨要乘出租车到距离13千米的某商场购物，需付多少元钱？（2）李叔叔从新街口乘出租车到某汽车站共付车费18.1元，新街口距离这个汽车站多少千米？

4. 红星炼钢厂一个转炉，前3天共炼钢24.8吨，后4天平均每天炼钢8.5吨，这个星期平均每天炼钢多少吨？

"小数四则运算"知识结构学习的单元检测（B卷）
参考答案与评分说明

一、选择题。（每小题4分，共20分）

1. B　　2. D　　3. C　　4. C　　5. B

二、填空题。（第1、2、4、7小题每空2分，其余各小题每空1分，共20分）

1. 3，0.00025；15，0.015　　2. 19.2　　3. 1.38　　4. 247　　5. 0.76

6. 53000，42，12，3.5　　7. 21.4

三、判断题。（每小题判断正确2分，理由准确、充分2分，共4分；合计20分）

1. ×　　2. ×　　3. ×　　4. ✓　　5. ✓

理由判分标准：准确2分，充分1分，共3分

1. 理由：整数的最小计数单位为 1，小数的最大计数单位为 0.1。

2. 理由：除法没有结合律。

3. 理由：一个数除以一个比 1 小的数，商大于被除数。

4. 理由：平均数在最大数和最小数之间。

5. 理由：相当于被除数扩大 100 倍，除数扩大 10 倍，商扩大 10 倍。

四、计算题。（第 1、2 小题各 2 分，第 3 小题 12 分，共 16 分）

1.（1）2.1　　（2）0.9　　（3）1.1　　（4）1.6　　（5）0.11　　（6）40　　（7）0.0397　　（8）1.75

2.（1）9.1　　（2）7.45 验算 1 分　　（3）5.7　　（4）0.3 验算 1 分

3. $4.02 \div 0.25 + 6.98 \times 4 = 4.02 \times 4 + 6.98 \times 4 = (4.02 + 6.98) \times 4 = 11 \times 4 = 44$

$[0.5 + (2 - 0.75)] \times 1.6 = [0.5 + 1.25] \times 1.6 = 1.75 \times 1.6 = 2.8$

$4 \times 0.5 \div 4 \times 0.5 = 4 \div 4 \times 0.5 \times 0.5 = 1 \times 0.5 \times 0.5 = 0.25$

五、解答题。（每小题 6 分，共 24 分）

1. $40 \times 9 = 360$（元）

$75 \times 7.5 = 562.5$（元）

$115 \times 7.2 = 828$（元）

答：如果他们各自去购买，张老师付 360 元，赵老师付 562.5 元。如果他们合起来去购买，一共要付 828 元。

2. $3.1 \times 54 - 12.4 = 155$（km）

$(155 - 12.4) \div 3.1 = 46$（km/h）

答：乙车每小时行 46 千米。

3.（1）$10 + (13 - 3) \times 2.7 = 37$（元）

答：王阿姨需付 37 元。

（2）$(18.1 - 10) \div 2.7 + 3 = 6$（km）

答：新街口距离这个汽车站 6 千米。

4. $(4 \times 8.5 + 24.8) \div 7 = 8.4$（吨）

答：这个星期平均每天炼钢 8.4 吨。

第五节　"小数四则运算"学习活动的组织与安排

学习活动的组织与安排应与"小数四则运算"知识结构的关联性、层次性、结构化、开放性及其整体教学目标、整体教学评价保持一致。具体而言，可以包括这样三个方面的谋划：整体教学思路，教学策略与方法，以及课时活动设计。

一、整体教学思路

整体教学思路应侧重于单元知识结构的整体性来进行设计。综合来看，可按照"概念—性质—应用"的路径来展开。

单元开讲之前，可选用一套单元检测题，以进行诊断性评价，可作为调整这里的学习活动的"组织与安排"的依据。

苏教版教材中，本单元是划分为两个单元展开教学的：小数加减法与小数乘除法。但是，综合起来，这两个单元可以合并为一个单元，即是这里的"小数四则运算"。

按照小数的"四则运算—应用"的路径展开，本单元可划分为18节课。第1—4节课是小数加减法的探究，包括笔算与计算器计算两个方面；第5—6课是小数乘整数的计算，包括探究运算规则与小数点的位置移动规律；第7—8课是除数是整数的小数除法，包括探究运算规则与小数点的位置移动规律；第9—11节课则是小数乘小数和积的近似值的学习；第12—14节课是一个数除以小数和商的近似值的学习；第15—16节课是小数四则混合运算的应用部分，包括简便计算和实际运用（解决问题）；第17节课则是总结复习课，强化对小数四则运算与整数四则运算的算理对比，巩固算法；第18节课是练习课，即运用单元检测开展小结性评价。

其中，诊断性评价与小结性评价之间的所有学习活动或教学活动均是所谓的形成性或过程性评价，以期望学生达成单元知识结构的完整内化。

二、教学策略与方法

依据上述对"小数四则运算"知识结构的分析、学生学习心理轨迹的预设、整体教学目标与重难点的把握，以及整体教学评价的考察，再结合一线教师的教学经验与反思，我们认为，"小数四则运算"的整体教学策略与方法的谋划和选择应着重关注以下四个方面的问题。

（一）学生的自主探究与抽象概括之间的关系

获得数学知识不是数学学习最终的宗旨，更重要的是培养学生自主思维能力，帮助其获得自主观察、发现、比较、抽象和概括等思维能力。教学中，教师需要创设一定的问题情境，激发学生积极参与数学学习的过程，自主探索小数四则运算的运算法则。

首先应鼓励学生用自己已经学过的知识来思考怎样解决"新问题"，然后在此基础上讨论用竖式怎样解决，最后在自主探究、小组合作、全班互动的基础上理解算理、总结算法。

唯有这样引导学生经历探究的全过程，才能真正培养学生的观察、发现、抽象和概括等思维能力。

（二）渗透转化思想与加强理解算理之间的关系

转化思想在学生学习小数乘除法时非常重要。教学中，教师需要计算通过积的变化规律把小数的乘法转化成整数乘法来计算，需要通过商不变规律把小数的除法转化成除数是整数的除法来计算，即小数乘除法的计算需要运用转化思想得到解决。

因此，渗透转化思想，能够帮助学生理解算理，提高学生小数乘除法的运算能力，让学生更快更好地熟练掌握小数乘除法运算，提高学习质量，实现知识的生成、发展与提升。

（三）整数四则运算与小数四则运算之间的关系

由于小数和整数都遵循十进（位置）制计数法的位值原则，小数的加减乘除的竖式形式、计算顺序、计算结果的定位等等都与整数四则运算类似，因此，可以把整数四则运算的计算经验迁移到小数四则运算中来。

一方面，教学中教师要注意找准新旧知识的连接点，设计出具有启发性的问题，温故知新，让学生独立思考，自己研究发现新的结论。另一方面，整数四则运算的计算方法在学生心中已经根深蒂固，学生在计算小数四则运算时会不自觉地运用整数四则运算的方法而产生各种计算错误。

由此，整数四则运算知识可能会对学生学习小数四则运算存在一些干扰或负迁移，教学中，教师需要注意运用算理来指导学生掌握算法，通过学习算法来帮助学生理解算理，防止已学知识的负迁移。

与此同时，在学生理解算理的基础上，对比新旧知识，从而完善认知结构。学生学习的知识不是孤立地存于大脑中，而是根据知识之间的区别和联系进行同化或顺应，从而形成相对稳定、牢固、清晰的认知结构。

譬如，小数乘法的计算可以通过和乘数末尾有 0 的整数乘法在算理、竖式写法上进行对比，引导学生自主观察和发现，再次清楚地揭示积的变化规律与它们之间的联系，从而更加深入地理解算理。

因此，在学生学习小数四则运算的过程中，适当与整数四则运算在算理、竖式写法等方面进行对比，再次让学生感受到小数四则运算与整数四则运算的联系，会更有效地促使其形成知识网络。

（四）正确计算与多样算法之间的关系

计算不是仅仅指竖式笔算，还有口算、估算、用计算器计算以及简便计算等等。教学中，教师如果过于强调竖式笔算，很容易让学生产生思维定式，即只会笔算而忽视口算与估算等，从而导致学生的估算和简便计算意识仍然比较薄弱。

为实现算法的多样化，教师需要关注多种算法，引导学生能够根据解决问题的实际需要，合理、灵活地选择不同的计算方式，这也是小学生运算能力这一核心素养的构成要素之一。在此,切记:计算正确是基础,算法多样是能力,算法巧妙是智慧。

因此,教学中,教师需要做到多种算法有机配合,以增强学生灵活选择计算方式的自觉意识,继而提高其计算能力,培养学生思维的灵活性。

三、课时活动设置

第一课时(新授课:小数的加、减法(1))

教学目标

1. 经历探索小数加、减法计算方法的过程,体会小数加减法与整数加减法在算理和算法上的联系,掌握小数加、减法的笔算方法,能正确进行计算。

2. 增强学生运用已有知识和经验探索并解决新问题的意识。

3. 感受小数计算与生活的联系,增强数学学习的信心。

教学过程

一、课前练习

(一)复习回顾

1. 笔算。

$678+39=?$ $678-39=?$

追问:整数加减法怎样笔算?

指出:列竖式要数位对齐;计数单位相同才能相加减。

从低位算起,不要忘记进位、退位。

二、突出重点,情境导入

(一)情境导入

1. 情境:周末,小明、小丽和小芳三人到文具店买学具。

(1)出示例图:从图中你获得哪些数学信息?

(2)提出问题:根据这些条件,你能提出哪些用加减法计算的问题?教师根据学生的问题进行板书算式。

(3)你会列式吗?(口答算式并板书)

揭题:这些算式该怎样计算呢?这就是今天要研究的问题。

三、合作探究,达成共识

(一)自主探索,合作学习

1. 之前我们用单位名称、图形、方块、数轴等方式表示小数,你会用这些方法计算 $4.75+3.4$ 吗?自己尝试一下,再小组交流。

2. 小组汇报,全班互动。

小结:刚才大家都用自己的方式算出了 $4.75+3.4$,老师把同学们的方法再回顾一下。

3. 课件展示:第一种把元转化成分,变成了整数计算;第二种把一个正方形看成1

元,把4.75和3.4用这样的正方形表示出来进行计算;第三种是把一块百格板看成1元,怎样表示4.75和3.4,合在一起看呢?第四种运用数轴怎么计算?数位顺序表呢?

4. 比较这几种不同的表示方法,想想有什么相同之处?你有什么发现?(都是把相同的计数单位加起来,和整数一样要满十进一。)

5. 根据这些不同计算过程,想一想如果用竖式计算,怎么做?根据学生的回答板书竖式。

重点引导学生理解:"为什么要把小数点对齐?"

(1)结合具体数量分析:应该把表示元角分的数分别对齐写,相加计算。

(2)从小数的意义分析(基于图形、方格、数轴、数位表等):根据整数加法的经验,相同计数单位的数才能相加,而把小数点对齐就能使相同数位上的数对齐。

6. 小练习:

笔算:$4.75+2.65=?$

指名板书并交流:这里的结果与例题有什么不同?

指出:得数的小数末尾有0的,一般要化简。

7. 想一想,小数加法该怎样笔算?

小结:竖式计算小数加法时,要把两个加数的小数点对齐,然后把相同数位上的数分别相加,最后在得数里点上小数点,使其与横线上的小数点对齐。

8. 小明比小丽多用了多少元?

学生独立用不同方法计算,同桌交流。(单位、图形、方块、数位顺序表)

教师小结并展示不同方法。展示不同算法追问:用竖式计算小数减法时,为什么要把被减数和减数的小数点对齐?

说明:为了使相同计数单位的数相加减,都要数位对齐,这与整数加减法的计算方法一致。

9. 完成黑板上学生提出的其他问题的竖式计算。

竖式计算:$4.75-2.65=?$

指出:得数的小数末尾有0的,一般要化简。(小数的基本性质)

10. 小组讨论:

小数加减法怎样笔算?

今天我们学的小数加减法和以前学的整数加减法有什么相同之处?要注意哪些地方?

四人小组内讨论2个问题。

相同:都要相同数位对齐,从低位加起,满10进1。

不同:小数的小数点对齐,整数是末位对齐。

但实质都是相同数位对齐;为什么要数位对齐?(使相同的计数单位相加)

注意:得数的小数点要和竖式对齐,得数是小数且末尾有0要化简。

四、巩固延伸,拓展提升

(一)巩固练习

1. 口答练习。

练习八第 1 题，口算。

校对得数，说说口算的思考过程，注意分析错题。

2. 第 49 页"练一练"。

3. 练习八第 3 题。

加深学生对计算方法的理解。让学生在线段图上依次标出要求的三个问题，每标出一个问题随即列式计算。根据题中的数量关系，指导学生提出合适的问题。

4. 课堂小结。

通过这节课的学习，你有什么收获？还有什么问题？

课堂检测

1. 竖式计算。

8 + 3.02　　　5.46 − 0.6

等级分数	具体描述
0	未能正确计算
1	结果算对，忘记点小数点
2	1 题正确
3	全部正确

2. 小明买了 3 种练习本各 1 本，一共用去 8.92 元，其中黄面练习本和红面练习本的价钱总和是 6.12 元，黄面练习本和蓝面练习本的价钱总和是 3.47 元。请问：3 种练习本的价钱各是多少？

等级分数	具体描述
0	未能正确作答
1	能正确作答 1 题
2	能正确作答 2 题
3	能正确作答 3 题

3. 竖式计算。

8.6 − 4.29　　　5 − 0.63

等级分数	具体描述
0	未能正确计算
1	结果算对，忘记点小数点

续表

等级分数	具体描述
2	1题正确
3	全部正确

第二课时（新授课：小数的加、减法（2））

教学目标

1. 结合现实情境与整数减法计算法则，理解和掌握被减数小数部分的位数少于减数时的计算方法，能正确计算。

2. 建立与整数加减法的联系，加强算理的理解，培养学生积极探索、乐意交流、认真计算、验算的好习惯，初步培养宏观总体的思考问题方式。

3. 体会数学知识间的联系，体会数学的价值，激发学习的兴趣。

教学重点：探索一位小数减两位小数、整数减小数的计算方法。

教学难点：探索当被减数小数部分的位数少于减数时的处理方法。

教学过程

一、课前练习

（一）复习巩固

1. 口算。

$1.2+0.4=?$　　　$0.26+0.44=?$　　　$2.56+0.5=?$　　　$6+0.34=?$

$1.6-0.4=?$　　　$0.82-0.42=?$　　　$0.85-0.5=?$　　　$4.26-2.26=?$

2. 列竖式计算。

$2.86+3.14=?$　　　$9.78-5.59=?$

学生独立计算，指名板演。

追问：小数加减法计算时需要注意什么？

二、突出重点，情境导入

（一）情境引入

1. 创设情境：周末，小明、小丽和小芳三人到文具店买学具。

（1）出示例图：从图中你获得了哪些数学信息？

（2）出示问题：一本笔记本比一支水彩笔贵多少元？

怎样列式？$3.4-2.65=?$

（3）提问：和上节课小数减法试题相比，你觉得有什么不同？

被减数的小数位数比减数的小数位数少。

三、合作探究，达成共识

（一）自主探索，合作学习

学生自己尝试用不同的方法计算。

1. 四人小组内交流讨论。

教师收集学生的不同算法。

2. 展示追问：你是怎样算的？谁的方法更准确？

追问1：用竖式计算小数减法时，为什么要把被减数和减数的小数点对齐？

说明：为了使相同计数单位的数相加减，都要数位对齐，这与整数加减法的计算方法一致。

提问2：被减数的百分位上为什么可以看作0？依据是什么？

指出：依据是小数的基本性质。

小数减法计算和整数减法计算有什么联系吗？

同桌之间互相交流。

小数减法计算时和整数减法一样，哪一位不够减，就向前一位退1作10再减；差的小数点要和被减数、减数的小数点对齐，得数整数部分减得的0要写下来，不能漏写或忘写。

3. 小数加减法和整数相同，你会验算吗？（学生验算）

4. 教学"试一试"：1支水彩笔比1支钢笔便宜多少钱？

提问：这一题与上面又有什么不同？应该怎么办？

学生独立竖式计算后交流：减数是两位小数，被减数也要看作两位小数，先在8的后面添上小数点，再添两个0，变成8.00。

5. 小组交流：在计算小数减法时可能遇到什么问题？应该怎么办？

四、巩固延伸，拓展提升

（一）巩固练习

1. 完成第49页练一练。

学生独立计算，教师巡视找错。

展示学生的错误练习，让学生找错。

追问：在小数加减法竖式计算过程中，需要注意哪些问题？

小组内交流，再汇报。

当被减数的百分位上不够减时，不能倒过来用减数减被减数，得数的0和小数点不能漏写，退位减法不要忘了减1。

2. 练习八第6题。

（二）创编练习

小马虎在计算1.39加上一个一位小数时，由于错误地把数的末尾对齐，结果得到1.84。正确的得数应是多少？

点拨：将错就错，用错误的结果减正确的加数，得到错误的加数。末尾对齐就是把一位小数看作两位小数，扩大 10 倍，得到正确的加数。

（三）课堂小结

小结学习内容，让学生说说学习体会、收获。

课堂检测

1. 竖式计算。

8.6 − 4.29　　　5 − 2.63

等级分数	具体描述
0	未能正确计算
1	结果算对，忘记点小数点或化简等
2	1 题正确
3	全部正确

2. 班级进行跳高测验，李明跳了 1.24 米，张伟跳得比李明高 0.16 米，刘华跳得比张伟低 0.02 米。刘华跳了多少米？

等级分数	具体描述
0	未能正确作答
1	能正确算出一步
2	能正确解答

3. 8.65 加一个一位小数时，把加号看成了减号结果得到了 4.27，正确得数是多少？

等级分数	具体描述
0	未能正确作答
1	能正确算出一步
2	能正确解答

第三课时（练习课：小数的加、减法（3））

教学目标

1. 通过回顾，进一步在联系整数加减法的基础上理解小数加、减计算的算理，建立合理的认知结构。

2.结合现实问题情境,引导学生学会分析数量关系,综合应用所学知识解决一些实际问题,培养问题意识和解决问题的能力。

教学重点:进一步掌握小数加减法的计算法则,增强解决实际问题的意识。

教学过程

一、课前练习

(一)复习回顾

1.直接写出得数。

$0.83-0.5=?$　　$9.2-6=?$　　$2+2.8=?$

$3.4-3.1=?$　　$0.73-0.23=?$　　$3.6+2.4=?$

2.竖式计算。

$86+0.34$　　$9-6.08$　　$13-5.4+2.6$

二、突出重点,情境导入

(一)小数加减法的基础练习

1.创设情境:娟娟和妈妈去苏果超市买生活用品,他们看了以下一些日用品。

38.5元　　10.5元　　22.8元　　15元

(1)热水瓶比铁锅贵多少元?保温杯比水壶便宜多少元?

(2)买一个保温杯和一口铁锅,一共需要多少元?妈妈付出40元,应找回多少元?

(3)你还能提出哪些用加减法计算的问题?

学生独立完成。

指名口答:选择两题说说怎样算的?(说清楚数量关系式)

点拨:妈妈付出40元,求找回多少元,可以用付出的钱减去物品的价钱。

提醒学生提出问题时不要随意增加条件,符合用加减法计算的意思。

2.创设情境:

下面是沙青河水文站某一周的水位变化情况记录。你能根据记录把下表填写完整吗?(用计算器计算)

警戒水位16.7米

	周日	周一	周二	周三	周四	周五	周六
水位变化/米	——	-0.05	$+0.36$	$+0.87$	$+1.27$	-0.28	-0.62
当日水位/米	14.55						

学生独立完成,交流想法。

提示：让学生弄清水位上升、下降的表示方法，以及"当日水位"的计算方法。

三、巩固延伸，拓展提升

（一）应用拓展练习

1. 练习八第9题。

学生独立练习。

说说思考的过程。

如何求王晓芳比李明跳的低的高度，数量关系式怎样？

2. 练习八第10题。

（1）读取题中表格中的信息。

（2）完成书中的三个问题。

提醒：正确找到他的最高体温和最低体温，开始时的体温和一天结束时的体温。

3. 练习八第11题。

（1）独立解答前两个问题。

（2）同桌互相再提一些问题进行解答。

4. 练习八第12题。

学生独立练习。

全班交流，说说是如何思考的。

点拨：要求这一天一共耕地多少公顷，要知道上午耕地数和下午耕地数，根据书本上的两个条件可以求出下午的耕地数。

5. 第54页第7题。

6. 创编题。

（1）修一条公路，已经修好了136米，比剩下的少86.4米，这条公路全长多少米？

点拨：先求出剩下的米数，再求出公路的全长。

（2）一桶油连桶重10.5千克，用了一半后，连桶还重6千克，原来的油和桶各重多少千克？

点拨：先求出半桶油的重量，然后乘2求出一桶油的重量，最后求出桶的重量。关注学生不同的方法。

7. 课堂小结。

小结学习内容，让学生说说学习体会、收获。

课堂检测

1. 填表。

被减数	50		11.3
减数	9.28	6.12	
差		10.11	7.29

等级分数	具体描述
0	未能正确作答
1	1 空正确
2	2 空正确
3	3 空正确

2. 按规律填数。

（1）2.7、3.4、4.1、（　　）、（　　）

（2）9.5、8.4、7.3、6.2、（　　）、（　　）

（3）2.2、7.2、12.2、（　　）、22.2、（　　）

等级分数	具体描述
0	未能正确作答
1	能正确作答 1—2 空
2	能正确作答 4 空
3	能全部正确作答

3. 一根竹竿垂直插入水池中，竹竿插入淤泥部分的长度是 0.6 米，露出水面部分的长度是 0.7 米，水池深 2 米 2 分米。这根竹竿长多少米？

等级分数	具体描述
0	未能正确理解题意
1	能正确列出算式
2	能正确解答

第四课时（新授课：用计算器计算——将计算过程交给计算机）

教学目标

1. 掌握用计算器进行一些稍复杂的小数加、减法的计算方法，能正确进行计算，正确率达到 90% 以上。

2. 体会使用计算器进行计算更简单、更快捷，初步学会使用计算器探索一些简单的数学规律。

3. 在借助计算器解决生活中常见的小数加、减法的实际问题的过程中，体会小数加、减法应用的广泛性，感受计算器给人们生活带来的便利。

4. 在学生自主探索过程中，养成独立思考、合作交流的习惯，获得成功的体验，培养对数学的积极情感。

教学过程

一、课前练习

（一）计算练习

1. 口算。

$0.2+0.8=?$　　$0.76-0.36=?$　　$4.8+2=?$　　$6.4-4=?$

$5.4+3.6=?$　　$7.72-6.7=?$　　$3.6+2.1=?$　　$9.1-1.1=?$

2. 出示学生计算过程中的易错的笔算题。

二、突出重点，情境导入

（一）情境导入

1. 创设情境：同学们在超市买过东西吗？李芸在超市购买了下面的物品。出示购物清单，你能从中知道什么？

（指名口答）

追问：表格中的"金额"是怎么得来的？数量关系是什么？

（1）你能估一估她大概花了多少钱吗？怎样估的？

你能用计算器具体算一算，她该付多少钱吗？

在计算器上应该怎样输入买铅笔的钱数？

（教师指导）

学生列式并用计算器计算。

全班交流：自己的方法不同在哪里？怎样按键更简便？

模仿练习：用计算器计算下面各题。

$4.75+12.63=$　　$7.03-0.895=$　　$0.268+3.87=$

用计算器再算一遍，进行检验。

（2）如果李芸付出 100 元，应找回多少元？

数量关系是什么？

学生列式，用计算器计算。

用计算器计算需要注意哪些问题？

（3）第 52 页试一试，用计算器计算并验算。

可以直接利用例 3 的得数来列式计算，也可以用 100 一次减去每种商品的金额。

三、提出问题，引发思考

（一）用计算器探索规律

1. 先用计算器计算，再直接写出最后一道的得数。

$0.9+0.99=?$

$0.9+0.99+0.999=?$

$0.9+0.99+0.999+0.9999=?$

$0.9+0.99+0.999+\cdots+0.9999999999=?$

思考：这几题有什么规律吗？

2. 用计算器计算前三题，探索规律再直接写出第 4 题答案。

$1122 \div 34 =?$

$111222 \div 334 =?$

$11112222 \div 3334 =?$

$111111222222 \div 333334 =?$

3. 解决这类问题，你有什么发现？

有什么问题需要注意吗？

四、巩固延伸，拓展提升

（一）巩固练习

1. 完成第 53 页练习九第 1 题。

做第一行：先用竖式计算，再用计算器验算。

2. 完成第 53 页练习九第 2 题。

用计算器进行计算并填表。

示范：用上月余额减去 9 月 2 日买米、油等的金额等于 9 月 2 日的余额。

用上次余额减去本次用去的金额就等于本次余额。将两次收入相加等于合计收入，7 次支出相加等于合计支出。

3. 完成第 54 页练习九第 6 题。

用竖式计算并用计算器进行验算。

提醒：在规定的时间内完成 6 题，看谁完成得又快又准确。

选择 $7-5.08$，说说用竖式进行计算的时候应该注意些什么？

选择 $3.86+0.34$，说说用计算器进行计算的时候可以怎么算。

4. 思考题。

一个物体从高空下落，经过 4 秒落地。已知第一秒下落的距离是 4.9 米，以后每 1 秒下落的距离都比前一秒多 9.8 米。这个物体在下落前距地面多少米？

5. 课堂小结。

小结学习内容，让学生说说学习体会、收获。

课堂检测

1. 用计算器计算前三题，然后仔细观察，找出规律，再把其他算式补充完整，并直接写出得数。

$88.2 \div 9 = (\quad)$　　$88.83 \div 9 = (\quad)$　　$88.884 \div 9 = (\quad)$　　$88.8885 \div 9 = (\quad)$

$(\quad) \div (\quad) = (\quad)$　　$(\quad) \div (\quad) = (\quad)$

等级分数	具体描述
0	未能正确作答
1	正确填出2空
2	正确填出前4空
3	不仅能正确计算，还能根据规律写出2道

2. 小强带15元去超市购物，超市部分商品价钱如下：

名称	笔记本	铅笔	直尺	小刀	三角板	钢笔
单价/元	6.3	0.60	1.2	2.4	4.5	6.7

如果这几种商品每样买一个，那么还差多少钱？

等级分数	具体描述
0	未能正确作答
1	能正确算出这些商品的总价
2	能正确比较6题

3. 计算。

0.3×5 5×0.05 0.5×6 1.3×4

选择其中一道，说出你的想法。

等级分数	具体描述
0	未能正确作答
1	正确算对1—2道
2	正确算对3道
3	正确算对4道
4	全部算对，并说了想法

第五课时（新授课：小数乘法（1）——小数乘整数）

教学目标

1. 创设情境，引导学生自主探索并初步掌握小数乘整数的计算方法，理解算理，掌握算法，并能正确计算。

2. 在探索计算方法的过程中，进一步体会小数乘法与整数乘法之间的内在联系，培养初步的抽象、概括及合理推理能力。

3. 体会小数乘法在生活中的广泛应用，提高学习数学的兴趣和信心。

教学重点：掌握小数乘整数的计算方法，能正确用竖式计算。

教学难点：计算方法的推导，积的小数位数的确定。

教学过程

一、课前练习

（一）复习铺垫

0.6 里面有（　　）个 0.1，15 个 0.1 是（　　）。

1.25 是（　　）个 0.01，425 个 0.01 是（　　）。

$0.4+0.4+0.4=$

二、突出重点，情境导入

（一）情境引入

1. 创设情境：芳芳的爸爸开了一家水果店，店里的西瓜价格是这样的：夏天卖 0.8 元每千克，冬天卖 2.35 元每千克。

呈现问题：

（1）"夏天买 3 千克西瓜要多少元？"该如何列式？

预设：$0.8+0.8+0.8=?$ 或 $0.8\times 3=?$

（2）师：和以前学习的乘法有什么不同？

揭题：小数乘法。

（3）合作活动：

①每人独立选择一种方法计算 0.8×3，也可以选择其他方法计算。

②四人组内交流你的想法。

（小组交流后全班汇报）

预设：

方法一：单位转换：0.8 元是 8 角，8 乘 3 得 24 角，即 2.4 元。

方法二：转换成加法计算：$0.8+0.8+0.8=2.4$。

方法三：图形模型（用一个正方形表示 1 元）。

方法四：数轴。

方法五：$8\times 3=24$，$0.8\times 3=2.4$。

追问：这里的 8 表示什么？24 呢？

小结：有的同学根据乘法的意义想到用加法算出结果；有的同学把 0.8 元看成 8 角，用整数算出结果，还有的同学借助图形、数轴等方式计算出结果。比较这些不同的计算方法，有什么相同点？

引导得出：0.8 是 8 个十分之一，8 个十分之一乘 3 得 24 个十分之一，就是 2.4。

（4）指导学生用竖式计算。

谁能看着竖式，说说计算过程。

（5）再次回顾 $0.8×3$ 的计算过程。

猜一猜：根据上面的计算过程，猜猜积的小数位数与乘数的小数位数可能存在什么关系？

2. 问题二：冬天买3千克西瓜多少元？

列式：$2.35×3=$

用竖式计算，并说清计算过程。

明确 $2.35×3$，先算 $235×3=705$，2.35 表示 235 个百分之一，7.05 表示 705 个百分之一。

3. 比较算法：计算 $0.8×3$ 我们先把它当作 $8×3$ 来计算；计算 $2.35×3$ 我们把它当成哪两个整数计算？为什么 $0.8×3$ 的积是一位小数，而 $2.35×3$ 的积是两位小数？

4. 试一试：

学生猜一猜积各是几位小数。

用计算器验证。

思考：（1）积的小数位数和乘数的小数位数有什么关系？为什么有这样的关系？

（2）小数和整数相乘，可以怎样计算？积的小数位数怎样确定？

三、巩固延伸，拓展提升

（一）适应练习

1. 练一练第1题，根据 $148×23=3404$，直接写出下面各题的积。

$14.8×23=?$ $148×0.23=?$ $1.48×23=?$

提示：其实都可以先当成 $148×23$，再在结果的相应位置上点上小数点。

2. 练一练第2题的4题。

第2小题，0.18 是两位小数，要在乘得的 90 左边先点上小数点，再在整数部分补上 0；乘得的积是小数，而且小数的末尾有 0 时，通常根据小数的性质进行化简。

（二）口答练习

1. 练习十第1题中的6道题。

快速得出结果的方法：先当整数来口算，再点小数点。

（三）整合练习

1. 练习十第3题。

这里闪电离小华的距离其实就是谁3秒钟走的路程？

2. 练习十第4题。

可以比较路程，也可以比较汽油的升数。

（四）创编练习

$2.5×(\ )=20$，方框里可以填整数几？看来小数乘整数的结果也不一定是小数，也有可能是整数。

归纳：在小数乘整数时，根据情况积的末尾有可能会产生0，这时我们往往要根据小数的性质对积进行化简，因此最后的积也可能是整数。

四、课堂小结

通过这节课的学习，你有什么收获？还有什么问题？

课堂检测

1. 竖式计算。

8.6×7 0.145×24

等级分数	具体描述
0	未能正确作答
1	1题正确
2	2题正确，小数点位置错误
3	2题正确，得数也正确

2. 判断正误（如果错误请解释原因）。

（1）5.08×6 的积是一位小数。

理由：

（2）小数乘整数的积一定是小数。

理由：

（3）求"14个3.6是多少"列式为"$14+3.6$"。

理由：

等级分数	具体描述
0	未能正确作答
1	正确判断1—2题，未能说明理由
2	能正确判断1—2题，理由也正确
3	正确判断3题，但理由有错误
4	正确判断3题，理由也全部正确

3. 计算，并选择一题说明算法。

3.15×10 5.9×1000

等级分数	具体描述
0	未能正确判断
1	能正确计算1题

续表

等级分数	具体描述
2	能正确计算2题，没有说明算法
3	正确计算，并说明了算法

第六课时（新授课：一个小数乘 **10**、**100**、**1000** 的计算规律——小数点变化规律（**1**））

教学目标

1. 使学生借助计算器探索小数点向右移动引起小数大小变化的规律，能够应用规律解决相应的实际问题。

2. 使学生在探索规律的过程中，经历观察、比较、猜想、归纳、验证等一系列数学活动，体验探索数学规律的乐趣，增强学习的兴趣和自信心。

3. 使学生在参与数学活动的过程中，学会与人交流，逐步形成与人合作的习惯和意识。

教学重点：探索一个小数乘 10、100、1000 所引起的小数点位置变化的规律。

教学难点：能用自己的语言归纳小数点位置的右移引起大小变化的规律。

教学过程

一、突出重点，情境导入

激趣引入。

12.345 是一个三位小数，你能不改变这 5 个数字的顺序，但把这个小数变大吗？

揭题：小数点的位置移动规律。

二、合作探究，达成共识

（一）自主探究

1. 用计算器计算。

$5.04 \times 10 = ?$　　　$5.04 \times 100 = ?$　　　$5.04 \times 1000 = ?$

2. 观察这 3 题小数点位置变化情况，想想每道题的积和 5.04 相比，小数点向什么方向移动了几位？

（1）自主填写：

观察这 3 题小数点位置变化的情况：

（　　）乘 10，小数点向（　　）移动了（　　）位。

（　　）乘 100，小数点向（　　）移动了（　　）位。

（　　）乘 1000，小数点向（　　）移动了（　　）位。

（2）从中你找到了什么规律？

（二）小组讨论

（小组汇报、补充）

质疑：这个发现是不是符合所有的算式呢？

举例验证：再任意举几个小数分别乘 10、100、1000 来验证得出的结论。

总结：一个小数乘 10、100、1000……只要把这个小数的小数点向右移动一位、两位、三位……

教学例 3：

根据表中的信息，说说从表格中知道了什么？

预设：A. $0.351 \times 1000 = 351$（克），B. 0.351 千克 =351 克。

交流：把 0.351 千克改写成用"克"做单位的数，可以怎么办？

明确：要把"千克"改写成用"克"做单位，可以用 0.351×1000，计算时，直接把 0.351 的小数点向右移动三位。

三、巩固延伸，拓展提升

（一）适应练习

1. 第 57 页"试一试"。

能不能根据今天学习的小数点移动引起的变化规律，直接移动小数点，得出结果。

2. 练一练第 1 题。

引导学生选一道在黑板上演示小数点移动的过程，特别是小数点移动过程中位数不够时用 0 来补的那种情况。

3. 练一练第 2 题。

提示：先仔细观察小数点的移动情况，再想扩大的倍数。

（二）口答练习

1. 练习十第 5 题中的 6 道题。

2. 练习十第 6 题。

提示：先思考单位之间的进率，再填空。

（三）整合练习

练习十第 8 题。

两个不同的问题，各需要哪些不同的条件呢，在计算时又要注意些什么？

（四）创编练习

1. 把（　　）的小数点去掉后，这个数就扩大了 100 倍，变成 2.1。

点拨：把一个小数的小数点去掉是什么意思？

2. 把 3 扩大 1000，其实就是把小数点向（　　）移动了（　　）位，变成（　　）。

归纳：其实整数乘法中一个因数如果是 10、100、1000……的，也可以用今天学的规律来做，这说明了数学知识之间内在的联系性。

四、课堂小结

通过这节课的学习，你有什么收获？还有什么问题？

课堂检测

1. 0.81 米 =（　　　）厘米　　1.23 千克 =（　　　）克
   0.12 平方千米 =（　　　）公顷　　6.302 升 =（　　　）毫升

等级分数	具体描述
0	未能正确作答
1	正确完成 1 题
2	正确完成 2 题
3	正确完成 3 题
4	正确完成 4 题

2. 一个小数去掉它的小数点后，比原来大了 98.01，这个两位小数是多少？

等级分数	具体描述
0	未能正确作答
1	能正确理解这是两位小数
2	能正确列式，思路正确
3	正确解决

3. 计算（用文字或算式说清楚你是怎样想的）。
   $4.8 \div 4$　　$0.72 \div 24$

等级分数	具体描述
0	未能正确计算
1	能正确计算 1 题
2	能正确计算 2 题，没有说明算法
3	正确计算，并说明算法

第七课时（新授课：小数除法（1）——除数是整数的小数除法）

教学目标

1. 在具体情景中探索并初步掌握除数是整数的小数除法的计算方法，懂得商的小数点与被除数的小数点对齐的道理，会用竖式进行计算。

2. 在探索计算方法的过程中，进一步体会数学知识之间的内在联系，培养初步的抽象、概括以及合情推理能力，感受数学探索活动的乐趣。

3. 养成认真计算，自觉验算的好习惯。

教学重点：除数是整数的小数除法的计算方法，理解算理。

教学过程

一、课前复习

（一）复习铺垫

1. 填空。

（1）2 里面有（　　）个十分之一，0.2 里面有（　　）百分之一。

（2）6 个 10 除以 3，得 2 个（　　）。20 个 1 除以 5，得 4 个（　　）。

2. 用竖式计算。

$96 \div 3 =$?　　　$432 \div 42 =$?

小结：整数除法怎样计算？需要注意哪些问题？

二、提出问题，引发思考

（一）自主学习

1. 提出问题。

（1）从表格中你能获得哪些信息？

（2）每种水果的单价是多少，你会列式吗？

板书：$9.6 \div 3 =$?　　　$12 \div 5 =$?　　　$5.7 \div 6 =$?

观察这里的除法算式，和我们以前学习的有什么不同？

（被除数是小数）

揭题：今天我们就一起来研究"小数除以整数"。（板书课题）

2. 计算苹果的单价。

（1）你能想办法算出苹果的单价是多少吗？先独立思考，再把你的想法在小组里交流一下。

小组汇报：

方法一：9.6 元 = 96 角，96 角 $\div$ 3 = 32 角，32 角 = 3.2 元；

方法二：9 $\div$ 3 = 3（元），6 $\div$ 3 = 2（角），3 元 2 角 = 3.2 元；

方法三：数轴模型；

方法四：图形模型（把一个正方形看成 1 元）；

方法五：竖式计算。

（2）比较：这些不同的方法之间有什么相同和不同？

明确：实质都是把 9.6 看成 96 个 0.1，96 除以 3 得到 32 个 0.1。

（3）反馈交流：怎样用竖式计算呢？

提问：商的小数点应该在哪里？商的小数点为什么要和被除数的小数点对齐？（板

书：小数点对齐）

（因为被除数的小数部分的 6 表示 6 个 0.1，平均分成 3 份，就是 2 个 0.1，就是 0.2。）

3. 计算香蕉的单价。

香蕉的单价你会用竖式计算吗？自己尝试算一算。

教师板书竖式：出现了什么问题？（除到末位有余数）。

提问：得到余数 2 以后，能不能继续往下除呢？怎么继续往下除呢？（在余数 2 后面添 0）为什么可以在 2 的后面添 0？

师追问：添 0 后的 20 表示 20 个几分之一？还要注意什么？小数点点在哪里？

指出：添 0 时，就应该在商的个位后面及时点上小数点。

4. 计算橘子的单价。

估一估，橘子的单价大约是多少元呢？（大约零点几元）。

怎样列竖式计算呢？学生独立尝试计算。

师：在计算中出现了什么问题？你是怎么解决的？（个位不够商 1）

师追问：整数部分商 0 后，应把 5.7 看作 57 个几分之一？再怎么办？出现余数 3 后又怎么办？

5. 验算结果。

怎样检验上面 3 道除法算式计算得对不对呢？用乘法验算，指明学生口答。

6. 除数是整数的小数除法，可以怎样计算？

小组内交流。

小结：计算小数除以整数可以按照整数除法的计算方法去除，再对齐被除数的小数点在商上点上小数点。在计算中，如果个位不够商 1 就商 0，如果有余数，就在余数后面添 0 继续除。

三、巩固延伸，拓展提升

（一）分层练习

1. 教学"试一试"。

提问：在计算中应注意什么？

2. 练习十三第 1 题。

学生独立计算后比较：小数除法和整数除法在计算过程中有什么相同点？都要从高位算起，除得的余数都要和下一位合起来继续往下除。

四、课堂小结

通过今天的学习，你有什么收获？

课堂检测

1. 竖式计算并验算。

$33.6 \div 8$　　$8.28 \div 36$　　$0.169 \div 13$　　$17 \div 4$

等级分数	具体描述
0	未能正确作答
1	正确计算1—2题
2	正确计算3题
3	正确计算4题

2. 妈妈买了4千克橘子共用去10元钱，平均每千克橘子需几元？1元能买到多少千克橘子？

等级分数	具体描述
0	未能正确作答
1	正确列式，并未算对
2	正确列式，并算对1题
3	两问全对

3. 计算并选择一道说明算法。

3.18÷100   32.6÷1000

等级分数	具体描述
0	未能正确作答
1	正确算对1题，没有给予解释
2	正确算对2题，没有给予解释
3	正确算对2题，并给予解释

第八课时（新授课：一个小数除以10、100、1000的计算规律——小数点变化规律（2））

教学目标

1. 使学生理解并掌握由小数点向左移动引起小数大小变化的规律，能运用规律正确口算一个数除以10、100、1000……的商。

2. 自主探索小数点向左移动引起小数大小变化的规律。

3. 在探索规律的过程中，培养学生初步的观察、比较、归纳和概括的能力。激发学生主动探索数学规律的兴趣。

教学重点：理解并掌握小数点向左移动引起小数大小变化的规律。

教学难点：运用规律口算一个数除以10、100、1000……的商，尤其是位数不够时的口算方法。

教学过程

一、课前练习

（一）复习铺垫

1. 口算。

第一组：5000÷10   5000÷100   5000÷1000

仔细观察，你有什么发现？

第二组：2.15×10＝?   21.5×100＝?   21.5×1000＝?

如果是一个数除以10、100、1000……这个小数的小数点怎样移动呢？（板书课题）

二、突出重点，情境导入

（一）问题引入

1. 用计算器计算。

21.5÷10＝?

21.5÷100＝?

21.5÷1000＝?

2. 仔细观察得到的商与21.5比较，说说小数点的位置发生了什么变化？

（小组内交流）

把一个小数除以10、100、1000……这个小数的小数点分别向什么方向移动了几位？

建立初步猜想：一个小数除以10、100、1000……只要把这个小数的小数点向左移动一位、两位、三位……

3. 举例验证猜想。

每人再任意写一个数，分别除以10、100、1000，观察小数点位置变化情况，看看我们的猜想是否正确。

4. 教学例6。

（1）让学生说说从表中能知道什么。

（2）提出"长颈鹿的体重是多少吨"这一问题，引导学生理解：这个问题就是让我们把500千克改写成以"吨"做单位的数。

板书：500千克＝（   ）吨。

（3）提问：你会把500千克改写成以"吨"做单位的数吗？可以怎样想？先在小组里互相说说。

（4）组织交流并明确：要把500千克改写成以"吨"做单位的数，可以用500除以1000。计算500除以1000可以直接把500的小数点向左移动三位。

5. 结构梳理。

一个数乘 10、100、1000……这个小数的小数点怎样移动？

一个数除以 10、100、1000……这个小数的小数点怎样移动？

引导学生梳理知识，理解小数点的位置移动规律。

三、巩固延伸，拓展提升

（一）多层练习

1. 完成 61 页试一试。

225 千克＝（　　）吨　　40 千克＝（　　）吨

你是怎么填的，又是怎样想的？把 40 的小数点向左移动三位，可它的整数部分只有两位，你是怎么处理的？

2. 完成 61 页练一练第 1 题。

讨论：0.8 除以 10、100、1000 时，你是怎样想的？把 0.8 的小数点向左移动时要先做什么？

3. 完成 61 页练一练第 2 题。

独立完成，小组交流。

4. 完成 62 页练习十一第 4 题。

5. 完成 62 页练习十一第 6 题。

说说表格中用到的数量关系是什么？

四、课堂小结

通过这节课的学习你有哪些收获？

课堂检测

1. 将一个小数的小数点先向左移动两位，再向右移动三位，其结果是（　　）。

A. 扩大 10 倍　　B. 缩小 10 倍　　C. 扩大 100 倍　　D. 缩小 100 倍

等级分数	具体描述
0	未能正确作答
1	给予了解释，但没有选对
2	选择正确

2. 甲乙两数的差是 10.8，乙数的小数点向右移动一位正好和甲数相等。那么，甲乙两数各是多少？

等级分数	具体描述
0	未能正确作答
1	能意识到甲是乙的 10 倍
2	思路正确，结果错误

续表

等级分数	具体描述
3	能正确作答

3. 竖式笔算：$0.26 \times 6.5 =?$　　$4.9 \times 6.5 =?$

等级分数	具体描述
0	未能正确计算
1	能正确计算1题
2	能基本正确计算2题，但有错误
3	2题全对

第九课时（新授课：小数乘法（2）——小数乘小数（转化思想））

教学目标

1. 让学生自主探索，理解并掌握小数乘小数的计算方法，并能正确进行计算。
2. 在探索计算方法的过程中，培养初步的推理和抽象、概括的能力；进一步体会数学知识之间的内在联系。
3. 培养学生的友好合作意识和自主探究解决问题的能力。

教学重点：自主探索小数乘小数的基本笔算方法，初步掌握计算技能。

教学难点：积的小数位数的确定。

教学过程

一、课前练习

（一）复习练习

1. 用竖式计算。

$0.57 \times 23 =?$　　$2.5 \times 44 =?$

说说你是怎么算的？

2. 根据 $13 \times 12 = 156$，直接写出下面各题的积。

$1.3 \times 12 =?$　　$13 \times 1.2 =?$　　$1.3 \times 1.2 =?$

说说你的想法？最后一题和前面学习的有什么不同？

前面的都是小数乘整数，1.3×1.2 是小数乘小数。（揭示课题：小数乘小数）

二、提出问题，引发思考

（一）自主探究

1. 自学例7。

（1）出示例题的情境图，引出小数乘小数的计算问题。

提问：从图中你能知道哪些数学信息？

（2）根据所求的问题列出算式3.8×3.2。

（3）估算结果，说说你怎么估算的？

（4）尝试用竖式解答。（你遇到什么问题？）

小组内交流算法。展示不同的计算过程与结果，说说谁算得对？为什么？

在交流互动中明确两个乘数都乘10，积要乘100，要得到原来的结果必须除以100。

（5）出示竖式计算变化图。

全班交流：先把这两个小数都看作整数，按照整数乘法计算，再联系乘积的变化规律想一想，怎样才能得到原来的积？

三、巩固延伸，拓展提升

（一）适应练习

1. 学生独立完成"试一试"。

2. 讨论：

（1）让学生说说两个乘数的小数位数与积的小数位数有什么关系？

（2）联系之前的小数乘整数，思考小数乘法应该怎么计算？

学生在小组内交流。

小结方法：第一，先要把小数乘小数当作整数乘法进行计算，再看乘法中有几位小数，就从乘得的积右边起数出几位，点上小数点；第二，当乘得的积的末尾有0时，要先点上小数点，再根据小数的性质化简。

3. 练一练1、2。

学生独立完成。怎么确定积的小数位数的？

（二）专项练习

练习十二第2题。找出错误所在，分析错误原因，并订正。

（三）整合练习

练习十二第3题。

估算方法可以不同。

（四）创编练习

根据48×67=3216，你能填一填吗？

（　　）×（　　）=0.3216　　（　　）×（　　）=0.3216　　（　　）×（　　）=0.3216

四、课堂小结

通过这节课你对小数加、减法计算有哪些进一步的认识？还有哪些体会或不清楚的地方？

课堂检测

1. 竖式计算。

3.9×0.7 14.5×0.24

等级分数	具体描述
0	未能正确计算
1	能正确计算1题
2	能基本正确计算2题，但有错误
3	2题全对

2. 填空题。

（1）计算 4.26×0.7 时，先算（　　）×（　　），积是（　　），再从右边数出（　　）位，点上小数点。

（2）两个乘数的积是0.023，如果一个乘数乘10，另一个乘数乘100，那么积是（　　）。

等级分数	具体描述
0	未能正确作答
1	能正确作答2—3空
2	能正确作答第1题
3	2题全对

3. 笔算。

0.08×0.39 0.16×0.055

等级分数	具体描述
0	未能正确计算
1	能正确计算1题
2	能基本正确计算2题，但有错误
3	2题全对

第十课时（新授课：小数乘法（3）——小数乘小数（竖式计算））

教学目标

1. 经历自主探索积点小数点时位数不够的方法，理解算理，并能正确计算。
2. 培养比较、概括、类比迁移的数学思维能力和初步的推理和抽象、概括的能力。
3. 感受数学的魅力，增强数学意识，提高学习数学的兴趣。

教学重点：乘积里小数点的位置。使学生掌握确定积的小数位数时，位数不够时用0补足。

教学过程

一、课前练习

（一）竖式练习

计算下面各题：

$2.6 \times 1.2 = ?$ $9.6 \times 1.02 = ?$

小数乘小数，应当怎样笔算？

计算过程中，有什么问题需要提醒大家注意？

指出：小数乘法都按整数乘法方法计算，关键是确定积的小数位数，看乘数里共有几位小数，积就有几位小数。

二、提出问题，引发思考

（一）自主探究

1. 自学例8。

出示例题（投影）

（1）花架的占地面积是多少平方米？怎样列式？

指名回答，师板书算式。

（2）学生试做，然后在小组内交流算法。

$$\begin{array}{r} 0.2\,8 \\ \times\ 0.2\,8 \\ \hline 2\,2\,4 \\ 5\,6 \\ \hline 0.0\,7\,8\,4 \end{array}$$

展示学生不同的计算过程。

思考：这里要注意什么问题？

交流：要从积的右边起数出几位点上小数点？在积里点小数点时，位数不够的，怎么办？

三、巩固延伸，拓展提升

（一）多层练习

1. 基础题："练一练"。

重点指出：在积里点小数点时，位数不够的，要在前面用0补足。

积的小数末尾有0时，要先点小数点，然后根据小数的性质进行简化。

2. 专项题：练习十二第4题。

学生直接根据每栏中两个乘数的小数位数，确定积的小数位数。

先示范比较表中第 2 栏与第 1 栏的乘数，引导学生发现两个乘数分别等于第 1 栏的两个乘数除以 10，所以积应该等于 720 除以 100。

练习十二的第 6 题。

3. 整合题：练习十二第 7 题。

说说列式时所依据的数量关系。

四、课堂小结

这节课你对小数加、减法计算有哪些进一步的认识？还有哪些体会或不清楚的地方？

课堂检测

1. 笔算。

2.52×0.34 1.09×0.25

等级分数	具体描述
0	未能正确计算
1	能正确计算 1 题
2	能基本正确计算 2 题，但有错误
3	2 题全对

2. 一块长方形菜地，长 20.5 米，宽 3.2 米。如果每平方米能收白菜 15 千克，那么这块菜地可以收白菜多少千克？

等级分数	具体描述
0	未能正确作答
1	能正确列式算出面积
2	能正确算出最后结果

3. 计算下面各题，得数保留一位小数。

5.2×3.4 0.16×20.5

等级分数	具体描述
0	未能正确计算
1	能正确计算 1 题，但最后结果错误
2	能基本正确计算 2 题，但有错误
3	计算和求近似数全部正确

第十一课时（新授课：积的近似值——四舍五入）

教学目标

1. 能根据要求正确运用"四舍五入"的方法求积的近似值。
2. 初步了解求积的近似数时表示的精确程度，理解求得积的近似数时，小数末尾的 0 不能去掉。
3. 进一步培养学生运用旧知和类比推理的能力。

教学重点：会用"四舍五入"的方法求积的近似值。

教学过程

一、课前练习

（一）复习铺垫

1. 口算。

0.5×0.6　　0.3×0.3

3.5×0.2　　0.7×0.11

3.2×3　　0.125×8

$1-0.48$　　0.94×1

2. 写出下表中的近似值。

	精确到个位	精确到十分位	精确到百分位	精确到千分位
0.8054				
1.97				

二、提出问题，引发思考

（一）自主学习

1. 交流预习作业。

（1）指名回答 1。

（2）指名回答 2。

说说求近似值的方法。

2. 出示例题：王大伯家前年收入 3.18 万元，去年的收入是前年的 1.6 倍。去年大约收入多少万元？（得数保留两位小数）

（1）说说计算方法，列出算式。

（2）板书：$3.18 \times 1.6 \approx ($　　$)$。

3. 根据解答过程想一想、说一说。

（1）积怎样保留两位小数？

（2）怎样规范地书写横式和答句？

4. 66 页练一练。

求出下面各题积的近似值。
（1）得数保留一位小数：
7.2×0.009　　0.86×3.2
（2）得数保留两位小数：
0.28×0.7　　5.89×3.6

三、巩固延伸，拓展提升
（一）多层练习
1. 67页练习十二第9、10题中各选第1小题。
2. 68页练习十二第11题。
这里学生作业时，注意强调一个书写格式问题。应用题如果在作业中不展现竖式过程，则要求横式先求出准确值后再保留小数位数。

四、课堂小结
通过本节课的学习，你有哪些收获？

课堂检测

1. 计算下面各题，得数保留两位小数。
$0.03 \times 50.7 \approx$　　$0.16 \times 20.5 \approx$

等级分数	具体描述
0	未能正确计算
1	能正确计算1题，但最后结果错误
2	能基本正确计算2题，但有错误
3	计算和求近似数全部正确

2. 判断并说明理由。
（1）2.4×2.4的结果是一位小数。
（2）要求保留一位小数时，8.0可以写成8。
（3）两个乘数的积是两位小数，"四舍五入"求近似值是6.3，这个数是6.34。

等级分数	具体描述
0	未能正确作答
1	能正确判断1题
2	能正确判断2题，并说明理由
3	能正确判断3题，并说明理由

3. 计算下面各题。
$9.5 \div 0.33$　　$4.95 \div 0.33$

等级分数	具体描述
0	未能正确计算
1	能正确计算 1 题
2	能基本正确计算 2 题，但有错误
3	全部正确

第十二课时（新授课：小数除法（2）——除数是小数的除法（转化思想））

教学目标

1. 通过自主探索，理解并掌握一个数除以小数的方法，并能正确进行计算。

2. 使学生在探索计算方法的过程中，初步体会"转化"思想的价值，感受数学思考的严谨性，进一步培养清楚的表达和思考的能力。

3. 使学生进一步体会所学知识与现实生活的联系，感受应用所学知识解决问题的乐趣，培养学习数学的积极态度。

教学重点：使学生理解小数除法的计算方法，懂得商的小数点和被除数的小数点对齐的道理，并能正确进行计算。

教学难点：理解"被除数的小数点位置的移动要随着除数的变化而变化"。

教学过程

一、课前练习

（一）复习铺垫

1. 口算。

$4.2 \div 6$　　$0.35 \div 7$　　$0.3 \div 5$　　$5.6 \div 8$　　$14.7 \div 7$

2. 用竖式计算：$79.8 \div 42$。

指名板演竖式过程并说说计算方法。

3. 填空：$15 \div 5 = 150 \div (\quad) = (\quad) \div 500$

商不变的规律：被除数和除数同时（　　）或（　　）一个相同的数（0 除外），商不变。

$1.5 \div 0.5 = (\quad) \div 5$

$5.28 \div 0.32 = (\quad) \div 32$

$2.3 \div 0.05 = (\quad) \div (\quad)$

二、提出问题，引发思考

（一）自主学习

1. 自学例10。

（1）出示例10：怎样列式计算？你是怎样想的？

$7.98 \div 4.2 = ?$

这道算式和以前学的有什么不同？（除数是小数）

（2）怎样计算 $7.98 \div 4.2$？先独立思考，再在小组里交流，你有什么办法？

学生活动，巡视指导。

交流：把7.98元和4.2元都转化成单位是角的数，79.8角÷42角，再计算。

把7.98和4.2都乘10，就转化成 $79.8 \div 42$，除数是整数的小数除法我们已经学过了。

$79.8 \div 42$ 的商与原来 $7.98 \div 4.2$ 的商相等吗？根据是什么？

（3）除数是小数的除法怎样计算？

学生讨论：被除数和除数同时扩大相同的倍数，商怎么样？（不变）怎样把这道题转化成除数是整数的除法？把7.98和4.2都乘10，变成 $79.8 \div 42$。

把7.98和4.2都乘10，变成 $79.8 \div 42$。

（4）你能把这道题做完吗？

（5）归纳方法。

在小组中说说怎样把除数是小数的除法转化成除数是整数的除法？

（先划去除数的小数点，将除数转化成整数，除数的小数点向右移动了几位，被除数的小数点也向右移动几位，再按照一个数除以整数的方法计算。）

三、巩固延伸，拓展提升

（一）多层练习

1. 基本练习。

（1）练一练第1题先让学生在书上直接填数，说说被除数和除数同时乘以几，主要是根据谁的小数位数来决定的？为什么？

（2）完成练一练第2题。

2. 专项练习。

完成练习十三第3题。说说每道题错误的原因，强调一个数除以小数的算理。

3. 应用练习。

完成练习十三第4题。说说你是怎么想的？渗透"路程÷速度＝时间"

变式：蜗牛25分钟能爬行多少厘米？合多少米？

四、课堂小结

通过本节课的学习，你有哪些收获？

课堂检测

1. 笔算。

$4.554 \div 1.8 = ?$　　$11.28 \div 2.4 = ?$

等级分数	具体描述
0	未能正确计算
1	能正确计算1题
2	能基本正确计算2题，但有错误
3	全部正确

2. 判断并说明理由。

（1）两个数相除，商是3.52，如果被除数和除数都扩大到原来的10倍，那么商也扩大10倍。（　　）理由：

（2）$0.48 \div 0.14 = 0.04$。（　　）理由：

等级分数	具体描述
0	未能正确作答
1	能正确判断1题
2	能正确判断1题，并说明理由
3	能正确判断2题，并说明理由

3. $5.4 \div 0.09 = ?$ $96 \div 0.64 = ?$

选择一道说出想法：

等级分数	具体描述
0	未能正确计算
1	能正确计算1题
2	能基本正确计算2题，但有错误
3	全部正确

第十三课时（新授课：小数除法（3）——除数是小数的除法（竖式计算））

教学目标

1. 通过自主探索，理解并掌握一个数除以小数的方法，并能正确进行计算。

2. 使学生在探索计算方法的过程中，初步体会"转化"思想的价值，感受数学思考的严谨性，进一步培养清楚地表达思考过程的能力。

3. 使学生进一步体会所学知识与现实生活的联系，感受应用所学知识解决问题的乐趣，培养对数学学习的积极情感。

教学重点：使学生理解小数除法的计算方法，懂得商的小数点和被除数的小数点对齐的道理，并能正确进行计算。

教学难点：理解"被除数的小数点位置的移动要随着除数的变化而变化"。商的小数点的位置以及除法竖式的写法。

教学过程

一、课前复习

1. 在括号里填上恰当的数。

$0.24 \div 0.4 = ($ 　　$) \div 4$　　　$0.24 \div 0.04 = ($ 　　$) \div 4$

$5.8 \div 0.2 = ($ 　　$) \div 2$　　　$58 \div 0.2 = ($ 　　$) \div 2$

2. 口算。

$4.2 \div 0.6 = ?$　　　$0.35 \div 0.07 = ?$　　　$0.3 \div 0.5 = ?$

除数是小数的除法怎样口算？

3. 竖式计算。

$0.588 \div 0.49$

在计算过程中，要注意哪些问题？

二、提出问题，引发思考

（一）自主学习

1. 自学例 11。

（1）从例题的图和统计表中，你获得了哪些信息？

（2）要求妈妈买萝卜多少千克？你会列式吗？

$1.5 \div 0.75 = ?$

（3）你会用竖式计算吗？

要想把这道题转化成除数是整数的除法，除数要乘几？被除数呢？

将除数变成整数时，被除数的小数点怎样移动？怎样补 0？

小结：把这道题转化成除数是整数的除法，除数和被除数要同时乘100，被除数的小数部分的位数比除数少，被除数乘100，也就是小数点向右移动两位位数不够时，要在被除数的末尾用 0 补足。

（4）试一试。

买番茄多少千克？

像试一试中被除数是整数可以看成特殊的小数，其小数点位于个位的右下角。

三、巩固延伸，拓展提升

（一）多层练习

1. 70 页练一练。

2. 73 页练习十三 5。

说说被除数的小数点应该怎样移动。

3. 73页练习十三 6。

其余学生做在作业本上。

交流：你是怎样移动小数点的？

四、课堂小结

通过本节课的学习，你有哪些收获？

课堂检测

1. 笔算。

$76.8 \div 0.64 = ?$ $12.8 \div 0.016 = ?$

等级分数	具体描述
0	未能正确计算
1	能正确计算1题
2	能基本正确计算2题，但有错误
3	全部正确

2. 在括号里填合适的答案。

$0.045 \div 1.5 = ($　　$) \div 15$；$1.08 \div 0.2 = 1.08 \times ($　　$)$；$1.5 \div 0.12$ 的商的最高位在（　　）位上；$0.9 \div 0.045$ 的商的最高位在（　　）位上。

等级分数	具体描述
0	未能正确作答
1	能正确作答1题
2	能正确作答2题
3	能正确作答3题
4	能正确作答4题

3. 计算下面各题，得数精确到十分位。

$3.9 \div 1.4 \approx$　　　$18 \div 29 \approx$

等级分数	具体描述
0	未能正确计算
1	能正确计算1题
2	能基本正确计算2题，但有错误
3	全部正确

第十四课时（新授课：商的近似值——四舍五入）

教学目标

1. 使学生进一步掌握小数除法的计算方法，体会商的近似值的实际意义，能根据要求用四舍五入的方法求商的近似值；认识除法的一些规律，能根据除数的大小判断商与被除数的大小关系；初步了解循环小数及循环小数的记数。

2. 使学生进一步了解四舍五入取近似值在小数计算中的应用，感受知识的应用；培养比较、抽象、概括和判断、推理等思维能力，发展计算技能和相应的数感。

3. 使学生主动参与思考与解决问题的活动，感受获得知识、方法的心理满足，提高学习数学的自信心。

教学重点：掌握用"四舍五入法"取商的近似值的方法。

教学难点：能根据要求用"四舍五入法"求小数除法中商的近似值，初步认识循环小数。会用"去尾"或"进一"的方法求近似值。

教学过程

一、课前复习

（一）复习铺垫

1. 填表。

	保留一位小数	保留两位小数	保留三位小数
0.7064			
9.26			

怎样求一个数的近似数？

二、提出问题，引发思考

（一）自主学习

1. 自学例11。

出示例题：知道哪些信息，怎样列式？

（1）学生独立尝试用竖式计算：遇到了什么问题？

（2）结合板书小结：如果继续除下去，余数重复出现40，商重复出现6。像0.666…这样的小数是循环小数（板书：循环小数，并指导阅读72页页脚内容）。根据需要，可以用"四舍五入法"取循环小数的近似值。

（3）提问：把这道题得数保留两位小数是多少？你是怎么想的？

（4）追问：如果要保留三位小数，你一般要算到哪一位？精确到十分位、百分位、千分位，一般又各要算到哪一位呢？

通过讨论交流使学生明确：一般计算的时候要比所要保留的位数多算一位，用"四舍五入法"取近似值。

2. 71 页 "练一练"。

谈话：用计算器算一算，海豚和飞鱼的最高游速大约各是每分钟多少千米？（得数保留两位小数）

三、巩固延伸，拓展提升

（一）多层练习

1. 74 页练习十三第 9 题第 1 小题。

提问：通过计算你认为应该注意些什么？（得数保留两位小数，只要除到千分位，再四舍五入。）

2. 74 页练习十三第 10 题。

提问：通过解决这个问题你有什么体会？（结合生活，合理取近似值。）

四、课堂小结

通过本节课的学习，你有哪些收获？

课堂检测

1. 用竖式计算，得数保留两位小数。

$14.8 \div 3.3 \approx$ 　　$75.9 \div 8 \approx$

等级分数	具体描述
0	未能正确计算
1	能正确计算 1 题，并说明理由
2	能基本正确计算 2 题，但有错误
3	全部正确

2. 判断并说明理由。

（1）求商的近似数时，若要保留两位小数，一般除到百分位就可以。（　　）理由：
（2）$0.025 \div 5$ 的商保留两位小数是 0.01。（　　）理由：
（3）$0.82 \div 0.4$，商是 2，余数也是 2。（　　）理由：

等级分数	具体描述
0	未能正确作答
1	能正确判断 1 题
2	能正确判断 2 题，并说明理由
3	能正确判断 3 题，并说明理由

3. 张老师带 500 元去买篮球，每个篮球 40 元，张老师最多可以买多少个篮球？（怎样取近似值更合理？）

等级分数	具体描述
0	未能正确计算
1	能正确列式计算
2	能正确列式计算，但取值方法错误
3	结果也正确

第十五课时（新授课：小数四则混合运算——简便计算）

教学目标

1. 使学生知道小数四则混合运算的顺序和整数相同，整数加法和乘法的运算律对于小数加法、乘法同样适用；能按顺序正确计算小数四则混合运算的得数，能够运用乘法运算律使有关小数的计算更为简便。

2. 使学生联系实际问题了解小数四则混合运算的运算顺序，通过举例知道整数运算律适用于小数计算，发展学生观察、比较和抽象、归纳等思维能力；能运用运算律合理、简捷地计算混合运算的得数，提高运算能力。

3. 使学生提升主动参与数学活动的意识，在学习中获得快乐；进一步培养认真、耐心和有错就改的学习习惯。

教学重点：小数四则混合运算的顺序和简便运算。

教学难点：选择合理的算法使小数混合运算计算更为简便。

教学过程

一、课前复习

（一）复习铺垫

1. 简便计算。

$65 \times 38 + 35 \times 38$　　$80 \times (125 + 25)$

$37 + 197 + 63$　　$364 - (64 + 125)$

说说根据的是什么运算律？

2. 说说下面各题的运算顺序，再计算。

$3 \times 4 \div 3 \times 4$　　$125 - 2 + 8$　　$15 + 5 \times 12 \div 5$　　$45 \div [3 \times (12 - 9)]$

（1）说说运算顺序：同级运算（只有加减或只有乘除）从左往右依次计算。

不同级运算（既有加减还有乘除）先乘除，后加减。有括号的先算括号里的。

（2）整数的运算律和运算顺序在小数中能不能用呢？这是今天我们要学习的内容。

板书课题：小数四则混合运算。

二、提出问题，引发思考

（一）自主学习

1. 出示 76 页例 14。

（1）从图上可以收集到哪些信息？

（2）要求这块地的面积有哪些方法呢？请列出算式。

$6.5 \times 3.8 + 3.5 \times 3.8 = 24.7 + 13.3 = 38$（平方米）

$(6.5 + 3.5) \times 3.8 = 10 \times 3.8 = 38$（平方米）

对照这两种方法可以发现什么？

2. 完成 76 页填空，观察每组两个算式有什么关系？你能发现什么规律？

整数运算律，对小数乘法同样适用。

三、巩固延伸，拓展提升

（一）适应练习

1. "练一练"第 2 题和练习十四的第 3 题第二数列，用简便方法计算。

点拨：$0.25 \times 36 = 0.25 \times 4 \times 9$ 运用了什么运算律？

$2.4 \times 1.02 = 2.4 \times (1 + 0.02)$ 运用了什么运算律？

2. "练一练"第 1 题先说出各题的运算顺序，再计算。

（二）口答练习

1. 练习十四第 1 题。

提醒：（1）数位对齐；（2）从个位算起；（3）不要忘加小数点。

（三）整合练习。

1. 练习十四第 4 题。

提示：要求这四名同学完成接力赛的总时间，只要把表中的四个数据相加就可以了；而求这四个数连加的和时，可以应用加法的交换律和结合律使计算简便。

2. 练习十四第 5 题。

点拨：（1）$400 \times 0.25 \times 0.35$ 先算 400 棵向日葵可收葵花子的千克数，再算可榨油的千克数；（2）$0.25 \times 0.35 \times 400$ 先算每棵向日葵可榨油的千克数，再算 400 棵向日葵可榨油的总千克数。

四、课堂小结

通过今天的学习，你有什么收获？在计算中有什么要提醒其他同学注意的？

课堂检测

1. 简便计算。

0.85×99 $86 \div (0.86 \times 4)$ 2.4×1.02

等级分数	具体描述
0	未能正确作答
1	正确计算1题
2	正确计算2题
3	正确计算2题

2. 把一个数的小数点向右移动一位后，得到的数与原来的数和是19.8，原数是（　　）。

等级分数	具体描述
0	未能正确作答
1	能正确理解题意
2	能正确解答

3. 某车队运送一批纯净水到地震灾区，原计划每小时行驶72千米，12.5小时到达灾区，实际每小时行驶90千米。可以提前几小时到达？

等级分数	具体描述
0	未能正确解答
1	能正确算出不变量
2	能正确解答

第十六课时（新授课：小数四则混合运算——实际应用）

教学目标

1. 使学生熟练掌握运算的定律和性质，从而使运算简便。
2. 认识并了解小数四则混合运算中的几种简便计算形式。
3. 提高学生的审题能力，培养学生思维的灵活性和创造性。

教学重点：运算定律在小数四则混合运算中的使用方法，进一步掌握小数四则混合运算的运算顺序，并能正确熟练地进行运算。

教学难点：进一步提高学生应用小数四则混合运算解决实际问题的能力。

教学过程

一、课前练习

（一）基础练习

1. 简便计算。

137 − 46 − 54   128 − (67 + 28)   450 ÷ 6 ÷ 5   81 ÷ (9 × 3)

上面各题运用了减法和除法的什么性质？用字母表示出来。

2. 这些性质在小数中能否适用呢？今天我们继续研究。

二、提出问题，引发思考

（一）自主学习

1. 出示练习十四第 6 题。

（1）说说每题的运算顺序，独立计算。

（2）观察每组中的 2 道题，对比一下，你发现什么？

问：每组中哪一题计算起来比较容易？

指出：遇到可以简便计算的题目，要尽量用简便计算。

2. 练习十四第 7 题第 1 列。

学生独立完成，怎样算简便就怎样算。

全班校对，选择几道让学生说说简便计算的方法。

3. 练习十四第 8 题。

同桌互相说说平行四边形、三角形和梯形的面积公式，应用公式进行独立计算。

指名 3 个人板演，组织全班交流。

三、巩固延伸，拓展提升

（一）整合练习

1. 练习十四第 9 题。

指名读题，理解题意后独立列式计算。

提醒：列式后要注意运用简便计算，并提醒学生：吨和千克间的进率是 1000。

2. 练习十四第 10 题。

读题，理解什么叫"层高"后，独立完成。

追问：你这样做的理由，特别是最后为什么还要再加 1。

3. 练习十四第 11 题。

学生看懂票据，独立填表。

提醒：在计算时可以把表中的小数化简。

4. 练习十四第 12 题。

学生读题后独立完成，全班交流。

提醒：估计"妈妈大约用去多少元"时，可以把 6.9 元/千克看作 7 元/千克，把 29.8 元/箱看作 30 元/箱。

四、课堂小结

通过本节课的学习，你有哪些收获？

课堂检测

1. 竖式计算并验算。

$33.6 \div 0.8$　　$8.28 \div 3.6$

等级分数	具体描述
0	未能正确计算
1	能正确计算1题
2	能正确计算2题，没有说明算法
3	正确计算，并说明了算法

2. 妈妈买了4千克橘子共用去10元钱，平均每千克橘子需几元？1元能买到多少千克橘子？

等级分数	具体描述
0	未能正确作答
1	正确解答1个问题
2	两问都解答正确

3. 甲乙两数的差是10.8，乙数的小数点向右移动一位正好和甲数相等。请问：甲、乙两数各是多少？

等级分数	具体描述
0	未能正确作答
1	正确解答1个问题
2	两问都解答正确

第十七课时（复习课：小数四则混合运算及其运用）

教学目标

1. 通过对本单元的学习内容进行"回顾与整理"，沟通数学知识和方法之间的内在联系，进一步体会数学基本思想和方法的价值。

2. 使学生熟练掌握小数乘、除法的基本计算，熟练掌握求积、商的近似值的方法，提高计算能力。

3. 培养学生认真计算、验算的习惯，进一步增强学好数学的信心。

教学重点：熟练掌握小数乘、除法的计算方法及求积、商的近似值的方法，帮助学生建立完整的知识体系。

教学难点：沟通方法间的联系，体会数学基本思想和方法。

教学过程

一、突出重点，情境导入

（一）自主梳理

1. 自主整理本单元知识点。

2. 思考：

（1）小数乘、除法计算与整数乘、除法有什么联系？

（2）计算小数乘法时，怎样确定小数的位数？

（3）怎样把除数是小数的除法转化成除数是整数的除法？

二、提出问题，引发思考

（一）自主学习

1. 合作交流，构建本单元的知识结构。

（1）小组交流。

（2）全班交流。

乘法的联系：小数乘法要当成整数乘法计算。

除法的联系：除数是整数的小数除法当作整数除法计算，而除数是小数的除法要先转化成除数是整数的除法。

三、巩固延伸，拓展提升

（一）基本练习

口算"练习与应用"第 1 题。

学生独立完成，集体交流。

（二）专项练习

1. 笔算"练习与应用"第 2 题。

分组完成，并指名学生板演。集体订正。仔细观察每一组算式的计算过程，说说你的发现。

提问：比较每组三道题的计算过程，说说在计算方法上的联系与区别。

左边一组题的相同点是：都是先当作 86×7 来计算；不同点是：因为乘数的小数位数不同，所以积的小数位数也不同。右边一组题的相同点可以表达为：都要先算 $117 \div 36$；不同点是：后两题都要先进行转化，而且转化时除数、被除数小数点右移的位数不同。

2. 完成"练习与应用"第 3 题第一排。

读题，明确题目要求后独立完成，回答老师的问题并说说计算方法。

3. 完成"练习与应用"第 4 题的第 1、3 小题。

学生独立完成，选择四名学生板演。

交流订正，说说怎样用"四舍五入法"求积、商的近似值。

强调：第一，通常都要用"四舍五入法"取近似值；第二，求商的近似值，一般先要算出比需要保留的小数位数多一位的商。

（三）整合练习

1. 完成"练习与应用"第5题。

认真读题，说说题目里告诉了我们什么？

独立计算，指名板演，集体订正。

2. 独立完成"练习与应用"第6题。

独立完成，集体交流。

3. 完成"练习与应用"第7题。

读题，根据题目要求解答。

根据题意列出算式，学生独立解答，集体交流。

课堂检测

1. 笔算并验算。

4.5×1.06 $4.554 \div 1.8$

等级分数	具体描述
0	未能正确计算
1	能正确计算1题，没有验算
2	能正确计算2题，验算有问题
3	正确计算，并验算

2. 填空题。

（1）5.3公顷＝（   ）平方米   4200公顷＝（   ）平方千米

0.12平方千米＝（   ）公顷   35000平方米＝（   ）公顷

（2）如果一个直角三角形的三条边长分别是0.8米、0.6米、1米，那么，这个直角三角形的面积是（   ）平方米。

等级分数	具体描述
0	未能正确作答
1	2道使用单位换算正确
2	单位换算都正确
3	都正确

3. 判断并说明理由。

（1）$0.18 \times 2.5 \div 0.18 \times 2.5 = 1$（　　）

理由：

（2）$8.39 \div 2$ 和 8.39×0.5 都表示 8.39 的一半。（　　）

理由：

（3）一个不等于 0 的数除以小数时，商一定大于被除数。（　　）

理由：

等级分数	具体描述
0	未能正确判断
1	正确判断 1 题并给出理由
2	正确判断 2 题，没有给出理由
3	正确判断 2 题并给出理由
4	正确判断 3 题并给出理由

第十八课时（练习课：单元检测）

第十八课时为练习课，教师可以根据实际教学情况，选择前面所给出的两套单元检测题中的一套，以与诊断性测试做比较，进而判断教学设计及其实施的成效并做出适当、实时的调整。

第六章 "角的初步认识"整体教学设计

本章以"角的初步认识"单元为例，探讨其整体教学设计中的五个具体问题：（1）如何确立"角的初步认识"单元的知识结构？（2）如何建构学生学习"角的初步认识"的心理轨迹？（3）如何把握"角的初步认识"整体教学的教学目标和重难点？（4）如何开展学习"角的初步认识"的教学评价？（5）如何组织和安排"角的初步认识"的学习活动？

第一节 "角的初步认识"知识结构的确立

在苏教版小学数学二年级下册教材中，"角的初步认识"是第七单元的主题，其主要内容涉及什么是角，如何比较角的大小，以及如何对角进行分类等三方面内容。其中，"什么是角"是学生学习后两者的基础。

本单元知识内容在形式上主要是对"角的要素"的理解，以促使学生将"角"这一较抽象的概念从日常生活经验和图形中"分离"出来。但实质上这一"要素分离"也与本单元的其他内容（角的分类和角的大小）相联系。因此，只有明确相关知识之间的联系才能站在结构的视角（见图6-1）进行整体教学设计。

之所以引入"角内"与"角外"这对概念（相关教材中没有任何提及），旨在消除一线教师在教学"什么是角"时经常会出现的一个错误：角的大小与角的两边的长短无关。之所以会犯这样的错误主要是由于，老师们在开展"角的初步认识"教学时，学生还没有学习"射线和直线及其关系"。

而"角内"与"角外"这对概念的进入，不仅可以避免这一错误认识的产生，而且可以培养学生的"几何想象"能力（属于"数学直观"数学核心素养），也为"如何比较角的大小"的定性描述方法的具体使用带来了便利，更为"射线和直线及其关系"的学习做好了一定的认知准备。

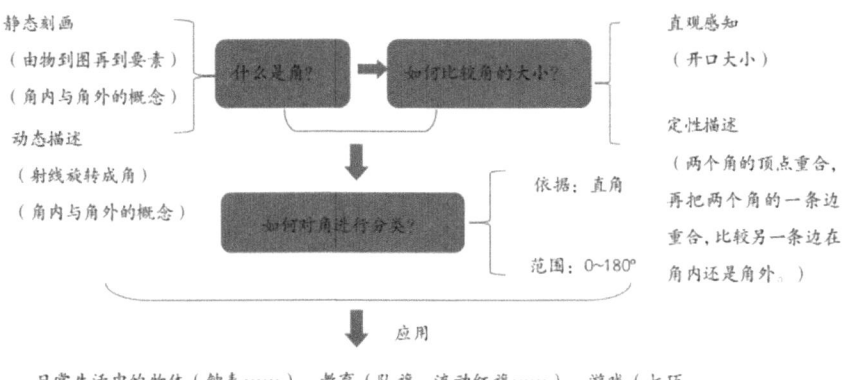

图 6-1　"角的初步认识"知识结构示意图

第二节　"角的初步认识"学习心理轨迹的建构

学生的学习心理轨迹是教学设计中应首要考虑的因素之一，对于有效教学具有十分重要的意义。表 6-1① 是我们根据学生学习本单元数学知识结构可能发生、发展的过程而预设的学生的一般学习心理轨迹，是以学生对本单元知识结构的逐步、递进的认知加工为依据的。

表 6-1　"角的初步认识"知识结构的一般学习心理轨迹

学习阶段	学习心理（活动）轨迹
1. 生活经验	本单元之前的"图形的基本认识"的学习心理活动过程，旨在能够结合图形或者日常生活中的物体大致感知到角的形象，但大多不能抽象或者准确地描述出"角的构成要素"
2. 朴素尝试	通过静态刻画和动态描述，消除经验中"错误"/"生活"表象，旨在初步建立起角的"数学表象"，能够从实物中抽象出"角"
3. 逐步内化	通过观察、思考、总结概括出"角的构成要素"，旨在能利用"角的本质特征"来解释或解决问题
4. 产生冲突	基于角的构成要素、操作活动角，旨在发现角的大小与角的开口大小有关，而与"边的长短"无关（其实，角的边长无长短之说）
5. 建构标准	认识直角并能大体描述什么是直角，旨在能够利用三角尺中的直角作为工具来判断角的大小

---

① 本单元知识结构的一般学习心理轨迹中的 8 个阶段的划分主要参考了皮亚杰、布鲁姆等人的教学思想。

续表

学习阶段	学习心理（活动）轨迹
6. 形成概念	初步形成直角、锐角、钝角的概念，旨在明确其大小关系和比较方法
7. 实际运用	运用角的相关知识解决"辨别角、角的数量判断、角的大小比较"等相关问题，旨在进一步了解角与实际生活的联系
8. 拓展延伸	运用本单元所学知识在较复杂的问题情境中解决"数角"，利用特定教具拼出不同种类的角等问题，旨在体现"教学要留有余地而非留有一手"这一教学理念

在上述学生学习一般心理轨迹中，阶段1是学生课前的准备状态，也就是学生所学知识的前概念，教师的教学应该充分考虑到学生所学知识的前概念。阶段2—4是第一课时学生学习心理轨迹的预设，阶段5—6是第二课时学生学习心理轨迹的预设，阶段7—8则是第三课时学生学习心理轨迹的预设。

但是，从整体上来看，每节课中的这几个心理阶段都是相互关联，并且贯穿于整个教学过程当中的。第一二课时之间以"什么是角？"作为纽带相互关联，也为第三课时的应用反馈和拓展提升奠定了基础，而第三课时则是对第一二课时的提炼和巩固，从而加深学生对于知识的掌握和方法的运用。

第三节 "角的初步认识"整体教学目标与重难点的把握

根据安德森的教育目标分类法，可将"角的初步认识"整体教学目标置于"认知过程与结果"双向分类表当中，以明确其目标的整体态势和主要倾向。表6-2便是"角的初步认识"单元知识结构学习的目标及其类目。

表6-2 "角的初步认识"知识结构学习目标分类

知识	认知过程					
	记忆/回忆	理解	运用	分析	评价	创造
事实性知识	目标1					
概念性知识		目标2 目标3	目标2	目标3		
程序性知识			目标1			
元认知知识						

一、"角的初步认识"整体教学的教学目标

1. 能够了解角的构成要素，以及角内、角外的概念，并能对不同角的大小进行（学生需要对相关的基本要素或具体事实进行记忆，属于记忆事实性知识；依据两种角的大小比较方法来进行具体操作，属于运用程序性知识。）

2. 能够描述直角的特点并能借助三角尺中的直角对角进行分类。

（"描述"和"分类"这两个动词都属于理解的认知过程领域，而利用直角对角进行分类则是建立在学生理解三类角之间的联系基础之上的，因此，本目标属于理解和运用概念性知识范畴）。

3. 能够判断并区分"生活中的角"和"数学意义上的角"，体会"生活中角的多样性"和"数学中角的单一性"。

（"生活中的角"和"数学上的角"既有区别又有联系，区分和辨别这种关系既包括分析概念性知识，又包括理解概念性知识）。

二、"角的初步认识"整体教学的教学重点

1. 角的构成要素。
2. 角的大小比较的定性描述方法。
3. "0°~180°"范围内角的分类。

三、"角的初步认识"整体教学的教学难点

1. 角的概念（从日常生活经验有关角的多样、丰富语义中，抽象概括出数学中单一、简单的角的含义）。
2. 角的大小比较的定性描述方法。

第四节 "角的初步认识"整体教学评价的开展

学习的教学评价可以分为他评和自评，也可以分为诊断性评价、形成性评价和总结性评价。在此，"自评"贯穿于整个教学过程、课堂检测（甚至家庭作业）当中（具体可参见"'角的初步认识'学习活动的组织与安排"一节），"他评"则主要是指单元检测。

单元整体教学之最初可以考虑诊断性评价，以诊断学生对本单元知识结构学习的整体"准备状况"；单元整体教学之最后则可以考虑总结性评价，以评估本单元知识结构学习的教学成效；其间每节课的"课堂检测"可视为该节课的总结性评价，亦应是下节课的诊断性评价；而单元整体教学之最初和最后之间的所有教学活动或评价活动则都可以视为该单元整体教学的形成性评价。

依据本单元的整体教学目标、重难点，我们可以明确其单元检测中需要考查学生在记忆、理解、运用、分析这四大认知过程维度中的发展水平，以及相应的内容应涉及角的含义、角的大小、角的分类等三方面（见表6-3、表6-4）。

以下两份"单元检测"试卷及其"参考答案与评分说明"是严格按照"检测试卷编制的科学规范"编制而成的，具有较高的科学性、可靠性和有效性，并且具有一定的等值性，可用于"科学、规范"的教学（实验）研究。

表6-3 "角的初步认识"知识结构学习的单元检测双向细目表（A）

具体内容	认知过程					
	记忆	理解	运用	分析	评价	创造
角的含义 （目标1） （目标2）	一1、五3	一3	六2			
角的大小 （目标1） （目标3）			四1、四2、四3、六1	二1、二2、二3		
角的分类 （目标2）	一2、一4、三1		五1、五2			

"角的初步认识"知识结构学习的单元检测（A卷）

（考试时间：60分钟　分数：100分）

班级：　　姓名：

一、填空题：请将正确的答案填写在相应的（　　）内。（每空3分，共36分）

1. 一个角有（　　）个顶点，（　　）条边。

2. 一个长方形有（　　）个角，有（　　）个角是直角。

3. 下列图形中哪些是角？哪些不是角？是角的请在相应的（　　）中打"√"，不是角的请在相应的（　　）中不做任何记号。

（　　）　　（　　）　　（　　）　　（　　）

4. 下列图中，是直角的请在（　　）中写"1"，锐角的请在（　　）中写"2"，钝角的请在（　　）中写"3"。

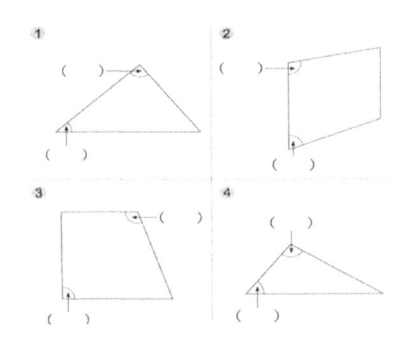

二、判断题：请在正确的题后（　　）中打"√"，错误的题后（　　）中打"×"。（每小题 4 分，共 12 分）

1. 如果两个三角形的各个"对应"角都一样大，那么它们的大小就一样大。（　　）

2. 所有的直角都一样大。（　　）

3. 角的两条边张开程度越大，角就越大。（　　）

三、数一数：下列每个图形中各有几个直角？请将直角的个数写在相应图形下方的（　　）中。（每空 3 分，共 9 分）

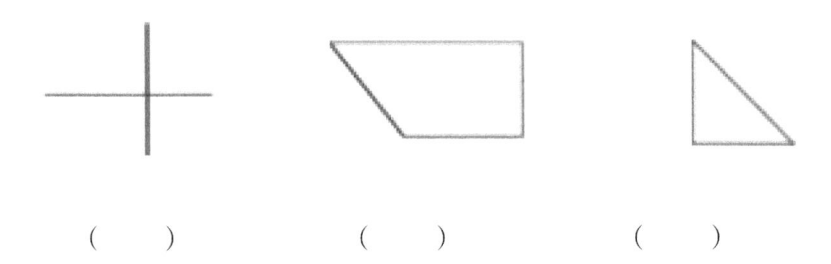

（　　）　　　　（　　）　　　　（　　）

四、比一比：请根据要求比较角的大小，并具体作答。（每小题 6 分，共 18 分）

1. 哪个角比较大，请在其相应的方框中打"√"。

（1）　　　　　　　　　　（2）

2. 下面三个角，最大的请在（　　）中写"1"，第二大的请在（　　）中写"2"，最小的请在（　　）中写"3"。

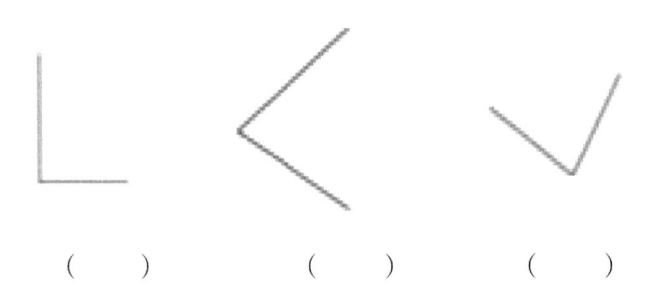

（　　）　　　　（　　）　　　　（　　）

3. 下列哪些角比直角小？哪些角比直角大？请说说你是怎么知道的。

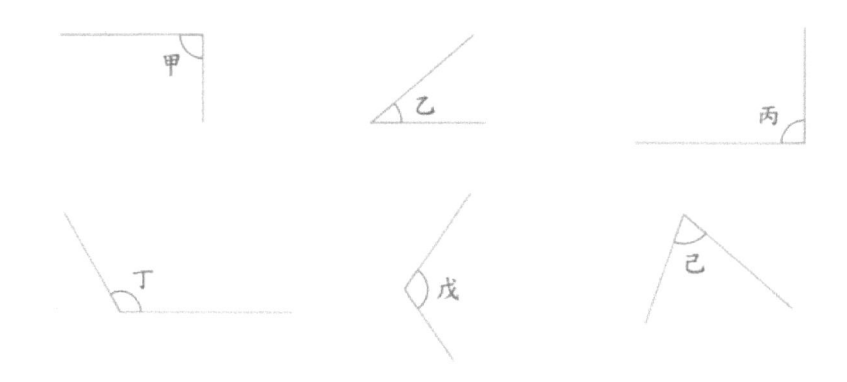

五、画图题：请用三角尺作图。（每小题5分，共15分）

1. 请画出一个锐角。
2. 请画出一个钝角。
3. 请标出所画角的各部分名称。

六、挑战题：请根据题目要求，具体作答。（每小题5分，共10分）

1. 有两个角，它们的两条边（分别对应地）看起来都"一样长"，它们的大小是否可能不一样大，请举例说明。

2. 把一个长方形沿直线减去一个角后，可能还剩几个角？还有别的情况吗？可以画一画，或者试一试。

"角的初步认识"知识结构学习的单元检测（A卷）
参考答案与评分说明

一、填空题（每空3分，共36分）
1. 1；2　　2. 4；4　　3.（2）、（4）　　4. 3、2；1、1；3、1；3、2

二、判断题（每空2分，共6分）
1. ×　　2. ✓　　3. ✓

三、数一数（每小题4分，共12分）
（4）；（2）；（1）

四、比一比（每小题6分，共18分）

1.

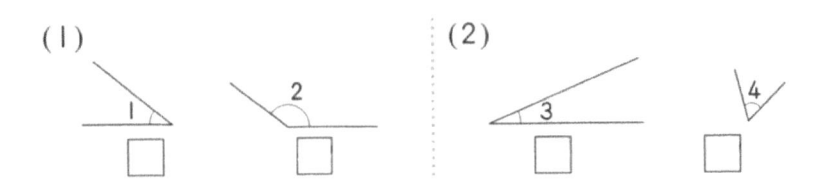

(1) ∠1 ∠2

(2) ∠3 ∠4

2. （1）；（2）；（3）

3.

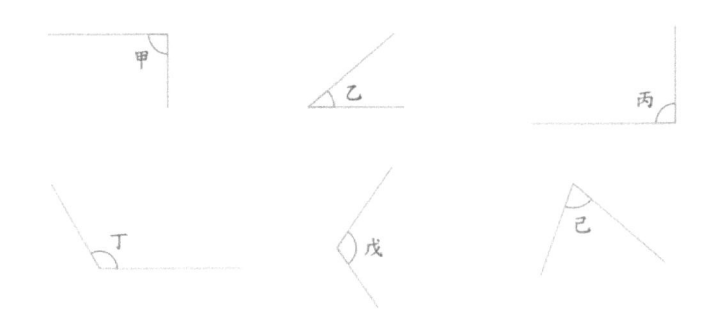

∠甲、∠丙为直角，∠乙、∠己比直角小，∠丁、∠戊比直角大。

理由：先找直角，再观察哪个角的开口大小比直角大（小）；或者利用三角尺中的直角来进行对比度量（学生言之成理，即可酌情给分）。

五、画图题（每小题5分，共15分）

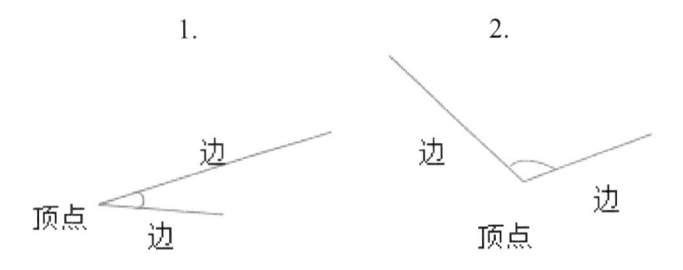

1. 边 顶点 边

2. 边 边 顶点

（不同方向，不同大小的锐角都可以）（不同方向，不同大小的钝角都可以）

注：如果未标注出角的表示符号，可以适当扣分。

六、挑战题（每小题5分，共10分）

1. 可能（理由有理即可，如果没有给出恰当的例子，可以酌情扣分）。

2. 学生给出至少两种情况可得满分，如未得出至少两种情况，则可适当扣分。

（3个角）　　　　　　（5个角）　　　　　　（4个角）

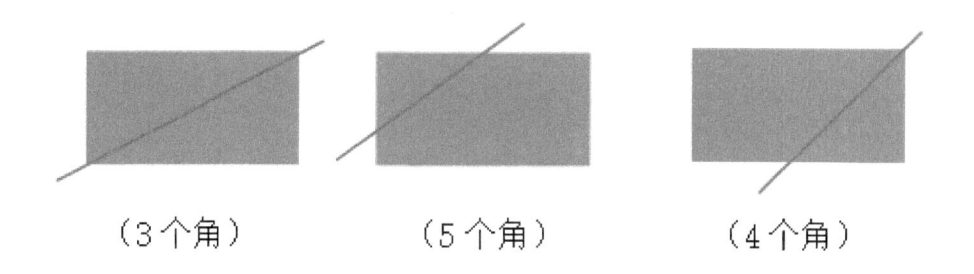

表6-4　"角的初步认识"知识结构学习的单元检测双向细目表（B）

具体内容	认知过程					
	记忆	理解	运用	分析	评价	创造
角的含义 （目标1） （目标2）	一3、一5	一4、三1	六2			
角的大小 （目标1） （目标3）		四1	四2、六1	二1、二2、二3		
角的分类 （目标2）		一1、一2	五1、五2、五3			

"角的初步认识"知识结构学习的单元检测（B卷）

（考试时间：60分钟　分数：100分）

班级：　　姓名：

一、填空题：请将正确的答案填写在（　　）中。（每空3分，共42分）

1. 一个三角尺中，有（　　）个角，其中有（　　）个直角，（　　）个锐角。

2. 比直角大的角叫（　　）角，比直角小的角叫（　　）角，既不比直角大，又不比直角小的角叫（　　）角。

3. 请写出角的各部位的名称。

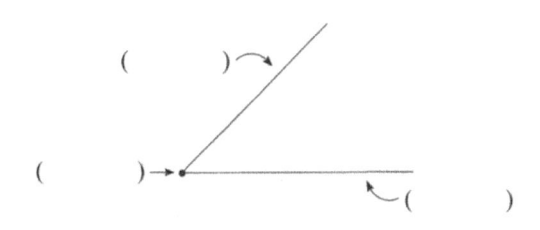

（　　）
（　　）
（　　）

4. 下列哪些图形是角？请在是角的相应方框中打"√"。

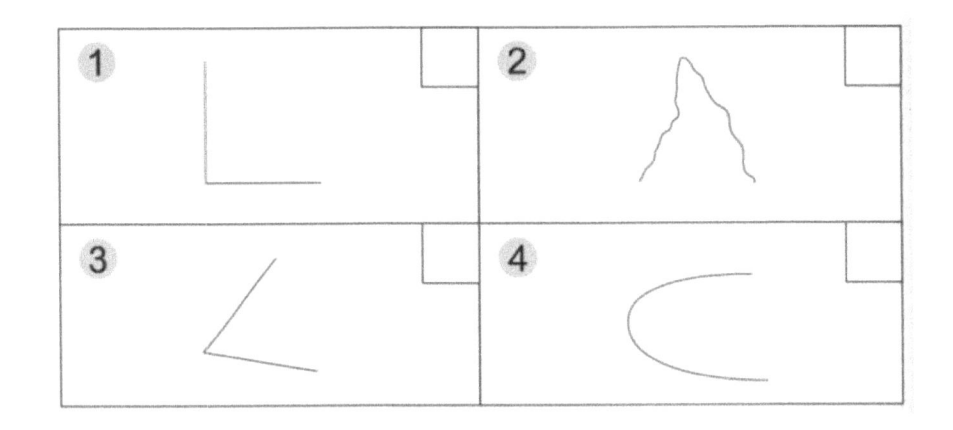

5. 试判断"小青蛙"所处的位置在角内还是角外,并在相应的括号中写出答案(角内或角外)。

（1）　　　　　　　（2）　　　　　　　（3）

（　　）　　　　　（　　）　　　　　（　　）

二、判断题:请在正确的题后(　　)中打"√",错误的题后(　　)中打"×"。(每题 2 分,共 6 分)

1. 直角是角中最大的角。(　　)
2. 三角板中的三个角,其中最大的是直角。(　　)
3. 如果两个三角形的形状一样,那么它们的各个"对应"角就一样大。(　　)

三、数一数:下列每个图形中共有几个角,请在图中把它们标出来。(每空 3 分,共 9 分)

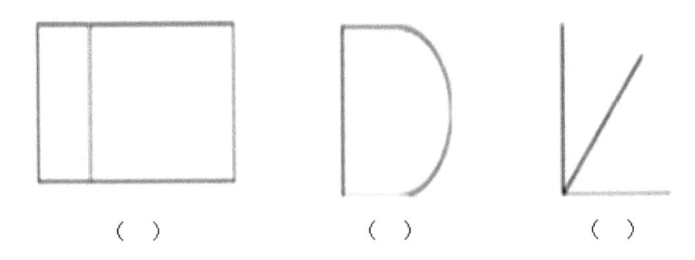

（　　）　　　　　（　　）　　　　　（　　）

四、比一比:请根据要求比较角的大小,并具体作答。(每小题 6 分,共 18 分)

1. 下列各题中哪个角比较大,请在相应的(　　)里打"√"。

(1) （　） （　） (2) （　） （　）

2. 下面钟面上的"角"中，请在最大的角的相应（　　）中写"1"，第二大的相应（　　）中写"2"，最小的相应（　　）中写"3"。

（　） （　） （　）

3. 下列哪些角比直角小，哪些角比直角大，请说说你是怎么知道的。

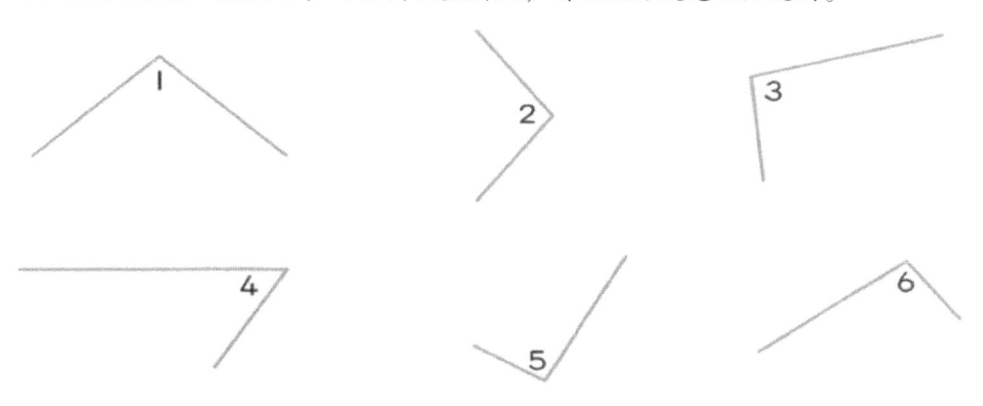

五、画图题：请用三角尺作图。（每小题5分，共15分）
1. 请画一个直角。
2. 请画一个比直角小的角。
3. 请以一条蓝线为边，用三角板画出一个直角。

六、挑战题：请根据题目要求，具体作答。（每小题5分，共10分）
1. 角的大小与其边的"长度"是否有关？请你举例说明。
2. 把一个正方形沿直线减去一个角后，请问还剩几个角？有几种可能情况？请画一画。还有别的情况吗？再试一试。

"角的初步认识"知识结构学习的单元检测（B 卷）
参考答案与评分说明

一、填空题（每小题 3 分，共 42 分）

1. 3；1；2   2. 钝；锐；直   3. 边；顶点；边   4. 1；3

5. 角内；角内；角外

二、判断题（每小题 2 分，共 6 分）

1. ×   2. ×   3. √

三、数一数（每空 3 分，共 9 分）

8；2；3

四、比一比（每小题 6 分，共 18 分）

1.

（1）   （2）

(√)   ( )   ( )   (√)

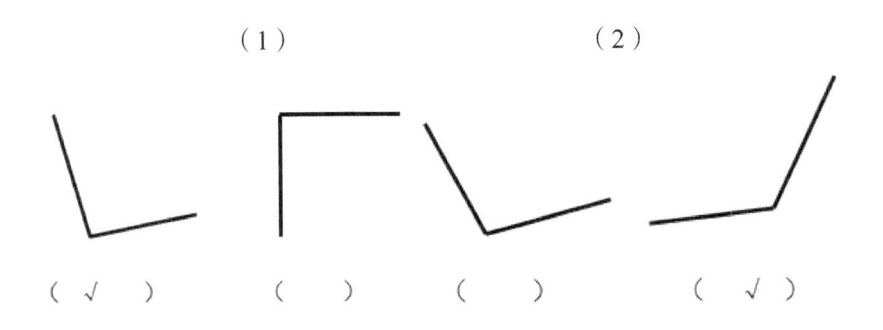

2.（2）（1）（3）

3. 1、2、3、5、6 比直角大，4 比直角小。言之有理即可（根据角的开口大小或者三角尺中的直角来度量都可）

五、画图题（用三角尺作图）（每小题 5 分，共 15 分）

1. 直角

示例：

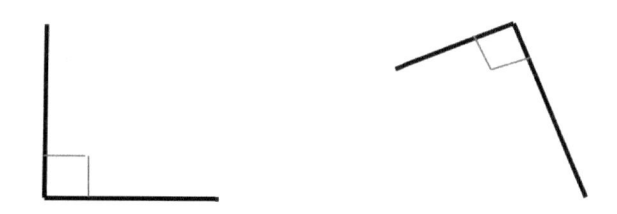

注：如未借助三角尺作图、未标注出直角符号，都可适当扣分。

2. 锐角

示例：

注：如未借助三角尺作图、未标注出直角符号，都可适当扣分。

3.

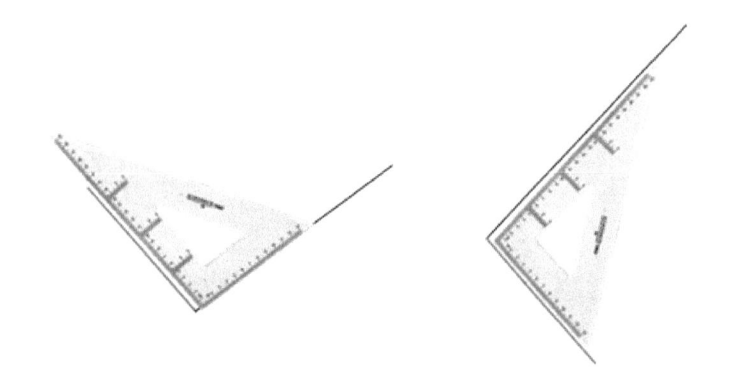

注：学生按照要求规范作图即可。

六、挑战题（每小题 5 分，共 10 分）

1. 角的大小与边的"长度"无关，只与角的开口大小有关（学生用画图或者语言描述的形式举例都可以，如未举例可适当扣分）。

2.

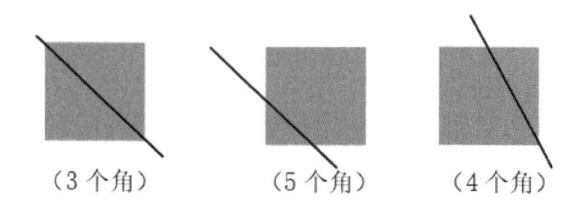

（3个角）　　（5个角）　　（4个角）

注：学生给出以上任意两种（或两种以上）情况，即可给满分。

第五节 "角的初步认识"学习活动的组织与安排

主要包括"单元知识结构"学习活动的整体教学思路、教学策略与方法，以及课时活动设置等三方面内容。

一、整体教学思路

"角的初步认识"是苏教版小学数学二年级下册的内容。学生在此前的学习中并没有直接接触过直线、射线（甚至线段）及其关系等相关知识，只接触过基本图形的初步认识。而相较于比较直观的图形而言，"角"的概念就显得"十分"抽象了（教学难点所在）。

因此，本单元知识结构学习活动的整体教学思路应该按照什么是角（重在分离出"角的构成要素"），如何比较角的大小（重在定性比较方法），以及如何对角进行分类（重在借助直角进行分类）的顺序来展开，以使得学生在认识"角"的基础上来探究影响"角的大小"的因素，进而利用前两者来对角进行分类，从而构建本单元的知识结构。

二、教学策略与方法

依据二年级学生（年龄）一般心理特征与认知发展水平，以及此前的数学学习经验与积累，我们认为以下三个教学策略或方法将更有利于本单元整体教学目标的达成，以及教学重点的突出与教学难点的突破。

（一）联系生活

"数学中的角"与"生活中的角"既有区别又有联系。但是，这种看似矛盾的关系中却隐藏着本单元知识结构学习的重点——什么是角？

生活中所看到的"羊角""牛角"等都不是我们所谓的"数学意义上的角"，而生活中又确实存在着各式各样蕴含着"数学意义上的角"的诸多事例（譬如，桌角、黑板之一角、墙角、书角……）。而这些正面或反面的日常生活经验都构成了学生学习本单元知识结构的前知识概念。

因此，教师在设计本单元知识结构学习活动时，应充分联系学生的实际生活，以"生活中的角"为出发点，进行逐步抽象、概括，以形成"数学中的角"的概念，从而理解什么才是"数学意义上的角"。

（二）活动式教学

本单元知识结构的学习者是小学二年级学生，考虑到该年龄段学生的思维发展特点，教师需要在教学中充分运用"视频、故事、游戏等多样化的学习方式"来不断调动学生主体参与的积极性和学习兴趣。

但是，所有这些所运用的"视频、故事、游戏等多样化的学习方式"，都需要与本单元知识结构的整体教学目标相吻合，并有利于突出重点、解决难点、寓教于乐，以促使学生在活动过程当中习得、运用、巩固所学知识技能、思想方法，切实提高学生数学抽象能力和数学学习能力。

（三）观察与操作相结合

学生在学习"角"这一十分抽象的概念时需要贯彻"直观化教学原则"，因此，设置恰当的学习情境以供学生"科学、系统地观察"是十分必要的，也是不可或缺的。

但是，观察只是起点，教师要通过观察来引导学生思考"到底角有怎样的特征"这一关键问题，以逐步培养或发展学生的数学抽象思维能力；而与"观察—抽象"活动相匹配的一致性动手操作活动则关乎学生"深度学习"的发生。

因此，动脑观察和动手操作可以相得益彰，共同为学生建构"'角的初步认识'单元知识结构"奠定基础。

三、课时活动设置

实际整体教学时，教师可以选用两套单元检测题中的一套，先行进行诊断性评价，然后再根据本班学生的诊断情况，对以下课时教学设计进行具体的调整、改动乃至完善。

第一课时（新授课：数学意义上的角）

教学目标

1. 能够了解角的构成要素，了解角内与角外的概念，并能对不同角的大小进行比较。
2. 能够判断并区分"生活中的角"和"数学意义上的角"，体会"生活中角的多样性"和"数学中角的单一性"。

教学过程

一、情境导入，突出重点

1. 今天我们一起来研究研究"角"，说到角呀，在我们生活中处处都藏着角，谁能来说说自己的发现？

2. 同学们真是生活中的有心人！确实，不仅四四方方的桌角、课本角，羚羊角、犀牛角、电脑角等都是我们所熟悉的角，而且还有许多其他角。老师也搜集了一些角，我们一起来看看，如果将"藏"在图形中的角搬下来会是什么样子呢？（教师用ppt抽象

出各个物体中的角）

二、提出问题，引发思考

1. 我们一起齐心协力找出了这么多角，那老师要问了，这些来自不同的物体中的角，长得也都各不一样，可为什么都叫作"角"呢？他们有什么共同的地方？不着急，先好好观察观察。谁能试着说一说？

2. 谁能完整地再说一说我们刚刚的发现呢？（角有……）同桌之间再互相说一说。

3. 谁想上来画出一个角？如果有个小人站在这里（如图1所示），他是在这个角内还是角外呢？你是怎么判断出来的？这个小人又移动到了这里（如图2所示），你又能判断出来吗？

图1　角内还是角外？　　图2　角内还是角外？

3. 好，同学们都掌握了吗？敢不敢接受挑战。（出示数学游乐园：慧眼识角、我会数角）

4. 学到这里，老师有个问题想问问大家了！我们刚刚找到的羚羊角、犀牛角、电脑角，课本角等这些物体都是这节课所学习的角吗？为什么？

三、合作探究，达成共识

我们刚刚和数学中的"角"交了朋友，走着走着遇到了红角和蓝角这两个好朋友，正准备打招呼却发现他俩吵了起来。（播放视频——红蓝角之争）

同学们，你们赞同谁的说法呢？

1. 为了方便同学们比较，老师把红角和蓝角请进了我们课堂中，你想怎么比？（重合）怎么重合，具体来说一说？

2. 旁边的黄角听着也不服气了，也想来比一比，你们猜黄角能胜出吗？我们一起来看看。

3. 那老师要问了，这三个角的"边长"不一样长，可它们的大小却相同？（板书：角的大小与"边长"无关）

4. 那不能用"边长"来判断角的大小，到底要怎么判断呢？为了解决这个问题，老师做了一个活动角。你能把这个角变大些吗？你想怎么变？怎么变小呢？

5. 看来大家对角的大小有点感觉了，谁能试着说一说角的大小到底与什么有关吗？

四、应用反馈，拓展提升

1. 敢不敢再来挑战！（出示钟面上的时针和分针形成的角。让学生在此巩固可以利用开口大小来比较角的大小这一难点。）

我们今天一起探究了角的世界，假如你是一个可爱的角，你能用本节课所学的相关知识来介绍一下自己吗？

课堂检测

1. 请画出一个角，想一想角有哪些特征，并写出你的想法。

等级分数	具体描述
0	不能正确画出一个角
1	能正确画出一个角，并能写出角的所有要素
2	能正确画出一个角，并了解角的要素及其之间的联系

2. 下面图形中分别各有几个角？

（　　）　　　　　（　　）

等级分数	具体描述
0	未作答或者答案错误
1	第一小题回答正确，对于角的要素有较为深入的理解
2	两个小题全部正确。对于角的要素有全面的理解，并具有较好的类比推理能力

3. 假如角的两条边"长度"都是4厘米，试着画出这个角。（至少画两个）观察画出的角，你有什么发现？试着写出来。

等级分数	具体描述
0	未作答或者答案错误
1	能够正确画出两个（及以上）"边长"为4厘米的角
2	能够从不同大小的角中得到相关结论（角的大小与"边长"无关或者角的张口越大角就越大等），对角的相关概念有比较清晰的认识

第二课时（新授课：角的分类）

教学目标

能够描述出直角的特点，并能够借助三角尺中的直角对角进行分类。

教学过程

教具准备：圆片、钟表盘。

一、情境导入，突出重点

1. 同学们，上节课我们学习了"角"，那老师要考考大家，你们知道哪些平面图形中都有角吗？（学生边说，教师边出示 ppt）

2. 大家说了这么多平面图形，有一个图形就生气了！（同学们，你们都不重视我了！）那这个圆里有角吗？为什么？

3. 你能通过折一折的方法，帮助这个委屈的圆找出一个角吗？请大家试着折一折。

二、提出问题，引发思考

1. 这是同学们折的角，真不错！仔细观察这些角的特点，想一想你还在生活中的哪些地方见到过这些角？

2. 我们来把这些角从生活中请出来！（ppt 抽象出各式各样的直角）

3. 看来大家对这个角有点感觉了！现在再来细细看看这几个角，你能说说它们都有什么特点吗？（直直的，像"十字架"交叉一样，看起来方方正正的，水平线和竖直线相交成十字的，等等。）

4. 小结：同学们真会想象，仿佛你们就是这个看起来方方正正的角呢！那这个角，我们数学上给它起了个好听的名字，叫作直角。让我们跟它打个招呼吧！（直角，你好！）

三、合作探究，达成共识

1. 我们刚刚认识了直角，三角尺上也有直角，请大家举起自己的三角尺，指一指直角在哪里？看来大家确实和直角是好朋友了，那老师想问问，老师的这个大三角尺上也有一个直角，这个直角和你们的直角到底谁比较大呢？我们两个来比一比，我们两个再来比一比。看到这里，大家有什么想说的吗？

2. 为了验证大家的想法，我们再来用三角尺的直角与课本表面的直角比一比，你想说点什么吗？

3. 我们来玩个游戏：请大家闭上眼睛，试着在脑海中画出一个直角，接着，听我的口令，把你的直角转个圈，再转个圈。下面，把这个直角的两条"边"延长一点，再长一点，无限延长。

4. 钟表上也有直角，我们再来看看：哪个是直角？谁有不同的方法，也能判断出这个角是直角？（用三角尺上的直角来比一比）。

5. 大家注意看，他是怎么比较的！三角尺中直角的顶点和表盘中的"顶点"重合，一条边和表盘中的一条边对齐，然后怎么了？（另一条边也重合了！）

6. 那老师想再问问大家，你能说出哪个角比直角大，哪个角比直角小吗？

7. 不着急，先好好想一想。你要怎么比较这两个角到底比直角大还是小呢？（用三角尺中的直角来比较）

8. 小朋友们真会思考！要怎么比较呢？谁想来试一试。

9. 顶点重合了，一条边也对齐了，你发现了什么？另一条边在里面，说明这个表盘中的这个角怎么样？（小）

10. 谁想来试着比一比第三个角？

11. 我们比较出了角的大小，像这样比直角小的角，我们把它叫作锐角。比直角大的角，我们叫作钝角。这下，角这三兄弟就聚到一起了！

四、应用反馈，拓展提升

1. 有一天，角国王举办了一场舞会，角这三兄弟都来参加。可别人却总是叫错他们的名字！你能来判断判断吗？（出示题目：辨别三兄弟）2. 假如老师是一个角，我来介绍自己，大家来猜我到底是谁。

课堂检测

1. 请画出一个直角，并想象两条直角边向外无限延长。

等级分数	具体描述
0	未能正确画出一个直角
1	能够利用三角尺等工具正确画出一个直角（并用直角符号进行标注）
2	能够正确画出直角，并能够巩固角的大小与"边长"无关这一重点内容

2. 数一数。

仔细观察，这个图形中共有（　　）个角，（　　）个直角，（　　）个锐角，（　　）个钝角。

等级分数	具体描述
0	未作答或者答案错误
1	角的总数作答正确，但不同种类角的数量作答错误
2	全部正确回答所有问题

3. 下面这两个角各是什么角?

(　　)　　　　　　(　　)

等级分数	具体描述
0	未作答或者答案错误
1	能想到利用三角尺等工具进行度量并回答正确其中一个小题
2	回答正确,较好地掌握了利用三角尺进行度量的方法

第三课时(练习课:单元检测)

第三课时为练习课,教师可以根据实际教学情况,选择前面所给出的两套单元检测题中的另一套,以与诊断性测试做比较,进而判断教学设计及其实施的成效,并做出适当、适时的调整。

第七章 "平移、旋转和轴对称"整体教学设计

本章以"平移、旋转和轴对称"单元为例,具体探讨其整体教学设计中的五个具体问题:(1)如何确立"平移、旋转和轴对称"单元的知识结构?(2)如何建构学生学习"平移、旋转和轴对称"的心理轨迹?(3)如何把握"平移、旋转和轴对称"整体教学的教学目标和重难点?(4)如何开展学习"平移、旋转和轴对称"的教学评价?(5)如何组织和安排"平移、旋转和轴对称"的学习活动?

第一节 "平移、旋转和轴对称"知识结构的确立

"平移、旋转和轴对称"是苏教版小学数学四年级下册第四单元的主题,其内容主要涉及运动的活动、运动的本质及转换、运动的应用。据此,可以初步形成一个关于"平移、旋转和轴对称"单元的知识结构图(见图7-1)。

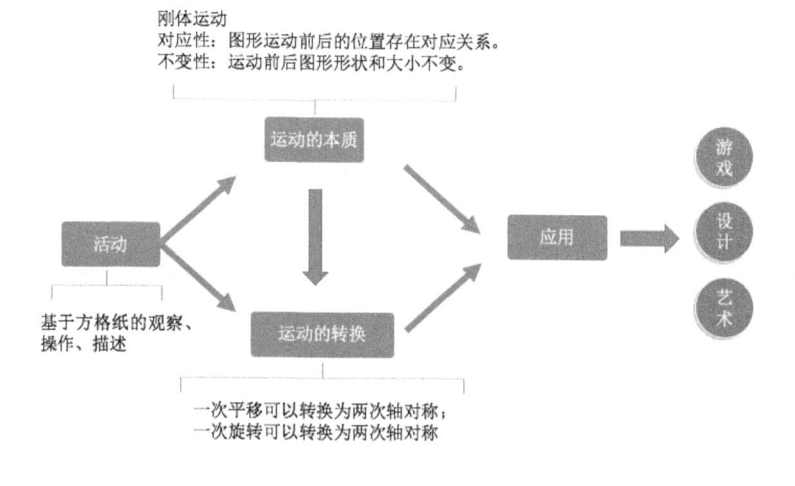

图 7-1 "平移、旋转和轴对称"知识结构示意图

从图7-1中可知,运动的活动是最初始的部分,后续的学习都是基于运动活动而

进行的。首先，通过活动来探究运动的本质，得到对运动的大致认识；其次，基于本质继续通过活动来发现运动之间的转换，从而感受运动之间的联系（本质与转换的结合），形成一个图形运动的概念图式；最后，再以这一概念为基础进行实际应用，包括游戏、设计、艺术等。

活动是基础，本质与转换是核心，应用是拓展和延伸，由此，这三方面可大致勾勒出本单元知识结构的逻辑关系和学习路径。

值得注意的是，我们这里所讲的运动是指物理学中的刚体运动，而非其他运动形式，所以，刚体运动的特性，即对应性和不变性就应是所谓图形的平移、旋转和轴对称的前提预设。刚体运动的对应性是指，物体（在此，特指图形）运动前后的位置存在对应关系；刚体运动的不变性是指，物体（在此，特指图形）运动前后的大小与形状是不会发生变化的。

由此可见，学科间的关联是学科学习的应有之义。小学阶段，数学的学习与科学的学习应是相互关联和相互渗透的，不能独立并行，而应携手共进。这也正是不同版本的"义务教育数学课程标准"一致强调的所谓"学科间的联系"。其实，义务教育阶段其他学科课程标准也有类似的表述。

第二节 "平移、旋转和轴对称"学习心理轨迹的建构

单元知识结构学习的每个学习阶段都有其丰富的心理过程，而这些即是学习发生的过程。不同于教师教学视角下的教学过程，学习心理过程主要以学生学习的视角来分析各学习阶段的具体心理过程，并基于此来尝试设计相应的学习活动。因此，教师对"学习活动"的分析要尽可能地从学生学习的角度来进行，并以此来指导自己的教学设计。综合已有相关研究文献[1][2][3]，并结合一线教师的教学经验与反思，我们可以初步建构"平移、旋转和轴对称"单元知识结构的一般学习心理轨迹（见表7-1）。

表7-1 "平移、旋转和轴对称"知识结构的一般学习心理轨迹

学习阶段	心理过程	学习活动
1. 个人经验	学生在学习本单元前具有丰富的运动经验和运动前知识，此时他们都基于自己的经验对三种运动有自我的理解	课前调查。尽可能地了解学生的学习起点、个人经验

---

[1] 李善良. 现代认知观下的数学概念学习与教学[M]. 南京：江苏教育出版社，2005：103–184.
[2] 曹培英. "图形与变换"的备课与教学[J]. 人民教育，2006（22）：60–67.
[3] 郑毓信. 数学思维与小学数学[M]. 南京：江苏教育出版社，2008：67–90.

续表

学习阶段	心理过程	学习活动
2. 初步感知	对三种运动有丰富的活动经验，在活动中进一步获得新的经验，丰富自己的认知结构	多方面地让学生去观察运动，并动手去进行操作，同时也需要想象运动的过程
3. 逐步内化	不断地将所获得经验主动地内化，对原有的理解有主动的改变，并有向更高层次理解的趋势	在上述过程中，也要逐步引导学生进行脑海中的活动，进行主动的思考与反思
4. 形成概念	通过进一步的引导与练习，对每种运动都有涉及本质的理解，形成了相应的概念认识	该阶段更多是巩固所学内容，给予学生时间去消化所学内容，并需要必要的练习去巩固
5. 概念联系	基于概念的形成，通过更高层次的审视，开始对三种运动之间的联系与区别进行思考，从碎片化、部分的理解向整体化、结构化的理解迈进。同时更加深入地认知各个概念的本质	将三种运动放在一起，设置凸显各自特点的案例，并进一步引导学生探讨三种运动之间的转化。这部分需要精致的操作与深刻的思考
6. 拓展运用	对三种运动进行拓展与运用，不断地回顾、思考如何基于所学知识解决问题。一方面要加深知识掌握，另一方面也要促进解决问题能力的提升，并且还要在情感态度上有一定的促进	提供一些具有挑战性且有吸引力的问题，供学生挑战。全过程以合作、讨论、尝试为主，尽可能多地让学生主动学习，尽可能地与文化和生活相贴近，而教师只做必要的引导

仅就上述"一般学习心理轨迹"而言，需要特别指出的是，学习阶段 1 为课前学生的准备状态；学习阶段 2—4 主要对应第一节课和第二节课前半段的心理过程，其中第一节课主要是平移和轴对称运动的学习，第二节课前半段主要是旋转运动的学习，与此同时，学习阶段 2—4 以活动感知为主，包括图形运动的描述、图形运动的要素建构以及图形运动的特点挖掘等；学习阶段 5 对应第二节课后半段和第三节课的学习心理过程，第二节课后半段以回顾、反思学习阶段 2—4 来形成对运动的整体认识，第三节课则以探究活动的形式来学习图形的转换；学习阶段 6 对应第四节课的学习心理过程，以游戏活动式教学来应用图形运动。

第三节 "平移、旋转和轴对称"整体教学目标与重难点的把握

本单元整体教学设计中,我们以安德森的教育目标分类学为教学目标设置的依据[①]。在具体把握整体教学目标时,主要从以下两个维度来设置教学目标(从学生角度而言,教学目标就应是学习目标):一个是知识维度,主要有事实性知识、概念性知识、程序性知识、反省认知(元认知)知识;另一个是认知过程维度,主要有记忆、理解、运用、分析、评价、创造(见表7-2)。

表7-2 "平移、旋转和轴对称"知识结构学习目标分类表

知识类型	认知过程					
	记忆	理解	运用	分析	评价	创造
事实性知识						
概念性知识		目标2				
程序性知识	目标1	目标2	目标1、目标3	目标3		目标3
元认知知识		目标4		目标5	目标5	

一、"平移、旋转和轴对称"整体教学的教学目标

1. 能在方格纸上判断三种运动并进行描述,并能在方格纸上进行简单运动的操作。

(目标1主要以程序性知识的记忆和运用为主,进行各种关于运动的描述与操作。)

2. 通过对观察、操作等活动进行归纳与总结,旨在初步发现三种运动的性质和特点,并体会三种运动的联系与区别,以及图形运动与其他图形知识之间的联系。

(目标2主要以程序性知识和相应的概念性知识的理解为主,体会运动的各种联系和性质。)

3. 在教师引导下,能从多种思维视角体验运动,能应用运动知识解决实际问题,并能从运动角度欣赏生活中的图案并设计简单图案。

(目标3主要是问题解决和现实中的欣赏与设计,是对程序性知识的运用和分析,

[①] 安德森,等. 学习、教学和评估的分类学:布卢姆教育目标分类学修订版(简缩本)[M]. 皮连生,等,译. 上海:华东师范大学出版社,2008:25–82.

同时设计活动也是创造活动。)

4. 通过学习活动促进空间观念的形成，体会图形领域的基本思想，形成良好的思维习惯，同时也促进与他人的交流合作，促进良好学习氛围的形成。

（目标4注重学生的思维发展，在获得图形运动相应知识的基础上，进一步体会运动背后的各种思想，从而以动态视角丰富对图形与空间等的认识，这是一种元认知知识的理解和内化。）

5. 通过学习活动促进积极数学观的形成，感受到数学学习的价值，体会生活中运动现象的数学意涵，激发数学学习的动机。

（目标5注重学生数学观的发展，促使学生通过学习运动的活动来分析和评价数学本身的价值与意义，以形成一种自我对数学的认识态度和价值观，这是对学生的元认知知识的分析与评价。）

二、"平移、旋转和轴对称"整体教学的教学重点

1. 通过在方格纸上的操作与描述过程，认识运动的意义，思考三种运动的联系与区别，初步探究三种运动的性质和特点。
2. 基于运动的性质，初步体会其背后的变换和对应思想，由此进一步深化数形结合思想。
3. 灵活运用运动知识解决问题，能创造性地设计关于运动知识的图案。

三、"平移、旋转和轴对称"整体教学的教学难点

1. 对旋转运动的全面认识，在动静结合中和不同图形变式下感受运动。
2. 经历运动概念不断抽象的过程，以深化运动背后的思维层次。
3. 深化运动意义与生活经验的联结，克服朴素经验的误解。
4. 解决具体问题，在问题解决中巩固与深化有关运动的基础知识，以及对运动总体意义的理解。

第四节 "平移、旋转和轴对称"整体教学评价的开展

学习的教学评价可以分为他评和自评，也可以分为诊断性评价、形成性评价和总结性评价。在此，"自评"贯穿于整个教学过程、课堂检测（甚至家庭作业）当中（具体可参见"'平移、旋转和轴对称'学习活动的组织与安排"一节），"他评"则主要是指单元检测。

单元整体教学之最初可以考虑诊断性评价，以诊断学生对本单元知识结构学习的整体"准备状况"；单元整体教学之最后则可以考虑总结性评价，以评估本单元知识结构

学习的教学成效；其间每节课的"课堂检测"可视为该节课的总结性评价，亦应是下节课的诊断性评价；而单元整体教学之最初和最后之间的所有教学活动或评价活动则都可以视为该单元整体教学的形成性评价。

依据本单元的整体教学目标、重难点，我们可以明确其单元检测中需要考查学生在记忆、理解、运用、分析和创造这五大认知过程维度中的发展水平，以及相应的内容应涉及图形运动的初步认识、图形运动的整体性质与联系、图形运动的应用等三方面（见表7-3、表7-4）。

其中，目标1、目标2和目标3主要以知识与技能的学习为主，以目标1最为重要，目标2、目标3需在目标1的基础上达成。目标4和目标5则侧重于数学思维与数学情感，前三者包含事实性知识、概念性知识、程序性知识三种知识，后两者主要是元认知知识。

元认知方面的知识并不能直接外显地体现在纸笔测验中，而是更多地蕴含在教学过程中，更多地体现在学生进行活动中的表现上。因此，评价的内容形式主要是前三个目标所代表的前三种知识，但从评价的能力过程方面可以看出，其中也包含着后两种目标的因素，特别是在解决非常规问题时，更需要思维与情感的渗透。所以，本单元的整体教学评价的开展应以前三个目标为主，但不可忽视后两个目标，要处理好两者之间的关系。

以下两份"单元检测"试卷及其"参考答案与评分说明"是严格按照"检测试卷编制的科学规范"编制而成的，具有较高的科学性、可靠性和有效性，并且具有一定的等值性，可用于"科学、规范"的教学（实验）研究。

表7-3　"平移、旋转和轴对称"知识结构学习的单元检测双向细目表（A）

具体内容	认知过程					
	记忆	理解	运用	分析	评价	创造
图形运动的初步认识（目标1）（目标2）	二1、二2、二3	一2、三4	一1、四1、四2、四3			
图形运动的整体性质和联系（目标1）（目标2）		一3、三1、三2、三3	一4、五2(1)、五2(2)			
图形运动的应用（目标3）				五1		五2(3)

"平移、旋转和轴对称"知识结构学习的单元检测（A卷）

（考试时间：60分钟　分数：100分）

班级：　　姓名：

一、选择题：请将正确答案前的字母填写在题后的括号内。（每小题5分，共20分）

1. 长方形、正方形和圆的对称轴的个数分别是（　　）。

A. 1、2、3　　B. 2、3、4　　C. 4、4、无数　　D. 2、4、无数

2. 方格纸上，图形向右平移8格，可以看成向右平移4次，每次平移（　　）。

A. 1格　　B. 2格　　C. 4格　　D. 不可以转化

3. 旋转、平移和轴对称这三种图形运动的共同特点是（　　）。

A. 都是沿一定的方向移动了一定的距离　　B. 都不改变图形的形状和大小

C. 对应线段互相平行　　D. 对应线段相互垂直

4. 如图，88方格纸上的两条对称轴 EF、MN 相交于中心点 O，对 $\triangle ABC$ 分别做下列运动：

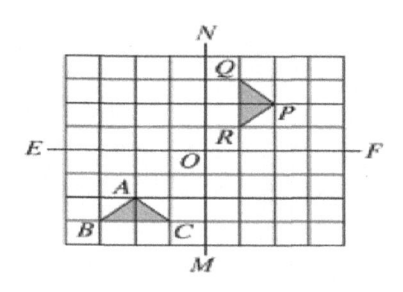

（1）先以点 A 为中心顺时针方向旋转90°，再向右平移4格、向上平移4格。

（2）先向上平移6格，以点 C 为中心逆时针旋转90°，再以直线 MN 为轴对称做对称图形。

（3）先以直线 MN 为轴对称做对称图形，再向上平移4格，再以点 A 的对应点为中心顺时针方向旋转90°。

其中能将 $\triangle ABC$ 运动到 $\triangle PQR$ 位置的有（　　）。

A.（1）　　B.（1）（2）　　C.（2）（3）　　D.（1）（2）（3）

二、填空题：请将正确答案填写在相应的括号内。（每空1分，共14分）

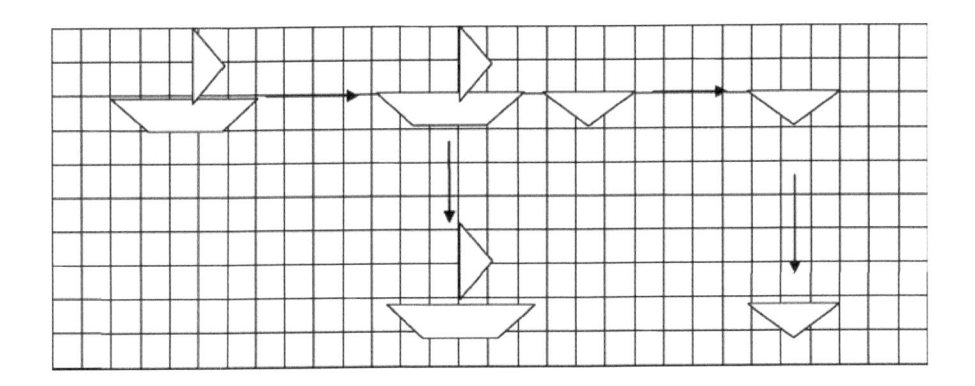

1.（1）小帆船先向（　　）平移了（　　）格，再向（　　）平移了（　　）格。
（2）三角形先向（　　）平移了（　　）格，再向（　　）平移了（　　）格。

2.

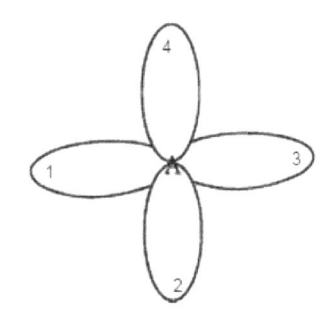

（1）图形 1 绕 A 点（　　）旋转 90° 到图形 2。
（2）图形 2 绕 A 点（　　）旋转 90° 到图形 3。
（3）图形 4 绕 A 点顺时针旋转（　　）° 到图形 2。
（4）图形 3 绕 A 点顺时针旋转（　　）° 到图形 1。

3. 如果一个图形沿着一条直线对折，两侧的图形能够完全重合，这样的图形就叫（　　）图形，那条直线就是（　　）。

三、判断题：判断正确的请在题后的括号中打"√"，判断错误的请在题后的括号中打"×"，并给出理由。（每小题判断正确 2 分，理由准确、充分 3 分，共 5 分；合计 20 分）

1. 我们可以把每一个平移运动，都转化成两次轴对称运动。（　　）
理由：

2. 平移运动和旋转运动可以相互转化。（　　）
理由：

3. 旋转运动中，我们要注意的关键点是旋转角度和方向。（　　）
理由：

4. 所有的三角形都不是轴对称图形。（　　）
理由：

四、操作题：请按要求作答。（第 1 小题 6 分，第 2 小题 6 分，第 3 小题 8 分，共 20 分）

1. 请画出对称图形的另一半。

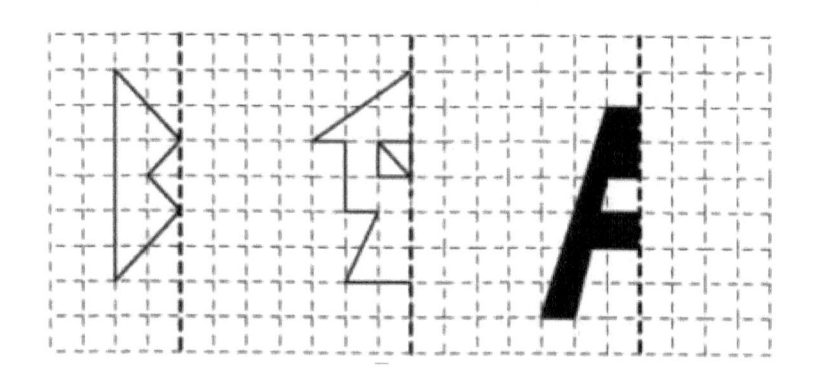

2.

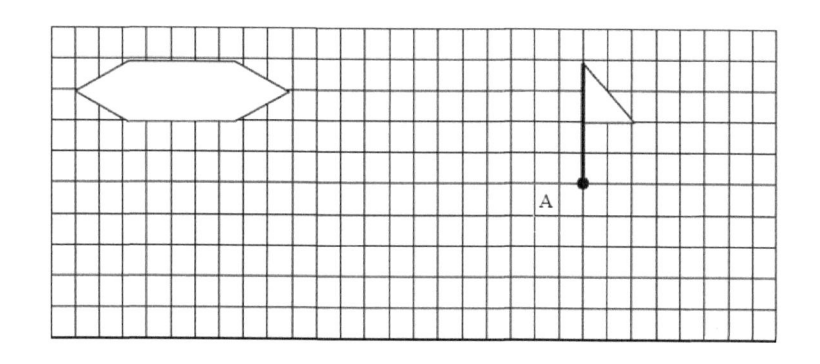

（1）将六边形先向下平移 4 格，再向右平移 5 格。

（2）将小旗图围绕 A 点顺时针旋转 90°。

3. 观察下面 3 组图形，它们有什么共同特点？你能旋转每组中的一个图形，使每组图形都变成长方形吗？

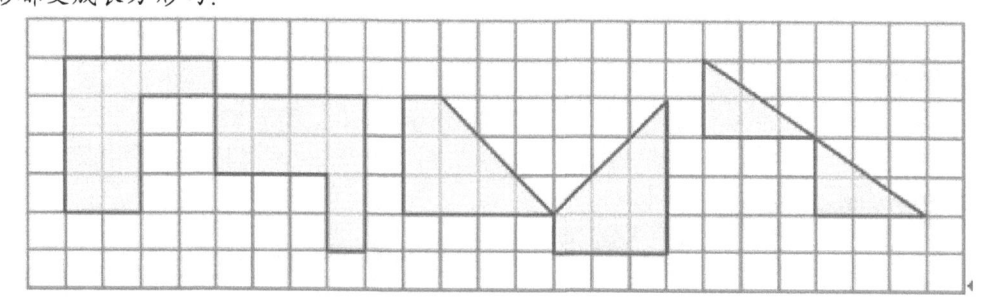

五、挑战题：请按要求作答。（第 1 小题 12 分，第 2 小题 14 分，共 26 分）

1. 以下是俄罗斯方块游戏。每个图形都从左上角出现，请运用给出的图形填满最下方三行，并说一说其中一两个图形的运动过程。

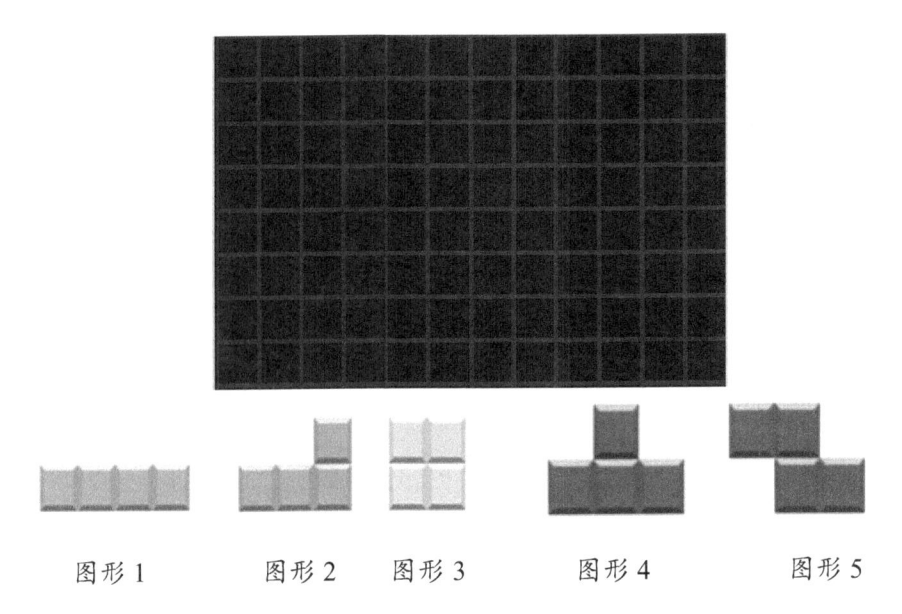

图形 1 图形 2 图形 3 图形 4 图形 5

2. 利用角、线段、平行线、三角形、正方形、长方形、圆等基本图案，借助平移旋转及轴对称设计一个图案，并简述你的设计意图。

"平移、旋转和轴对称"知识结构学习的单元检测（A卷）
参考答案与评分说明

一、选择题。（每小题 5 分，共 20 分）

1. D 2. B 3. B 4. D

二、填空题。（每空 1 分，共 14 分）

1. 右，9，下，6；右，7，下，6

2. 逆时针；逆时针；180；180

3. 轴对称；对称轴

三、判断题。（每小题判断正确 2 分，理由准确、充分 3 分，共 5 分；合计 20 分）

1. ✓ 2. × 3. × 4. ×

理由判分标准：准确 2 分，充分 1 分，共 3 分

1. 理由：可以，轴对称运动与平移运动具有这样的关系。

2. 理由：不可以，平移运动和轴对称运动可以转化，但与旋转运动不可以转化，因为旋转改变了运动的方向，而平移没有改变。

3. 理由：旋转运动的三要素是中心点、旋转角度和方向，所以这题缺少了中心点。

4. 理由：等腰三角形和等边三角形都是轴对称图形。

四、操作题。（第 1、2 小题各 6 分，第 3 小题 8 分，共 20 分）

1. 三个图，一个 2 分，共 6 分。

2. 第一小问操作 3 分，第二小问操作 3 分，共 6 分。

3. 特点：每组由两个相同的图形构成，2分；

旋转操作：1组2分，2组4分，3组6分；共8分。

五、挑战题。（第1小题12分，第2小题14分，共26分）

1. 填满三行6分，其中图形丰富程度2分、运动丰富程度2分、完成度2分；运动描述一个3分，两个6分。共12分。

2. 图案设计8分，其中材料丰富程度3分、运动丰富程度3分、图形的美感2分；设计意图6分，其中表述3分，创意3分。共14分。

表7-4 "平移旋转和轴对称"知识结构学习的单元检测双向细目表（B）

具体内容	认知过程					
	记忆	理解	运用	分析	评价	创造
图形运动的初步认识（目标1）（目标2）	二1、二2、二3	一1、一2、三4	一4、四1、四2、四3			
图形运动的性质和联系（目标1）（目标2）		一3、三1、三2、三3				
图形运动的应用（目标3）				五1		五2

"平移、旋转和轴对称"知识结构学习的单元检测（B卷）

（考试时间：60分钟　分数：100分）

班级：　　姓名：

一、选择题：请将正确答案前的字母填写在题后的括号内。（每小题5分，共20分）

1. 下面图形不一定是轴对称图形的是（　　）。

A. 长方形　　B. 等腰梯形　　C. 平行四边形　　D. 等边三角形

2. 图形向上平移4次，每次平移3格，可以看成向上平移1次，平移（　　）格

A. 4格　　B. 12格　　C. 8格　　D. 不可以转化

3. 下列说法正确的是（　　）。

A. 平移会改变图形大小　　B. 旋转会改变图形形状

C. 平行四边形不一定都是轴对称图形　　D. 三角形一定是轴对称图形

4. 如图所示，在图形B到图形A的变化过程中，下列描述正确的是（　　）．

A. 先向上平移 2 个单位，再向左平移 4 个单位
B. 先向上平移 1 个单位，再向左平移 4 个单位
C. 先向上平移 2 个单位，再向左平移 5 个单位
D. 先向上平移 1 个单位，再向左平移 5 个单位

二、填空题：请将正确的答案填写在相应的括号内。(每空 1 分，共 15 分)

1. 电灯图先向（   ）平移了（   ）格，再向（   ）平移了（   ）格。

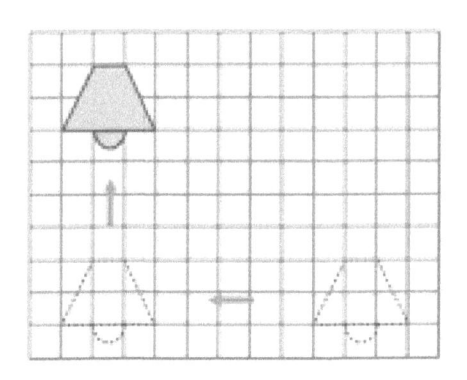

2. 如图所示，可以看作是一个基本图形经过（   ）次旋转得到的，每次旋转了（   ）度。

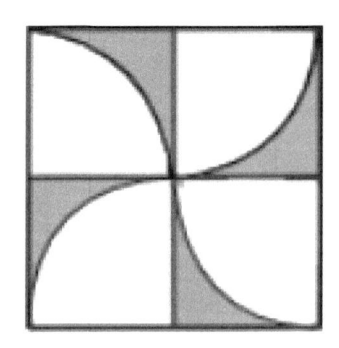

3. 图 1 绕（   ）点（   ）时针旋转（   ）度得到现在的图形；
图 2 绕（   ）点（   ）时针旋转（   ）度得到现在的图形；
图 3 绕（   ）点（   ）时针旋转（   ）度得到现在的图形。

图1　　　图2　　　图3

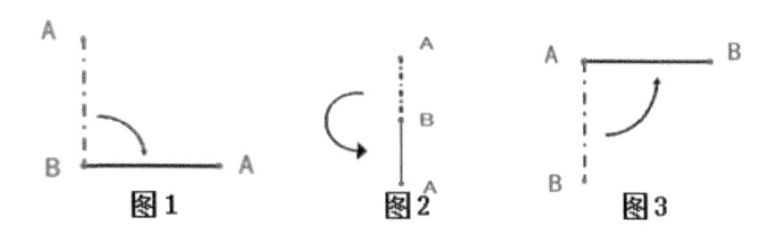

三、判断题：判断正确的请在题后的括号内打"√"，判断错误的请在题后的括号内打"×"，并给出理由。（每小题判断正确2分，理由准确、充分3分，共5分；合计20分）

1. 我们可以把每一个旋转运动，都转化成两次轴对称运动。（　　）

理由：

2. 平移运动和旋转运动不可以相互转化。（　　）

理由：

3. 平移运动中，我们要注意的关键点是方向和距离。（　　）

理由：

4. 所有的平行四边形都不是轴对称图形。（　　）

理由：

四、操作题：请按要求作答。（第2小题6分，其余每小题8分，共22分）

1. 按要求作图。

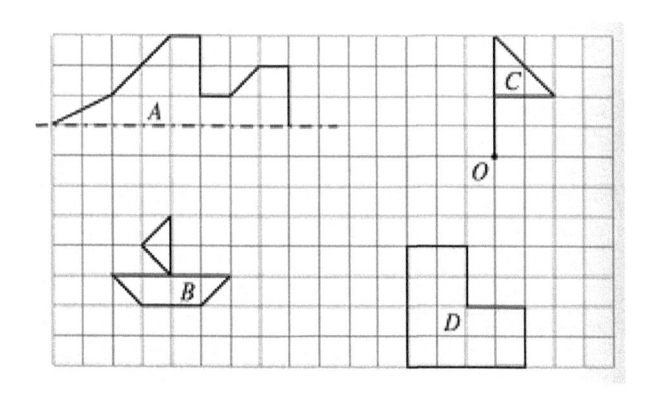

（1）把图B向下平移2格，再向右平移4格。

（2）把图C绕O点顺时针旋转90°。

（3）画出图A的另一半，使它成为一个轴对称图形。

2.（1）把小旗图绕点A顺时针旋转90°。

（2）把平行四边形绕点B逆时针旋转90°。

3. 把图中的两个三角形分别绕点 A、点 B 顺时针或逆时针旋转 90°，像这样连续操作 3 次，画出旋转后的图形。

五、挑战题：请按要求作答。（第 1 小题 10 分，第 2 小题 13 分，共 23 分）

1. 以下是七巧板游戏，图 1 通过运动变成了图 2，每张图内都有 7 个小图形，请你说说图 1 中的 7 个小图形如何运动变成了图 2。

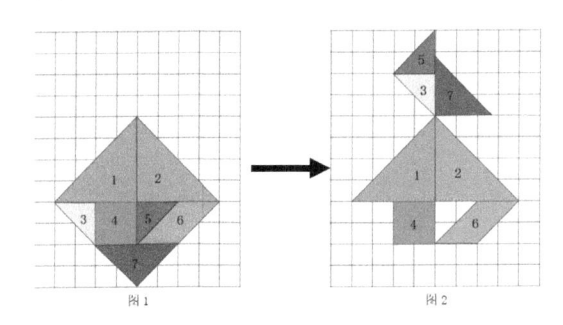

2. 看图，回答下列问题。

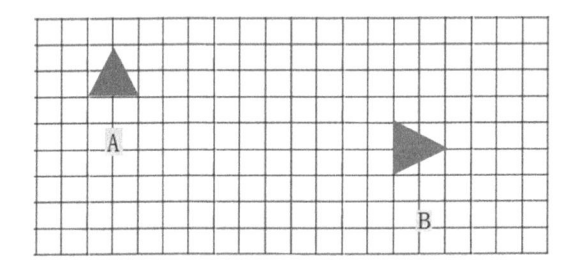

（1）请你说说图形 A 是如何运动到图形 B 的位置的。
（2）你能再说一种运动路线吗？请试一试。
（3）请你用图形 A 以及由它运动而成的图形，设计一个组合图形，并简单地描述你所设计的图形。

"平移、旋转和轴对称"知识结构学习的单元检测（B卷）
参考答案与评分说明

一、选择题。（每小题 5 分，共 20 分）

1. C   2. B   3. C   4. B

二、填空题。（每空 1 分，共 15 分）

1. 左，8；上，6

2. 3，90

3. B，顺，90；B，逆，180；A，逆，90

三、判断题。（每小题判断正确 2 分，理由准确、充分 3 分，共 5 分；合计 20 分）

1. √   2. √   3. √   4. ×

理由判分标准：准确 2 分，充分 1 分，共 3 分

1. 理由：可以，轴对称运动与旋转运动具有这样的关系。

2. 理由：对的，平移运动和轴对称运动可以转化，但与旋转运动不可以转化，因为旋转改变了运动的方向，而平移没有改变。

3. 理由：平移的两个要素是方向、距离，和题目表述一致。

4. 理由：像正方形、长方形这样的平行四边形是轴对称图形。

四、操作题。（第 2 小题 6 分，其余每小题 8 分，共 22 分）

1. 第一问 2 分，第二问 3 分，第三问 3 分，共 8 分。

2. 第一小问操作 3 分，第二小问操作 3 分，共 6 分。

3. 每个图形的操作 4 分，共 8 分。

五、挑战题。（第 1 小题 10 分，第 2 小题 13 分，共 23 分）

1. 图形 1、2、4、6 没运动，1 分；图形 3、5、7 各 3 分（答案不唯一，正确即可）。共 10 分。

2. 第 1 小问 3 分，第 2 小问 2 分，第 3 小问 8 分：设计图形 5 分、描述 3 分。共 13 分。

第五节   "平移、旋转和轴对称"学习活动的组织与安排

在确立"平移、旋转和轴对称"知识结构，预设其一般学习心理过程，明确其整体教学目标、重难点，以及谋划其整体教学评价之后，我们便需要开始组织与安排其相应的学生学习活动了。

综合相关已有研究文献①②③以及一线教师们的教学经验与反思所获，将有助于我们组织与安排"平移、旋转和轴对称"的学习活动。具体而言，主要包括该单元知识结构的整体教学思路、教学策略与方法，甚至课时活动设置。

一、整体教学思路

依据单元教学的整体性等特征，以及"平移、旋转和轴对称"单元知识结构的"活动—本质—转换—应用"的内在理路，本单元知识结构的学习可以划分为五节课。

第一节课侧重于平移和轴对称运动的认识，第二节课侧重于旋转运动的认识以及三种运动的整体认识，第三节课侧重于对三种运动形式之间转换的探究，第四节课则是三种运动形式的具体应用④，第五节课可以是练习课，即单元检测。

五节课层层递进、步步为营、一环套一环、环环相扣、携手共进，最终以促使学生达成"平移、旋转和轴对称"单元知识结构的完整内化为其整体教学的目标追求。

二、教学策略与方法

针对"平移、旋转和轴对称"单元知识结构的学习而言，依据其知识结构所蕴含的特殊性（譬如，动态操作与静态描述的区分、转化与结合）、一般学习心理轨迹的预设、整体教学目标重难点的把握，以及整体教学评价开展的谋划。我们认为，操作与思考相结合、游戏活动式教学和"整体—部分—整体"的认知，可以作为本单元知识结构整体教学的一般策略与方法。

（一）操作与思考相结合

图形运动的教学，必然要涉及广泛的操作，从前述分析中我们也多次提及了操作的重要性，同时也指明了不能单纯地只依据操作，而是要将操作与思考相结合，才能形成基本的数学活动经验，促进思维能力的发展。

具体而言，操作就是我们进行问题探究的途径，在每种运动的认识，各种运动之间的联系与变换的辨别，运用运动解决问题的过程当中，都是始于操作而终于操作经验的总结与内化。因此，虽然小学数学教学中一般都会结合相应的数学内容来运用操作开展教学，但是，"平移、旋转和轴对称"单元知识结构学习中的操作，自有其更高的要求，即旨在通过操作学习活动来培养学生的数学基本思想和数学基本活动经验。

---

① 郭欣. 小学生对图形与变换内容理解水平的调查研究[D]. 长春：东北师范大学，2015：4-8，23-27.

② 鲍建生，周超. 数学学习的心理基础与过程[M]. 上海：上海教育出版社，2009：3-24，107-148，309-350.

③ 张庆珍. 把握运动本质，发展空间观念：《平移、旋转和轴对称》教后反思发展[J]. 教育视界，2016（4）：72-73.

④ 第三、四课时的教学设计是与张家港金港中心小学数学组的老师们共同探讨完成的。

（二）游戏活动式教学

由于"图形运动"这一学习的内容本身趣味性较强、生活气息浓厚、学习资源丰富，所以可以进一步拓展并形成主题式活动，在活动中进行教学。因此，游戏活动式教学可以是一个不错的选择。

具体而言，可选用变换游戏和俄罗斯方块游戏，来开展学习活动，为教学活动提供依托。这两个游戏活动都真切地让学生去玩，在玩中经历、体验运动，将游戏活动真正设置在主要的地位。但是，虽然是游戏活动，也不应忘记教学活动应指向教学目标，也就是说要在游戏活动的过程中渗透运动知识的学习，潜移默化地让学生形成有关运动的知识，获得相应的数学思维能力。

（三）"整体—部分—整体"的认知

区别于一个运动一个运动地学习的教学方式，本单元知识结构的学习可采用在第一、二节课就快速将三种运动形式都初步地让学生感知，然后再通过后续几节课的学习活动，综合地巩固三种运动形式的知识，不断加深对三种运动形式的理解。因为当学生要去解决一个自己感兴趣问题时，就会自发地有了进一步认识某一知识的需求。譬如，要进行旋转操作，却又不太熟悉这一知识点，此时对旋转知识的再认识就是自发的、印象深刻的，而不是教师凭空教来的。如此一来，学生不仅学会了三种运动形式，而且也会自然地逐步把握三种运动形式之间的关联与区分。

此外，这种"整体—部分—整体"的学习方式，可以加深学生整体性理解知识的观念，加深其对三种运动联系与区别的认识，这也是本单元知识结构整体教学的重点之一。

三、课时活动设置

第一课时（新授课：平面图形的平移和轴对称运动）

教学目标

1. 通过观察、操作等活动，在方格纸上能判断图形的平移和轴对称运动，知道如何描述平移和轴对称运动。
2. 能初步概括两种运动的特征。
3. 在活动与思考中引发对运动学习的兴趣。

教学过程

一、复习导入

学习过哪些图形的运动？

今天，我们继续学习图形的运动，并且在方格纸上研究图形的移动。

二、探究

（一）探究活动1：平移的学习

1. 出示例1。

观察下面的小船图和金鱼图分别是怎样运动的？想一想你该如何描述？

想一想这两个运动有什么共同点和不同点。（方向相同，移动的距离不同）

这两个图形分别向右移动了几格，你是怎么数的？

2. 完成试一试。

3. 观察下图，请描述图形的移动，并说说你是怎么想的。

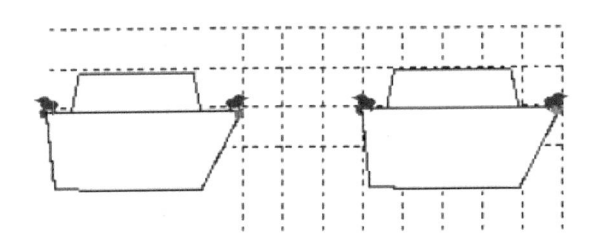

原图中，你可以观察到什么（船帆、船头、鱼头、鱼尾巴）？

为什么可以这样判断？（整体与部分的关系）

4. 完成练一练。

（1）你是怎么判断的？

（2）你发现了要如何描述平移？

5. 拓展。（火车通过隧道）

火车全长400米，以每分钟400米过3200米的隧道，从车头进入隧道到车尾离开，共需多少分钟？火车完全在隧道内的时间是多少分钟？

想一想，这一题的解题关键是什么？与我们今天判断平移几格有什么联系？

6. 火柴棒游戏。

小鱼转头：请你移动两根火柴棍，使小鱼转向（变成头朝上或头朝下）。

7. 试一试，总结一下平移的特征。

要素：方向和距离。

平移前后每一点与它对应点之间的连线互相平行（或者重合）。

（二）探究活动2：轴对称的学习

1. 出示例4。

书上的：长方形、正方形、平行四边形（注意：本质上三个都是平行四边形，只是前两个是特殊的平行四边形，最后一个是不特殊的平行四边形。）

判断这些图形是不是轴对称图形？

书上的这个不特殊的平行四边形不是轴对称图形，为什么，你是如何判断的？

回顾轴对称图形是什么？（两边完全相同，形状大小一样，对称的图形；对折后能完全重合的图形是轴对称图形。）

长方形纸对折，使折痕两边完全重合，可以有几种折法？

像这样对折，折痕所在的直线叫作轴对称图形的对称轴。

2. 完成试一试、折一折、画一画，想一想如何才能不多不少？

补充活动：图形的对称轴有几个（圆、正多边形，通过图形发现规律）。

3. 出示例5，在方格纸内补全图形。

补全图形可以看成是做轴对称运动（翻转）。

画的时候要如何确定呢？（找几个特殊点，整体与部分）

先操作，从一边翻转到另一边，形成一个新的整体。

再想象一下，逆向操作，把整体对折，形成了一半。

4. 完成练一练。

（1）找对称轴。

（2）画对称轴。

5. 思考点：轴对称图形的一半与分数的二分之一的意义有什么相同点、不同点。

（分数的二分之一表示大小一样即可，而轴对称图形的两半必须形状与大小都一样，所以之前我们教学分数时强调形状可以不一样，而这样的轴对称图形则要强调形状也要一样）。

6. 说一说，做轴对称运动的特征。

要素：对称轴。

轴对称前后每个对应点离对称轴的距离相等。

三、总结运动

思考一下，我们如何认识这两种运动，它们的特征是怎样的。

（1）认识方法：寻找特征。

（2）运动特征：发现要素。

课堂检测

1. 按要求填空。

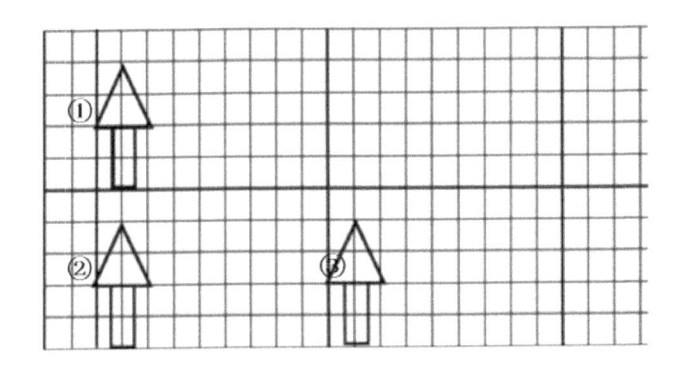

图①先向（　　）移动（　　）格到图②的位置，再向（　　）移动（　　）格可以与图③重合，或者先向（　　）移动（　　）格，再向（　　）移动（　　）格也可以与图③重合。

等级分数	具体描述
0	未作答或者答案错误
1	能正确回答2—6个空
2	能正确回答所有空

2. 你如何描述平移运动和轴对称运动，它们的特点是什么？

等级分数	具体描述
0	未作答或者答案错误
1	描述了运动，未说明特点
2	描述了运动，并说明特点

3. 在图中设计一个轴对称图形，并画出它的对称轴。

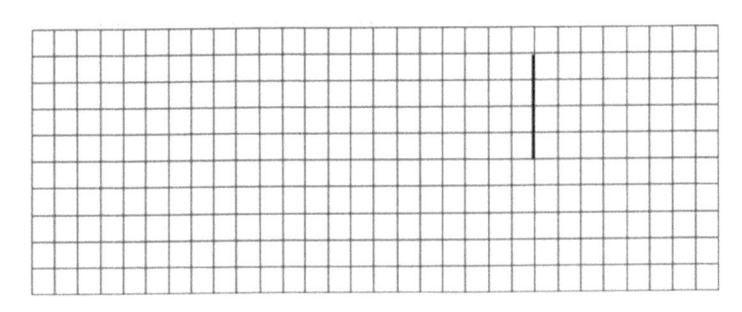

等级分数	具体描述
0	未作答或者答案错误

等级分数	具体描述
1	过于简单，或未画出对称轴
2	恰当设计，并画出对称轴

第二课时（新授课：平面图形的旋转运动及其与平移与轴对称的关系）

教学目标

1. 通过观察、操作等活动，在方格纸上能判断图形的旋转运动，知道如何描述旋转运动。

2. 能初步概括旋转运动的特征。

3. 在合作探究中，初步体会三种运动的联系与区别。

4. 通过具有挑战性的活动，进一步激发学习的动力，引导其主动对运动知识的深入理解与运用。

教学过程

一、导入

上节课我们学习了平移和轴对称，还记得它们有哪些特征吗？这节课我们继续探究旋转运动，我们需要试着发现它的特征。

二、探究

1. 出示例2。

先观察（最好是观察动态的情况），再思考图中的杆子是如何运动、打开和关闭的（知道这是旋转运动，想一想该如何描述这种运动）。

它们有什么不同点和相同点。（围绕一个点但方向不同）

2. 出示例3。

（1）方格纸内选择三角形90度（每个点都在格子上）。

（2）可能出现的错误（教师要尽可能想出错误类型）。

（并不是不知道，而是部分的理解的旋转，而没有抓住本质，或者没有找到捷径，如何基于捷径去得出本质）

（3）小组讨论画法。（不一定相同，要学会表述自己的方法）

3. 完成练一练。

（1）看图填空（考查学生对角度与方向的理解），钟面可以挖掘（速度、时针、分针、秒针）。

（2）画图，巩固画法。（整体与部分，如何良好的将它们结合起来）（绕其他三个点

又分别是怎么样的）

4. 让学生用铅笔头表示交通工具，在方格纸上平移或旋转。（体会不同的旋转中心，可以有不同的运动变化）

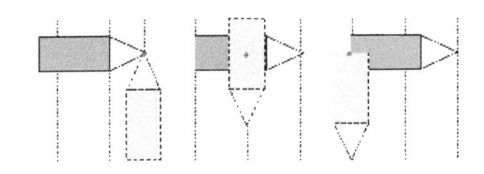

5. 拓展：摩天轮的运动。

摩天轮每个座舱运动是平移还是旋转？

平移，因为要保持座舱一直垂直向上，不能让人随着旋转而倒立过来，如图1、图2，可以看出两处的座舱到圆心的距离并不相等。

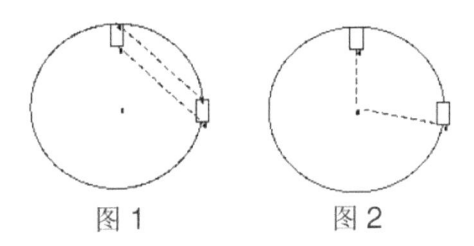

图1　　　图2

但如果把每个座舱看成是一个点，那么就可以看作是旋转运动，相当于一个点在圆上运动。（从这一题体会并判断生活中的运动可能会出错，关键要抓住运动的本质特征来进行判断，通过这一题更加清楚平移与旋转的本质。）

6. 说一说，总结一下旋转的特征。

要素：中心点、旋转方向、旋转角度。

旋转前后对应点到旋转中心的距离相等，并且各组对应点与旋转中心连线的夹角都等于旋转的角度。

三、三种运动的整体审视

1. 比较三种运动的相同与不同。

相同：都基于几个要素，每种运动的前后都存在对应性和不变性。

每种运动的特点，可以根据运动过后的静态图形状态总结。平移前后每一点与它对应点之间的连线互相平行（或者重合），并且相等；旋转前后对应点到旋转中心的距离相等，并且各组对应点与旋转中心连线的夹角都等于旋转的角度；轴对称前后每个对应点离对称轴的距离相等（对应性）。每种运动前后图形形状大小都不变化（不变性）。

不同：具体要素不同。

2. 从动静态的角度。

动态的运动变化：平移、旋转、翻转。

静态的图形状态：平移、旋转、轴对称。

轴对称改变相对位置，平移、旋转不改变。

3. 从整体—部分的角度。

每个图形都由无数个点组成，所以图形上的每个点的运动都是一致的，因此我们可以通过找关键点（对学生来说是容易找到的部分）来判断整个图形的运动。在此整体与部分是一致的，两者可以互相转化得到（整体—部分，或者部分—整体）。

课堂检测

1. 选择题。

（1）从6：00到9：00，时针旋转了（　　　）。

A. 30°　　B. 60°　　C. 90°　　D. 180°

（2）下面说法正确的是（　　　）。

A. 旋转改变图形的形状和大小

B. 平移改变图形的形状和大小

C. 平移和旋转都不改变图形的形状和大小

D. 无法确定平移和旋转是否会改变图形的大小和形状

等级分数	具体描述
0	未作答或者答案错误
1	能正确回答1个
2	能正确回答2个

2. 判断题。

（1）收费站转杆打开，旋转了180度。（　　　）

（2）旋转的关键要素是旋转角度与旋转方向。（　　　）

等级分数	具体描述
0	未作答或者答案错误
1	能正确回答1个
2	能正确回答2个

3. 按要求画一画。

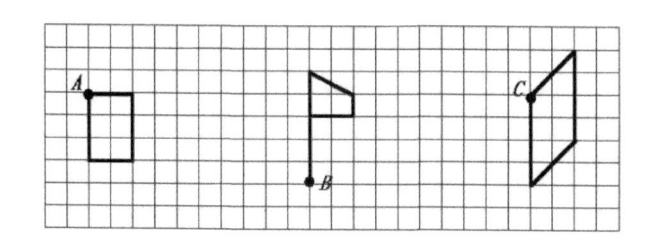

（1）长方形绕 A 点逆时针旋转 90°。

（2）将小旗围绕 B 点逆时针旋转 90°。

（3）将平行四边形绕 C 点顺时针旋转 90°。

等级分数	具体描述
0	未作答或者答案错误
1	能正确操作 1—2 个
2	能正确操作 3 个

第三课时（新授课：平面图形三种运动形式之间的转换）

教学目标

1. 进一步探究三种运动的联系，能够进行简单的图形运动转换，得出简单的图形运动转换结论。

2. 基于操作探究所得到的结论，进行三种运动的简单变换。

3. 通过具有挑战性活动的解决，增强自信心，体会数学的乐趣，并充分体会运动的意义。

教学过程

一、设问导入，激发兴趣

同学们，我们学习了哪些运动？

你们想不想继续探究运动的奥秘？

这节课我们一起来共同探究运动之间的联系。

二、学生活动

1. 活动一：请大家试着按照图示，把图形 A 运动到图形 B 的位置。

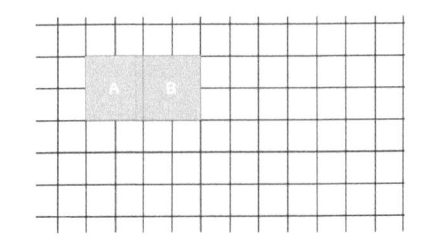

谁来说说你是怎么做的？

谁有不同的想法？

还有没有其他的了？

2. 活动二：请大家试着按照图示，把图形 A 运动到图形 B 的位置。

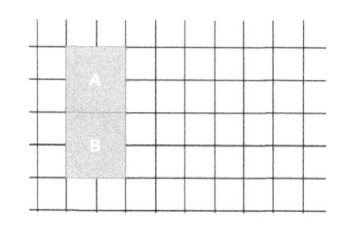

谁来说说你是怎么做的？

谁有不同的想法？

还有没有其他的了？

3. 活动三：请大家试着按照图示，把图形 A 运动到图形 B 的位置。

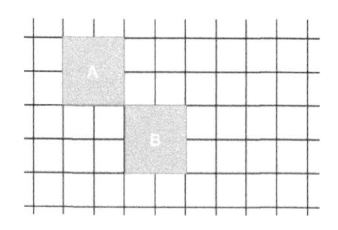

这次请大家自主发现，并讨论。

总结：从一个位置到另一个位置的运动过程有多种可能。

三、探究联系

（一）平移和轴对称的关系

接下来，我们进一步探究运动的联系。

先请大家说一说从 A 到 B 是怎样的运动呢？

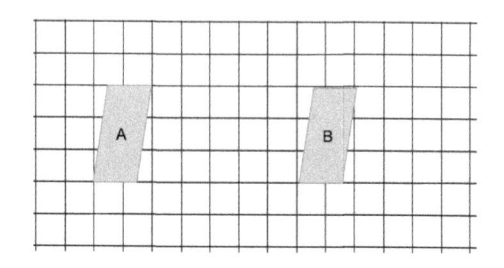

回答：一次平移。

那么你觉得还可能是怎样的运动过程？

提示：可以不止一次运动。

教师引导：是否可以通过轴对称运动来进行。

（学生讨论和发现）

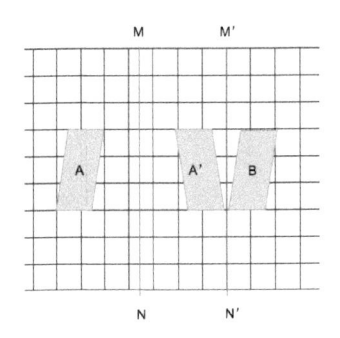

如上图，可以做两次轴对称运动。

自主发现：能不能有别的轴对称运动。

结论：一次平移相当于两次轴对称运动

描述下面图形 A 到 B 的运动过程（分别用平移和轴对称）。

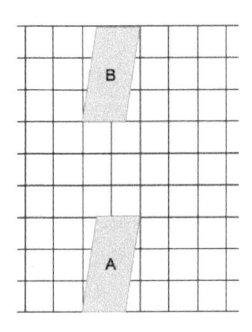

（二）旋转和轴对称的关系

刚才我们探究了平移与轴对称的关系，接下来我们来探究旋转与轴对称的关系。

先请大家说一说从 A 到 B 是怎样的运动呢？

回答：是一次旋转运动。

同样的，你觉得还可以是怎样的运动。

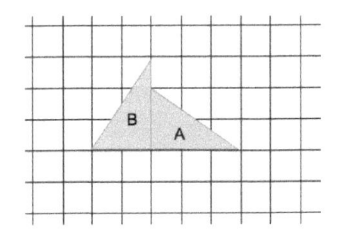

猜测：两次旋转。

（学生自主尝试）

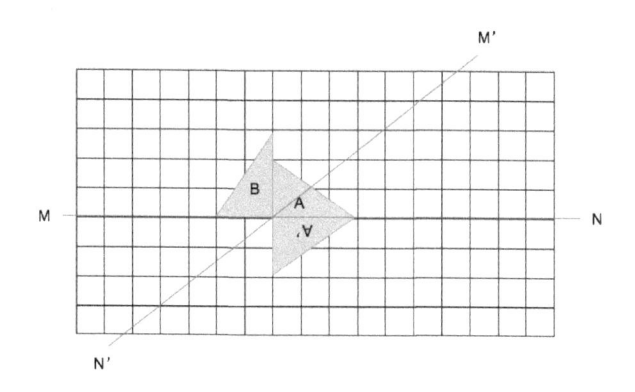

自主发现：能不能有别的轴对称运动。

结论：一次旋转相当于两次轴对称运动。

四、总结

这节课，通过探究活动，我们一起发现了三种运动之间存在转换关系。回顾一下我们的发现，可以用一个关系图来表示（下图）。

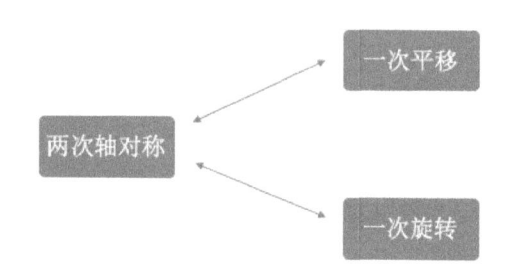

课堂检测

1. 填空题。

（1）一次旋转运动可以看成是（　　）次（　　）运动。

（2）一次平移运动可以看成是（　　）次（　　）运动。

等级分数	具体描述
0	未作答或者答案错误
1	能正确回答1个
2	能正确回答2个

2. 图形 A 移动到图形 B 的位置，可以看成是（　　），还可以看成是（　　）。

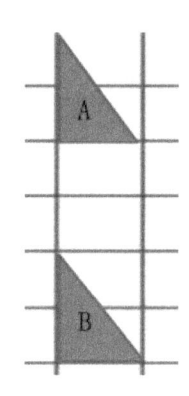

3. 图形 A 移动到图形 B 的位置，可以看成是（   ），还可以看成是（   ）。

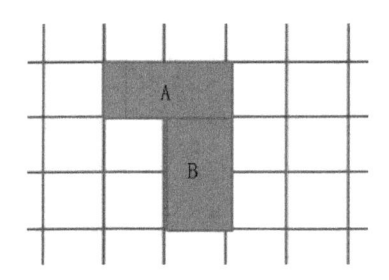

等级分数	具体描述
0	未作答或者答案错误
1	能正确回答 1 个
2	能正确回答 2 个

第四课时（游戏课：俄罗斯方块游戏）

教学目标

1. 能综合运用平移、旋转及轴对称运动的知识进行游戏，根据要求进行设计，巩固和深化对运动知识的理解。
2. 在活动中加强学生与他人交流合作，共同进步。
3. 通过活动促进积极数学观的形成，能从一种对数学的新体验中感受数学的魅力及数学学习的乐趣。

教学过程

一、课前交流

师：离上课还有几分钟，我们来聊聊。大家平时在家休息时都做些什么呢？

游戏不是不能玩，而是需要注意游戏时间。

我们来看一段视频，看完之后说说从这款游戏中你能了解到什么？

（观看视频）

师：说说想法。

二、导入

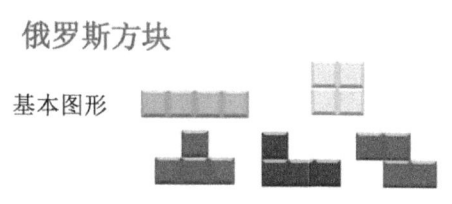

俄罗斯方块

基本图形

图形运动：平移、旋转

消除方式：铺满一行消除

师：俄罗斯方块是一款经典的游戏。看了视频，你知道了哪些游戏规则？（根据学生的回答，课件出示相关内容）

基本图形：五种。

消除方式：铺满一行消除。

图形运动：平移、旋转。

师：想试着玩一玩吗？

三、探究运动

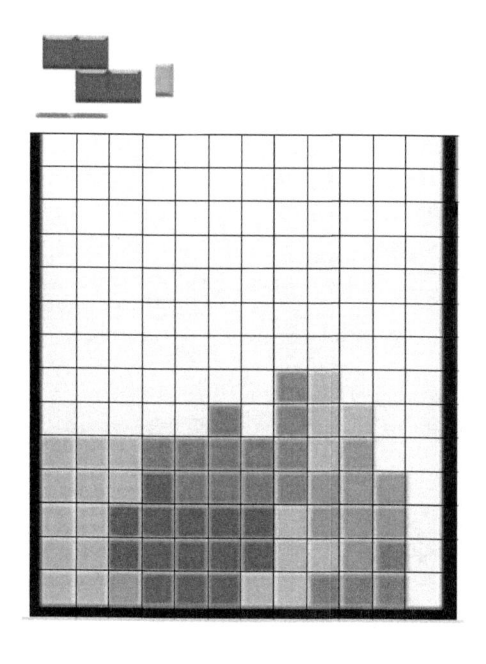

（一）正方形

出示图例：这个图形怎么运动才能铺满这一行呢？

有人选择旋转或是轴对称运动吗？

（二）长方形

同一图例：如果换成这个图形呢？

解决问题：长方形平移和轴对称运动得到的图形是一样的。

（三）T型、L型和Z型

再出三幅图例：这几个图形怎么运动才能铺满？

同桌互相研究、汇报。

师：选择顺时针旋转的请举手。如果继续旋转下去呢？

逆时针呢？

你有什么发现？

其实不论是以图形上的哪个点为中心，顺时针或逆时针旋转90°得到的结果都是这样的。区别是……为了便于交流，我们今天规定所有的图形以右下角的点为中心点，顺时针旋转90°。

四、运动设计

如果加入轴对称运动，能把这一行铺满吗？

我们的运动过程有很多不同的选择，到底怎么选呢？（根据实际情况决定）

（一）提出要求

师：接下来我们一起来设计一个俄罗斯方块游戏。

内容：假设所有图形从左上角出现，通过5种图形的运动，使得图形铺满3行。

要求：①小组合作完成，按顺序每人任意选择图形，直到铺满3行为止。②小组活动过程中，要求每个同学清楚地表达自己所选图形的运动过程。交流时一人分享，其余同学注意他说的运动过程和图形的运动过程是否相符。

师：有什么不明白的地方吗？

提问：铺在哪里？

铺满3行是什么意思？是怎样的3行？

可以重复选择图形吗？

发现错了是否可以更改？

如果学生没能提出问题，就由老师来提问，学生来解答。

（二）学生活动

学生小组活动，教师巡视指导。

邀请听课老师一起参与。

（三）小组上台交流

图形都用到又能完成任务是最好的。

五、总结

今天我们一起研究了一款游戏——俄罗斯方块。通过研究你有什么感受？

课堂检测

1. 填空题。

（1）这两个图形可以看成是（   ），还有另外一组图形也具有这个性质，请你画出来（   ）。

（2）俄罗斯方块游戏中，以下这个图形运动的特点是（   ）。

等级分数	具体描述
0	未作答或者答案错误
1	答对1个
2	答对2个

2. 将这个图形的运动过程描述出来（消去一行）。

等级分数	具体描述
0	未作答或者答案错误
1	不恰当描述
2	恰当描述

3. 请你用俄罗斯方块里的图形组成一个轴对称图形，并画出它的对称轴。

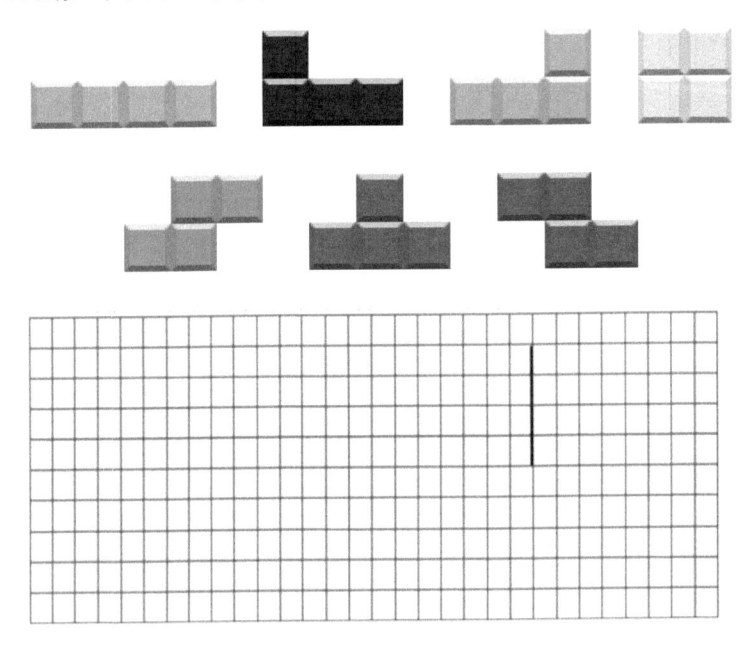

等级分数	具体描述
0	未作答或者答案错误
1	过于简单，或未画出对称轴
2	恰当设计，并画出

第五课时（练习课：单元检测）

第五课时为练习课，教师可以根据实际教学情况，选择前面所给出的两套单元检测题中的一套，以与诊断性测试做比较，进而判断教学设计及其实施的成效并做出适当、适时的调整。

第八章 "用数对确定位置"整体教学设计

本章以"用数对确定位置"单元为例,具体探讨其整体教学设计中的五个具体问题:(1)如何确立"用数对确定位置"单元的知识结构?(2)如何建构学生学习"用数对确定位置"的心理轨迹?(3)如何把握"用数对确定位置"整体教学的教学目标和重难点?(4)如何开展"用数对确定位置"的整体教学评价?(5)如何组织和安排"用数对确定位置"的学习活动?

第一节 "用数对确定位置"知识结构的确立

"用数对确定位置"是苏教版小学数学四年级下册第八单元的主题,其主要内容涉及确定位置的原理、描述及应用。基于这三方面,可以初步建构一个关于"用数对确定位置"的单元知识结构图(见图 8-1)。

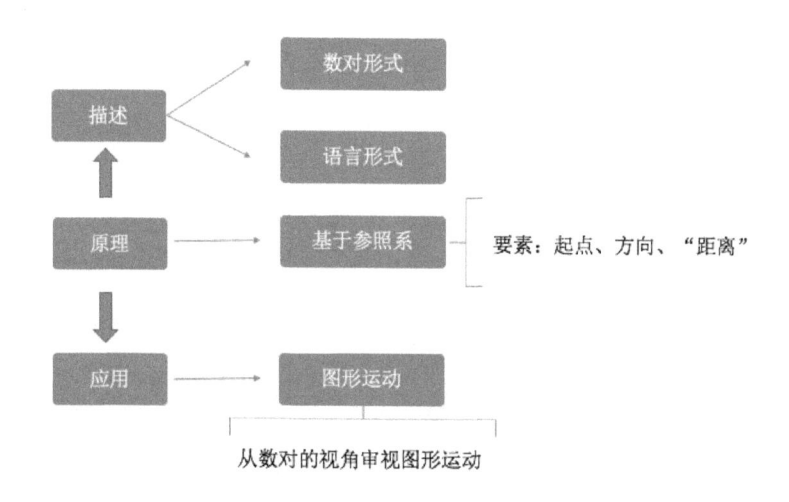

图 8-1 "用数对确定位置"知识结构示意图

由图 8-1 可知，原理是整个知识结构中最为基础的部分，其他两方面都需要以原理为前置知识。而在原理方面，强调了确定位置的本质是基于参照系，进一步来说就是需要思考三个要素：起点、方向、"距离"。任何参照系都需要围绕这三个要素来建构。在描述方面主要涉及将位置以怎样的形式来表示或表达。根据具体方法的不同，描述位置可以通过数对形式，也可以用语言形式，两者形式不同，但本质上都是基于参照系的。

因此，"用数对确定位置"是一种描述位置的特殊形式，区别于以往所学的语言形式。最后，应用方面指出了图形运动与确定位置的密切关系，并根据本单元的主题，强调从数对的视角来审视图形的运动。

形式上是对"数对"形式的学习，实质上需要理解确定位置的原理，并在整体上应用于图形运动领域，这三方面所组成的知识结构共同厘清了本单元"教什么"的问题。

第二节 "用数对确定位置"学习心理轨迹的建构

分析学生的学习心理过程，并思考可能的相应学习活动，这是对单元知识结构的一种内蕴，也是"学生"的一种加工过程。本单元属于图形与几何领域，结合已有相关研究文献[1][2][3]，可以初步建构出学生学习"用数对确定位置"知识结构的一般学习心理过程（见表 8-1）。

表 8-1 "用数对确定位置"知识结构的一般学习心理过程

学习阶段	心理过程	学习活动
1. 个人经验	学生在学习本单元前具有丰富的个体经验，以及之前所学的位置知识，此时他们都基于自己的经验对位置有自我的理解	课前调查，尽可能地了解学生的学习起点以及个人经验
2. 朴素尝试	面对生活中的位置，基于已有经验运用自己的方式按要求来确定位置，从而引起对相应问题的关注（为冲突的产生做预备）	（1）面对一维的情境；（2）面对二维情境时：让学生自己制定确定位置的方向的方式
3. 产生冲突	通过情境的变化与深入，形成一系列冲突：（1）考虑方向问题；（2）统一方向问题；（3）一维二维的问题；（4）二维中列与行的顺序问题	针对各个冲突，制定相应的问题情境。通过讨论探究得到解决问题的方法

---

[1] 徐文彬. 课堂教学设计中的三个基本问题：以小学数学"一一间隔排列"教学为例 [J]. 当代教育与文化，2015，5（5）：47-50.

[2] 李善良. 现代认知观下的数学概念学习与教学 [M]. 南京：江苏教育出版社，2005：103-184.

[3] 陈琦，刘儒德. 当代教育心理学 [M]. 北京：北京师范大学出版社，2007：29-76，155-209，247-284.

续表

学习阶段	心理过程	学习活动
4. 逐步内化	在对各个冲突的反思与交流之后，达成一致的认识，从而将活动过程内化为相应的知识（原理与方法）	学生的讨论活动，以及师生间的交流活动、总结活动
5. 形成概念（巩固概念）	学习规则下的数对概念的具体形式。在一定的练习下，在各种变式中学会运用数对确定位置，巩固对新概念的理解	确定规则，化解矛盾，将不确定性规定成确定性，形成数对概念。并通过多个变式情境，巩固这一概念
6 运用概念	通过操作活动，学会用数对表示路线图，并感受与其他方式间的联系与区别，从而深化对确定位置的理解	引出路线图问题，分别用已有方法与数对方法表示路线图，并做练习
7. 拓展延伸	观察数对与图形的关系，以数对形式体会图形运动所引起的变化，从而可以从数的角度发现一些图形运动的规律。在此基础上，进行基于已有证据的大胆猜想	引出图形的运动，让学生关注图形的顶点数对，发现运动中图形的数对变化，并引导学生基于数对变化进行猜想与验证，从而以数的视角发现规律

学习阶段 1 为课前学生的心理准备状态，旨在对学生本单元的知识理解情况有一个初步了解；学习阶段 2—4 主要为第一节课及第二节课的前半段的学习心理过程，这三个环节构成了一个冲突学习的完整过程，本部分不断解决确定位置所存在的矛盾与冲突，以为学习阶段 5 概念的形成提供基础；学习阶段 5 为第二节课后半段的学习心理过程，在此前学习的基础上，该学习阶段学生可以初步形成"用数对确定位置"的概念，并进行相应的巩固训练；学习阶段 6—7 是第三节课的学习心理过程。

前两节课中学生会经历概念的形成过程，第三节课则会促使学生应用概念或原理，并尝试拓展延伸，以使得概念或原理能够进一步发展成"概念网络"，从而"定居"在学生的认知结构网络之中。

第三节 "用数对确定位置"整体教学目标与重难点的把握

根据安德森的教育目标分类法[1]可将"用数对确定位置"整体教学目标置于分类表中，以明确其整体态势和主要倾向（见表 8-2）。

理解与运用还是本单元知识结构学习中最为重要的认知维度，事实性知识与概念性

---

[1] 安德森, 等. 学习、教学和评估的分类学：布卢姆教育目标分类学修订版（简缩本）[M]. 皮连生, 等, 译. 上海：华东师范大学出版社, 2008：25–82.

知识以及在此基础上所形成的元认知知识都比较多，而程序性知识则较少，其并不是本单元知识结构学习的重点。

表 8-2 "用数对确定位置"知识结构学习目标分类表

知识	认知过程					
	记忆	理解	运用	分析	评价	创造
事实性知识	目标 2	目标 2	目标 2			
概念性知识		目标 1 目标 3	目标 1			
程序性知识	目标 2		目标 3	目标 3		
元认知知识		目标 4		目标 5	目标 5	

一、"用数对确定位置"整体教学的教学目标

1. 在一维和二维情境中初步体验用数字确定位置，感受用数字确定位置所面临的矛盾冲突，以思考如何改善，在这个过程中概括总结出确定位置的原理。

（目标 1 强调学生理解并能够运用原理这一概念性知识，而这两方面是在同一个过程中实现的，通过多个确定位置情境的体验，学生一边在解决其中存在的冲突，这是理解部分，一边也在使用改善后的方法进行问题解决，这是应用部分。）

2. 知道"用数对确定位置"的方向规则与行列规则，知道数对的读写法，会用数对表示位置。

（目标 2 强调数对规则与读写法等事实性知识的记忆与理解。也强调会使用数对表示位置，这是对数对这一事实性知识的运用。）

3. 了解简单图形中数对与图形的关系，并通过数对探究图形运动的一些规律，感受两者之间的联系。

（目标 3 强调理解关系，探究规律。前者是一种概念性知识的理解，感受位置与运动的密切关系；后者是对数对确定位置这一程序性知识的应用和分析，通过它来探究图形运动的一些规律。）

4. 通过探究活动，启发学生大胆猜想，引导学生经历抽象过程，体会坐标与对应思想，感受数对确定位置的一般性和简洁性，发展学生的空间观念与解决问题的能力。

（目标 4 注重学生的思维发展，在获得确定位置相应知识的基础上，进一步体会确定位置背后的各种思想，从而内化为自我的一种看待问题、理解问题和解决问题的思维方式，这是一种元认知知识的理解和内化。）

5. 充分感知现实中的位置关系，体会到数学与生活的密切联系，进一步增强用数学的眼光观察生活的意识。

（目标 5 注重学生的数学观，促使学生通过学习确定位置的活动来分析和评价数学

本身的价值与意义，以形成一种自我对数学的认识态度和价值观，这是对学生的元认知知识的分析与评价。）

二、"用数对确定位置"整体教学的教学重点

1. 掌握数字确定位置的方法，知道需要考虑起点、数字、方向三个要素。
2. 掌握数对确定位置，知道数对确定位置的规则。
3. 会用数对确定位置，能够进行运用。

三、"用数对确定位置"整体教学的教学难点

1. 体会起点、数字、方向三要素的意义与必要性，体会统一规则的必要性，认识数对确定位置是特殊的数字确定位置。
2. 能运用数对确定位置的方式探究图形运动的规律，并体会位置与运动的联系。

第四节 "用数对确定位置"整体教学评价的开展

学习的教学评价可以分为他评和自评，也可以分为诊断性评价、形成性评价和总结性评价。在此，"自评"贯穿于整个教学过程、课堂检测（甚至家庭作业）当中（具体可参见"'用数对确定位置'学习活动的组织与安排"一节），"他评"则主要是指单元检测。

单元整体教学之最初可以考虑诊断性评价，以诊断学生对本单元知识结构学习的整体"准备状况"；单元整体教学之最后则可以考虑总结性评价，以评估本单元知识结构学习的教学成效；其间每节课的"课堂检测"可视为该节课的总结性评价，亦应是下节课的诊断性评价；而单元整体教学之最初和最后之间的所有教学活动或评价活动则都可以视为该单元整体教学的形成性评价。

依据本单元的整体教学目标、重难点，我们可以明确其单元检测中需要考查学生在记忆、理解、运用、分析这四大认知过程维度中的发展水平，以及相应的内容应涉及数对概念与原理、数对确定位置、数对与图形运动等三方面知识（见表8-3、表8-4）。

其中，目标1、目标2和目标3主要以知识与技能的学习为主，以目标1最为重要，目标2、目标3需在目标1的基础上达成。目标4和目标5则侧重于数学思维与数学情感，前三者包含事实性知识、概念性知识、程序性知识三种知识，后两者主要是元认知知识。

元认知方面的知识并不能直接外显地体现在纸笔测验中，而是更多地蕴含在教学过程中，更多体现在学生进行活动中的表现上。因此，评价的内容形式主要是前三个目标所代表的前三种知识，但从评价的能力过程方面可以看出，其中也包含着后两种目

标的因素，特别是在解决非常规问题时，更需要思维与情感的渗透。所以，本单元的整体教学评价的开展应以前三个目标为主，但不可忽视后两个目标，要处理好两者之间的关系。

以下两份"单元检测"试卷及其"参考答案与评分说明"是严格按照"检测试卷编制的科学规范"编制而成的，具有较高的科学性、可靠性和有效性，并且具有一定的等值性，可用于"科学、规范"的教学（实验）研究。

表8-3 "用数对确定位置"知识结构学习的单元检测双向细目表（A）

具体内容	认知过程					
	记忆	理解	运用	分析	评价	创造
数对概念与原理（目标2）	二1	三1、三2、三3、三5、四1				
数对确定位置（目标1）（目标2）	二2	一1、二4	一2、二3			
数对与图形运动（目标3）		一4、三4	一3、四2	四3		

"用数对确定位置"知识结构学习的单元检测（A卷）

（考试时间：50分钟 分数：100分）

班级： 姓名：

一、选择题：请将正确答案前的字母填写在题后的括号内。（每小题5分，共20分）

1. 如图：如果点X的位置表示为(2,3)，则点Y的位置可以表示为（　　）。

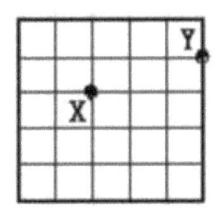

A. (4,4)　　B. (4,5)　　C. (5,4)　　D. (3,3)

2. 音乐课上，聪聪坐在音乐教室的第4列第2行，用数对（4，2）表示，明明坐在聪聪正后方的第一个位置上，明明的位置用数对表示是（　　）。

A. (5,2)　　B. (4,3)　　C. (3,2)　　D. (4,1)

3. 如果正方形 ABCD 的三个顶点用数对表示分别是，A(1,1)、B(1,4)、C(4,4)，那么 D 用数对表示应该是（   ）。

A. (2,4)　　　B. (1,5)　　　C. (4,1)　　　D. (4,3)

4. 如图：如果将 △ABC 向左平移 2 格，则顶点 A' 的位置用数对表示为（   ）。

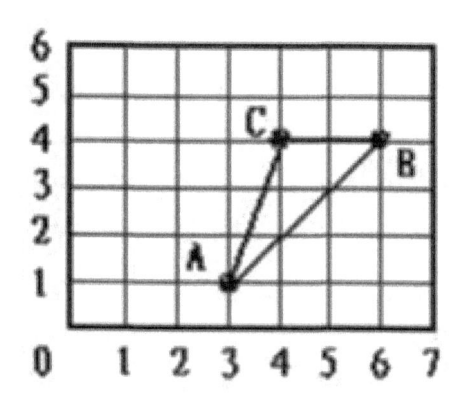

A. (5,1)　　　B. (1,1)　　　C. (7,1)　　　D. (3,3)

二、填空题：请将正确的答案填写在相应的横线上。（每空 1 分，共 20 分）

1. 用数对表示平面图时，我们规定：竖排叫作（   ），横排叫作（   ）。确定第几列一般从（   ）往（   ）数，确定第几行一般从（   ）往（   ）数。

2. 小明在班上坐在第 4 列第 5 行，用数对表示是（   ）；小强坐的位置用数对表示是 (3,6)，他坐在第（   ）列第（   ）行。

3. 五（1）班同学进行队列表演，每组人数相等，小明站在最后一列最后一行，用数对表示是 (6,6)，他们班有（   ）名同学参加了队列表演。

4. 下图是小红写的一幅字。

（1）"印"字在第（   ）列第（   ）行的位置，用数对表示是（   ）。

（2）(5,3) 表示的汉字是（   ）。

（3）诗中三个"不"字的位置用数对表示分别是（   ）、（   ）和（   ）。

（4）第（   ）列都是标点符号，逗号的位置用数对表示是（   ）和（   ）。

三、判断题：判断正确的请在题后的括号内打"√"，判断错误的请在题后的括号内打"×"，并给出理由。（每小题5分，共25分）

1. 当情境不同时，确定位置所用的数字个数也不同，但都需要考虑方向。（   ）

理由：

2. (2,5) 与 (3,5) 是在同一行。（   ）

理由：

3. 方向规则未确定时，两个数对可以表示平面上同一个位置。（   ）

理由：

4. 一个图形向左运动，它的各个顶点的位置用数对表示，数对的第二个数字会随运动变大。（   ）

理由：

5. 用上下左右确定位置时，需要有参照物，如我在你的左边，如果没有参照物，则是我在左边，这是不对的。但用数对确定位置就不需要有参照物。（   ）

理由：

四、挑战题：请按要求作答。（第1、2小题各10分，第3题15分，共35分）

1. 请分别列举用一个数字和用两个数字确定位置的生活实例，并说一说它们的相同点与不同点。

2. 看一看，做一做，填一填。

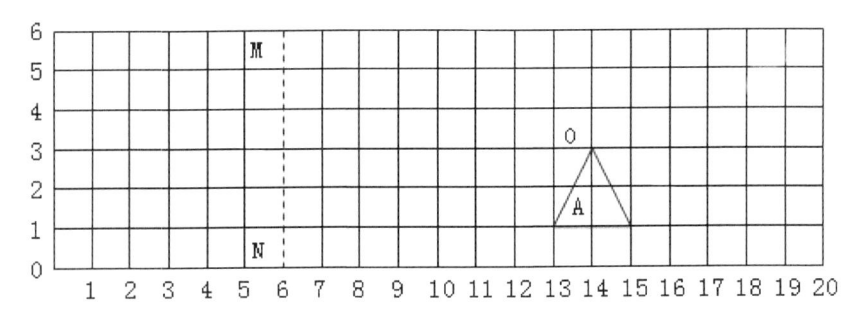

（1）把图形 A 绕 O 点逆时针旋转 90°，得到图形 B。

（2）把图形 B 向左平移 8 格，得到图形 C。

（3）以直线 MN 为对称轴，画出图形 C 的轴对称图形 D。

（4）这时图形 D 和图形 C 相交的一个顶点所在的位置用数对表示是 _____。

3. 画一画，看一看，想一想。

画出一个正方形，并将其按一个顶点顺时针旋转90度，并用数对表示旋转前后的各个顶点，观察正方形数对位置的变化，谈谈你发现了什么数学信息。

"用数对确定位置"知识结构学习的单元检测（A卷）
参考答案与评分说明

一、选择题。（每小题 5 分，共 20 分）
1. C　　2. B　　3. C　　4. B

二、填空题。（每空 1 分，共 20 分）
1. 列；行；左、右；下、上
2. (4,5)；3、6
3. 36
4.（1）5, 4, (5,4)　　（2）久　　（3）(5,5)、(6,3)、(6,2)　　（4）8、(8,4)、(8,2)

三、判断题。（每小题判断正确 2 分，理由准确、充分 3 分，共 5 分，合计 25 分）
1. √　　2. √　　3. √　　4. ×　　5. ×

理由判分标准：准确 2 分，充分 1 分，共 3 分。

1. 理由：任何情况下用数字确定位置都需要考虑方向要素，不然就会混乱，无法确定数字所代表的含义。

2. 理由：数对中第二个数字表示行数，因为这两个数对的第二个数字相同（都是 5），所以它们的行数相同。

3. 理由：由于方向规则未确定，不同的数字可能表示同一个位置意义，因此两个不同的数对可能表示相同的位置意义。

4. 理由：图形向左移动，相应的数对中第一个数字会减小，其他不变。

5. 理由：任何位置都是相对的，用数对确定位置时，所有的位置都是相对于起点 (0,0) 而言的。

四、挑战题。（第 1 题 10 分，第 2 题 10 分，第 3 题 15 分，共 35 分）

1. 举例一个 2 分，要合理准确；相同点 3 分，强调数字和方向；不同点 3 分，强调数字和方向，共 10 分。

2.（1）—（3）图画正确即可，（4）(6,3)。（1）3 分，（2）2 分，（3）2 分，（4）3 分，共 10 分。

3.（1）正方形图画正确 2 分，旋转运动正确 3 分，顶点数对正确 4 分。
（2）发现 6 分（数对的变化规律，根据已有资料推出发现，合理即给分；如果有一定的猜想可加分；其他与位置和运动有关的发现酌情给分）。共 15 分。

表 8-4 "用数对确定位置"知识结构学习的单元检测双向细目表（B）

内容	认知过程					
	记忆	理解	运用	分析	评价	创造
数对概念与原理 （目标2）	二1	三1、三2、三3、三5、四1				
数对确定位置 （目标1） （目标2）	二2	一1、二4	一2、二3			
数对与图形运动 （目标3）		一4、三4	一3、四2	四3		

"用数对确定位置"知识结构学习的单元检测（B卷）

（考试时间：50分钟　分数：100分）

班级：　　姓名：

一、选择题：请将正确答案前的字母填写在题后的括号内。（每小题5分，共20分）

1. 如图：如果点 *A* 的位置表示为 (2,2)，则点 *B* 的位置可以表示为（　　　）。

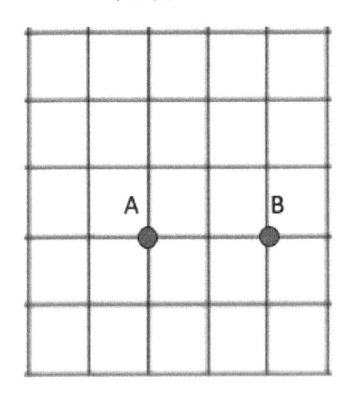

A. (4,2)　　B. (2,4)　　C. (4,4)　　D. (3,3)

2. 五（3）班在五楼第三个教室，用数对 (3,5) 表示，六（3）班在五（3）班的正上方一层楼上，即六楼第三个教室，六（3）班用数对表示是（　　　）。

A. (3,6)　　B. (4,5)　　C. (4,6)　　D. (6,3)

3. 如果 *A* 点用数对表示为 (1,5)，*B* 点用数对表示数 (1,1)，*C* 点用数对表示为 (3,1)，那么△*ABC* 一定是（　　　）。

A. 锐角三角形　　B. 钝角三角形　　C. 直角三角形　　D. 等腰三角形

4. 如图：如果将 △*ABC* 向右平移3格，则顶点 A 的位置用数对表示为（　　　）。

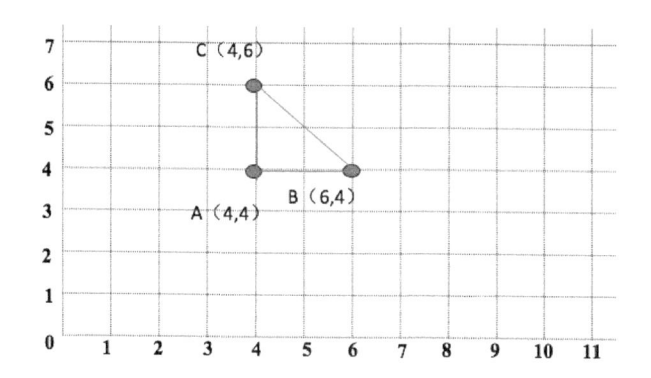

A. (1,4)　　B. (7,4)　　C. (7,1)　　D. (4,1)

二、填空题：请将正确答案填写在相应的横线上。(每空1分，共20分)

1. 在数对中，第一个数字表示（　　），第二个数字表示（　　）。第一个数字一般从（　　）往（　　）数，第二个数字一般从（　　）往（　　）数。

2. 王兵坐的位置用数对表示是(2,7)，他坐在第（　　）列第（　　）行；王强坐在第五列第六行，用数对表示是（　　）。

3. 六(3)班同学大合唱比赛，组成了一个25人的正方形队列，小明站在最后一列最后一行，他的位置用数对表示是（　　）。

4. 下图是一篇课文的一部分。

```
6  今  天  的  语  文  课  上
5  我  们  学  习  了  卖  火
4  柴  的  小  女  孩  ，  故
3  事  是  ：  下  着  雪  ，
2  天  黑  了  ，  这  是  一
1  年  的  最  后  一  天  。
   1   2   3   4   5   6   7
```

（1）"女"字在第（　　）列第（　　）行的位置，用数对表示是（　　）。

（2）(3,3)表示的是（　　）。

（3）文中三个"天"字的位置用数对表示分别是（　　）、（　　）和（　　）。

（4）第（　　）列有句号，"下""课"的位置用数对表示是（　　）和（　　）。

三、判断题：判断正确的请在题后的括号内打"√"，判断错误的请在题后的括号内打"×"，并给出理由。(每小题5分，共25分)

1. 数对表示用两个数字表示位置，在某些情境中，需要三个数字才能表示位置。（　　）
理由：

2. 用数字5和6组成的数对表示同一个位置。（　　）
理由：

3. 方向确定时，平面上一个位置只能用一个数对进行表示。（　　）

理由：

4. 一个图形向下运动，它各个点的位置用数对表示，数对的第二个数字会变小。（　　）

理由：

5. 用上下左右确定位置时，需要有参照物，如我在你的左边，如果没有参照物，则是我在左边，这是不对的。用数对确定位置也需要有参照物。（　　）

理由：

四、挑战题：请按要求作答。（第1小题8分，第2小题12分，第3小题15分，共35分）

1. 确定公交车路线图上的位置与确定班级里座位的位置有什么相同点与不同点。

2. 看一看，做一做，填一填。

（1）用数对表示A、B、C的位置：A(　，　)，B(　，　)，C(　，　)。

（2）如果有一个D点，并顺次连接A、C、D、B、A能得到一个等腰梯形，那么请你在图中画出D点的位置，并用数对表示。

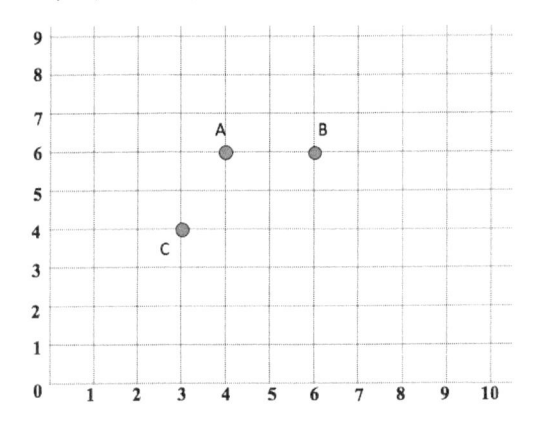

（3）如果每个方格的面积是1平方厘米，这个等腰梯形的面积是（　　）平方厘米。

3. 画一画，看一看，想一想。

画出一个长方形，并画出它的对称轴，并用数对表示长方形的各个顶点，观察长方形的顶点和相对于对称轴的对应点，谈谈你发现了什么数学信息。

"用数对确定位置"知识结构学习的单元检测（B卷）
参考答案与评分说明

一、选择题。（每小题5分，共20分）

1. A　　2. A　　3. C　　4. B

二、填空题。（每空1分，共20分）

1. 列；行；右、右；下、上

2. 2，7；(5,6)

3. (5,5)

4. （1）4，4，(4,4)　　（2）冒号（或：）　　（3）(1,2)，(2,6)，(6,1)

（4）7，(4,3)，(6,6)

三、判断题。（每小题判断正确2分，理由准确、充分3分，共5分，合计20分）

1. √　　2. ×　　3. √　　4. √　　5. √

理由判分标准：准确2分，充分1分，共3分。

1. 理由：在三维空间里，需要用三个数字来确定位置。

2. 理由：数字5和6可以组成(5,6)和(6,5)，它们表示不同的位置。

3. 理由：当方向确定时，每个数字所代表的意义只有一种，可以保证一个位置只能用一个数对进行表示。

4. 理由：图形向下移动，表示行数减少了，因此数对中的第二个数字会变小。

5. 理由：任何位置都是相对的，在数对确定位置中，所有的位置都是相对于起点 (0,0) 而言的。

四、挑战题。（第1小题8分，第2小题12分，第3小题15分，共35分）

1. 相同点4分，强调数字和方向；不同点4分，强调数字和方向。共8分。

2. （1）(4,6) 2分；(6,6) 2分；(3,4) 2分。

（2）画出D点，2分；(7,4) 1分。

注：如果学生有其他想法，只要正确即可给分。

（3）6，3分。共12分。

3. 所画的长方形正确2分，对称轴正确3分，顶点数对正确4分。

发现6分（根据数对，发现对应的顶点到对称轴的距离相等，猜想每个对应点都有这样的关系，能够不仅仅直观了解，而且用数对的数字形式去表示这种关系；其他与位置和运动有关的发现酌情给分）。共15分。

第五节　"用数对确定位置"学习活动的组织与安排

针对"用数对确定位置"单元知识结构的学习而言，依据其知识结构所蕴含的特殊性（譬如，运动的静态描述、原理的一般性与应用的特殊性之间的关系）、一般学习心理轨迹的预设、整体教学目标重难点的把握，以及整体教学评价开展的谋划，我们认为，观察、操作与思考相结合、游戏活动式教学和"从具体情境到抽象原理"的认知，可以作为本单元知识结构整体教学的一般策略与方法。

一、整体教学思路

教学整体思路应依据单元知识结构的整体性来进行设计。综合起来看，按照"原理—描述—应用"的路径展开，"用数对确定位置"整体教学可分为四节课：第一节课是数字确定位置的体验（原理），第二节课是用数对确定位置方法的掌握（描述），第三节课是位置与运动的联系（应用），第四节课则可以是练习课（即单元知识结构学习的单元检测，可与整体教学之前所开展的单元知识结构学习的单元检测，即诊断性评价相比较，以判断整体教学设计及其实施的成效）。

二、教学策略与方法

依据上述整体教学设计思路，我们认为，观察、操作与思考相结合，游戏活动式教学，以及从具体情境到抽象原理，可作为本单元知识结构整体教学的教学策略与方法。

（一）观察、操作与思考相结合

确定位置，由于本身是一个较为抽象的概念，因此观察在此具有很大的作用，学习从自我的方式到数字的方式的转变基本上是依靠观察各种情境来内化的，因此设置恰当情境供学生观察是必要的。

一方面，观察只是起点，更多的是观察之后的思考，观察只是引起思考的切入口，引起这种针对主题的持续性思考是内化位置这一抽象概念的重要途径。

另一方面，在抽象到方格纸上后，操作活动就应然而生，关于位置的操作活动，更多是针对位置与其他知识的联系。通过操作活动，可以将相关领域的知识结合起来进行探究，这是本单元的目标之一。

与此同时，观察、操作与思考相结合，才能形成基本数学活动经验，促进思维能力的发展。因此，在引导学生观察与操作时，更要注重引导学生逐步深入的思考，而不能仅仅只停留于直观和表面。

（二）游戏活动式教学

由于用数对确定位置的内容本身就具有很丰富的生活气息，也有一定趣味性，所以可以进一步拓展，形成主题式活动，在活动中进行教学。

具体而言，可采用多种多样的游戏活动来开展整体教学，例如，吃豆豆游戏，猜字谜游戏等，将游戏真正设置在主要位置，这些游戏都会切实地让学生去玩，在玩中经历、体验位置的意义。

但与此同时，虽然是游戏，也不能忘记整体教学所指向的整体教学目标，要在游戏的过程中渗透用数对确定位置的知识、原理和方法，潜移默化地形成知识、掌握技能、发展思维能力。

（三）从具体情境到抽象原理

用数对确定位置的上位概念应是用数字确定位置。所以，第一节课即以这一上位概念作为先行组织者，从而可让学生在第二节课时有一个很好的知识准备状态。

但第一节课不能只是一种抽象的存在，而是基于学生的认知水平，以一系列具体的情境让学生潜移默化地感受到确定位置背后的原理。

这种"一系列具体"应是一以贯之的，但是其目的是不断地深化，教师要审慎地设置这些情境，使得学生能够深入浅出地明确问题、理解原理、掌握方法，形成一定的概念图式。

三、课时活动设置

第一课时（新授课：数对确定位置的基本原理（三要素））

教学目标

1. 掌握数字确定位置的方法，知道要考虑起点、方向与数字三要素。
2. 体会数字确定位置的特点，感受数学与生活的紧密联系。
3. 经历方向规则从不确定到确定的过程，意识到统一方向规则的必要性。

教学过程

一、课前准备

1. 回顾以前学习的（用语言形式）确定位置的方法。
2. 今天我们一起来学习一种新的确定位置的方法。

二、突出重点，情境导入（横向一维问题情境确定位置方法的学习）

1. 情境：小丸子上学路线。

大家都认识她吧。今天，小丸子同学要来我们学校和大家一起上课。

2. 谁知道来我们学校要在哪一站下车？如果不知道，老师就告诉你们，到我们学校啊，要在湖清路东站下车。

3. 提问：你能在这张路线图上准确说出湖清路东站的位置吗？

预设：在前和后；3；5。

（初次引入数字方法）

三、提出问题（冲突），引发思考

（一）冲突1：方向未明确

1. 提问：你们这里的3是怎么来的？（如果学生说不出就引导他们说）
2. 你们都同意他的说法吗？有没有人有不同看法的？我不同意，我觉得是5。
3. 请大家讨论一下，为何有人说3，有人说5。

总结1：数字有不确定性。方向不同所以因此的数字不同。

练习：大沙路的位置如何表示。

1. 接下来请同桌之间说一说，一个当小老师，一个用数字确定位置。起来试一试。

2. 看来大家都对这种方法有一些感觉了。今天，我们一起来学习用数字确定位置。

（二）冲突2：方向不统一

1. 提问：小丸子同学，她家住在大沙路。刚才我们已经说过了如何表示大沙路的位置。

2. 提问：小丸子同学上学用数字如何来表示。

预设：可以是从2—3，也可以是从6—5。

3. 小丸子同学放学用数字如何来表示。

预设：3—2，5—6。

四、合作探究，达成共识

（一）合作探究

1. 问题1：为什么位置没变，但所用的数字却变了？

预设：有的人是从左往右数的，有的人是从右往左数的。

2. 问题2：那每个人数的方向不一样，或者说规则不统一，我们还能确定位置吗？请大家进行讨论。

3. 问题3：那你们觉得如何改进我们的新方法。使得我们可以直接说数字，就能确定位置。

（二）体验生活实例

1. 大家发现没，刚才我们是不是只需要说一个数字就行了，是不是方便很多。

2. 问题1：它们的方向是怎样的？

预设：都是从左往右的。

3. 问题2：那我们刚才在确定这些位置时，是不是可以直接说出数字。为什么？请大家进行讨论。

4. 总结2：上面我们说了，规则不统一，所以会混乱，有的说从左往右，有的说从右往左。而在这些情境中，由于方向都是从左往右，也就是在我们的约定下，规则统一了。所以可以直接说数字。

5. 问题3：那么请问大家，我们的规则可以约定为从右往左吗？

预设：可以。

6. 在数学上有很多约定性知识，从左往右的规则就是其中之一。约定了规则，之后遇到的问题，我们就要记住，它们的方向都是按照从左往右。

练习：

1. 说一说宝藏藏在哪。

2. 说一说女生的位置。

五、巩固延伸，拓展提升（纵向一维问题情境的自主探究）

1. 说出女生的位置。

2. 想一想，结合之前的经验，你觉得需要注意什么？

请大家进行讨论。

3. 基于横向一维问题情境的经验自主探究纵向的问题。

（1）考虑方向问题。

（2）统一方向。

六、总结回顾

1. 回顾这节课我们遇到了哪些问题。

（1）在一开始，确定湖清路东站的位置时，有的人说是3，有的人说是5，我们怎么解决这个问题的？

考虑方向规则。

（2）后来，每个人的规则不同，导致混乱，我们如何解决的？

统一方向规则。

（3）最后，我们遇到了纵向确定位置问题。我们怎么解决这个问题的？

与横着的一样。

2. 这就是这节课所学习的内容：用数字确定位置。

课堂检测

1. 小红说，她不太清楚数字确定位置的方法，你能帮她简要地解释这一方法吗。

等级分数	具体描述
0	不能正常地描述方法
1	部分地描述方法，未考虑方向因素
2	较完整地描述方法，考虑方向因素

2. 请试着说一说如何确定下图中"实验小学"的位置，并说明你的理由。

等级分数	具体描述
0	未作答或者答案错误
1	能够恰当表示位置，但不能合理地说明理由
2	能够恰当表示位置，且较合理地说明理由

3. 请你说一说生活中有哪些类似的例子可以用数字确定位置。

等级分数	具体描述
0	未作答或者答案错误
1	能说 1 个恰当例子
2	能说 2 个或以上的恰当例子

第二课时（新授课：数对表示物体平面位置的方法（数对））

教学目标

1. 引导学生体会一维、二维（甚至三维）中位置确立的区别，感受二维情境中确定列与行顺序的必要性。

2. 知道数对的读写法，知道列与行的意义和规则，会用数对表示位置。

3. 体验从实物图到方格纸的抽象过程，体会到数对确定位置的一般性。

4. 体会数对确定位置的一般性和简洁性，体会数学的严谨性，发展抽象感。感受到数学的价值。

教学过程

一、课前引入

1. 这节课，我们来继续学习确定位置。

2. 老师请来一位好朋友，和大家一起学习确定位置。你们看这是谁？

3. 喜羊羊要我们跟着他一起走，大家准备好了没？好，我们出发啦。

二、突出重点，情境导入（二维情境的确定位置方法的学习）

1. 情境：森林小村，巩固前知识。

第一站来到了哪里？对，森林小村。森林小村住着很多的小动物，大家一起来看看。

2. 喜羊羊想让大家一起来说说他们的位置。

3. 请问：小猴的位置在哪里？

预设：用 4 表示。

三、提出问题，引发思考

（一）冲突 3：二维情境

1. 出示三排：那么现在呢？你觉得小猴的位置是什么？

请大家进行讨论。

2. 是否还是 4？分别说一说原因。

是。小猴的位置没有变，所以还是 4。

不是。横着看小猴还是第四个，但是小白兔、小老虎也是第四个。

3. 提问：那么，现在只用一个4，还能够表示小猴的位置吗？

4. 那么你们觉得该如何表示？

引导：现在确定位置要用几个数字？

一个用来表示横着的，一个用来表示竖着的。

5. 还记得上节课我们规定了两个方向。谁来回顾一下。

横着的是？（从左往右)？竖着的是？（从下往上）

6. 那么我们再来看小猴的位置，检验规则是否正确？

可以用一个3和一个4来表示。

（二）总结1

1. 那么在数学上我们把竖着的叫作列，横着的叫作行。

2. 那么小猴就是第4列第3行，或者第3行第4列。

四、合作探究，达成共识

（一）合作探究

1. 确定了小猴的位置，喜羊羊说同学们真厉害，他要带着大家去第二个地方啦。在这里，他还要介绍一位神秘嘉宾，出发。

2. 好，我们继续前进，来到了好朋友的家。

3. 你们看这是谁？对，小黄人，大家都认识。调皮的小黄人啊，他躲了起来，大家一起来找找他。

4. 谁来猜猜小黄人在哪里？

老师给你们提示：5。

5. 提问：你们觉得这里的5表示什么意思？

可以是第5行，也可以是第5列。

6. 再给你们一个提示：2

可以是第2行，也可以是第2列。

（二）冲突4：列与行顺序问题

1. 现在我们遇到了一个新的问题。你们能说一说是什么问题吗？

请大家进行讨论。

2. 第一个数字5和第二个数字2代表的是行还是列？

3. 老师现在不直接给你们答案，给你们一个提示：4，5。

请问这里第一个数字表示什么？

请问这里第二个数字表示什么？

4. 由此你能推出小黄人的位置在哪吗？

（三）数对概念的引出

小结：数学就是一种游戏，是统一规则下的游戏。按照规则，我们用两个数确定一个事物的位置，这两个数在数学上叫作数对。今天这节课我们就一起来学习用数对确定位置。

（四）数对概念的学习

1. 介绍：数对有它独特的书写方法，大家看仔细哦，老师先在两个数中间打一个逗号，然后用一个括号把它们围起来。

2. 谁来想一想为什么用逗号而不用一点呢？（我们以前学过一点是什么？）

3. 把它们围起来是不是代表要把它们合起来，才能表示一个位置？

4. 像这样的符号就叫作数对，读作：数对5，2。

5. 指明学生把（4，5）（5，2）两个数对完善起来并读一读。

练习1：

1. 再来说一说小黄人现在在哪。

2. 小口决。

先列后行，逗号隔开，括号包围。

我们一起对照这几个写好的数对来巩固一下。

练习2：

1. 两个小伙伴让同学们来试一试，用新学的知识表示自己的位置，同桌互相试一试，并写下来。

2. 找3名同学回答。

比较：一维二维确定位置方法的联系、区别。

这节课确定位置与上节课有什么相同与不同？

共同点——考虑要素：方向与数字。

不同点——一维：一个方向，一个数字。

二维：两个方向，两个数字。

五、巩固延伸，拓展提升

（一）二次建模，聚焦抽象

1. 找到了小黄人，喜羊羊又出发了，这一次，它来到了哪里呢？

答：魔法门。

2. 魔法门的魔力，把原来的房子都改变了，你们看变成了什么？

答：圆圈。

3. 提问：图变了，还能用数对确定位置么？

（指明学生来指一指）

4. 提问：它用数对表示是什么？

5. 提问：这个数对位置在哪里？（学生上来指一指）

（学生在作业纸上写出相应的数对）

（二）数对性质的探究

探究活动1：数与形的联系。

1. （1）将这几个数对在图中的位置标出来（涂阴影）。

（2）观察它们表示的位置，你发现了什么规律？

2. 就在上面的图上标，然后看一看，你们有没有发现什么规律呢？

3. 它们的第一个数字都怎么样呢？相等。

那它们在图中都怎么样呢？在同一列。

4. 所以规律是数对中第一个数相同，它们在同一列。

我们可以用（6，?）来表示什么？都在第6列。

探究活动2：

1. 出示（?，2），同学先自己默默地想一想，不要回答我。

2. 好，我想让（?，2）的同学站起来，你们明白老师的意思吗？

3. 谁来告诉老师这是什么意思？看图，是不是就是这几个位置呢？当然后面还有。

4. 它们是不是都在第二行，那么谁能给我们总结下规律？

数对中第二个数相同，他们在同一行。

探究活动3：

1. 这次老师出示一些数对，你们能发现怎样的规律？

2. 这些数表示一斜行。

3. 神不神奇，我们可以通过数字表示出这么多式样的图形，是不是把数与形结合了起来了。数学真厉害。

探究活动4：

1. 现在这张图上有一个点表示动物园的位置，住在这个动物园中的小象与小猴给了我们一些提示，你能根据它们的提示，找到动物园在哪里吗？怎么找的，为什么？

（3，?）表示？（?，4）表示？

探究活动5：用数对表示相关位置。

1. 学校示意图

2. 小结：原点一旦确定，平面上任意一个点我们都能用数对确定它们的位置。数对与点之间有一一对应的关系。

练习3：

1. 同学们，这里有一封密函，谁看懂了就告诉大家。

2. 三个数对分别代表三个字：下课了。

课堂检测

1. 分别举用一个数字确定位置和用数对确定位置的例子各一个，并说一说它们的相同与不同。

等级分数	具体描述
0	未作答或者答案错误
1	能恰当举例，但不能表述相同与不同

续表

等级分数	具体描述
2	能恰当举例，能表述相同与不同

2. 请试着说一说如何确定下图中"小军"的位置，并说明你的理由。

等级分数	具体描述
0	未作答或者答案错误
1	能够恰当表示位置，但不能合理地说明理由
2	能够恰当表示位置，且较合理地说明理由

3. 用数对表示图中所有 9 的位置，再观察其中的规律。

等级分数	具体描述
0	未作答或者答案错误
1	能正确表示，不能发现规律
2	能正确表示，能发现规律

第三课时（新授课：数对确定位置所蕴含的数学思想方法）

教学目标

1. 通过操作与反思让学生体会到数对也可以用来描述路线，并体会其与其他表示路线的方式的区别和联系。
2. 通过操作与反思让学生感受数对与图形的联系，并通过数对探究图形运动的一些规律，感受两者之间的联系。
3. 通过探究活动，启发学生大胆猜想，促进思维能力的发展。

教学过程

一、课前准备

喜羊羊回到了家，回顾了一下他今天的路程。

二、突出重点，情境导入（用数对审视图形运动）

（一）情境：方格纸上的活动

把这一行程放在方格纸上，用数对表示几个地方的位置，然后说一说平移的知识。

（二）新方式表达行程

1. 老师今天要用一种新的方式表达行程。请看，你们知道这代表什么意思吗？
2. 谁能用数对完整地表示这一行程？

练习：吃豆豆游戏。

1. 吃豆豆：看图，你们的学习单上也有这张图，谁知道这个游戏怎么玩？
2. 游戏规则：小黄人要在不碰到怪兽的情况下，吃光图上的豆豆，请你为它设计一条路线，用数对表示你的路线。
3. 首先要知道什么？（怪兽的位置，豆豆的位置）哪些位置一定要去，哪些位置不能去。
4. 同学们肯定能想到很多条路线，可以自由发挥。

三、提出问题，引发思考（图形的运动）

1. 玩好了游戏，喜羊羊说他感觉快要累了，就决定拿出他所遇到的一个最难的问题来考考大家。你们有没有信心接受挑战？
2. 先把图中三角形的顶点位置补全。
3. 把三角形向右平移三格，写出新的三角形顶点的数对。
4. 观察 abc 前后的数对，你发现了什么？有什么规律？
5. 如果三角形再往右平移三格，你能推测它的顶点数对么？
6. 把三角形向上平移三格，写出新的三角形顶点的数对。
7. 观察 abc 前后的数对，你发现了什么？有什么规律？
8. 根据上面两次的经验。

四、合作探究，达成共识

1. 给出三角形移动过后 A 点的数对，请问你能推测出三角形进行了怎样的运动？
2. 你能不能猜想：向下和向左会是什么情况。
3. 有时间就验证猜想，没时间就不验证猜想。
4. 有兴趣的同学课后还可以研究旋转前后数对的规律。

五、巩固延伸，拓展提升

1. 这节课，我们又学到了什么？
2. 用数对表达行程路线。
3. 用数对发现了图形平移运动的规律。
4. 数对的用处可真多啊。
5. 介绍笛卡尔。

课堂检测

1. 用数对表示平行四边形 ABCD 各顶点的位置。让平行四边形 ABCD 做一次运动，并表示运动后平行四边形 ABCD 各顶点的位置。

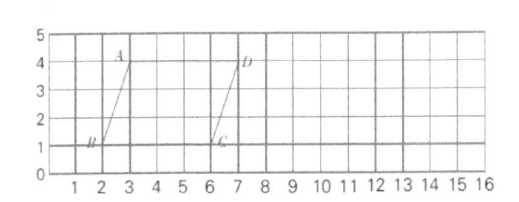

等级分数	具体描述
0	未作答或者答案错误
1	能正确表示运动前各顶点的位置，但不能进行运动操作，或不能表示运动后各顶点的位置
2	能正确表示运动前各顶点的位置，能进行运动操作，能表示运动后各顶点的位置

2. 请自选两个建筑，并用数对表示从其中之一到另一个的路线图。

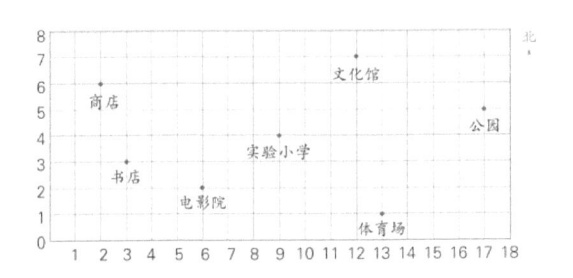

等级分数	具体描述
0	未作答或者答案错误
1	能够恰当表示路线图，但所选路线过于简单
2	能够恰当表示路线图，且所选路线有一定复杂程度

3. 画一个长方形，并以 AB 为其中两个顶点，用数对表示长方形每个顶点的位置，并说说你发现了什么规律。

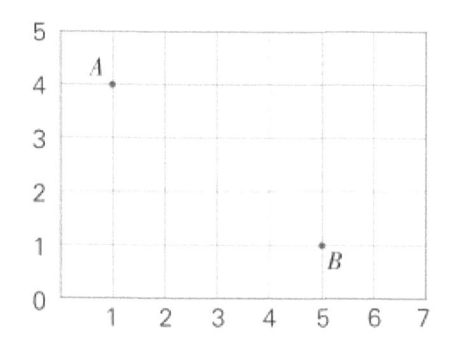

等级分数	具体描述
0	未作答或者答案错误
1	能正确表示，不能发现规律
2	能正确表示，能发现规律

第四课时（练习课：单元检测）

第四课时为练习课，教师可以根据实际教学情况，选择前面所给出的两套单元检测题中的一套，以与诊断性测试做比较，进而判断教学设计及其实施的成效并做出适当、适时的调整。

第九章 "可能性"整体教学设计

本章以"可能性"单元为例,具体探讨其整体教学设计中的五个具体问题:(1)如何确立"可能性"单元的知识结构?(2)如何建构学生学习"可能性"的心理轨迹?(3)如何把握"可能性"整体教学的教学目标和重难点?(4)如何开展"可能性"的整体教学评价?(5)如何组织和安排"可能性"的学习活动?

第一节 "可能性"知识结构的确立

"可能性"是小学数学第二学段或第三学段的教学内容,在课程标准的内容要求中,被表述为随机现象发生的可能性。具体包括通过实例感受简单的随机现象及其结果发生的可能性;在实际情境中,对一些简单随机现象发生可能性的大小做出定性描述。在学业要求中,被描述为能列举生活中的随机现象,列出简单随机现象中所有可能发生的结果,判断简单随机现象发生可能性的大小。对于现实生活中的一些简单问题,能根据数据提供的信息,判断随机现象发生的可能性。

在人教版、苏教版和北师版教材中,"可能性"单元都主要分布在四、五年级,其中,人教版该内容分布在五年级上册,苏教版主要分布在四年级上册,北师版分布在两个单元,分别在四年级上册和五年级上册。

仅就苏教版而言,"可能性"是其小学数学四年级上册第六单元的主题,其主要内容涉及随机现象的认识。以苏教版"可能性"单元为例,依据可标准和对三个版本教材内容的分析与比较,我们可以初步建构该单元的知识结构(见图9-1)。

从图9-1中可以看出,随机现象可逐步地被揭示。随机性是随机现象/事件的根本属性,这使得其与确定事件相区别。确定事件是一定发生,或者一定不可能发生的事件;而随机事件则是可能发生的事件(也可能不发生),可能性正是对随机现象/事件的研究。值得注意的是,意识到这种随机性是学习随机现象的基础,这也使其具有了更广泛的统计意义。例如,估计平均数、数据推广(从全班到全校的推广)、从样本到总体的推理(从5个橘子到1箱橘子的重量推测)、预测未来(身高)等。此外,概率语言也是一个具有价值的关注点,学生需要运用语言来表达自己的认识,而他们常常习惯了

```
                 随机性                              特点
         区分确定事件和随机              所有可能发生的基本事件个数有限；
         事件                           每个基本事件发生的可能性相等；
                                        基本事件发生前无法准确预测
                      简单随机现象

                 要素                          体验与运用
         ┌─────────────────────┐        日常生活中的随机现象
         │ 样本空间  基本事件和复合事件 │     各类游戏活动
         │                     │        统计实验
         │      古典概率  质性描述    │        ……
         │ 可能性大小    ↕         │
         │      频率概率  基于频率推测概率│
         └─────────────────────┘
```

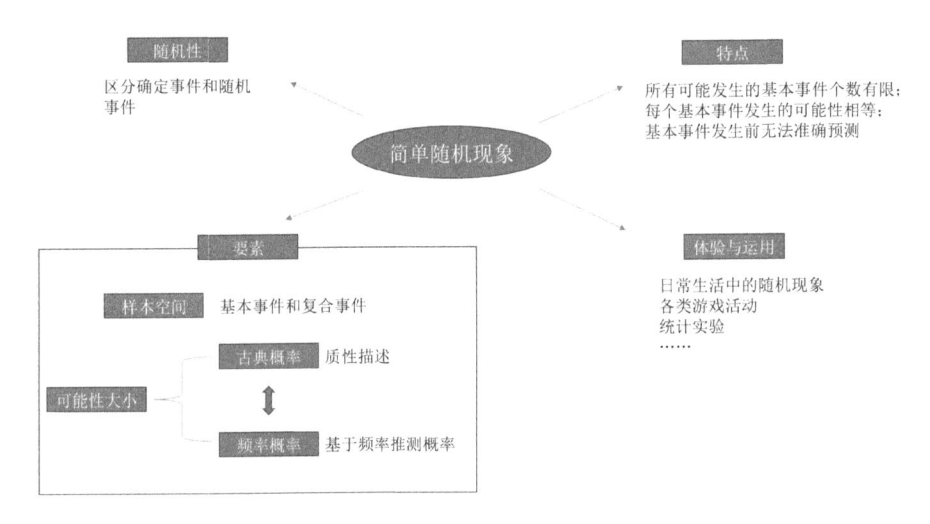

图 9-1　"可能性"知识结构示意图

以一种确定性的语言来表达，概率语言则要求他们运用一种不确定性的语言，并且也将这种表达作为一种知识。教材主要在可能性教学中有意地渗透了概率语言，以要求学生以"一定""可能"和"不可能"等表达对事件的判断。

在初步认识随机现象以后，需要进一步了解其基本的要素，首先是对样本空间的认识，也即对随机现象可能发生的结果的认识。在此，可以区分出基本事件和复合事件两种结果。基本事件是每个可能发生的结果，而复合事件是按照一定标准下对基本事件的组合，例如，掷骰子的结果为 1 至 6 六个数字，这六个数字就是基本事件，而如果把结果分为单数和双数时，那么 1、3、5 就组成了单数这一复合事件，2、4、6 则组成了双数这一复合事件。

如何获得样本空间是认识一个随机事件的首要因素，有一些随机事件的样本空间是一目了然的，而有一些则需要一定的思考与分析才能获得。

对可能性大小的理解，需要指出，由于小学所涉及的都是简单随机现象（也即古典概型），所以这种随机现象的特点，主要是：所有可能发生的基本事件个数有限；每个基本事件发生的可能性相等；基本事件发生前无法准确预测。因此，在可能性大小中，样本空间是前置预设的内容，要基于样本空间中基本事件的等可能性来认识可能性的大小。

对于可能性大小的认识，出现了两种类型。一种是，由于问题是概率类型中的古典概型，因此可以从概率上直接分析各种结构之间的可能性大小关系。此种可能性大小并不需要数据分析就可以得到判断。另一种是，由于各种可能的结果的概率未知，因此只能通过数据来进行推测。此种类型的可能性大小，是一种以数据为证据的推理活动，我们需根据数据所反映的各个类目的频率来反推出各个类目的可能性大小。无论是哪一种可能性大小的认识，都只要求学生能够定性描述，而不需具体得出概率值。

当然，上述这些内容并不是作为一种抽象的知识直接教给学生的，而是让学生在体验和运用中自主生成。这是知识结构的另一方面。在此，主要包括日常生活中的随机现象、各类游戏活动和统计实验。日常生活中的随机现象主要用于认识随机性，区分确定事件和不确定事件；而各类游戏活动则是认识样本空间和可能性大小的主要阵地，其中，摸球游戏是一种主要的游戏活动；统计实验，更多是体验频率和概率的关系，最经典的统计实验即是掷硬币实验和掷骰子实验。

第二节 "可能性"学习心理轨迹的建构

分析学生的学习心理轨迹，并思考可能的相应学习活动，这是对知识结构的一种内蕴，也是"学生"的一种加工过程。"可能性"主题单元属于统计与概率领域，结合已有相关研究文献[1][2][3]，可以初步建构学生"可能性"学习的心理轨迹（见表9-1）。

表9-1 "可能性"知识结构的一般学习心理轨迹

学习阶段	心理过程	学习活动
1. 个人经验	学生在学习本单元前已经具有丰富的日常生活经验，对随机事件以及随机性具有自我的认识	课前调查，尽可能了解学生的学习起点、个人经验
2. 唤起经验	面对各种生活实例，唤起自己的日常经验，在各种例子的回顾与思考中，生成对随机性的认识和表达	出示生活中的随机现象；让学生举例说明日常生活中的随机现象，表达随机性
3. 初步体验	通过情境的变化与深入，形成对随机现象要素的认识，并将样本空间与可能性大小关联起来	以游戏活动为情境，引导学生思考样本空间和可能性大小的关系
4. 逐步内化	通过各种情境变式，加深对随机现象要素的认识，并通过不断反思，形成对随机现象特点的认识	设置多个情境变式，引导学生反思各种要素问题，并试图总结简单随机现象的特点
5. 深化认识	结合已有的对随机现象的认识，进行统计活动，并基于概率进行统计判断，即通过频率推断概率	设置频率推断概率的游戏活动，并注意活动的各种细节，如样本量

---

[1] 徐文彬, 吴雨霜, 蒋苏杰, 等. 小学数学教科书中"可能性"主题内容的分析与比较：以人教版、北师版和苏教版教科书为例 [J]. 天津师范大学学报（基础教育版）, 2023, 24 (2): 32-38.

[2] 李林波, 李振蕊, 陈丽敏, 等. 小学生对"可能性"理解水平的调查分析 [J]. 数学教育学报, 2010, 19 (6): 60-63.

[3] 潘禹辰, 李亚琼, 徐文彬, 等. 国际统计教育研究的议题和趋势及其启示：《国际统计教育研究手册》评述 [J]. 数学教育学报, 2022, 31 (5): 82-89.

续表

学习阶段	心理过程	学习活动
6. 拓展延伸	将所获得的可能性认识应用于各种情境中，巩固已有认识，并在所遇到的新困难中补充和丰富对可能性的完整认识	设置日常生活、公平游戏等多方面的情境，以引导学生自主设计公平的游戏，给予学生充分的应用机会

表 9-1 所呈现的只是"可能性"单元知识结构学习的一般心理过程。其中，学习阶段 1 为课前学生的知识准备状态，旨在初步了解学生对本单元知识的理解情况；学习阶段 2—5 可为第一节课教学设计的心理学依据，这四个环节构成了一个认识可能性的完整过程；学习阶段 6 则可为第二节课即练习课教学设计的心理学依据，旨在促进学生巩固和拓展第一节课中所学"可能性"单元知识结构。

第三节 "可能性"整体教学目标与重难点的把握

根据安德森的教育目标分类法，可将"可能性"知识结构的整体教学目标置于分类表中，以明确其整体态势和主要倾向（见表 9-2）。

表 9-2 "可能性"知识结构整体教学目标分类表

知识	认知过程					
	记忆	理解	运用	分析	评价	创造
事实性知识		目标 1				
概念性知识		目标 2	目标 2 目标 3	目标 3		
程序性知识						
元认知知识		目标 4		目标 5	目标 5	

由表 9-2 可知，理解与运用是"可能性"单元知识结构学习中最为重要的认知过程目标；事实性知识与概念性知识以及在此基础上形成的元认知知识都是比较重要的认知结果即知识目标；而程序性知识则较少，并不是本单元整体教学的重要知识目标。由此分析下去，可以进一步明确或把握该单元整体教学的教学重难点。

一、"可能性"整体教学的教学目标

1. 结合日常生活经验体会可能性的意义，即知道确定事件和随机事件的区别，能用概率语言初步表达随机事件。

（目标1聚焦于学生对于什么是随机事件的理解，并且能够通过概率语言来表达这种理解。）

2. 通过一定的问题情境，认识随机现象的样本空间，并能基于样本空间判断并定性地描述随机现象结果发生的可能性大小。

（目标2指向于对样本空间和可能性大小的理解，而这两者都属于概念性知识。同时，问题情境本身也是一种运用情境，因此理解的同时也在进行运用。）

3. 能够结合对可能性的认识，恰当地进行频率推断概率的统计活动，能做出合理的统计推断，并顾及样本量问题。

（目标3是在目标2的基础上，进一步运用可能性大小的概念性知识，以及对这种知识进行分析，从而进行统计推断活动。这需要以可能性这一概念性知识为基础综合考虑多方面的因素。）

4. 能在各类游戏活动中与他人良好的合作、交流，使学生在小组中能发表自己的见解、想法，以形成良好的学习态度与习惯。在引发概率直觉的基础上，能对自我的判断以及他人的判断进行反思，发展学生的概率思维。

（目标4注重学生的合作交流能力的培养，以及在此基础上的概率思维的发展。这是一种元认知知识的理解和内化。）

5. 能将对可能性的认识应用于各类日常生活及游戏活动之中，体会数学与生活的密切联系，进一步增强用数学解决生活问题的意识。

（目标5注重学生数学观的形成，促使学生通过各类涉及可能性的活动来体验数学本身的价值与意义，以形成一种自我对数学的认识态度和价值观，这是对学生的元认知知识的分析与评价。）

二、"可能性"整体教学的教学重点

1. 能认识随机事件，表述生活中的随机事件。
2. 理解和认识样本空间。
3. 能定性描述可能性大小。

三、"可能性"整体教学的教学难点

1. 能合理地通过频率推断概率，能进行相应的统计活动。
2. 能运用可能性解决生活问题，进行游戏判断和设计。

第四节 "可能性"整体教学评价的开展

学习的教学评价可以分为他评和自评，也可以分为诊断性评价、形成性评价和总结性评价。在此，"自评"贯穿于整个教学过程、课堂检测（甚至家庭作业）当中（具体可参见"'可能性'学习活动的组织与安排"一节），"他评"则主要是指单元检测。

单元整体教学之最初可以考虑诊断性评价，以诊断学生对本单元知识结构学习的整体"准备状况"；单元整体教学之最后则可以考虑总结性评价，以评估本单元知识结构学习的教学成效；期间每节课的"课堂检测"可视为该节课的总结性评价，亦应是下节课的诊断性评价；而单元整体教学之最初和最后之间的所有教学活动或评价活动则都可以视为该单元整体教学的形成性评价。

依据本单元的整体教学目标、重难点，我们可以明确其单元检测中需要考查学生在记忆、理解、运用、分析这四大认知过程维度中的发展水平，以及相应的内容应涉及随机现象的认识、样本空间和可能性大小的认识与可能性的运用等三方面。但是，若与整体教学目标相对照，可能并不完全一致，因为有些教学目标可能不适合于使用纸笔测验，需要考虑其他检测方式，譬如，课堂教学中的形成性评价（见表9-3、表9-4）。

以下两份"单元检测"试卷及其"参考答案与评分说明"是严格按照"检测试卷编制的科学规范"编制而成的，具有较高的科学性、可靠性和有效性，并且具有一定的等值性，可用于"科学、规范"的教学（实验）研究。

表9-3 "可能性"知识结构学习的单元检测双向细目表（A）

具体内容	认知过程					
	记忆	理解	运用	分析	评价	创造
随机现象的认识（目标1）		一1、一3、三4、四1				
样本空间和可能性大小的认识（目标2）		一2、二1、二2、三1、三3	三2			
可能性的运用（目标3）			二3、四2	四3		

"可能性"知识结构学习的单元检测（A卷）

（考试时间：60分钟　分数：100分）

班级：　　姓名：

一、选择题：请将正确答案前的字母填写在题后的括号内。（每小题5分，共15分）

1. 转动下图中的转盘，下列不属于随机事件的是（　　）

A. 转到一个偶数

B. 转到一种颜色

C. 转到大于5的数

D. 转到小于20的数

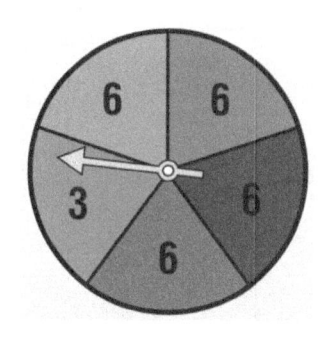

2. 有两个盒子，其中一个有2个红球，4个蓝球，另一个盒子有4个红球，8个蓝球，比较两个盒子里摸出红球的可能性的大小（　　）。

A. 第一个盒子摸出红球的可能性更大

B. 第二个盒子摸出红球的可能性更大

C. 两个盒子摸出红球的可能性一样大

D. 无法确定哪个盒子摸出红球的可能更大

3. 下列更有可能发生的事情是（　　）。

A. 小明是一个男生，高个子

B. 小明是一个男生，高个子，且爱打篮球

C. 小明是一个男生，高个子，且爱打篮球，并打得很好

D. 小明是一个男生，高个子，且爱打篮球，并打得很好，受人喜欢

二、填空题：请将正确的答案填写在相应的括号内。（每空3分，共30分）

1. 在一个口袋里放4个红球、8个绿球，任意摸出一个球，可能是（　　）球，也可能是（　　）球，摸出（　　）球的可能性大。

2. 在下图中，转盘可能/一定/不可能转到：（　　）转到3；（　　）转到6；（　　）转到4；（　　）转到3的倍数。

3. 在一个正方体的6个面上各涂上一种颜色。要使掷出红色的可能性比黄色大，黄色的可能性比蓝色大，要涂（   ）面红色，涂（   ）面黄色，涂（   ）面蓝色。

三、判断题：判断正确的请在题后的括号内打"√"，判断错误的请在题后的括号内打"×"，并给出理由。（每小题5分，共20分）

1. 两个盒子里绿球的数量一样，摸到绿球的可能性大小也一定相等。（   ）

理由：

2. 用1，2，3三个数字组成三位数，组成单数与组成双数的可能性不一样。（   ）

理由：

3. 正方体的6个面分别写着1—6。向上投掷正方体，每个面朝上的可能性相等。（   ）

理由：

4. 两个同学进行石头剪刀布游戏，其中一个连续赢了9次，他第10次肯定输，因为他赢得太多了，应该输了。（   ）

理由：

四、挑战题：请按要求作答。（第1、2小题各10分，第3小题15分，共35分）

1. 说一说生活中有哪些事件可能发生、一定不发生，每种至少2个。

2. 要开元旦联欢会了，小明、小华和小强都想上台表演节目，你能设计一个掷骰子游戏，确定他们三人的表演顺序吗？

3. 盒子里有若干不同颜色的球，从中摸出20次的结果如下：

红、黄、黄、红、黄、黄、红、黄、黄、绿、红、黄、绿、黄、黄、绿、黄、黄、黄、黄

基于以上结果，你能说说你对盒子里的球的想法吗？越多越好。

（1）你能确定的是：

（2）你能推测的是：

（3）你不能确定的是：

"可能性"单元知识结构学习的单元检测（A卷）
参考答案与评分说明

一、选择题。（每小题5分，共15分）

1. D   2. C   3. A

二、填空题。（每空3分，共30分）

1. 红；绿；绿

2. 可能；可能；不可能；一定

3. 3；2；1（可有更多选择）

三、判断题。（每小题判断正确2分，理由准确、充分3分，共5分，合计20分）

1. ×   2. √   3. √   4. ×

理由标准：准确2分，充分1分，共3分。

1. 理由：要考虑球的比例关系，而非数量多少。与之意思相近即可。

2. 理由：先得出有哪些可能，再根据各种可能判断可能性大小。

3. 理由：说明样本空间和可能性大小。

4. 理由：说明前9次的结果并不会影响第10次的可能性。

四、挑战题。（第1、2小题各10分，第3小题15分，共35分）

1. 举一个例子2.5分。

2. 设计一个公平的掷骰子游戏，设计了游戏的概貌3分，游戏具有公平性3分，具有完整的说明和解释4分。

3. 问题1、问题2、问题3各5分；基于合理性可酌情给分。

表9-4 "可能性"知识结构学习的单元检测双向细目表（B）

具体内容	认知过程					
	记忆	理解	运用	分析	评价	创造
随机现象的认识 （目标1）		一1、一3、三4、四1				
样本空间和可能性大小的认识 （目标2）		一2、二1、二2、三1、三3	三2			
可能性的运用 （目标3、目标5）			二3、四2	四3		

"可能性"知识结构学习的单元检测（B卷）

（考试时间：60分钟　分数：100分）

班级：　　姓名：

一、选择题：请将正确答案前的字母填写在题后的括号内。（每小5分，共15分）

1. 转动下图的转盘，下列不属于随机事件的是（　　　）。

A. 转到蓝色　　　B. 转到红色　　　C. 转到绿色　　　D. 转到黄色

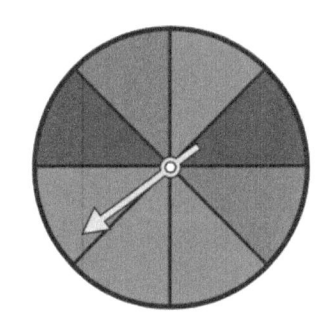

2. 有两个盒子，其中一个有3个红球，6个蓝球，另一个盒子有6个红球，12个蓝球，比较两个盒子里摸出红球的可能性（　　　）。

A. 第一个盒子摸出红球的可能性更大

B. 第二个盒子摸出红球的可能性更大

C. 两个盒子摸出红球的可能性一样大

D. 无法判断哪个盒子摸出红球的可能性大

3. 下列更有可能发生的事情是（　　　）。

A. 小黄是一个女生，高个子

B. 小黄是一个女生，高个子，且爱打篮球

C. 小黄是一个女生，高个子，且爱打篮球，并打得很好

D. 小黄是一个女生，高个子，且爱打篮球，并打得很好，受人喜爱

二、填空题：请将正确的答案填写在相应的括号内。（每空3分，共30分）

1. 在一个口袋里放3个红球、6个绿球，任意摸出一个球，可能是（　　　）球，也可能是（　　　）球，摸出（　　　）球的可能性大。

2. 在下图中，转盘可能/一定/不可能转到：（　　　）转到3；（　　　）转到6；（　　　）转到4；（　　　）转到奇数。

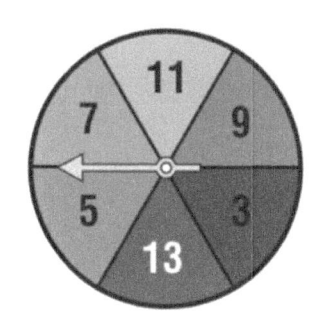

3. 在一个正方体的6个面上各涂上一种颜色。要使掷出红色的可能性比黄色小，黄色的可能性比蓝色小，要涂（　　）面红色，涂（　　）面黄色，涂（　　）面蓝色。

三、判断题：判断正确的请在题后的括号内打"√"，判断错误的请在题后的括号内打"×"，并给出理由。（每小题5分，共20分）

1. 两个盒子里绿球的数量不一样，摸到绿球的可能性大小也肯定不同。（　　）

理由：

2. 用4，5，6三个数字组成三位数，组成单数与组成双数的可能性不一样。（　　）

理由：

3. 足球、排球等一些比赛的开球权用抛硬币决定很公平。（　　）

理由：

4. 两个同学进行石头剪刀布游戏，其中一个连续赢了9次，他第10次肯定赢，因为他气势如虹。（　　）

理由：

四、挑战题：请按要求作答。（第1、2小题各10分，第3小题15分，共35分）

1. 说一说生活中有哪些事件一定发生、可能发生，每种至少2个。

2. 要开元旦联欢会了，小明、小华和小强都想上台表演节目，你能设计一个转盘游戏，确定他们三人的表演顺序吗？

3. 盒子里有若干带有不同数字的球，从中摸出20次的结果如下：

1、1、1、1、2、1、1、2、1、3、2、1、1、3、1、1、3、2、1、2

基于以上结果，你能说说你对盒子里的球的想法吗？越多越好。

（1）你能确定的是：

（2）你能推测的是：

（3）你不能确定的是：

"可能性"知识结构学习的单元检测（B卷）
参考答案与评分说明

一、选择题。（每小题5分，共15分）

1. D   2. C   3. A

二、填空题。（每空3，共30分）

1. 红；绿；绿

2. 可能；不可能；不可能；一定

3. 1；2；3（可有更多选择）

三、判断题。（每小题判断正确2分，理由准确充分5分，共5分，合计20分）

1. ×   2. ✓   3. ✓   4. ×

理由标准：准确2分，充分1分，共3分。

1. 理由：要考虑球的比例关系，而非数量多少。与之意思相近即可。

2. 理由：先得出有哪些可能，再根据各种可能判断可能性大小。

3. 理由：说明样本空间和可能性大小。

4. 理由：说明前9次的结果并不会影响第10次的可能性。

四、挑战题（第1小题10分，第2小题10分，第3小题15分，共35分）

1. 举一个例子2.5分。

2. 设计一个公平的转盘游戏，设计了游戏的概貌3分，游戏具有公平性3分，具有完整的说明和解释4分。

3. 问题1、问题2、问题3各5分；基于合理性可酌情给分。

第五节　"可能性"学习活动的组织与安排

在分析完以上四个环节后，学习活动的组织与安排将依据上述分析结果而进行。在具体呈现上，主要从整体教学思路、教学策略与方法以及课时活动设置等方面展开。

一、整体教学思路

整体教学思路是，"可能性"知识结构的整体教学将围绕摸球游戏来展开。依据知识结构的整体性，"可能性"整体教学可划分为两节课，一节新授课，一节练习课。新授课将以一个摸球游戏为主，层层递进地认识"可能性"及其大小；练习课则通过各种变式，引导学生对"可能性"及其大小进行应用与延伸。

当然，练习课可以选用前面所给出的两套单元检测题中一套来展开，而另一套则可以在开展整体教学之前使用，以作为诊断性评价之依据。

二、教学策略与方法

依据上述整体教学设计思路，我们认为，小组合作与交流、操作与反思相结合，可作为本单元知识结构整体教学的教学策略与方法。

（一）小组合作与交流

加强合作交流，引导学生自主探索学习。"义务教育数学课程标准"明确指出："动手实践、自主探索与合作交流是学生学习数学的重要方式。"通过合作与交流，以加深学生对所学知识的认识。

该单元知识结构的整体教学不仅要注重学生的合作学习，更要重视引导学生掌握合作的策略，并及时对合作做出公正、合理的评价。

活动中还应十分重视小组内学生间的交流，而且形式要多样。例如，让学生在小组里说说事件发生的可能性理由，小组里还可以讨论袋子里可能摸出的是什么颜色的球，讨论摸出各种球的可能性大小。摸球后得出的结论可在全班汇报。

（二）操作与反思相结合

积极引导学生动手实践是新课程大力倡导的一种学习方式。但是，学生的动手实践绝不应该等同于简单的游戏活动，它不是单纯地追求形式上的热闹，而是有明确目的的、富含思考性的数学活动。

也就是说，"动手"必须与"动脑"相结合，动手实践要促进学生思维的发展。在动手活动中，学生需要清楚自己的目标是什么，该怎样做，要注意哪些细节。并且在动手活动中以及动手活动后都要进行一定的反思。这既包含着对知识的反思，也包含着对如何活动本身的反思。

三、课时活动设置

第一课时（新授课：可能性及其大小）

教学目标

1. 结合日常生活经验体会可能性的意义，即知道确定事件和随机事件的区别，能用概率语言表达随机事件。

2. 通过一定的问题情境，认识随机现象的样本空间，并能基于样本空间判断并定性地描述随机现象结果发生的可能性大小。

3. 能够结合对可能性的认识，恰当地进行频率推断概率的统计活动，能做出合理的统计推断，并顾及样本量问题。

教学过程

一、课前准备

日常生活中随机事件的案例呈现。

二、呈现游戏

重点：横向一维问题情境的确定位置方法的学习。

情境：摸球游戏，初次引入数字方法。

今天我们一起来学习可能性。

从日常生活情境转入游戏活动，即摸球游戏。

1. 在进行游戏前，先引导学生理解摸球游戏。

在不透明袋子中，我们并不知道里面有哪些球，通过摸球，推测袋子中有哪些球，其中每种球被摸出的可能性大小如何。

2. 其次，需要引导学生思考样本空间和可能性大小，并用概率语言来表述。

如果袋子里有 2 个红球和 8 个蓝球，那么可能摸出红球或蓝球，而摸出蓝球的可能性更大。

在理解了这两个方面以后，就算具备了进行摸球游戏的基础知识。

三、进行游戏

提出问题（冲突），引发思考冲突 1（方向未明确）。

1. 进行游戏时，需要注意摸球规则。

准备不透明袋子，里面放有 3 个红球和 3 个蓝球。

每次摸完球需要放回；放回后需要摇晃均匀后再摸。

摸球游戏以小组（4 人一小组）为单位，小组进行分工，需要有摸球者和记录者。

在摸完球后，根据记录结果进行讨论，对袋子中的球进行判断。

2. 在摸球中，引导学生发生冲突，即摸球次数问题，结合时间规定每个小组摸球 20 次。

四、深化游戏

1. 每个组摸完后，可以全班讨论摸球结果。

由于每组袋子里的球是一样的，当各小组的推测不一样时，便会引起冲突。

2. 引导学生思考，为何会产生冲突，讨论这一问题。

经过讨论，将关键点引导到样本量问题上。

3. 将一个大组的数据和在一起，将全班的数据和在一起。

五、比较探究

1. 小组讨论，比较三组数据，再进行判断。

2. 说一说哪一组数据更可靠，为什么。

3. 结合自己的猜测，打开袋子，看一看结果。

4. 说说你发现的规律。

5. 对下面统计实验进行评价。

下面是五位著名科学家试验后分别得到的数据。看了这些数据，你有什么想法？

试验者	抛币次数	正面朝上次数	反面朝上次数
德·摩根	4092	2048	2044
蒲丰	4040	2048	1992
费勒	10000	4979	5021
皮尔逊	24000	12012	11988
罗曼诺夫斯基	80640	39699	40941

六、总结回顾

回顾这节课我们进行的摸球游戏，通过该游戏你对可能性有哪些认识？

随机现象、样本空间与可能性大小、频率推测概率方面进行回答。

课堂检测

1. 你能向别人介绍摸球活动吗？

等级分数	具体描述
0	不能正确地描述该活动
1	部分地描述该活动，未考虑一些细节因素
2	较完整地描述该活动，考虑细节因素

2. 请试着说一说你对统计结果的想法，并说明你的理由。

做一个正方体，在一个面上写"1"，两个面上写"2"，三个面上写"3"。

（1）抛起这个正方体，落下后哪个数朝上的可能性最大，哪个数朝上的可能性最小？

（2）把这个正方体抛24次，用涂方格的方法记录"1""2"和"3"朝上的次数。

等级分数	具体描述
0	未作答或者未能说出统计结果的想法
1	能够回答问题1，但未能回答问题2
2	能够回答问题1，且能完成问题2，但未能得到对统计结果的想法
3	能够回答问题1，且能完成问题2，并具有一些对统计结果的想法

第二课时（练习课：单元检测）

第二课时为练习课，教师可以根据实际教学情况，选择前面所给出的两套单元检测题中的一套，以与诊断性测试做比较，进而判断教学设计及其实施的成效并做出适当、适时的调整。

第十章　数学核心素养在小学数学单元整体教学中的体现

本章将以关于数学核心素养的案例呈现、案例分析与数学核心素养解析，以及该数学核心素养在小学数学单元整体教学中的落实的方式，来探讨数学核心素养在小学数学单元整体教学中的体现这一问题，以进一步明确"如何在小学数学单元整体教学（设计）中更好地培养小学生的数学核心素养"这一问题。

2022年颁布的我国义务教育数学课程标准明确指出，数感、量感、符号意识、运算能力、几何直观、空间观念、推理意识、数据意识、模型意识、应用意识和创新意识等应是义务教育阶段数学的核心素养；而高中数学的核心素养则是指，数学抽象、数学运算、逻辑推理、直观想象（数学直观或几何直观）、数学建模和数据分析等。

其实，义务教育阶段的数学核心素养与高中阶段的数学核心素养之间具有一定对应关系，譬如，数学抽象就包括数感、量感和符号意识，直观想象就包括几何直观和空间观念，数学运算可指向运算能力，逻辑推理可指向推理意识，数学建模可指向模型意识，数据分析可指向数据意识，而应用意识和创新意识则应贯穿其他核心素养之中。

第一节　数学抽象在小学数学单元整体教学中的体现

所有数学知识（尤其是数学概念）都是经过抽象而得到的，抽象性是数学的基本特征之一。"我们运用抽象的数字，却并不打算每次都把它们同具体的对象联系起来""是直线，而不是拉紧了的绳子，并且在几何线的概念中舍弃了所有性质，只留下在一定方向上的伸长"。[1]"抽象"的本义是排除、抽取的意思。抽象是在思想中抽取事物的某个或某些属性而撇开其他属性的逻辑方法。而数学抽象所抽取的则是事物在量的关系和空间形式等方面的本质属性，往往要经历一系列的不同阶段而产生，其所达到的抽象程度也大大超过其他领域甚至自然科学中的一般抽象。

---

[1] 亚历山大洛夫，等. 数学：它的内容，方法和意义[M]. 孙小礼，译. 北京：科学出版社，2001.

一、案例呈现

以"小数的意义和性质"这一单元的整体教学设计为例,其主要是通过以下几个核心任务来培养学生的"数学抽象"能力。

任务一:初识 0.01

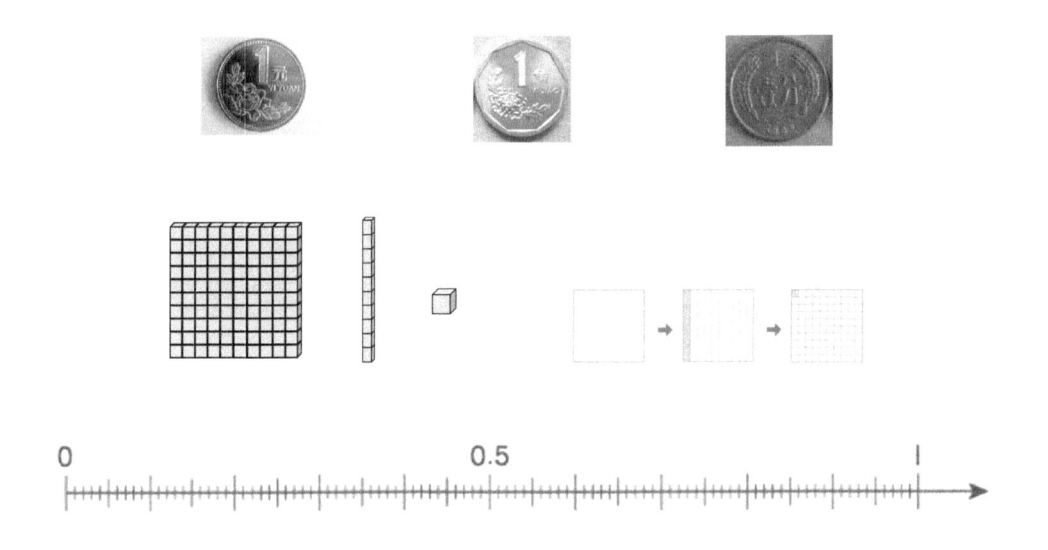

任务二:借助计数(计量)单位理解 0.01

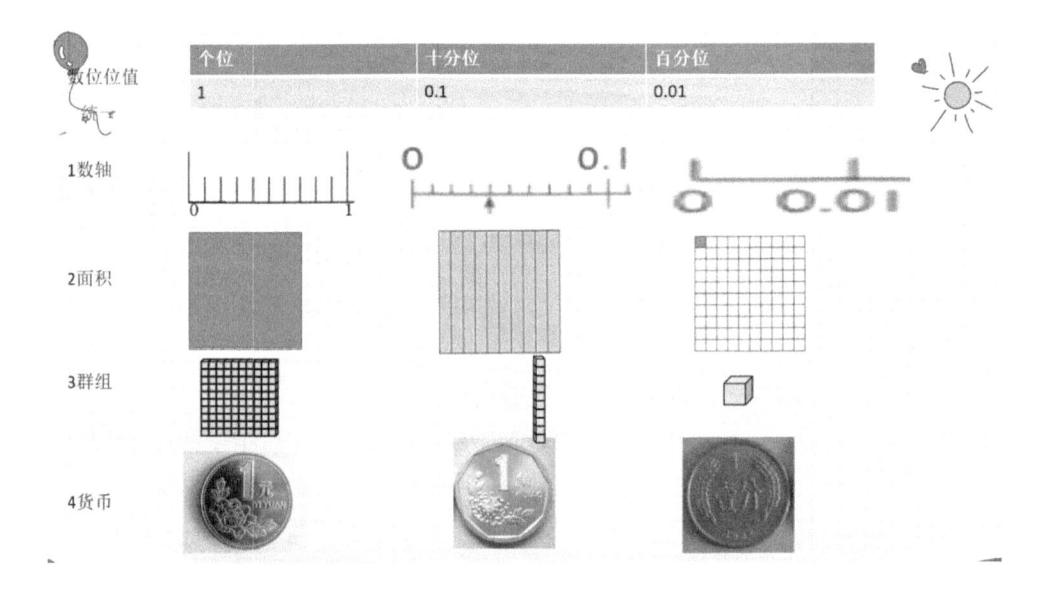

任务三:深度理解计数单位

观察每一组,你发现有哪些相同点和不同点?

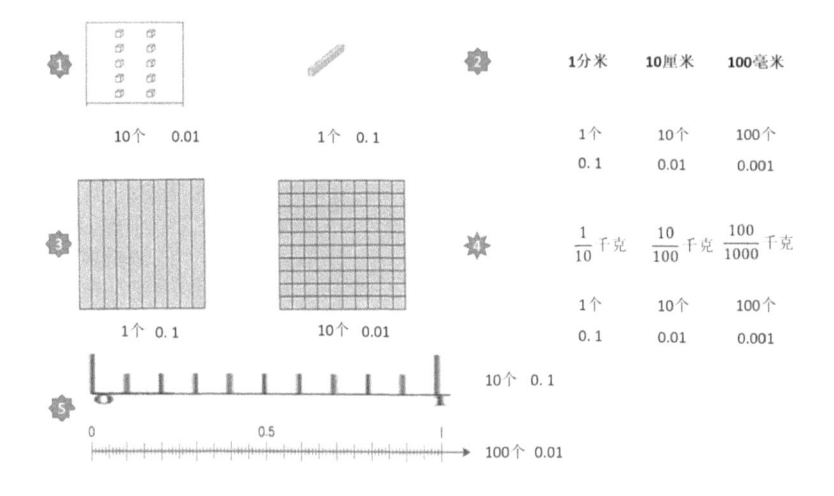

二、案例分析与数学抽象解析

下面将结合上述所呈现的案例，具体分析其中是如何培养学生的数学抽象（能力），并据此解析数学抽象的含义。

（一）借助具象理解抽象

对于小学生来说，抽象数学知识的理解可能需要借助具象的图像、活动、操作等，这是学生理解抽象数学知识的前提，更是学生抽象能力形成的基础。抽象能力不是凭空产生的，它需要学生在一点一滴的操作和活动中逐渐地体悟到抽象。在上述设计的任务中，我们选择了数轴、面积、群组以及货币等四个具象来帮助学生理解抽象的0.01，让本身无法直观表示的数学知识可以看得到。

（二）在多元表征中进行抽象

对于小数的意义，最重要的有两点：（1）它的意义是什么？（2）为什么以这样的符号形式表示这种意义？前者就是要理解平均分的意义，后者就是要将小数符号与平均分的意义联结起来。因此，通过寻找0.01的过程（实际上也包括寻找1和0.1），在不同表征中不断强调平均分的意义，将0.01与平均分的意义联结在一起，作为初步认识。为此，需要对0.01进行多元化的表征，多元表征是数学抽象形成的关键，没有多元表征，抽象所关涉的抽取事物的本质属性可能就无法达成。因此，在有了具象的东西之后，还需考虑如何丰富现有的具象，且这些多元的具象都蕴含抽象的数学知识（在此，应该是"0.01"）。

（三）层层递进推进抽象

对于数学知识的学习来说，数学抽象是分层的，尤其在单元整体教学中，不同的内容对学生抽象要求是不同的，或者同一内容是分成几个层次逐步推进的。因此，数学抽象能力的培养也要层层推进。上述案例中的三个层次的设计实则都是在帮助学生理解0.01，但是抽象的层次是不同的。第一个层次是要学生抽象出0.01与平均分的关系，由此迁移至多位小数与平均分的关系；第二个层次是要让学生在多位小数之间抽象出数位之间的关系，进而进一步理解其与十进制的联系；第三个层次是计数单位与小数之间的关系，从而抽象出小数与计数单位之间的关系（这是后续小数计算的重要知识储备）。

三、小学数学单元整体教学设计中数学抽象的落实

首先，需要深刻理解数学内容的抽象特点，把握抽象的具体内涵。即对于某一数学对象而言，抽取的是哪一方面的本质属性，舍弃的是哪些方面的属性，进而洞察学生"需要"经历的抽象过程，把握抽象教学的时机。譬如，初次学习"分数大小的比较"时，有小学生就会认为"一个大长方形的就比一个小长方形的要大"。显然，学生的认识并不存在错误，只是从数学抽象的角度来看，还需进一步理解作为抽象的数的大小比较，并进一步舍弃其具体的单位"1"的大小属性，而形式化地看成是同样的自然数1。

其次，数学抽象具有层次性的特点。譬如，一年级小学生对长方形的认识，首先是通过认识生活中常见的一些形状是大小不同的长方形的实物面，进而舍弃具体实物面的大小、颜色、材质、位置等属性，从而知道类似下面的图形（可参见图10-1）都是长方形，在头脑中留下长方形的表象。这样的认识其实质是基于实物的抽象。

图10-1 初识长方形

到三年级，小学生需要进一步认识长方形和正方形的特征（尤其是其关系）时，可引导学生由长方形的"长"逐步缩短而演变为"宽"，以形成正方形的过程（反之亦然），初步体会长方形和正方形之间的一般和特殊关系（可参见图10-2）。这样的认识则是基于长方形特征的进一步抽象。

图10-2 再识长方形

其实，小学生抽象能力的发展一般是从借助具体事物进行较低层次的抽象，发展到借助表象或者数学概念进行较高层次的抽象。这种能力的发展需要在小学生不同的学习阶段，与数学内容本身的抽象的层次性特点相合拍，而展开相应的数学抽象培养的教学。也就是说，抽象是有阶段的，如果想要达到抽象，不能一蹴而就，而要让学生充分经历具象的过程才能达到，如此，学生才能经历"具象消退""抽象渐显"的过程。

最后，抽象是需要借助多样材料进行比较的。正如上文所言，抽象是把握事物的本质属性，但如何把握事物的本质属性呢？对于小学生来说，把握事物的本质属性不是借助抽象的思考，而是通过实实在在的具象的对比而产生的。因此，如果要让学生具备抽象的能力，在相关数学内容的学习过程中，需要给学生提供足够丰富的具象学习材料，借助多样的具象学习材料进行比较，逐渐发现数学内容的本质，以此渐进地培养学生的抽象能力。

第二节　数学运算在小学数学单元整体教学中的体现

数学运算对于数学学习而言十分重要，在国际数学教育比较中，中国学生在数学学习上的优势集中体现在数学运算上，这说明我国数学教育较为重视学生数学运算能力的培养，且效果也较为明显。然而，中国学生数学运算能力的获得部分缘于"题海战术"，学生通过不断地操练，习得快速、准确的运算技能。这与作为核心素养的数学运算有些差距。因此，需进一步明晰数学运算在小学数学单元整体教学中的相关问题。

一、案例呈现

在"整数四则运算"这一主题单元的整体教学设计中，我们设计了以下几个层次的任务来培养学生"数学运算"素养。

第一层次：掌握运算规则

1. 问题情境：算式集合。
（1）$120-80+50-20$　　（2）$3\times 12\div 4\times 3$
（3）$150+120\div 6\times 5$　　（4）$75+360\div 20-5$
（5）$40\div 5+12\times 3$　　（6）$20\times 2-5\times 3$
（7）$7\times 14-(44-21)$　　（8）$209+102\div(52-35)$
（9）$(100-20\times 2)\div(5+15)$　　（10）$15\times(22-225\div 25)$
（11）$96\div[(12+4)\times 2]$　　（12）$158-[(27+54)\div 9]$
①标出算序：在算式下标上数字符号表示运算顺序。
②对中括号的探究："[ ]"是什么符号，它具有什么含义？

③提问：如果想要先算 12＋4，如何改变算式？

2. 同桌互相提问，试着说出算序。

例如：75＋360÷20－5

3. 新旧知识的比较，出示混合运算，探究算式集合。

（1）4＋7＋2＝13　　　（2）4＋7×2＝18

（3）25÷5×5＝25　　　（4）25÷(5×5)＝1

（5）9＋6÷3＝11　　　（6）(9＋6)÷3＝5

（7）3＋(4－1)＝6　　　（8）3＋4－1＝6

（9）17×(6÷3)＝34　　（10）17×6÷3＝34

（11）12－(2×5)＝2　　（12）12－2×5＝2

试着比较，这节课所学与之前所学有什么相同和不同？

第二层次：运用运算规则解决实际问题

1. 有多种棋类，通过象棋的价格可一步步推出其他棋类的价格。

2. 列式，并计算。

（1）买 3 副中国象棋，5 副围棋，4 副飞行棋，2 副五子棋一共多少钱？

（2）买 3 副中国象棋和 5 副围棋比买 3 副飞行棋和 2 副五子棋多多少钱？

3. 根据算式说明意义。

（1）12×3＋(12＋3)×4

（2）(30÷3)×3－(10×3)

（3）(15－5)－(12＋3)

4. 请你自己编一个问题，同桌列式并解答。

5. 请你自己列一个算式，同桌说明意义并解答。

6. 请编制一个需要中括号的问题。

第三层次：通过各种变化深化对运算规则的理解

1. 计算下列各题。

2.（1）比大小。

$75×12＋280÷35$　　　$(564－18×24)÷12$

$48×(32－17)÷30$　　　$714÷(30＋180÷15)$

（2）直接在每组中得数大的算式后面的□里画"√"。

$45＋25×12$　□　　$20＋12＋60÷3$　□

$(45＋25)×12$　□　　$20＋(12＋60)÷3$　□

$68＋185÷5＋32$　□　　$800－432÷6×9$　□

$68＋185÷(5＋32)$　□　　$800－432÷(6×9)$　□

你是怎样想的？与同学交流。

3. 简便运算的探究。

口算：

（1）$22÷3×6$　　（2）$5-8+3$

（3）$178-67-78$　　（4）$177+325+23$

笔算：

$25×12=25×(4×3)=$

$25×13=25×(4×3+1)=25×4×3+25=$

4. 算式意义的对比。

（美术组：我们组有18人。　书法组：我们组的人数是美术组的2倍。　合唱组：我们组比你们两组的总人数多6人。）

（1）合唱组有多少人？

（2）大华水果店上午运进菠萝140千克，下午运进的菠萝比上午的2倍还多50千克。这一天一共运进菠萝多少千克？

5. 估算：

（羽毛球拍每副97元　网球拍每副202元）

李老师买4副羽毛球拍和3副网球拍。你能估计李老师大约要用多少元吗？他实际用了多少元？

6. 用不同的方法计算。

（小军家——520 m——学校——390 m——少年宫）

小军从家到学校走了8分钟。用同样的速度，他从家到少年宫要走多少分钟？你会用不同的方法计算吗？

上述核心任务实则都渗透着"数学运算"这一核心素养的培养，与此同时，这一设计也将整数运算的相关内容整合在一起，从而在单元整体教学中培育学生的"数学运算"素养。

二、案例分析与数学运算解析

下面将结合上述所呈现的案例，具体分析其中是如何培养学生的数学运算（能力），并据此解析数学运算的含义。

（一）案例分析

上述"数学运算"在单元整体教学中的渗透实则体现了以下一些设计理念，这些理念可能也是其他相关内容渗透"数学运算"的方向。

1. 注重学生的自主探究与抽象概括

获得数学知识不是数学学习最终的宗旨，更重要的是培养学生自主思维能力，获得自主观察、发现、比较、抽象和概括等思维能力。因此，教师需要在教学中创设一定的问题情境，激发学生积极参与数学学习的过程，自主探索小数四则运算的运算法则，鼓励学生用自己学过的知识思考怎样解决问题，并在此基础上讨论用竖式怎样解决问题。这样，便可在自主探究、小组合作、全班互动的基础上理解算理、总结算法。唯有这样引导学生经历探究的全过程，才能真正培养学生的观察、发现、抽象和概括等思维能力。

2. 构建整数四则运算的知识结构

在学生理解运算规则的基础上，对比新旧知识，从而完善认知结构。学生学习的知识不是孤立地存在于大脑中，而是根据知识之间的区别和联系进行同化或顺应，从而形成相对稳定、牢固、清晰的认知结构。譬如，这一单元的整数运算的规则可以和以前学习的整数运算规则进行联系，将这一单元学习的整数运算规则纳入学生整个知识结构之中。因而，在学生学习整数四则运算过程中，适当与整数四则运算之前的知识进行联系，可帮助学生形成整数运算的知识结构，从而有效地培养学生的"数学运算"的素养。

3. 多种算法相结合

计算不是仅仅指竖式笔算，还有口算、估算、用计算器计算以及简算等等。教师在教学中过于强调竖式笔算，很容易让学生产生思维定式，即只会笔算。学生的估算和简算的意识仍然比较薄弱。为实现算法的多样化，教师需要关注多种算法，引导学生能够根据解决问题的实际需要，合理、灵活地选择不同的计算方式，这也是小学生运算能力的构成要素之一。因此，教师需要在教学中做到多种算法有机配合，增强学生灵活选择计算方式的自觉意识，继而提高计算能力，培养学生思维的灵活性。

（二）数学运算解析

基于上述分析，就小学数学中的数学运算而言，我们需要重新审视数学运算中的算理和运算技能。

就算理而言，我们认为其应包括四个方面，一是数的构成；二是四则运算的意义；三是运算律；四是运算规则。其中，数的构成是教学中经常强调的，教材的编写也遵循先认数后学运算的顺序。运算的意义是指加减乘除的意义。运算律是运算的基本规律。运算规则是由运算律延伸的运算法则。算理实则需包含上述四个方面，如此，学生才能深入地认识和运用算理，进而提高自己的数学运算能力。

就运算技能而言，我们认为运算技能是与数感和算理存在复杂的交互关系。好的数感往往能提高运算技能，明晰算理同样可以提高运算技能。当然，二者之间并非一一对应关系，因此在教学中，需将数感与算理进行有机结合，从而培养学生良好的数学运算技能。

三、小学数学单元整体教学中数学运算的落实

结合我们对"数学运算"的理解，"数学运算"这一核心素养在小学数学单元整体教学中的落实需关注以下几个问题。

（一）四则运算意义的渗透

对四则混合运算的探讨同时也是一次对加减乘除的意义探讨的过程，因为无论从哪一途径入手，从本质上来说我们都是通过四则运算的意义去分析混合运算的顺序。因此，与其说要让学生明白为什么先乘除后加减，也许整体性地对加减乘除意义的进一步理解才是更为重要的。

加法的本质：把相同性质的事物集合统计其总数时所用的计数方法。其中最为重要的部分是加法所指向的事物必须是相同性质的，你不可以用中国象棋的单价与它棋子的个数相加，这是不符合现实意义的。

减法的本质：当一个已知群体，需要把单个个体或部分个体集合从初始群体中移除，再需要计数初始群体所剩个体数量时的运算行为。显然减法是加法的逆运算，因此与加法拥有同样的现实意义范围。

乘法的本质：具有相同性质和数量的若干个集合相加，计算变化后集合的个体数量的运算行为，本质上还是加法。关于乘法的现实意义主要包括三大类：形如数量乘单价得到总价的类型；形如米乘以米得到平方米的类型；形如数量乘以倍数得到数量的类型。三种不同的类型指向不同的乘法意义，由此可以看出乘法的意义远比加减法丰富。

除法的本质：求已知初始集合，包含已知相同性质个体集合的个数的运算行为。显然除法是乘法的逆运算，因此与乘法拥有同样的现实意义范围。

以上较为抽象的意义并不能直接授予学生，而是要让他们在具体对混合运算的探究

过程中自我内化，通过一个个具体实例的分析不断地渗透其意义。任何具体情境的解释实际上都必须依托于加减乘除的意义，因此，要有意的用情境帮助学生理解和认识，而非朴素的无意的被动提及。

（二）分类思维与有序思维的渗透

要处理计算顺序的问题首先要处理能不能计算的问题，如果直接跳过后者来对前者进行探讨则是一种本末倒置的做法，因为在这两个问题的背后是两种具体的数学思维方式，即分类与有序。

分类在数学学习与生活中有着广泛的运用，它既是一种活动形式，如我们把男生女生分为两类，把老虎列入猫科，把长方形与菱形都分在平行四边形中，等等。同时它也是一种思维，一种抽象的数学思维形式，即将原有的事物按照一定的标准进行分门别类，从而反映出这些事物的一些特征与属性。其中，标准是分类的关键，如我们把加减乘除四个运算进行分类，以加减乘除不同的意义为标准，把加减分为一类称为一级运算，乘除分为一类称为二级运算，这样就能体现出这两类运算在运算等级上的属性（也可将加乘分为一类，减除分为一类）。因此，在混合运算问题中，能不能计算的问题实际上是指向于一级运算只能与一级运算进行计算，二级运算只能与二级运算进行计算，如在 $8-6\div 2$ 中，8 与 6 就不能进行计算，因为 8 是一级运算中的元素，而 6 是二级运算的元素，6 只能与另一个二级运算的元素 2 进行运算，而类似于 $12\times 3+15\times 4$ 这样的式子，由于两个二级运算中间隔着一个一级运算导致这两个二级运算也不能直接进行运算，如不可以用 12 与 4 相乘，虽然它们都是二级运算。由此可见，正是由于对加减乘除进行了运算等级的分类才能够去讨论能不能运算的问题。其实，还可以去思考如果把加乘分为一类，减除分为一类，就可以去解决从左往右算这一算法的问题。此外，分类应具有明确的目的性，而不是为了分类而进行分类，更不应当刻意追求"与众不同"。[1] 既然有了两类计算，自然就出现了运算顺序的问题，而这一问题就涉及第二个具体的数学思维方式：有序思维。

有序的思维也是学生很早就经历过的思维，数数就是一个典型的例子，无论是什么样的数数方式，学生的数数都是有顺序的，这其实就是数的双重意义中的序数意义，而用序数意义中的最后一个数代表这一堆数的基数意义。从数数活动发展出的有序思维十分广泛，但在这之前我们都会有一个有意或无意的分类过程，如一个一个数就是把每个东西作为一类，两个两个数就是把两个东西作为一类，有经验的同学还知道，我们会把学校里的学生分为一个个班，再去进行排序，如一（1）班、一（2）班这样的形式。需要指出，有序的思维在进行排序时是对分类以后的不同类别之间进行审视，再以一定的标准来进行排序，这是有序思维与混乱无序之间的重要区别，即在于排序是否有一定的标准。由此可见，有序思维是与分类思维密不可分的，两者从不同方面对事物进行了

---

[1] 郑毓信. 数学思维与小学数学 [M]. 南京：江苏教育出版社，2008：39.

审视，但总体上说，都是通过思维的力量（这种思维的力量在混合运算中所指向的就是对加减乘除意义的理解）让我们对所审视的事物有了更深的理解，而这也可以被理解成是抽象的一种目的。在此我们就可以明晰先乘除后加减的问题实际上是一种在分类思维基础上的有序思维的活动。也就指出了想要探究顺序的问题，就必须要考虑分类的问题。教师在对此有一定认识的基础上，通过具体的教学活动，去引导学生激发这两种思维，可以更好地培养他们分析问题的能力以及抽象思维的能力，而这是数学学习以及未来生活中都能够运用到的重要能力。

（三）整体思维的渗透

整体思维是贯穿整个数学学习过程的重要思维方式，分数学习中把一个苹果、半个苹果、很多个苹果都看作一个整体；代数中把 a 和 $a+b$ 都能看作一个整体；到了更高层次的学习中，甚至可以把任何事物都看作一个整体，譬如，高中数学中的"设而不求"思想实际上也是一种整体思想。由此可见，学生对什么可以作为一个整体的思维对象，实际上是一个不断扩充的过程，从一个物体到一些物体再到半个物体这是一种扩充，从 a 到 $a+b$ 再到复杂的代数式这也是一种扩充，而每一次扩充都是一种整体思维的提升。在混合运算中，分式与综合算式的区别联系就充分地体现了整体思维。对于同一个问题，我们可以通过分式与综合算式两种形式进行计算，譬如种树题，"路两边有很多的树，左边有150棵果树，右边有120棵树，并且有6行，其中5行是果树，问两边一共有多少棵果树？"分开列式我们可以用：$120÷6=20$、$20×5=100$、$100+150=250$ 三个算式得到答案，综合列式我们用 $150+120÷6×5$ 或 $120÷6×5+150$ 来得到答案。实际上，从意义上考察可以发现，能够把形如 $120÷6$ 与 $120÷6×5$ 这样的式子看作一个整体是理解综合算式的关键所在。分开列式是把每一个意义都算出结果来再进行意义关系的联结，而综合算式并不先算出每个意义的结果，而是先列出每个意义之间的关系，再进行计算。后者则需要学生能够把一个式子也成一个意义，知道它是一个意义主体，即我们所谓的整体，而不仅仅只有数才可以作为意义的主体，这实际上就体现出整体思维，$120÷6$ 与 20 都可以表示一行树的棵数，$120÷6×5$ 与 100 都可以表示右边果树的棵数，能够从思想上接受前者的表示形式，实际上就是一种思维层次的提升。与此同时，正是这种思维层次的提升，可帮助学生追求更简单的形式，于是便有了形式简单与思考复杂的辩证关系。我们通过整个运算法则的发展过程可以发现，从形式上来看是越来越简单了，然而若是从人的脑力的投入上来看，则思考的复杂性上却是越来越难了。前者体现了数学的特点，后者体现了小学数学教育中的特点。我们追求简单性的同时，也是在追求复杂性，"简单即是复杂"。而这里的复杂，是需要学生体验的，需要经历来丰富自己的思维能力的，这种思考的复杂是运算能力培养的重要手段。如上述例题实际上是形式简单与思考复杂的具体体现，对于同一个问题，我们可以通过多个分式的计算或者一个综合算式的计算来得到答案，从形式来看是一种多对一，分开列式我们可以用：$120÷6=20$、$20×5=100$、$100+150=250$ 三个算式得到答案，综合列式我们

用 $150+120\div 6\times 5$ 或 $120\div 6\times 5+150$ 来得到答案。我们能看出后者比前者要简单得多，但同时也体会到后者运用到了更深刻的思维能力才可以得出。因此，我们可以把这一过程理解为数学学习的一大重要特点，即简单性与复杂性的辩证统一。

（四）"由具体到抽象再到具体"的思维渗透

另一个值得研究的矛盾关系是抽象与具体，同样也是数学学习的重要特点。数学的抽象是贯穿于整个数学知识体系的，而小学数学的学习中，虽然需要具体的直观体验，但仍然少不了抽象，如上述所说的分类与有序思维即是一种抽象，抽象与具体的联系是学习小学数学最为重要的一种方式。混合运算的意义探讨中，有教师运用数格子、数方块的具体情境作为学习的载体，从数方块，到数珠子，再将具体的珠子转化为圆片再去数，这里的转化即是一种抽象，去除了原来具体的珠子的很多质的属性，使得它的量的特征更为明显，这实际上就是数学抽象的一个最为重要的目的，排除原有事物中的其他干扰，从而突出其量的特征。在此基础上再通过圆片思考算式，从而使得算式从原来珠子的具体的意义，转化为现在圆片的意义，得到了更抽象同时范围也更广的意义。这也就指出了事物的抽象过程既是一种不断缩小其内涵的过程，同时也是在不断扩大它的外延，如原来的珠子抽象成了圆片，那么我们此时就可以把圆片当作其他具有相同数量关系的事物来看待，从而可以去研究更广泛的现实情境。这种从珠子到圆片再到算式的过程，就是一种不断抽象的过程，也是学生可以接受的、能够内化的过程。同时，这并不是我们思维内化的终点，我们得到了抽象的算式，得到了最为广泛的意义，此时在理解了算式意义的基础上去尝试进行具体意义的赋予，也就是编故事，这时就是在抽象的基础上再去进行具体化，从而形成一个具体—抽象—具体的螺旋式上升过程。此时的具体相比于之前珠子的具体已经是更高层次的具体了，它指向于学生生活世界的方方面面，只要拥有这种数量关系的具体情境，都是我们的故事，这实际上是一种自我意义的建构过程。由此，我们的学习就变成了从一个珠子的故事学习到了无数个现实情境故事的学习。

第三节　逻辑推理在小学数学单元整体教学中的体现

数学家陈省身曾说，学生应该学会推理，推理很要紧，推理不仅在数学，在其他学问里也是要用到的。[1]数学作为培养学生推理能力的主阵地，它的地位无疑是突出的。然而，推理与证明在基础教育中存在着过渡和衔接的问题，因为当下的小学数学教学中很少触及严格的推理证明，学生主要学习计算，不讲推理，教师在教学中也很少渗透寓

---

[1] 张孝达，陈宏伯，李琳. 数学大师论数学教育 [M]. 杭州：浙江教育出版社，2007：63.

理于算的思想。这导致学生在进入初中数学学习时非常吃力。因此，小学数学教学中推理的渗透不仅重要，而且是改善现实小学数学教学状况的一种思考。

一、案例呈现

在"小数加减乘除"这一主题单元中，我们设计了以下几个核心任务来培养学生"逻辑推理"的素养。

1. 小数加法。

任务1：计算 $0.01 + 0.1 = ?$

要求：

（1）用小数的表示方式进行计算。

（2）也可以用其他方法进行计算。

任务2：比较这些计算方法有什么异同？

要求：用一句话概括这些计算方法的相同点和不同点。

不同点：计算的方法不同……

相同点：以两个加数中最小计数单位为单位进行（整数）计算。

$0.01 + 0.1 = 0.01 + 0.10 = 1 \times 0.01 + 10 \times 0.01 = 11 \times 0.01 = 0.11$

2. 小数减法。

任务1：计算 $0.1 - 0.01 = ?$

要求：

（1）用小数的表示方式进行计算。

（2）也可以用其他方法进行计算。

任务2：比较这些计算方法有什么异同？

要求：用一句话概括这些计算方法的相同点和不同点。

不同点：计算的方法不同……

相同点：以两个数中最小计数单位为单位进行（整数）计算。

$0.1 - 0.01 = 0.10 - 0.01 = 10 \times 0.01 - 1 \times 0.01 = 9 \times 0.01 = 0.09$

3. 小数乘法。

任务1：探索 $0.1 \times 0.1 = ?$

要求：

运用小数的意义进行探索。

任务2：探究 $3.8 \times 3.2 = ?$

要求：

应用"$0.1 \times 0.1 = 0.01$"来探究。

4. 小数除法。

（1）每千克苹果多少元？

$31 \div 5 = 6$（元）……1（元）

任务1：能否运用"小数的意义和性质"继续进行计算？

$31 \div 5 =$ _____ （ ）

水果店 5 点之前各种水果数量和总价如下表所示，算出每种水果的单价并填入下表。

品种	单价/（元/千克）	数量/千克	总价/元
苹果	6.2	5	31
香蕉	2.4	5	12
橘子		3	9.6

每千克橘子多少元？

$9.6 \div 3 =$ _____ （ ）

任务2：计算。

$9.6 \div 3 = ?$

要求：联系整数与整数的除法进行计算。

二、案例分析与逻辑推理解析

下面将结合上述所呈现的案例，具体分析其中是如何培养学生逻辑推理（能力）的，并据此解析逻辑推理的含义。

（一）运用已有知识进行合理探索

小数与整数都是以十进位值制为计数原理，二者有诸多的相似性。某种程度上而言，整数也可以看作是一种特殊形式的小数。因此，在上述"小数四则运算"单元整体教学设计中，有必要联系整数四则运算，将二者建立联系，以便更好地促进学生构建数学知识的结构。而在联系整数四则运算过程中，最为关键的是利用小数的意义和性质，将小数转化为整数的"形式"，如此，"小数四则运算"可以转化为"整数四则运算"，进而按照"整数四则运算"的方法进行计算，其运算的结果再根据小数的意义和性质改写成相应的小数。正因为如此，"小数四则运算"的教学需要紧密联系"整数四则运算"，通过小数的意义和性质将小数转化成整数，进而让学生探索"小数四则运算"和"整数四则运算"之间的关系。为此，上述设计案例中，通过提供给学生自主探索和构建小数四则运算的问题情境，引导学生通过小数的意义和性质将"小数四则运算"转化为"整数四则运算"，从而帮助学生自主构建"小数四则运算"的规则，而这其实体现出了逻辑推理在这一单元整体教学中的渗透，即运用已有的知识，在一定的数学规则之下，进行合理的（推理）探索。

（二）通过横式初步训练推理方法

在上述单元整体教学设计案例中，小数加法、减法、乘法和除法都需要学生用横式把计算的过程表示出来。在运算教学中，横式能够很好地培育学生推理的意识和方法，在横式的书写过程中，学生需要运用到小数的意义和性质以及运算规则和运算律，从而在连等的过程中，让学生感受到推理的严密性。如此设计的意图意在凸显逻辑推理在运算教学中的价值。过往的运算的教学较为重视竖式的教学，然而，竖式只是一种运算的记录方式，一种简便的规则，它能帮助学生沟通算理和算法，但在学生逻辑推理素养的培养上作用有限。这也是我们为何在整个单元教学中都强调横式的原因，目的即在小数不同的运算中初步训练学生推理的方法。

三、小学数学单元整体教学中逻辑推理的落实

一般而言，"逻辑推理"只包括演绎推理，其实，合情推理也是一种逻辑推理，只是其推理规则和推理结构不同于演绎推理而已。

（一）合情推理的落实

作为小学数学中"逻辑推理"的主要形式，合情推理在小学数学教学中居于十分重要的地位。虽然合情推理有着更为丰富的内涵，但就小学数学教学而言，可能主要集中于归纳层面，而且在数学教学中，强调归纳推理和演绎推理能力的培养，是充分发挥数学育人功能的关键所在，而且只有强调归纳和演绎的联系与综合，把培养学生灵活运用归纳推理与演绎推理解决数学问题的能力放在核心地位，才能真正有效地促进学生数学能力的发展。[①]严格而言，此种归纳也是科学发现的一种思维方式。譬如，数学上诸多数学难题都是数学家通过归纳法所得出的。如费马大定理，当整数 $n > 2$ 时，关于 x、y、z 的方程 $x^n + y^n = z^n$ 没有正整数解。因此合情推理的关键在于猜测、在于直观，在于从特殊中发现事物存在的一般规律。而在小学数学教学中的落实可能需要关注以下两个方面。

一是能够给予学生猜测的空间和可能。一方面，就空间而言，教师应在需要学生进行猜测、探索和发现之处给予学生相应的空间。譬如，在"长方形和正方形的面积公式"一课中，教师提问学生长方形的面积与长和宽有什么关系，即是通过提问的方式让学生进行发现和探究，为其发现结果做好铺垫。然而，有些教师在此时可能会这样提问，怎样计算长方形的面积更简便。倘若如此，这一课的前面的摆和量等操作以及由此所得出的数据都将毫无作用。对于学生来说，掌握长方形面积计算公式不是什么困难的事，甚至有些地方的学生连不上这节课也能知道并会用长方形面积计算公式来解决问题。我们就曾在听课中遇到过此种现象，一位学生从上课开始就迫不及待地要让老师知道其会长

---

① 连四清，方运加．"合情推理"辨析［J］．课程·教材·教法，2012（5）：54–57．

方形的面积公式,并在上课过程中对这些摆和量的兴趣不大。遇到这样的学生,再遭遇教师那样的提问,可能40分钟的课堂只要10分钟即可。学生也不可能从中体会到从特殊到一般的过程。另一方面,就可能而言,教师创设学生能够猜测的最近发展区,以帮助学生形成较为合理的发现。譬如,在乘法口诀的教学过程中,某一教师呈现出下述口诀。

二二得四
二三得六
二四得八
二五得十
二六十二
二七十四
二八十六
二九十八

  然后教师问学生,你有什么发现。仅就这一口诀呈现形式而言,有多种可能性,如有的学生会说"有的有'得',有的没'得'",有的学生会说第一个数字都是"二",还有的学生会说得数都不超过"二十",等等。究其原因,教师在让学生进行探索和发展之时,没有创造合理的最近发展区,导致学生无法得到教师想要的结果,或者较为合理的结果。再如,在圆的周长公式推导过程中,教师需要让学生感知到周长和直径之间的关系,如果在实际教学中,教师不通过一些方式帮助学生得到较为准确的数据,则 π 的得出会让学生觉得很意外。如此,学生得出相应结论就会较为自然,也符合学生的认知。

  一是能够将发现进行验证和运用。就验证来说,合情推理作为归纳法的一种,其发现需进行验证才能保证发现的科学性,这是科学发现必经的环节。譬如,在"长方形和正方形的面积公式"一课中,在学生得出长方形的面积后,需要让学生用1平方厘米的正方形进行验证。如果学生仅仅通过数据得到长方形的面积公式等于长乘以宽,而没有进行进一步的验证,则结论的有效性是可疑的,而这即涉及小学数学中合情推理的本质。合情推理是科学归纳法的一种,但准确而言,小学数学中的合情推理主要是不完全归纳。不完全归纳的特点在于人们不是通过穷尽所有可能的情况才得出最终的结论,而是通过一些特例的方式,发现或得到相应的结论。因此,运用不完全归纳所得到的结论一般都需再返归特殊,以再次验证刚才所得结论,从而确信结论的准确性。就运用来说,一方面,作为科学发现的结论能为日常生产和生活所用,以体现其价值和意义所在,因此在教学中需设置一些实际生活的案例来帮助我们深入体会所得结论的价值。另一方面,作为科学发现的结论需能为科学本身服务,即从这一结论出发会得出更多或更具价值的发现。如若在后续的发现的过程中出现错误,则需要人们重新思考这一原初发现的科学性。而这即涉及下述演绎推理的落实。

(二)演绎推理的落实

演绎推理是一种严格的数学推理方式,其集中体现在中学的几何证明中。正因为如此,部分小学数学教师认为演绎推理很难在小学数学中落实。虽然严格的演绎推理可能在小学数学中较难体现和落实,但演绎推理所具有的思维方式完全可以在小学数学中予以落实。这一思维方式是指人们在数学观念系统作用下,由若干数学条件,结合一定的数学知识、方法,对数学对象形成某种判断的思维操作过程。[①]换言之,它是在公认的前提之下,通过一系列认可的推导,得出确信的结论的过程。简单而言,就是说理。以此观之,小学数学中很多情况下都可以有意识地培养学生此种说理的精神。具体而言,其落实需要关注两个方面:说理方式即演绎推理基本规范的培养与基于逻辑的学习共同体培养。

一是说理方式的培养,即演绎推理基本规范的培养。譬如,《平行四边形的初步认识》是苏教版二年级上册的内容,教材先让学生认识多边形,即有几条边就是几边形。再通过生活实例帮助学生认识平行四边形(如下图10-3)。

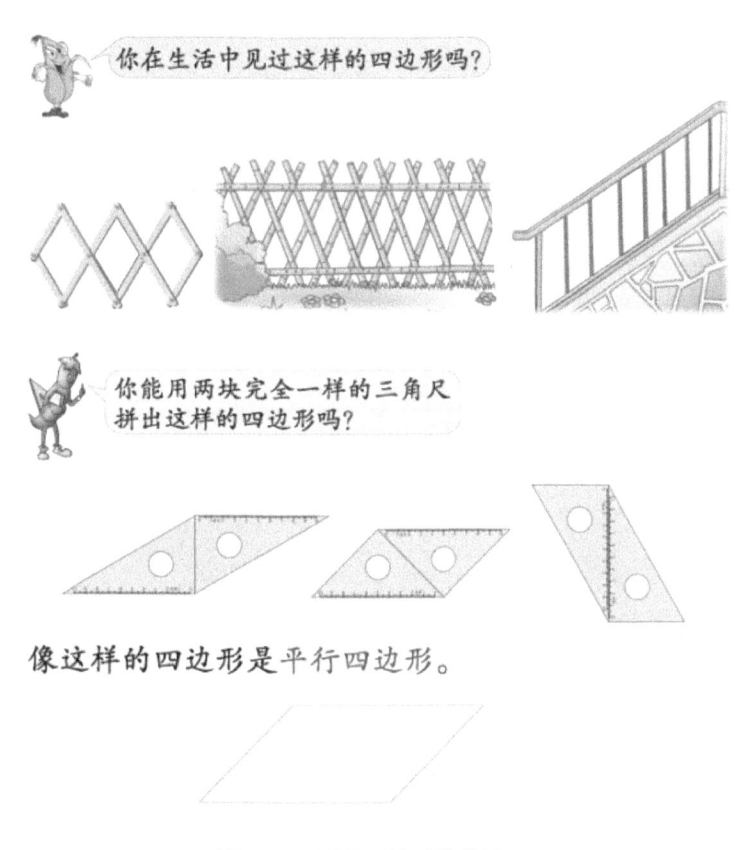

图10-3 平行四边形的认识

这一例题的最后,教材给出了这样一句话"像这样的四边形是平行四边形"。这是

[①] 徐斌艳. 数学学科核心能力研究 [J]. 全球教育展望,2013(6):67–74.

对上述实际生活中平行四边形的实例和学生动手操作感知平行四边形的概括。目的在于帮助学生对平行四边形形成抽象的认识。教师一般也都按照教材的思路来帮助学生认识平行四边形。但从说理方式培养角度来说,"像这样的四边形是平行四边形"可能需要进一步的改造。如,当教师向学生呈现不同的平行四边形变式时,如果教师仅要求学生说出像这样的四边形是平行四边形一定是不够的。虽然此处学生说不出对边平行等几何概念,但教师在教学中可以适当地采用学生的语言来描述平行四边形,比如可以说两个相对边的方向是一样,两个相对的边是一样长的,等等。如此改造的原因在于,如若像教材那样处理,则判断一个四边形是否是平行四边形是不需要任何依据的,这与演绎推理的培养是相背离的。我们加上这些学生话语,目的不在于让学生精确地描述平行四边形,而是让其体会到,要去说明一件事情,我需要一些基本条件,如首先它需要是个四边形,这是前提,然后它的两个相对的边一样长,方向一样,之后就能判断这是一个平行四边形。这一"首先、其次、然后"的过程实则是演绎推理基本规范的培养,即在明确的前提下,通过合理的推导过程,得到相应的结论。如此方式可以在小学数学的诸多内容的学习中进行渗透,我们常说培养学生数学交流能力,其实,数学交流能力的核心在于数学逻辑能力的培养。

二是基于逻辑的学习共同体培养。说理一定是说服他人,让他人同意自己的观点。因此,学生之间要有共同体的意识。共同体意识有点类似于当下所提倡的学生互评的方式。但学生互评的问题在于评价学生仅仅注意被评价学生言语、结果和表现等,甚少从逻辑的角度来进行评价。当然,这与教师对学生评价、培养相关。基于此,在演绎推理培养的过程中,要有意识地建立基于逻辑的学习共同体。基于逻辑的学习共同体的要求是,学生之间的互动和交流要能形成合乎逻辑的意识。譬如,当某一学生向全班其他学生说明为什么这是平行四边形时,其他学生不仅仅需要关注他说的结果,更应关注他做这样的判断的前提是否正确,推理的过程是否合理。如若在教学中能让全班学生感知到这一过程,抑或在长期的教学中慢慢地培养这样一种逻辑推导的过程意识,则全班学生也会逐渐地形成基于逻辑的学习共同体,进而培养学生的演绎推理能力。

第四节 几何直观在小学数学单元整体教学中的体现

直观是数学学习的最高境界,正如史宁中教授所说,数学问题的解决很大程度上依赖于直观,而不是通常所认为的证明和计算。正因为如此,"直观想象"成为高中数学核心素养之一,其目的是在启发当下的数学教育,需要关注和培养学生在数学中的直观想象能力。作为"直观想象"的重要组成部分,"几何直观"对学生数学素养的养成十分关键。有鉴于此,以下仅以"几何直观"的落实来启思"直观想象"在小学数学中的培养。

一、案例呈现

在"平移、旋转和轴对称"这一单元整体教学设计的"轴对称"一课中,"几何直观"素养的融入体现在以下任务中。

(一)辨别区分,画出对称轴

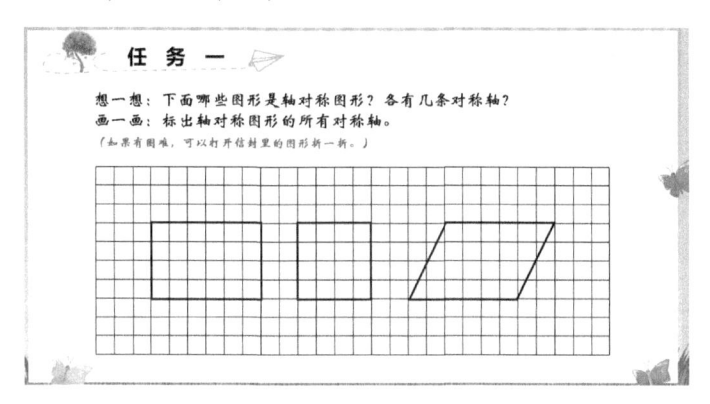

任务一

想一想:下面哪些图形是轴对称图形?各有几条对称轴?
画一画:标出轴对称图形的所有对称轴。
(如果有困难,可以打开信封里的图形折一折。)

(二)趣味活动,聚焦对应点

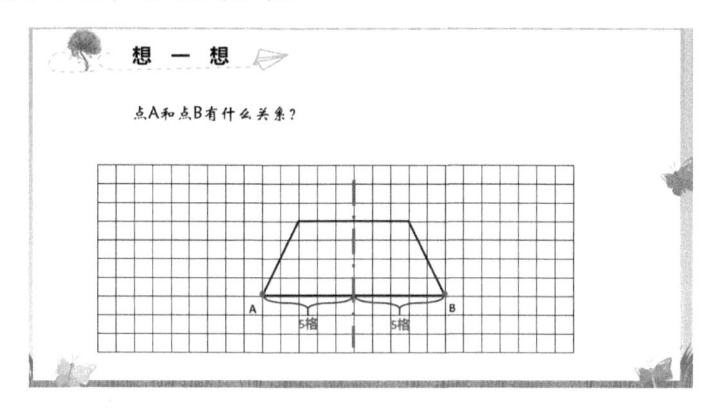

想一想

点A和点B有什么关系?

(三)合作探究,理解对应点

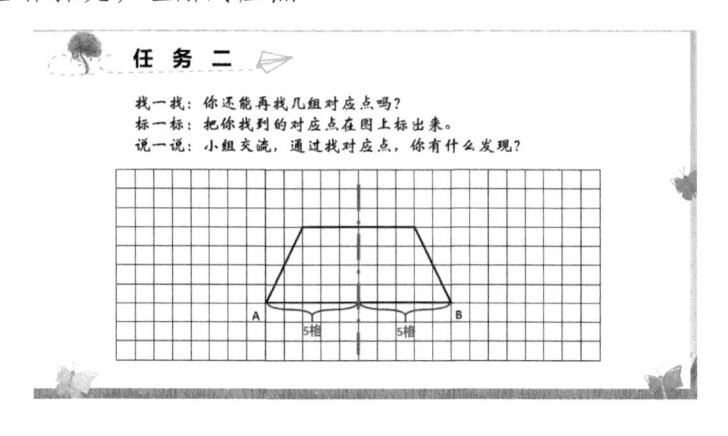

任务二

找一找:你还能再找几组对应点吗?
标一标:把你找到的对应点在图上标出来。
说一说:小组交流,通过找对应点,你有什么发现?

（四）综合运用，拓展提升

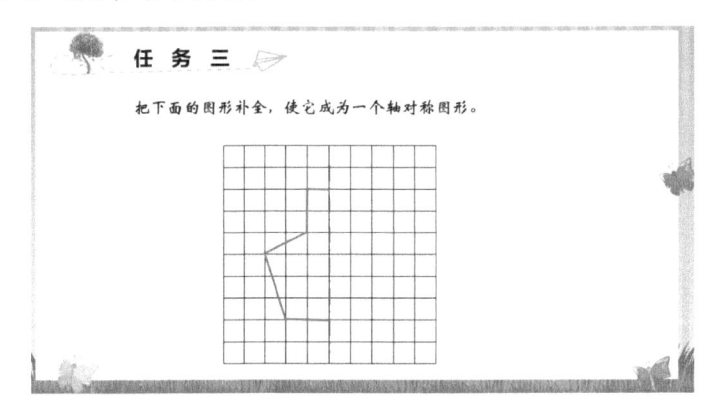

任务三

把下面的图形补全，使它成为一个轴对称图形。

二、案例分析与数学直观解析

下面将结合上述所呈现的案例，具体分析其中是如何培养学生数学直观（能力）的，并据此解析数学直观的含义。

（一）操作与思考结合

图形运动的教学，必然要涉及广泛的操作，从前述分析中我们也多次提及了操作的重要性，同时也指明了不能单纯地依靠操作，而是要操作与思考相结合，才能形成基本活动经验，促进思维能力的发展。上述"旋转"一课中，操作就是我们进行问题探究的途径。对每种运动的认识，每种运动的联系与变换，运用运动解决问题的过程中，都是始于操作，终于操作经验的总结与内化。因此，虽然一般教学也运用操作，但我们对于操作有着更高的要求，旨在通过操作培养基本思想和基本活动经验。

（二）游戏活动式教学

本单元整体教学的另一个教学策略是进行游戏活动式教学，由于图形运动的内容本身趣味性强，生活气息丰富，所以可以进一步拓展，形成主题式活动，在活动中进行教学。在玩中经历、体验运动，将游戏真正设置在主要的地位。但同时，虽然是游戏，也不应忘记教学所指向的目标，要在游戏的过程中渗透运动知识的学习，潜移默化地形成知识，获得思维能力的发展。

（三）定量地刻画运动

对于"几何直观"的培养来说，定量刻画才能反映出其数学的意味，否则图形的运动只是停留于物理层面的变化，不涉及数学层面的知识，这也是小学几何内容学习中十分重要的关注点，即图形的学习不能只是局限于图形的外在形状、物理层面的运动上，而是需要通过数学的方式来研究图形。本单元整体教学中的所有图形运动并不只是重复前面学习的内容，而是在前面内容学习的基础上，能够定量地刻画图形的运动。由此，才能通向"几何直观"素养的培养。

三、小学数学单元整体教学中数学直观的落实

史宁中教授曾指出,几何直观并非画出几何图形,且需借助几何图形发现所研究图形的本质、关系或规律。基于上述案例,"几何直观"在小学数学单元整体教学中的落实需要关注以下几个方面。

（一）作为能力培养的"几何直观"

作为数学核心能力的"几何直观"而言,其集中体现为发现图形的本质、关系或规律。换言之,"几何直观"直观的是图形的本质、关系以及规律。因此,在"图形与几何"学习之时,应结合具体内容培养学生发现图形的本质、关系或规律。譬如,在学习《长方形、正方形认识》一课时,教师没有直接让学生探究长方形和正方形的特征,而是通过图形分类的方式引出长方形和正方形的特征（如下图10-4）[①]。

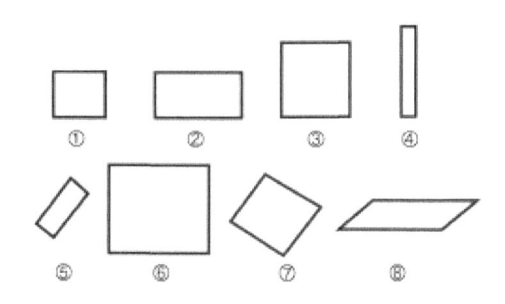

图10-4 图形的分类

这一改变将分类与几何直观的培养很好地融合在了一起。如若简单地让学生认识和探索长方形和正方形的特征,一是可能无法调动学生的学习兴趣,学生只是在完成教师所布置的问题,探究以及由此所获的认识只是在解决教师的问题;二是错失了几何直观培养的机会,如上文所言,几何直观是发现图形的本质、关系或规律。而就本质、关系或规律而言,发现一定建立在比较之中的,没有比较,谈不上本质和规律,因而,上述设计帮助学生在不同图形之间感受可能存在的关系,进而为发现长方形和正方形的特征做好铺垫。此外,就关系而言,教师需帮助学生建立图形之间的联系。譬如,在长方形、正方形特征认识完之后,可以出示图10-5来帮助学生建立图形之间的联系,进而培养学生几何直观的能力。

"几何直观"能力的第二个方面在于运用,教师需在课堂中通过类似的情境帮助学生学会将"几何直观"这种能力合理地予以运用。如在上述图形"旋转"一课中,通过

---

① 张平. 图形特征的认识要关注儿童的心理特点："长方形、正方形的认识"两种设计的比较分析［J］. 小学数学教育, 2012（11）: 31-32.

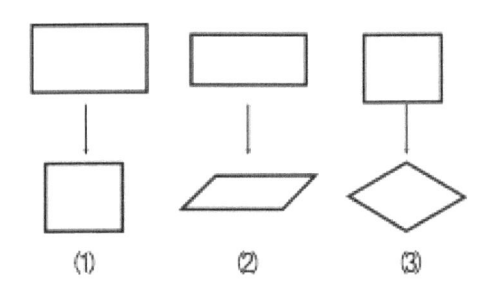

图 10-5　图形之间的关系

定量的方式来研究"旋转"以及通过定量的方式来创造图形，贯穿其中的是，通过定量的方式来研究图形。如此，在学生一开始习得或感知到此种方法之后，其可在后续类似的情境中予以运用，从而强化这一解决问题的方法。

（二）关联和想象的培养

"几何直观"中直观的要义在于关联与想象，因而，教师需在教学中，通过创设情境让学生学会在不同图形之间寻找关系。如果说几何直观不能培养学生在图形之间，甚至图形要素之间产生关联与想象的话，那对学生的后续几何学习是有所阻碍的。譬如，在高中几何学习过程中，有些学生能够很快地发现图形与图形之间、图形与要素之间的关联，且能通过添加辅助线的形式寻找图形之间的联系，这些都有赖于几何直观中关联与想象的培养。在上述"旋转"一课的教学中，我们通过对应点的研究，发挥了学生对图形中点的想象和研究，让学生意识到，图形的运动除了直观上能感受到变化之外，其实可以进一步通过几何的要素来进行研究。另一方面，从几何直观培养的角度来说，它能有意识地培养学生关联和想象的能力。我们可以设想，当学生在后续几何学习之中，其一定会将图形中的点作为十分重要的研究对象，甚至由此延伸开来，想象和探究图形中边、角等的特征。此种能力也一定有助于其几何学习。因此，几何直观培养中，一定要在关联和想象上有所作为，唯如此，几何才能直观，否则，学生只能直观几何。

（三）几何直观与其他数学内容的联系

作为数学能力的几何直观而言，其价值和意义并不局限于"图形与几何"领域。一些数学概念的认识和理解，抑或一些数学问题的解决都需借助于几何直观。譬如，就数学概念的理解而言，北师大版四年级下册"小数的意义"中，通过图 10-6 将正方形看成"1"，然后分别通过十等分后涂色和一百等分后涂色的方式，帮助学生理解十分位、百分位的位值概念以及数位之间的进位关系。而在图 10-7 中，则是通过图形感知小数中不同位值的大小关系并建立小数与图形之间的关联。[①]

[①] 章勤琼. 让数学具有"画面感"：例说小学数学教学中运用几何直观的可能路径 [J]. 小学教学（数学版），2017（9）：8-10.

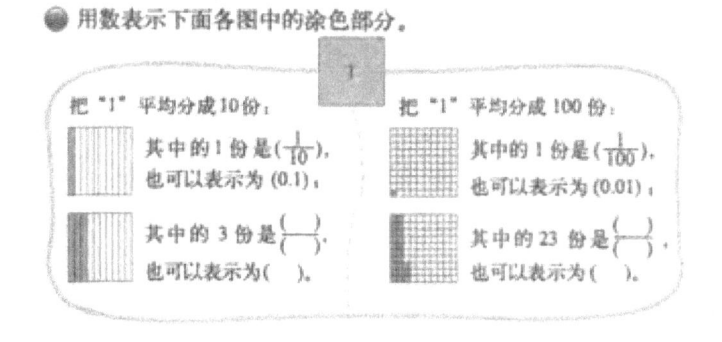

图 10-6 北师大版"小数的意义"教材编排

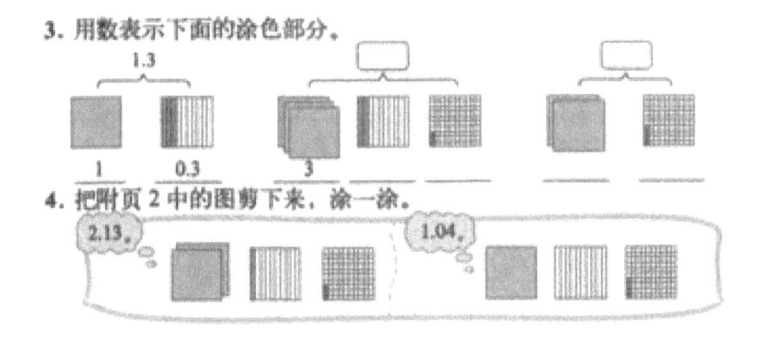

图 10-7 北师大版"小数的意义"教材编排

由此，也可通过上述图形帮助学生理解 1.6 和 1.60 在意义上的差别。就数学的问题解决而言，这是几何直观最重要的作用。线段图即是小学数学中最为常见的用几何直观来解决问题的体现，通过线段图可以清晰地展现题目中已知量和未知量之间的关系。此外，教师在教学中也可设置一些通过图形巧妙解决数学问题的例子来让学生感受几何直观的优点。比如下面的"乌有国毒酒事件"：

乌有国国王要举行酒会，但为酒会准备的 500 桶酒中有一桶被下了毒。酒会 48 小时后就要举行，国王决定用囚犯来试毒，不介意死多少个囚犯，只要能在酒会前找到毒酒。已知毒酒喝下去后会在 23—24 小时之间发作，请问最少需要多少个囚犯才能保证在酒会举行前找到那桶毒酒？

这一问题如果用文字来予以表述解决的方式会很庸长，甚至有些人在文字表述后也很难理解。但倘若以几何直观的方式来解决这一问题则较为清晰明了。把 500 桶酒摆成行和列的形式，一个囚犯每隔一小时喝一行，另一囚犯每隔一小时喝一列，然后通过两个囚犯毒发的时间就可以找到第一个囚犯喝的是哪一行，第二个囚犯喝的是哪一列，由此即可确定哪一桶是毒酒。这就是两个数字确定平面中的任意一点位置的运用。如此，学生才会感受到用几何直观解决问题的便利，进而有意识地学习和运用几何直观，从而形成几何直观的能力。

第五节　模型思想在小学数学单元整体教学中的体现

相比于中学数学教育，小学数学教育中数学建模体现得不太明显，且部分小学教师认为数学建模甚至模型思想需要涉及较高的思维水平，因而，相比于其他核心素养，数学建模可能于小学数学教学而言较难落实。然而，数学建模尤其是模型思想在小学数学中是有所体现的，倘若教师不能很好地理解数学建模或模型思想背后的数学精神，那这些仅有的体现会错失对学生进行数学建模或模型思想渗透的良好时机。鉴于此，我们从教学实践中体现模型思想的课例出发，探究其可能存在的问题，并在此基础上明确小学单元数学教学中数学建模尤其是模型思想运用的注意事项。

一、案例呈现

二年级教师在上"数量关系"这一主题单元的总复习一课时，板书了这样一幅数量关系图（图10-8），试图以此方式帮助学生建构数量关系的结构，以期更好地帮助学生解决问题。

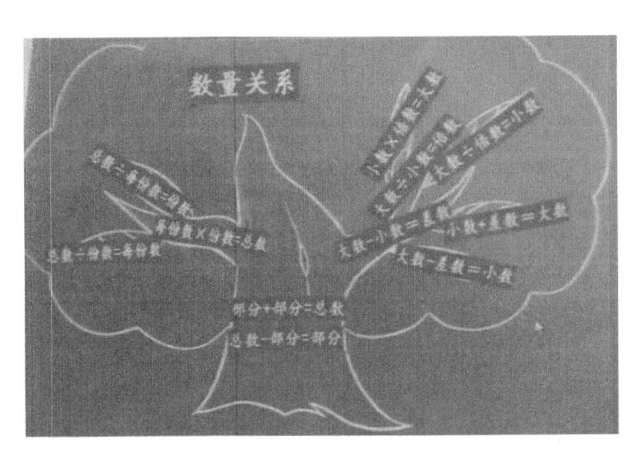

图 10-8　数量关系

这幅图上的每一条数量关系得来都遵循先呈现的一道含有某条数量关系的应用题，然后引导学生写出数量关系并解决这一问题，最后将这条数量关系贴在这幅图中。从这幅图中可以看出，此处的数量关系涉及了加减乘除四种运算，且将学生常见的四种关系（总体与部分；总数、每份数与份数；大数、小数与差数以及大数、小数和倍数）融入运算当中。此外，这幅图还蕴藏着这样一个信息，即"总体与部分"这些数量关系是树根，其他关系是树叶。换言之，在这位教师看来，"总体与部分"是其所教学生所学数量关系中最为基本的。

基于此，我们可以发现这位教师对这一教学内容的思考以及对这些数量关系的理解。简言之，在学生所学习的数量关系中，主要有三大类：一类是总体与部分；一类是总数与每份数；一类是大数与小数。据此，教师通过直观图的形式帮助学生明晰现实生活以及数学问题中这些关系的体现。一定程度上而言，此种直观方式能够帮助学生厘清所学的数量关系，或可使学生建立这些数量关系的结构，从而帮助学生高效地解决应用题。

二、案例分析与模型思想解析

仅就图10-8而言，教师可能忽略了一个十分关键的问题，即这些数量关系之间有什么关系。这幅图中能够看出的关系无外乎"总体与部分"是这些数量关系中最为基本的。然后，"总数、每份数与份数"这一数量关系占据树的一边，可能表示这一数量关系自成一体，"大数、小数与差数以及大数、小数和倍数"这两个数量关系占据树的另一边，可能表示这两个数量关系都是与"大数和小数"有关，且自成一体。除此之外，这幅图得不出另外的数量关系。假设学生学完这节课后记住了这一数量关系图，实质上于他而言只是将文字表述移至这棵树之中，他依然需要记住这11种数量关系。这可能与教师忽视思考这些数量关系之间的联系有一定的关系。

若从这些数量关系间的联系来思考，这幅图可以转变成如下所示的图10-9。

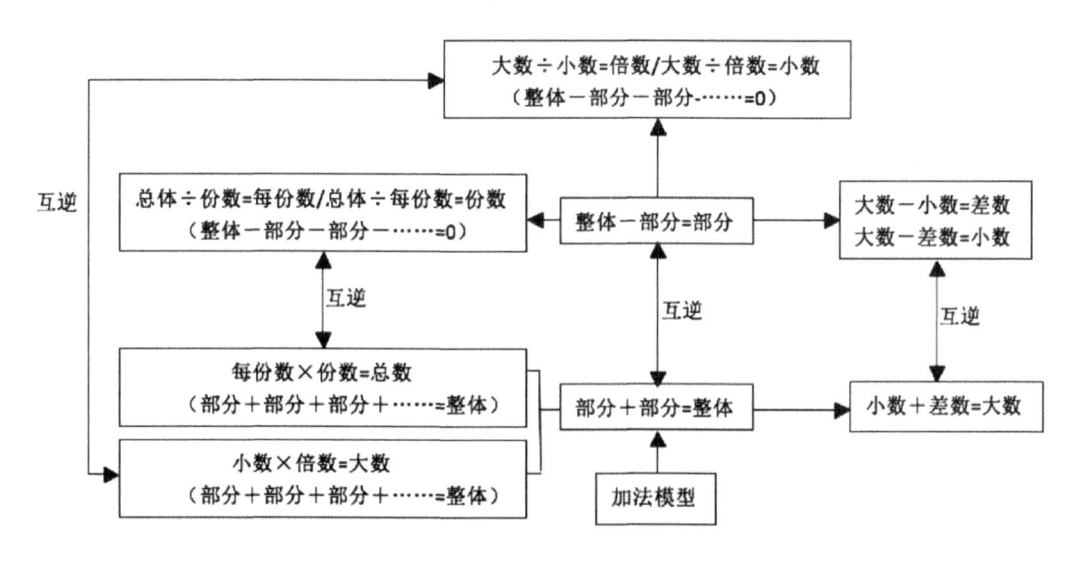

图10-9 数量关系

首先，从运算的角度来说，加法和减法互为逆运算，乘法和除法互为逆运算。因而，这些数量关系中，涉及加减和乘除的都可以用互逆来表示，这在原先图中是没有的，可能是教师没有标注出来，在这幅图中重新标注了出来；其次，将"部分＋部分＝整体"与"整体－部分＝部分"这一对互逆的数量关系凸显了出来，目的是引出这些数量关系的第二种关系。即乘法的含义能够以加法来予以解释，除法的含义能够以减法来予以解释。因此，这些数量关系中涉及乘法的都可以用加法来予以解释。譬如，"每份数×份数＝总数"这一数量关系，其实就是"部分＋部分＋部分＋…＝总体"的另一种变式，即将份数看成部分的个数，部分看成每份数，这也与小学数学中让学生理解乘法的含义相符合。而"总体÷份数＝每份数"也与"整体－部分－部分－…＝部分"相符合，只要将"整体"换成"总体"，"部分"的个数换成"份数"，"部分"换成"每份数"，则可将二者建立联系。此外，其中还涉及"大数""小数"和"倍数"三个概念，严格而言，"大数"和"小数"的称呼不是太准确，从教师口中也得知，"大数"和"小数"的称呼也是无奈之举，完全为了迎合应用题中出现的"大数"和"小数"的问题。这里我们不去纠正这些称呼，若依循上述的分析，则此处的"大数"和"小数"实质就是"整体"与"部分"，只因应用题和学生理解的需要将"整体"与"部分"换成了不同的名称，其实质是一样的。甚至这里的"整体"也可以是"部分"，"部分"是相对于"整体"而言的，"部分"与"部分"之间也能构成一种关系。以此观之，上述所有数量关系都可以看成是"部分＋部分＝总体"的变形。最后，如果将所有数量关系都还原成"部分＋部分＝总体"的话，则这些数量关系都可以归结为"加法模型"，也即所有数量关系都是由"加法模型"通过四则运算的互逆关系和相对关系进行变换得来的。

循此分析，如果教师再来讲授这一内容，其最终可呈现这样一幅图来帮助学生建构数量关系。如此，一方面体现了数学学习的本质，即数学学习是让学生体会数学的本质，仅就这一内容而言，数量关系实质是一种加法模型，由加法模型可以推演出其他任何一种数量关系。数学的这种简洁性和逻辑性必然有助于学生数学性地学习。因而，其另一方面也帮助学生更好地学习数学。学生通过解决应用题了解了不同的数量关系，无论应用题怎么变化，学生都可以通过这些数量关系来予以解决，并且，学生也感知到，虽然可有不同的数量关系，但在数学上，这些数量关系间是有关系的，而且是有本源的。从认知上来说，此种方式减轻了学生认知记忆的负担，学生不用去记各种不同的变式，而只要理解这些变式的本源即可。长远而言，学生后续的数学学习可以将所学的新知识纳入这一结构当中，与这一原有结构建立联系。我们常常困惑于学生知识结构建立的困难，而由上述分析或可发现，可能我们在让学生建立知识结构之时忽视了知识本源的探索，一味地强调知识点的数量和结构可能在增加学生认知负担的同时，也弱化了学生学习数学的乐趣。

三、小学数学单元整体教学中数学建模的落实

上述案例即是小学数学（单元整体）教学中数学模型思想的一种体现。一般而言，数学模型就是为了某种目的，用字母、数字及其他数学符号建立起来的等式或不等式以及图表、图像、框图等描述客观事物的特征及其内在联系的数学结构表达式。数学模型有广义和狭义之分，广义的模型包括任意的数、式、性质、定律等，狭义的模型特指将现实的数学问题抽象为一个数学的结构（式子、方程、函数等），通过对这个结构进行

数学运算而求得实际问题的答案，即我们常说的数学建模。① 就义务教育阶段而言，主要有两种数学模型，一是加法模型，一是乘法模型，或者转化为现实问题，一个是总量模型，一个是路程模型。② 然而，我们在进行模型思想渗透时也需要注意一些问题，一方面是意识的问题。通过课后的讨论，上述案例中的教师没有意识到数学模型思想，其意图只在于帮助学生更好地解决应用题，以树图的方式只是为了更好地帮助学生厘清课堂上所学的内容，完全没有考虑从数学模型的角度来思考数量关系。就这方面的问题而言，小学数学教师可能更应关注数学学科性问题，就课堂教学而言，我们可能要把对学科负责放在对学生负责的前面，如此才能通过学科落实核心素养的培养。另一方面，当教师意识到所学知识背后的模型思想时，其在小学数学课堂教学中的运用可能还需注意以下三个方面的问题。

一是模型一定是最简的。它包含两层含义，首先，在教学中教师所构建模型时需思考何为这一模型的核心。如上述数量关系的结构图中，所有的关系都可以由加法模型来予以推演，如此，能够帮助学生更好地学习和掌握所学知识。其次，不能将模型的变式也称之为模型，小学教师为了帮助学生更好地解决问题，获取高的分数，往往会穷尽所有可能的情况，并把此种情况作为模型的一种，从而让学生掌握考试的套路。然而，貌似这样的套路能够帮助学生在考试获取较好的分数，但学生在不清楚其背后数学性的结构所记住的套路，某种程度上于学生数学学习是有影响的。譬如，分数的应用题是学生数学学习的一个难点，为了帮助学生更好地学习这一内容，教师给出了这样一个解题的套路。首先，将分数应用题所涉及的分数运算归结为四种运算，即整数乘、分数乘、分数加和分数除。其次，让学生了解融合一个要素的分数运算题。如，小红有 3 本书，小明拥有的书是小红的 1/3，请问小明有多少本书？以此类推，每一种运算都让学生了解涵盖一个要素的分数应用题。再次，让学生了解融合两个要素的分数运算题。如，商店运来苹果 2/5 吨，运来梨的吨数是苹果的 3/4，运来梨多少吨？最后，将上述分数不同的运算和要素组合起来，以让学生有效地解决应用题。如此这般好像在帮助学生解决问题，实际只是成人给学生应试的一种套路，其抽取了分数应用题中本质的东西（部分与整体关系的寻找以及合理地运用运算规则），仅留下便于学生模仿的机械的步骤。因此，数学的学习一定不是记住越多的套路越好，而是能否让学生感知到是由一个公认的前提，经过严密的推演，从而获得结论。这一过程能够让学生感知到数学的简单、严谨、抽象、关系等特性。

二是注重模型及其变式之间的关系。在上述前提下，教师需要帮助学生理清模型与其变式之间的关系。理清的目的在于两个方面。一是模型与变式之间推演关系的学习。模型是简单的，但数学模型具有广泛的适用性，这是数学的特性所在，数学于人类文化的价值在于以其所构建的符号和规则基础之上的结论能够解释和解决大千世界中的问

---

① 刘加霞. 小学数学中基本数学思想的类别与内涵 [J]. 课程·教材·教法，2015（9）：49–53.
② 史宁中. 学科核心素养的培养与教学：以数学学科核心素养的培养为例 [J]. 中小学管理，2017（1）：35–37.

题。与其他学科不同的在于，数学的改变虽然有来自客观世界的，但却主要源于由其符号和规则之下所造成新的矛盾或新的发现。因而，在让学生感知到模型的简单之后，通过模型与变式关系的推演，间接地让学生体会到数学的此种特性，而这或可视为学生数学素养培养的一种方式。二是帮助学生建立模型的结构。就基础教育的数学学习而言，其目的一定离不开应试，对于应试来说，学生能否建立牢固的认知结构尤为关键。因此，模型与变式的关系对于学生建立模型的认知结构有一定的作用。好的认知结构是网状的，其将相关知识通过相互联系的方式勾连起来，如此，当认知结构中某一节点被激活之时，整个认知结构都能发挥其所应有的作用。当然，其中的关系一定是数学性的，不是为了帮助学生记忆而人为的。

三是引导学生创造性地运用数学模型。模型的重要价值在于其对大千世界中所存在问题的解释和解决，因此，教师教学中不是构建完模型之后就置之一边，后续的问题解决甚少提及模型抑或只是验证问题之中用到了这一模型，如果教学仅限于此，那模型一定没有发挥其所应有的价值。我们提倡创造性地运用是希望教师在模型构建之后，能够引导学生根据模型来解决相应的问题，从而让学生有效地运用模型，进而更好地掌握模型及其所蕴藏的数学价值。譬如，小学数学学习中有"表内乘法"的学习内容，就教学而言，教师往往告诉学生每一句口诀的乘法含义，并让学生记住相应的乘法口诀，进而通过相应的练习帮助学生记熟口诀。但从学生学习来看，理解乘法口诀的含义和记住乘法口诀对学生来说并不是十分困难的事，甚至部分学生在幼儿园或由家长辅导已经学习和背诵了乘法表。在此种情况下，如果教学依然停留于此，可能会有碍于学生数学学习的提升。其实，从模型的角度来看，九九乘法表也可看作人们对九以内的乘法所构筑的数学模型，这一模型的直观体现就是经常能够看到的形如三角形的乘法算式表。就这一模型可以有很多创造性的使用，譬如，教材中（苏教版教材）中给出了这样一个习题（如下图 10-10）。

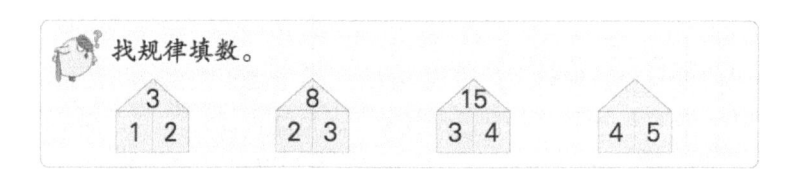

图 10-10　习题示例

当学生拿到这样一个问题时，可以引导学生，不要通过计算来找规律，根据我们今天学习的乘法口诀表，这里的找规律，你有什么发现。如此迫使学生回到乘法口诀表，从整体上来审视和运用乘法口诀表，这样学生感知到不仅仅只是将乘法口诀表看成用直观方式显现乘法的一张表，而是这张表本身即蕴含着众多的数学信息，它能更为有效地帮助我们解决数学问题。如若教学以此进行，那学生就能真切感受到模型的价值和意义，也能在耳濡墨染中熏习数学素养。

正如有的研究者所言，数学学习只有深入到"模型""建模"的意义上，才是一种真正的数学学习，[①]因而，模型能帮助学生更好地学习数学。但无论是渗透还是有效地学习模型，教师对模型本身数学意涵的理解至为关键。如果仅将模型理解成一种教学手段，诸如操作、感知等一般意义上的使用方式或策略，将成为模型思想讨论中最为常见的"意见"。正因为如此，模型思想的讨论不应仅仅关乎教学，其更为重要的是模型数学层面的理解。唯有如此，模型思想才能真正地关乎学生数学学习，进而帮助学生走进数学。

第六节　数据分析在小学数学单元整体教学中的体现

数据分析观念是身处现代社会的人所必备的素养。我们今天充斥在数据所营造的环境中。因而，缺乏数据分析观念于其立身处世一定有所影响。与此同时，在世界范围的数学教育改革中，各国也都在加强和强调数据分析对学生的意义和价值，与此相应的统计和概率内容也越来越受到重视。

一、案例呈现

在"可能性"这一单元整体教学设计中，"数据分析"素养主要通过以下一些任务来实现。

1. 每个组摸完后，可以全班讨论摸球结果。
由于每组袋子里的球是一样的，当各小组的推测不一样时，便会引起冲突。
2. 引导学生思考，为何会有冲突，讨论这一问题。
经过讨论，将关键点引导在样本量问题上。
3. 将一个大组的数据和在一起，将全班的数据和在一起。
4. 小组讨论，比较三组数据，再进行判断。
5. 说一说哪一组数据更可靠，为什么。
6. 结合自己的猜测，打开袋子，看一看结果。
7. 说说你发现的规律。

二、案例分析与数据分析解析

然而，从"数据分析"的角度来说，这一过程中所体现出的设计思路主要有以下几个方面的考虑。

[①] 许卫兵. 磨·模·魔——小学数学教学中渗透模型思想的思考[J]. 课程·教材·教法, 2012（01）: 89–94.

首先，严格而言，《可能性》在后续学习中与概率相关，在小学阶段的学习主要与统计相关。这从教材的编排即可看出。譬如，苏教版以摸球和摸扑克牌来感知可能性（如下图10-11）。

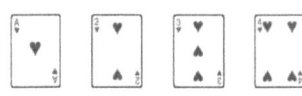

图10-11 《可能性》教材编排

在上述两个例题中，学生都需通过摸，也即通过数据的搜集才能判断事件发生的可能性，这与从纯数学的角度来计算事件发生的概率有很大的区别。当然，这一内容与概率也有一些关联，也需要教师具备一定的概率知识。比如，小组合作中有些小组所获得的数据与事件通常发生的可能性不相符时，教师应知道可能性与概率一样，都是大数定律；再如，一定发生和一定不发生实质上也是一种可能性，不能因为他们一定怎么样就不是可能性，一定要明晰此处的可能性与日常生活中可能性的差别，这样才能有助于学生后续概率知识的学习。但是，从内容上来说，此处与统计、与数据分析更为相关。

其次，既然与统计、与数据分析更为相关，那上述案例所采用的设计思路就没能凸显统计本身的价值与意义。这一价值和意义在于"为什么需要统计"。统计的重要价值和意义在于能将人们无法全面认识的现象，通过统计手段变得可以认识或者可以推断。譬如，人们体检时所做的心电图，从医学的角度来说，医生是不能将一个活人的心脏解剖开，然后一一化验，分析，最后给每一个检查者一个报告。医学所采用的思路是通过心脏所表现出的或通过技术手段让其表现出的现象推断心脏可能的情况。这是统计在人类生产和生活中最为重要的意义和价值。以此观之，上述案例把人类通过统计来认识无法全面了解和知道的现象这一价值和意义排除在了课堂教学之外。教师的做法是让学生全面观察接下来所要研究的对象，之后再让学生进行猜测和验证。从一个正常的人出发，既然已经知道结果了，为什么还要猜测，还要验证，后续的学习行为都太刻意和人为化。教师企图在游戏和活动中来帮助学生认识可能性，殊不知，学生只是在配合教师进行表演。

最后，基于以上分析，上述设计可做如下修改。以摸球为例，一开始向学生呈现学习的学具——一袋球，这袋球里面具体什么情况老师也不知道，这时让学生猜测袋子中可能的情况，如袋子中可能有不同颜色的球、袋子中不同颜色的球的个数不一样、摸到某一种颜色球的可能性更大，等等。然后，以小组合作的方式探索和验证这些猜测。如此才能更好地体现统计的意义和价值，也能更好地帮助学生理解可能性。譬如，当学生通过20次的摸球得出摸到某一种颜色的球更多的结论时，此时学生会认为摸到这一颜色的球的可能性更大。此时，教师再向学生提问，一定是这样吗？我们都不知道袋子里的具体情况，你怎么知道。这样引发学生进一步思考可能性与摸球的次数相关，如果增加摸球的次数，我们就能更加确定袋子中球的具体情况以及摸到某种颜色球的可能性，但是即使次数无限增加，我们都不能完全确信袋子中球的情况，除非能打开袋子一看究竟。这是统计与概率的最大差别，这也是概率对于统计的必要性和价值性所在。

这一重新设计实则是对小学数学中"数据分析"这一核心素养的回应。上述回应的核心在于通过《可能性》的教学来让学生明白数据搜集、数据分析以及判断和决策的价值和意义。换言之，就我们对"数据分析"这一核心素养的理解而言，其应包括数据搜集、数据整理与表达、数据的分析与解释以及判断与决策。在小学教学中，可能囿于"数据分析"的表达，将"数据分析"仅仅局限在数据分析的方式和方法上，忽视了"数据分析"所牵涉的整个过程。倘若此，作为核心素养的"数据分析"是有所欠缺的，"数据分析"的价值和意义在于学生面对现实生活中的问题时，懂得运用数据的方式来解释或解决所遭遇的问题。这是作为核心素养的"数据分析"所应培养的品格。

三、小学数学单元整体教学中数据分析的落实

就"数据分析"在小学数学中的落实而言，其最为核心的是在明晰整个小学统计与概率内容的基础上，培养学生数据分析的意识。仅就小学"统计与概率"内容而言，其基本内容结构应如下图10-12所示。进言之，"数据分析"主要关涉从数据搜集到判断与决策的整个过程。

具体而言，"数据分析"的落实需要注意以下一些问题。

（一）为何需要数据分析

数据分析的前提是有必要通过数据来解释或解决人们所遇到的问题。如果没有必要，抑或人为地虚造必要，则学生对数据分析的意义和价值的感知不会太深。因而，数据分析素养培养的首要条件是创造真实的需要用数据予以解释或解决的问题。譬如，上述案例中可能性的教学，虽然摸球这一问题可能不是日常生活中所能遇到的，但在不告知袋中球的情况下，学生就有了后续摸球、记录等数据搜集、整理，进而进行分析的必要。再如，小学数学中让学生学习数据的搜集与数据的整理和表达时，就可以让学生搜

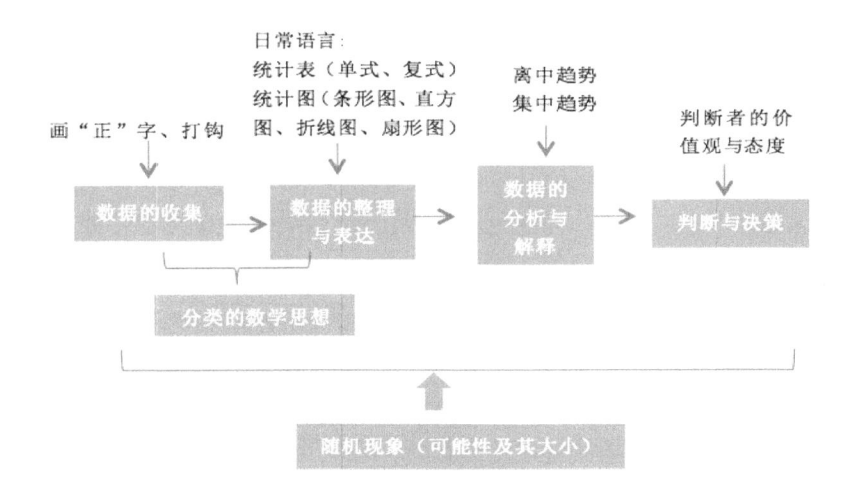

```
             日常语言：
             统计表（单式、复式）    离中趋势        判断者的价
             统计图（条形图、直方   集中趋势        值观与态度
 画"正"字、打钩  图、折线图、扇形图）     ↓            ↓
     ↓            ↓          ┌─────────┐   ┌─────────┐
 ┌─────────┐  ┌─────────┐    │ 数据的  │   │         │
 │ 数据的收集│→ │数据的整理│ → │ 分析与  │ → │判断与决策│
 │          │  │ 与表达  │    │  解释   │   │         │
 └─────────┘  └─────────┘    └─────────┘   └─────────┘
     └──────┬──────┘
         分类的数学思想
                      ↑
              随机现象（可能性及其大小）
```

图 10-12　"统计与概率"内容结构

集与其生活、学习密切相关的数据，如全班学生的生日、全班学生的上学时间、全班学生的起床时间，等等。这样，学生才会有兴趣参与数据分析的整个过程，才能感受到数据与其生活、学习息息相关。当然，倘若要求更高一点，可以设置一些综合性的问题来让学生学习用数据来解决问题，如某一地方人们十分喜欢吃鸭，你能想办法知道一天内，这个地方的人们吃了多少只鸭吗？这与数学上的费米问题较为类似，这一问题看似很难解决，但通过变换条件，通过数据搜集，问题即会得到解决。进一步而言，这一创造真实的需要用数据予以解释或解决的问题实则在培养学生数据搜集的意识。数据搜集的意识，一方面知道或懂得通过搜集数据来解释或解决问题，另一方面，能够根据不同的问题，知道搜集哪些数据来解释或解决问题。以此观之，小学数学中的数据搜集或可进行一些改变。仅以上述所列举的搜集全班学生的生日和费米问题而言，前一个问题或许能够让学生感知到数据的用处，进而知道或懂得通过数据来解释或解决问题，但学生可能很难学会通过问题来确定搜集哪些数据，因为诸如搜集全班学生的生日等问题已经明确了数据搜集的范围，学生只要进行搜集即可。而费米问题的不同在于，问题没有明确数据搜集的范围，学生需要通过思考确定数据搜集的范围。正如可能性教学那样，学生需要根据猜测确定搜集什么样的数据来验证猜测。后者可能需要教师根据学生情况，适当设置一些综合性问题，有意地培养学生数据搜集意识。至于小学数学中数据搜集的方式，诸如画正字、打钩等则只是具体的数据搜集方式，如果教学偏执于这些方面，那离数据分析这一核心素养的培养只会渐行渐远。

（二）怎样进行数据分析

具有数据搜集意识之后，接下来就是如何进行数据的分析。就如何进行数据分析而言，其一般包括两个方面，一是数据的整理与表达，一是数据的分析与解释。其中，数据的整理与表达是通过统计表和统计图的形式对所搜集的数据进行整理，其核心在于分类思想。因此，诸如统计表和统计图等教学中，除却图表的绘制之外，更为重要的在于绘制之前的分类。分类是小学数学中重要的思想方法之一，其要义在于确立合适的标准，不重不漏地对对象进行区分。而如若让学生建立分类的思想，教学中需要给学生创造自由表达学生自己分类的机会，并引导学生说出分类的理由及其合理性，这样学生才能在尝试中掌握分类。当然，分类不仅仅是统计中需要教授的思想方法，其在小学数学中有很多的体现。但在统计中，分类标准的建立最好能与问题结合起来，这样才能明晰分类背后的意图所在。譬如，张奠宙教授曾举过这样一个例子。[①]

某企业有 5 个股东，100 名工人，年底公布经营业绩，如下表 10-1 所示：

表10-1　企业业绩

	股东红利/万美元	工资总额/万美元
1990 年	5	10
1991 年	7.5	12.5
1992 年	10	15

完全一样的数据，股东、工会主席以及工人所绘的统计图见图 10-13。

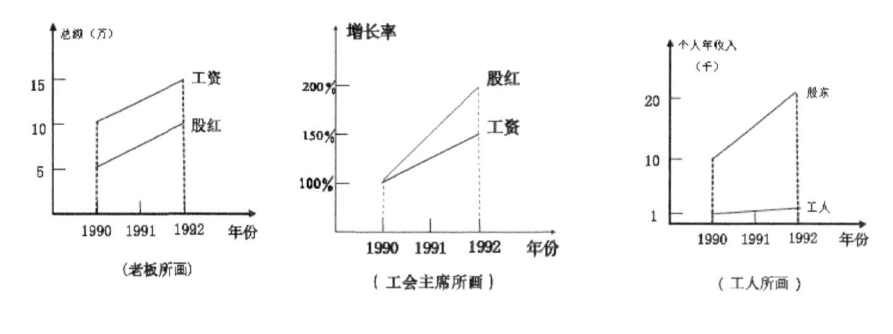

图 10-13　企业业绩图

三幅图的横坐标的分类都是年份，但纵坐标的分类就明显不同了，这一不同反映了绘制者背后的意图。当然，就数学问题来说，分类一定是与其所要解释或解决的问题相关。某种程度上来说，统计表和图只是数据直观的手段，其内核在于分类。因此，在小学统计图表的教学中，有意地培养学生分类的意识，掌握不同分类的方法是其更好地掌握统计图表的关键。对于数据的分析与解释而言，需要结合现实情境合理地使用数据分析的手段，进而依据所得结果进行解释。其中，数据分析手段意义的明晰是关键。譬如，平均数的教学，如若从计算的角度来说，平均数对学生而言不是难点，但从意义的角度来说，如何理解平均数的实际意义可能对学生来说更为困难，而这是合理运用平均数的关键。如特级教师俞正强[②]通过"小明跑 60 米通常需要（　　）秒"这一问题来帮助学生

[①] 张奠宙，戴再平. 中学数学问题集 [M]. 上海：华东师范大学出版社，1996.
[②] 俞正强. 学习从哪里开始?：以"平均数的认识"为例 [J]. 中国教师，2015（1）：63-65.

建立平均数与日常生活的联系，进而学会运用平均数，而不是仅仅计算平均数。

（三）数据分析为了什么

数据分析的最终目的是对所遭遇的问题进行解释和解决，但与一般的数学解释和解决的不同在于，它需通过数据所获得的信息来对问题进行判断和决策。判断和决策就涉及判断和决策者的价值观和态度。在教学过程中，有必要将价值观和态度融合在数据分析的判断和决策之中。譬如，一位教师给了学生两组数据，一组数据是7个人每人拍球的数量，另一组数据是8个人每人拍球的数量，然后提出问题：你觉得哪个小组拍得好。教师的本意是要让学生学会用平均数来解决这一问题，但学生却想出了很多方法，比如有的学生认为应该比较每组中拍球最多的人所拍的数量，哪个多哪组就好。[①] 这一问题典型地体现了数据分析中价值观和态度因素的作用，仅就题目而言，平均数的方法和学生的方法都是可以的，都可以用来判断哪一组拍得好。二者的差别在于一个是从群体的角度来判断好与坏，一个是从个体的角度来甄别好与坏。正如史宁中所言，如果为了反映全民健身的情况，则平均数无疑更恰当一些，如果为了选拔尖子生，则学生的方法无疑更为恰当。因此，数据分析中的判断与决策携有价值观和态度，而这也是统计兼具科学性和艺术性的体现，换言之，统计是最贴近生活的数学知识。尤其是在判断和决策中，需要让学生感受到价值观和态度影响，从而建立合理的判断与决策。譬如，教师可以设置下述问题：

9组学生已经比完，还需要选择最后一名学生参加最后一组比赛，有甲乙两名同学可供选择，他们平时训练成绩如下：

甲：50、23、45、21、48、17

乙：28、30、31、35、24、19

如果是你，你会选择哪位同学？

甲乙的选择需基于某种目的，如稳定性、超常发挥等。以此来帮助学生认识和理解判断和决策中价值观和态度的重要性，进而培养学生完善的数据分析观念。

本章只是依据前面几章中某一具体内容主题单元的整体教学设计（或课例）来探讨"如何在小学数学单元整体教学（设计）中体现'培养小学生数学核心素养'"这一问题。其实，关于"如何培养小学生的数学核心素养"这一问题，不仅仅只是一个单元整体教学（设计）问题，它更多地还涉及我们的数学观、数学教育观、教师观、教学观、学生观、学习观、课程观、教材观和评价观，甚至人才观和人性论等。

因此，关于这一问题的探讨，还需要更多的数学教育工作者和数学教育研究者，以及相关研究人员的共同努力，方有可能取得实质性的进展，而不是所谓的"不断创新"或"日日新"，但却无法超越或跨越那条近在眼前的"渐近线"。

[①] 史宁中，张丹，赵迪．"数据分析观念"的内涵及教学建议：数学教育热点问题系列访谈之五[J]．课程·教材·教法，2008（6）：40-44．

参考文献

[1] 中华人民共和国教育部. 义务教育数学课程标准（2022年版）[M]. 北京：北京师范大学出版社，2022.

[2] 左任侠，李其维. 皮亚杰发生认识论文选[M]. 上海：华东师范大学出版社，1991.

[3] 彼格斯，科利斯. 学习质量评价：SOLO分类理论（可观察的学习结果结构）[M]. 高凌飚，张洪岩，译. 北京：人民教育出版社，2010.

[4] 安德森，等. 学习、教学和评估的分类学：布卢姆教育目标分类学修订版（简缩本）[M]. 皮连生，等，译. 上海：华东师范大学出版社，2008.

[5] 奥苏贝尔. 意义学习新论：获得与保持知识的认知观[M]. 毛伟，译. 杭州：浙江教育出版社，2018.

[6] 焦尔当. 学习的本质[M]. 杭零，译. 上海：华东师范大学出版社，2015.

[7] 鲍建生，周超. 数学学习的心理基础与过程[M]. 上海：上海教育出版社，2009.

[8] 弗赖登塔尔. 数学教育再探：在中国的讲学[M]. 刘意竹，杨刚，等译. 上海：上海教育出版社，1999.

[9] 郭书春. 论中国古代数学家[M]. 北京：海豚出版社，2017.

[10] 克莱因. 高观点下的初等数学：第1卷[M]. 舒湘芹，陈义章，杨钦樑，译. 上海：复旦大学出版社，2008.

[11] 李秉德. 教学论[M]. 北京：人民教育出版社，2001.

[12] 李善良. 现代认知观下的数学概念学习与教学[M]. 南京：江苏教育出版社，2005.

[13] 欧阳绛. 数学的艺术[M]. 北京：农村读物出版社，1997.

[14] 钱民辉. 教育社会学：现代性的思考与建构[M]. 北京：北京大学出版社，2004.

[15] 邵瑞珍，皮连生，吴庆麟. 教育心理学：学与教的原理[M]. 上海：上海教育出版社，1983.

[16] 汪凤炎，燕良轼，郑红. 教育心理学新编：第4版[M]. 广州：暨南大学出版社，2016.

[17] 王渝生. 中国算学史[M]. 上海：上海人民出版社，2006.

[18] 张奠宙，孙凡哲，黄建弘，等. 小学数学研究[M]. 北京：高等教育出版社，2009.

［19］郑毓信. 新数学教育哲学［M］. 上海：华东师范大学出版社，2015.

［20］安丹诺. 小学数学"问题解决导向式"教学模式的应用研究［D］. 南京：南京师范大学，2018.

［21］李永婷. 单元知识结构整体教学设计模式研究［D］. 南京：南京师范大学，2018.

［22］陆世奇. 基于单元知识结构的小学数学教学设计案例研究［D］. 南京：南京师范大学，2017.

［23］向佐军. 整体任务问题式学习校本课程开发研究［D］. 杭州：浙江大学，2019.

［24］蔡永红. SOLO分类理论及其在教学中的应用［J］. 教师教育研究，2006（1）：34–40.

［25］曾友良，贠朝栋. 范希尔理论的几何思维水平研究综述及启示［J］. 当代教育理论与实践，2017，9（5）：12–16.

［26］郭元祥. 知识的性质、结构与深度教学［J］. 课程·教材·教法，2009，29（11）：17–23.

［27］侯正海，徐文彬. 试论小学数学抽象教学的时机把握［J］. 课程·教材·教法，2013，33（09）：56–59.

［28］华应龙，施银燕. "所有的判断都是统计学"："统计与概率"备课与教学难点解析［J］. 人民教育，2006（Z2）：66–67

［29］冷冰. 扣准教材变化，精心梳理，有效衔接："四则混合运算的顺序"教学策略与思考［J］. 中小学教材教学，2015（9）：19–22.

［30］李定仁，刘旭东. 教学评价的世纪反思与前瞻［J］. 教育研究，2001（2）：44–49.

［31］李松林. 以大概念为核心的整合性教学［J］. 课程·教材·教法，2020，40（10）：56–61.

［32］刘加霞. 小学数学中基本数学思想的类别与内涵［J］. 课程·教材·教法，2015（9）：49–53.

［33］刘令，徐文彬. 我国小学数学教科书中数学史料的分析与批判［J］. 全球教育展望，2008，252（7）：87–91.

［34］刘淑珍. 从皮亚杰的理论谈数学概念教学［J］. 沙洋师范高等专科学校学报，2003（5）：81–83.

［35］刘松旺. 整数四则混合运算教学之我见［J］. 学周刊，2012（24）：109.

［36］陆世奇. "单元知识结构教学模式"的实践解读：以小学数学学科为例［J］. 教育研究与评论（课堂观察），2017，316（1）：12–17.

［37］陆世奇，彭亮. 基于单元知识结构的数学学习心理探微：以苏教版四年级下册第一单元为例［J］. 教育研究与评论（课堂观察），2017，340（5）：10–14.

［38］陆世奇，彭亮. 基于单元知识结构的数学教学目标和重难点确立：以苏教版四年级下册第一单元为例［J］. 教育研究与评论（课堂观察），2018，364（3）：20–25.

[39] 陆世奇，彭亮. 基于单元知识结构的数学教学评价：以苏教版四年级下册第一单元为例[J]. 教育研究与评论（课堂观察），2019，412（5）：26–32.

[40] 陆世奇，徐文彬. 基于理解性任务的小数理解调查研究[J]. 课程·教材·教法，2022，42（2）：87–94.

[41] 罗英，徐文彬. 数字时代教师教材理解的范式转换[J]. 课程·教材·教法，2021，41（12）：11–18.

[42] 彭富春. 说游戏说[J]. 哲学研究，2003，（2）：39–45.

[43] 彭亮，徐文彬. "高观点"下小学数学教学的实践偏向、策略及其核心旨向[J]. 南京晓庄学院学报，2020，36（4）：37–41+52.

[44] 彭亮，徐文彬. 论小学数学教师教材分析素养的要素[J]. 教学与管理，2021，846（17）：56–59.

[45] 彭寿清，张增田. 从学科知识到核心素养：教科书编写理念的时代转换[J]. 教育研究，2016，37（12）：106–111.

[46] 綦春霞，王瑞霖. 中英学生数学推理能力的差异分析：八年级学生的比较研究[J]. 上海教育科研，2012（6）：93–96.

[47] 乔连全. APOS：一种建构主义的数学学习理论[J]. 全球教育展望，2001，30（3）：16–18.

[48] 丘维声. 用数学的思维方式教数学[J]. 中国大学教学，2015，293（1）：9–14.

[49] 史宁中，张丹，赵迪. "数据分析观念"的内涵及教学建议：数学教育热点问题系列访谈之五[J]. 课程·教材·教法，2008（6）：40–44.

[50] 史宁中. 学科核心素养的培养与教学：以数学学科核心素养的培养为例[J]. 中小学管理，2017（1）：35–37.

[51] 王骧业，孙永龄. 8—12岁儿童类比推理研究[J]. 青海师范学院学报（哲学社会科学版），1981（4）：77–82.

[52] 王雅利. 把握与突破教学重难点的有效学习活动设计[J]. 中国校外教育，2014（S2）：208.

[53] 王幼军. 数学中的游戏因素及其对于数学的影响[J]. 自然辩证法通讯，2002，（2）：12–17.

[54] 徐斌艳，等. 我国八年级学生数学学科核心能力水平调查与分析[J]. 全球教育展望，2015，44（11）：57–67+120.

[55] 徐文彬. "数学概念学习中的错误分析"之分析[J]. 数学教育学报，2004（01）：45–47.

[56] 徐文彬. 教育统计学的思维方式及其基本思想[J]. 数学教育学报，2007，57（04）：17–19.

[57] 徐文彬，喻平，孙玲. 数学教育中建构主义三十年的发展与反思：早期发展的理论来源及其主导地位的确立[J]. 数学教育学报，2009，18（6）：13–15.

［58］徐文彬. 课堂教学中的本原性学科问题研究［J］. 教育研究与实验，2009，（4）：31–36.

［59］徐文彬. 数学"解决问题的策略"的理解、设计与教学［J］. 课程·教材·教法，2009，29（1）：52–55.

［60］徐文彬. 数学概念的认识及其教学设计与课堂教学［J］. 课程·教材·教法，2010，30（10）：39–44.

［61］徐文彬. 关于数学文化视域中数学教学的若干思考［J］. 课程·教材·教法，2012，32（11）：39–44.

［62］徐文彬. "教学心理的研究"三十年：回顾、反思与展望［J］. 教育研究与评论（小学教育教学），2013，156（6）：5–9.

［63］徐文彬. "小学数学的研究"三十年：回顾、反思与展望［J］. 教育研究与评论（小学教育教学），2013，144（2）：5–8.

［64］徐文彬. 如何认识《义务教育数学课程标准》中的三重联系［J］. 江苏教育，2013，809（5）：23–25.

［65］徐文彬. 如何在算术教学中也教授代数思维［J］. 江苏教育，2013，816（9）：16–17.

［66］徐文彬. 关于数学文化视域中数学学习的构想［J］. 数学教育学报，2014，23（5）：1–5.

［67］徐文彬. "三重联系"的数学课堂教学设计之意涵、作用与要求［J］. 江苏教育，2015，954（26）：21–22.

［68］徐文彬. 课堂教学设计中的三个基本问题：以小学数学"一一间隔排列"教学为例［J］. 当代教育与文化，2015，7（5）：47–50.

［69］徐文彬. 培养学科思维，发展学生学力［J］. 江苏教育，2015，961（9）：20–22.

［70］徐文彬. 试论教师课堂教学的四种不同追求：基于学生学习感受的分析［J］. 教育视界，2015，14（8）：4–6.

［71］徐文彬. 数形结合思想的历史发展、思维意蕴与教学价值［J］. 小学数学教育，2015，196（10）：3–5.

［72］徐文彬. 试论课堂教学设计的有效性：基于学习者学习效果的分析［J］. 江苏教育，2016，1009（3）：13–15.

［73］徐文彬，刘晓玲. 基于单元知识结构的小学数学课堂教学设计［J］. 南京晓庄学院学报，2016，32（5）：42–45.

［74］徐文彬，汤卫芳. "两步连除计算"的微型调查研究［J］. 小学数学教育，2016，220（10）：21–23.

［75］徐文彬，STEPHENS M. 数学教师专业化科学范式研究的探索：评《数学教师专业行动能力导引》［J］. 数学教育学报，2018，27（2）：99–100.

［76］ 徐文彬，李永婷，安丹诺. 单元知识结构整体教学设计模式的理论建构［J］. 江苏教育，2018，1182（43）：7–9+22.

［77］ 徐文彬. 小学数学教师培养学生数学思维的教学准备［J］. 江苏教育，2020，1420（89）：7–11.

［78］ 徐文彬. 教材分析与比较的五个核心问题［J］. 教育视界，2021，215（23）：4–10.

［79］ 徐文彬，安丹诺. "五环节单元整体教学设计"方法探析：以《角的初步认识》单元为例［J］. 教育视界，2022，247（11）：22–25.

［80］ 徐文彬. "教材分析与比较"的价值与意义：从数学教师专业发展的角度［J］. 教育研究与评论，2022，496（1）：69–72.

［81］ 徐文彬. 小学数学教师的专业发展与在职培训［J］. 教学月刊小学版（数学），2023，653（Z1）：1.

［82］ 薛赞祥. 如何确定和突出小学数学教学重点［J］. 小学教学参考，1999（1）：78.

［83］ 杨九民. 后现代教学观对教材结构设计的启示［J］. 软件导刊，2005（1）：7–8.

［84］ 杨学良，蔡莉. 关于发展性教学评价的理论研究［J］. 教育探索，2006（7）：45–47.

［85］ 叶闯. 数学：一种特殊的语言游戏：评维特根斯坦后期数学哲学［J］. 自然辩证法通讯，1992，（4）：26–32.

［86］ 俞正强. 学习从哪里开始?：以"平均数的认识"为例［J］. 中国教师，2015（1）：63–65.

［87］ 张良. 深度教学"深"在哪里?：从知识结构走向知识运用［J］. 课程·教材·教法，2019，39（7）：34–39+13.

［88］ 张民选. 回应、协商与共同建构："第四代评价理论"评述［J］. 外国教育资料，1995（3）：53–59.

［89］ 张平，彭亮，徐文彬. 测量视角下小数计数和计数单位教学及其改进［J］. 江苏教育，2021，1445（18）：38–41.

［90］ 张平，潘禹辰，徐文彬. 大概念下小学数学的知识理解与教学改进：以度量视角下的"数与运算"为例［J］. 教学月刊小学版（数学），2022，641（10）：50–54.

［91］ 赵明仁，王嘉毅. 促进学生发展的课堂教学评价［J］. 教育理论与实践，2001（10）：41–44.

［92］ 朱叶秋. "翻转课堂"中批判性思维培养的PBL模式构建［J］. 高教探索，2016（1）：89–94.

［93］ BRUNER J S. The Process of Education［M］. Cambridge，MA：Harvard University Press，1960.

［94］ CLEMENTS D H，BATTISTA M T. Geometry and spatial reasoning［M］. New York：Macmillan Press，1992.

[95] DANI B Z, KATIE M, JOAN G. International handbook of research in statistics education [M]. Switzerland: Springer International Publishing AG, 2018.

[96] VAN HIELE P M. Structure and Insight: A Theory of MathematicsEducation [M]. Orlando: Academic Press, 1986.

[97] CHRISTOU K. What Can We Gain from A Conceptual Change Approach to the Learning and Teaching of Mathemetics [C] // Mediterranean Conference on Mathematics Education, 2005.

[98] DUBINSKY E, MCDONALD M A. APOS: A Constructivist Theory of Learning in Undergraduate Mathematics Education Research [J]. 2001 (7): 275–282.

[99] DUBINSKY E, WELLER K, MCDONALD M A, et al. Some Historical Issues and Paradoxes regarding the Concept of Infinity: An Apos Analysis: Part 2 [J]. Educational Studies in Mathematics, 2005, 58 (3): 335–359.

[100] SFARD A. On the dual nature of mathematical conceptions: Reflections on processes and objects as different sides of the same coin [J]. Educational Studies in Mathematics, 1991, 22 (1): 1–36.

[101] SIMON M A. Reconstructing mathematics pedagogy from a constructivist perspective [J]. Journal for Research in Mathematics Education, 1995, 26 (2).

[102] VAMVAKOUSSI X, VOSNIADOU S. Understanding the structure of the set of rational numbers: a conceptual change approach [J]. Learning & Instruction, 2004, 14 (5): 453–467.

[103] VOSNIADOU S, VAMVAKOUSSI X. Examining Mathematics Learning from a Conceptual Change Point of View: Implications for the Design of Learning Environments [J]. Instructional psychology: Past, present and future trends, 2006 (1): 1–37.

后　　记

　　本书源自我们研究团队与基础教育一线（尤其是小学数学教师们）的交流与合作，尤其是其间的反思与探索。

　　2013年左右，南京师范大学教育科学学院负责"社会服务"的副院长把我拉进了他所负责与合作的江苏省扬州市仪征市的"基础教育课程与教学改革"项目当中，成为其团队的一员，并具体负责一个片区小学的课程与教学改革的指导工作。

　　及至项目结项之时，考虑是否续约的时候，承蒙当时仪征市教育局领导的认可以及我所负责片区小学校长与教师们的首肯，由我负责该项目第二期的具体工作，并重新组织"服务团队"，以更好地服务仪征市九年义务教育学校的课程与教学改革（该项目第一期是包括高中学校的）。

　　其实，从一开始加入"项目团队"以来，反思就一直在进行当中，并时有所获。譬如，就小学数学课程与教学改革而言，"国家课程的校本化落实"与所谓的"校本课程开发"等创新之间究竟是何关系？通过第一期三年合作的经验与教训来看，"国家课程的校本化落实"应是基础教育学校课程与教学及其改革的核心工作，而"校本课程开发"等创新则应是"国家课程的校本化落实"的自然延续或拓展补充，而非"择地开垦"。

　　于是，从项目第二期开始，我们就组织了由一线校长（一线教师出身）、教师、高校教师（曾经做过一线教师）、研究生等所构成的新的"项目团队"，尽可能避免"空对空"或"空对地"或"地对空"的交流，以实现"地对地"的交流与合作。并改变了以往以义务教育数学课程标准中的四大"领域"为主题，而是以各"领域"中不同主题或单元来开展课程与教学改革的理性思考与实践尝试。

　　尽管由于仪征市教育局领导班子的调整而使得项目第二期被迫中断，没有完成预期目标，但是，在仪征市所获得的经验与收获却被带到了南京市浦口区、苏州市张家港市和宿迁市宿豫区、青岛市市北区的某些学校尤其是小学（学科当然不限于数学，而是以语数英为主，兼及其他学科）。在这些学校，我们研究团队继续以"主题单元"或"单元主题"开展"单元整体教学设计"的研究与探索。这本书便是这一近10年的研究与探索的自然结果，以为方家、里手批评与指正。

需要特别强调的是，在这一研究与探索过程中，我所指导的研究生（包括课程与教学论专业、小学教育专业的硕士研究生，以及部分课程与教学论专业的博士研究生）都付出了很多汗水与努力，并做出了很好的工作（尤其是文献搜集与整理，以及"试题"解析等方面的工作）。他们是彭亮、肖连群、李永婷、安丹诺、鲁佳璇、崔爱萍、杨萝萝、朱婷、周文静、田雨等。此外，常州的孙敏老师也参与了部分工作。在此，对他们的付出与贡献表示深切的感谢。如果没有他们的努力与付出，就不会有这样一本所谓"小学数学单元整体教学设计"的书；尽管没有他们的署名，但是，我们都应在心底里真诚地感激他们！

徐文彬

2023 年 8 月 14 日星期一于"觉知"书斋